L'ESPRIT DE LA CITÉ

Du même auteur

L'École, l'Église et la République, 1871-1914, Paris, Armand Colin, 1962, rééd. Éd. du Seuil, coll. « Points Histoire », 1992.

La Fête révolutionnaire, 1789-1799, Paris, Gallimard, 1976.

La Classe ininterrompue. Cahiers de la famille Sandre, enseignants, 1780-1960, Paris, Hachette, 1979.

L'École de la France. Essais sur la Révolution, l'utopie et l'enseignement, Paris, Gallimard, 1984.

L'Homme régénéré. Essais sur la Révolution française, Paris, Gallimard, 1989.

EN COLLABORATION AVEC JACQUES OZOUF

La Republique des instituteurs, Paris, Gallimard-Le Seuil, 1992.

SOUS LA DIRECTION DE FRANÇOIS FURET ET MONA OZOUF

Dictionnaire critique de la Révolution française, Paris, Flammarion, 1988.

MONA OZOUF

LES MOTS DES FEMMES

ESSAI
SUR LA SINGULARITÉ FRANÇAISE

FAYARD

Dix voix de femmes

Le portrait de femme est un genre masculin. Il s'orne rarement d'une signature féminine. Il se soucie peu des mots des femmes. Il a ses grands hommes, ses auteurs canoniques, les Goncourt, Michelet, Sainte-Beuve. Il a ses lois, il a sa manière. Normatif autant que descriptif, il procède d'une conviction forte : l'auteur d'un portrait masculin n'a nul besoin d'une réflexion préalable sur ce qu'est un homme.

Un peintre de femmes, en revanche, n'entame jamais sa toile qu'il n'ait à l'esprit l'idée des qualités, des grâces et des vertus essentiellement féminines : c'est qu'il pense avoir affaire à un être qui est une nature avant d'être une personne, une « fille du monde sidéral[1] », selon Michelet. La femme telle qu'elle doit être, toujours présente à sa pensée, est le modèle invisible auquel il rapporte ses propres créations. Modèle impérieux aussi, puisqu'il commande ce que la femme ne doit pas être. L'une d'elles s'écarte-t-elle, par ses gestes ou par ses mots, de cette norme cachée, le portraitiste s'emploie à l'y ramener malgré elle. Sainte-Beuve compense la pétulance de madame de Charrière par sa « touchante chasteté[2] », s'attache à séparer chez George Sand le sentiment délicat de l'expression déclamatoire. L'accent de l'esprit fort le choque chez madame

---

1. Michelet, *Les Femmes de la Révolution*, Paris, Calmann-Lévy, 1898, p. 313.
2. Sainte-Beuve, *Portraits de femmes*, Paris, Didier, 1852, p. 405.

Roland, en qui il aperçoit quelque chose de brutal et de plébéien qu'il lui faut immédiatement estomper en évoquant « les grâces qui lui étaient un empire commun avec celles de son sexe[3] ». Michelet ne fait pas autre chose en montrant chez Lucile Desmoulins comme la faiblesse de la femme équilibre la vaillance qu'elle manifeste à l'échafaud et en attribuant les actions abruptes des héroïnes de la Révolution à « ce gouvernement farouche sans lequel elles n'eussent été qu'épouses et mères[4] ». L'un et l'autre soupirent d'aise quand ils rencontrent des femmes plus conformes à l'image qu'ils chérissent : la jeune mademoiselle Duplay, vive et charmante pour Michelet ; madame de Rémusat, dont la grâce sérieuse enchante Sainte-Beuve. Il voit en elle l'image emblématique des femmes qu'il adore, celles qui produisent des livres exquis et rares, de préférence pour le cercle des intimes, qui passent avec une élégance discrète dans la littérature et dans la vie et ont la pudeur de leur talent. S'avisent-elles de parler d'amour, elles le font avec une mélancolie tendre. Femmes anges, femmes fleurs, femmes fées et qu'il faut aller chercher dans l'ombre du boudoir ou dans la profondeur d'une retraite rustique.

Avec en tête cet idéal-type de la Femme, le portraitiste se doit aussi d'adopter une manière particulière. Tous se souviennent de Diderot. « Quand on écrit sur les femmes, il faut tremper sa plume dans l'arc-en-ciel et jeter sur sa ligne la poussière des ailes du papillon[5]. » Ainsi, les Goncourt poétisent jusqu'aux courtisanes. Ainsi, Michelet adoucit le trait lorsqu'il voit dans la seconde moitié du XVIIIe siècle s'allumer au cœur des femmes deux étincelles, de l'humanité, de la maternité. Quant à Sainte-Beuve, il s'est fait une spécialité de la voix nocturne qu'il prend pour parler des femmes : ce qui leur convient est le demi-mot, l'allusion, le chuchotis. Celui qui tient la plume doit bannir l'emphase, l'éloquence et même l'explicite : suggérer et non décrire. Un style précautionneux et

---

3. *Ibid.*, p. 186.
4. Michelet, *Les Femmes de la Révolution*, *op. cit.*, p. 346.
5. Diderot, « Sur les femmes », in *Œuvres*, Paris, Gallimard, Bibl. de la Pléiade, 1951, p. 949.

délicat, un brin doloriste même, s'accorde à des êtres souffrants et fugaces. Sainte-Beuve avoue poursuivre en peignant les femmes une « élégie interrompue ». Aussi professe-t-il que le portrait féminin échappe au genre de la « critique » littéraire : mot trop brutal, pense-t-il, il s'agit seulement ici d'aimer, de compatir, de produire quelques pages légères. Il y faut un tour de main particulier, qui exige la retouche et l'estompe, impose le pastel, embue les contours.

C'est assez dire que le peintre de femmes est souvent moins intéressé par la singularité de la personne que par sa conformité au modèle. Ainsi en a-t-il été pour l'infortunée madame Roland. Ses portraitistes l'ont continûment fait comparaître à un tribunal aussi féroce que celui de la Convention et jugée en fonction de sa fidélité — ou de son infidélité — aux sentiments et aux comportements attendus de son sexe. Tous ont méconnu ce que l'intéressée avait elle-même à dire sur la féminité. Or, il se trouve que madame Roland a beaucoup réfléchi, beaucoup écrit sur ce qu'avait représenté pour elle, et pour sa destinée singulière, le fait d'être une femme. Quand les hasards de la recherche m'ont amenée à elle, il m'a paru équitable de lui rendre sa parole et ses raisons. Et de là est née l'idée d'interroger d'autres femmes et de prêter attention aux mots qu'elles avaient cherchés, trouvés, pour parler de la femme en elles et des femmes en général.

Le discours sur les femmes est aujourd'hui un territoire battu en tous sens, labouré par une histoire des femmes en pleine expansion [6]. Mais même quand ce sont des femmes qui le signent, on tient pour une évidence que ce sont les hommes qui en détiennent les clefs. Eux qui définissent les rôles et les devoirs des femmes entassent les métaphores de la faiblesse et de la puissance, de la soumission apparente et du despotisme caché, fixent les règles canoniques du portrait. Même quand les héroïnes de la politique ou de la littérature mettent la féminité au centre de leurs écrits — encore souligne-t-on, contre toute

---

6. Voir Jean-Paul Desaive, Eric A. Nicholson, Michèle Crampe-Casnabet, Évelyne Berriot-Salvadore, « D'elle, il est tant parlé », *in* Georges Duby et Michèle Perrot (dir.), *Histoire des femmes*, Paris, Plon, 1991, 5 vol., t. III, p. 269.

évidence, que c'est très rare[7] —, on les soupçonne de loger leur réflexion à l'intérieur des représentations dominantes. Il paraît malaisé, voire impossible, à une femme de s'en émanciper pour dire ce qu'est la féminité. Tout cela est-il pourtant si incontestable ? Pour peu qu'on admette, avec Simmel par exemple[8], qu'une femme perd plus rarement qu'un homme la conscience de son être-femme, comment ne pas imaginer qu'elle est apte à traduire cette présence, si prégnante, du féminin en elle ? C'est en tout cas ce que j'ai voulu demander à dix de celles qui ont abondamment écrit sur la destinée féminine et dont frappe la voix autonome, quand on veut bien l'écouter.

Non que les femmes qui écrivent soient totalement affranchies du discours normatif sur la féminité ; mais qui l'est jamais ? Le plus frappant est qu'elles ne peuvent non plus lui être soumises, car elles doivent, pour seulement prendre la plume, avoir l'audace et l'élan de faire quatre pas de côté. Il leur faut une certaine dose d'irrespect, voire de bravoure. Elles sont comme vouées à l'inventivité, tenues, dès les premiers mots, de faire éclater le discours convenu et univoque sur les femmes. Ce sont ces voix immédiatement originales que j'ai voulu faire entendre. Ce qui supposait d'abord de les capter aussi fidèlement que possible et donc de rompre avec le violent préjugé qui disqualifie ce que les hommes et les femmes disent qu'ils font, comme s'ils étaient toujours et partout les moins bien placés pour le comprendre et qu'il fallait tenir leurs propos pour dissimulation ou naïveté. Car s'il paraît raisonnable de ne pas croire les témoins sur parole, de supposer qu'ils ne détiennent pas toujours la vérité de leurs vies et d'interroger leur lucidité, il paraît déraisonnable, en revanche, de la leur refuser en l'accordant généreusement au plus médiocre de leurs interprètes. Parions

7. Pour un exemple de cette lecture biaisée, voir Sarah Maza, « Women, the Bourgeoisie, and the Public Sphere : Response to Daniel Gordon and David Bell », *French Historical Studies*, vol. 17, n° 4, 1992.
8. Georg Simmel, *Philosophie de la modernité* [1923], trad. fr. J.-L. Vieillard-Baron, Paris, Payot, 1989.

qu'il y a donc, avant de céder au mouvement de la défiance et de l'arrogance, quelque chose à recueillir au plus près de ce qu'elles disent, vraiment.

Mais ce projet d'écoute a fait naître aussi une perplexité. Pourquoi le féminisme, quand on le compare aux formes qu'il prend sous d'autres cieux, a-t-il en France un air de tranquillité, de mesure ou de timidité selon qu'on en ait ? Cette modération, d'autres féministes, anglo-saxonnes notamment, la déplorent bruyamment. Elles notent l'absence de départements d'histoire des femmes dans l'Université française, la rareté des chaires, l'éparpillement des recherches et la pauvreté relative des travaux et des thèses. Mais ces travaux eux-mêmes les frappent par la mesure de leurs propos et de leur accent. Ils n'entreprennent pas et n'ambitionnent pas de réinterpréter l'histoire universelle à la lumière de l'histoire des femmes et, plutôt qu'une réfection complète des programmes d'enseignement, proposent des adjonctions. Ils sont dépourvus de cette pointe militante qui transforme le malheur féminin en honneur, ils n'adoptent pas un ton agressif. Ils n'opposent pas des hommes collectivement coupables à des femmes collectivement victimes. On imagine mal, en France, qu'une universitaire réputée puisse écrire que les hommes sont engagés dans « une guerre mondiale contre les femmes[9] », qui prend aujourd'hui, face aux mouvements féministes et à cause d'eux, une ampleur inégalée et un accent inédit de férocité. Et l'auteur américain d'énumérer les violences masculines, voire l'adaptation consciente par les hommes des technologies nouvelles à des projets meurtriers : telle l'amniocentèse, « qui permet de détecter le sexe d'un fœtus et de faire avorter les filles », ou les techniques de fécondation pour « procréer des enfants qu'ils considèrent comme les leurs ». Ainsi va, outre-Atlantique, le discours féministe ordinaire. Que ce discours soit irrecevable en France, qu'on peine à croire que la violence est embusquée derrière toute relation entre hommes et femmes, que la simple insistance verbale des

---

9. Marilyn French, *La Guerre contre les femmes*, trad. fr. F. Bouillot et I. Tate, Paris, L'Archipel, 1992.

hommes ne suffise pas à définir le viol, voilà qui donne assurément à penser.

On peut ajouter que cette modération du féminisme français peut encore s'apprécier à la lenteur des conquêtes féminines, au peu de succès rencontré en France, chez les femmes elles-mêmes, par le mouvement suffragiste. Les femmes du Wyoming votent en 1869, celles du Colorado en 1893, en 1914 toutes les femmes américaines ont conquis le droit de vote, les Allemandes en 1919, les Anglaises en 1928 (et même les Polonaises catholiques en 1918). Dans la plupart de ces pays, de surcroît, le vote municipal, ou partiel, a précédé le vote national. Les Françaises, elles, doivent attendre 1945, et il leur faut encore atteindre 1974 pour que soit abolie toute condamnation spécifique de l'adultère féminin. De ces retards en matière de droit, on aurait attendu une révolte des femmes, qui n'a pourtant pas eu lieu. Comment l'expliquer ? À quoi attribuer la singularité française ? Cette interrogation a habité le gros livre, injustement méconnu, de Michèle Sarde sur les Françaises et un lumineux petit article de Philippe Raynaud dans *Le Débat*[10]. Elle a trouvé des réponses dans le livre que Pierre Rosanvallon[11] a consacré à l'histoire du suffrage universel, et dans l'*Histoire des femmes*[12], dont le maître d'œuvre, Michèle Perrot, évoque une « voie française » vers le féminisme. L'idée m'est venue d'en chercher aussi et d'illustrer cette voie française par dix voix françaises : celles de madame du Deffand, madame de Charrière, madame Roland, madame de Staël, madame de Rémusat, George Sand, Hubertine Auclert, Colette, Simone Weil, Simone de Beauvoir.

Ce qui a présidé à ce choix, c'est bien entendu que toutes ont trouvé les mots pour l'écrire. Ce fait même, peut-on objecter, les met à une distance sidérale des femmes ordinaires. Elles ne « représentent » — à supposer qu'on leur demande

10. Michèle Sarde, *Regard sur les Françaises (X^e-XXe siècles)*, Paris, Stock, 1983 ; Philippe Raynaud, « Les femmes et la civilité : aristocratie et passions révolutionnaires », *Le Débat*, n° 57, 1989.
11. Pierre Rosanvallon, *Le Sacre du citoyen. Histoire du suffrage universel en France*, Paris, Gallimard, 1992.
12. G. Duby et M. Perrot (dir.), *Histoire des femmes, op. cit.*

vraiment de représenter des groupes quelconques — qu'une infime minorité de privilégiées de la fortune, de la culture et du talent. Toutes créatrices, et quand ce n'a pas été d'une œuvre, au moins d'un style de relations. Toutes existant en dehors des hommes. Par ailleurs, elles ne souhaitaient nullement être représentatives et aucune d'elles n'aurait aimé être confondue avec ce qu'elles appelaient « le gros des femmes ». Exceptionnelles, elles l'étaient d'abord pour avoir conscience de l'être Pour avoir souffert, parfois, de l'être. Faut-il en conclure que leur témoignage est sans intérêt pour l'histoire générale des femmes ? L'historiographie récente, qui a tant sacrifié à la représentativité et traversé pour elle les contrées arides du nombre, non, du reste, sans bénéfices de précision, en est heureusement sortie[13]. Le temps commence à passer où la parole anonyme et obscure paraissait plus lourde de sens que le témoignage éclatant. Il n'est pas vrai, par ailleurs, que la réussite de ces femmes ait été perdue pour les autres femmes et pour la représentation qu'elles-mêmes, et les autres, se faisaient du destin féminin.

Toutes, donc, ont écrit, fût-ce seulement, comme madame du Deffand, pour leurs amis, et toutes, à part celle-ci, ayant franchi l'obstacle de la publication, affronté le fait d'être une femme auteur, c'est-à-dire une femme qui, selon la définition qu'en a donnée madame de Genlis, s'enrôle parmi les hommes et se travestit, toute modestie abandonnée. Car faire imprimer un ouvrage, c'est croire, a-t-elle dit, ses pensées dignes de la postérité et de la publicité. On pardonne à un homme cette présomption. Mais à une femme ? Madame de Genlis a averti la femme auteur des dangers qui la menacent. Elle perdra la bienveillance des femmes comme l'appui des hommes, car son péché est de brouiller la frontière entre deux mondes. Si vous écrivez, dit-elle à ses héroïnes, vous sortirez de votre classe et n'entrerez pas dans la leur. Beaucoup parmi les dix dames de ce livre le savent bien, qui marquent un recul devant la publication

---

13. Voir Lawrence Stone, « Retour au récit ou réflexions sur une nouvelle vieille Histoire », *Le Débat*, n° 4, 1980, p. 116.

et n'y consentent, comme madame Roland, que dans le feu des circonstances et sous la menace de l'échafaud. Toutes savent instinctivement qu'il vaut mieux, quand on a eu la chance d'en acquérir, cacher ses connaissances, faire oublier qu'on a l'esprit sérieux. Toutes connaissent le prix que doit payer à la société la femme auteur : la marginalité, le ridicule, le manque d'amour, l'affrontement direct et violent avec le monde masculin. C'est le tourment que décrit incomparablement madame de Staël : un père adoré avait ridiculisé à ses yeux la femme qui écrit, une mère impérieuse lui avait enseigné que les femmes doivent briller à la manière des vers luisants, c'est-à-dire dans l'obscurité et faiblement ; du même coup, le thème central des œuvres de leur fille est le malheur qui sanctionne la vocation féminine à l'art et à la littérature, le conflit vital entre l'amour et la gloire. Il n'est pas jusqu'à celle dont on attend le moins l'expression de ce tourment qui ne le connaisse : Simone de Beauvoir, qui n'avait pas eu besoin de choisir entre le bonheur et la gloire, dit pourtant que si tel avait été le cas elle eût, suivant en cela le penchant que madame de Staël attribue à toutes les femmes, élu le bonheur.

Pourquoi avoir voulu entamer cette galerie par une dame du XVIIIᵉ siècle et avoir ensuite consacré quatre de ces portraits à des femmes qui avaient vécu soit directement (madame de Charrière, madame Roland, madame de Staël), soit indirectement à travers leurs parents (madame de Rémusat) la rupture révolutionnaire ? Qui veut comprendre la singularité française est toujours, quoi qu'on en ait, ramené à l'immense événement. Et, d'autre part, les études qui ont fleuri autour du Bicentenaire ont volontiers développé l'idée que la Révolution, à laquelle la liberté des hommes et des femmes devait théoriquement gagner, aurait signé la défaite historique du sexe féminin. En manifestant une violente répulsion pour l'existence politique des femmes, en refermant à double tour sur elles la porte des maisons, elle aurait permis à l'abominable XIXᵉ siècle d'installer la ségrégation des sexes et le déni des droits féminins. D'où l'intérêt, pour vérifier ces assertions, de solliciter les témoignages de celles qui avaient vécu l'événement, souffert par lui ou réfléchi à ses conséquences.

Parmi ces témoignages, une grande place est faite aux textes les moins apprêtés, les plus personnels : j'ai interrogé les Mémoires de préférence aux romans, et les correspondances de préférence aux Mémoires. Elles en ont laissé d'immenses et ont dit pourquoi les mots qui voyagent dans les lettres ont un cachet particulier d'authenticité. Il n'y a de vrai que mes lettres, dit madame de Staël. Madame de Rémusat, qui affirme que les écrivains se montrent dans leur correspondance avec un vêtement de moins, en fait une exhibition de toute la personne. Sont-elles remuées par les lettres qu'elles reçoivent, elles disent qu'il leur a semblé un moment « entendre » leurs correspondants. Pour les entendre en retour, j'ai donc retenu de préférence, mais sans exclusive, les lettres où elles se confient.

Elles sont loin de parler d'une seule voix. Comme la fréquentation de leurs écrits m'avait convaincue, non de la fixité d'une destination commune des femmes, mais de l'inventive variété des cheminements individuels, j'ai suivi la pente que leurs humeurs, leurs sentiments, leurs comportements m'indiquaient eux-mêmes, et cherché à varier les éclairages. J'ai voulu opposer à une amante de la fixité, madame du Deffand, deux adeptes de la mobilité (madame de Charrière, madame de Staël) ; faire succéder à une femme tumultueusement malheureuse (madame de Staël) une femme paisiblement heureuse (madame de Rémusat) ; à une femme célèbre et audacieuse, la grande George Sand, une femme obscure et timide, Hubertine Auclert. Explorer le contraste entre une hédoniste (Colette) et une ascète (Simone Weil). J'ai mêlé les rebelles (Hubertine Auclert) aux pacifiques (madame de Rémusat), celles qui voudraient embrasser le monde entier (Beauvoir) et celles qui le font tenir entre les haies d'un courtil (Colette). Il y a ici des teigneuses et des conciliantes, des obstinées et des distraites, des prosaïques et des imaginatives, des tendres et des despotes. J'ai fini par voir en elles des figures du *Roman de la Rose*, gracieuses allégories de vertus distinctes et parfois antagonistes.

Du reste, si de l'une à l'autre le ton et le timbre sont si différents, ce qu'elles ont à dire sur l'amour, le mariage, la maternité, les relations des hommes et des femmes, les fortunes et les infortunes de la destinée, l'est aussi. Madame Roland m'offrait l'exemple d'une mère déçue de sa fille, madame de Staël d'une fille déçue de sa mère : aux yeux de la jeune fille, celle-ci désenchantait le monde, et la mère en retour déplorait l'imperfection de celle qu'elle avait conçue comme un chef-d'œuvre et à demi manquée. Le rapport des mères aux filles est ordinairement épineux, comme le montre l'exemple de Colette et de George Sand. Le rapport des filles aux mères peut l'être aussi (George Sand encore, Simone de Beauvoir). Il arrive pourtant qu'il soit heureux : célébré au-delà de toute comparaison et élevé à la hauteur d'un mythe consolateur par Colette, vécu de façon plus simple et plus vraie par madame de Rémusat. Quant à la relation, habituellement plus satisfaisante, entre une mère et un fils, on peut pour l'illustrer convoquer George Sand et Claire de Rémusat, dont la vie en fut illuminée. Ce kaléidoscope de sentiments, on le fait bouger encore si l'on envisage les façons qu'elles ont eues de vivre le mariage. Il a été un lien très lâche, dénoué avec désinvolture et prestesse par madame du Deffand. Péniblement noué, et ensuite enduré avec une ironique constance, par Isabelle de Charrière. Défait dans les larmes et les cris par George Sand, qui n'y a plus jamais songé. Difficilement dénoué aussi par Colette et madame de Staël, qui y sont cependant revenues. Pleinement heureux enfin, pas du tout une chaîne, pour madame de Rémusat.

C'est assez dire que chacune a eu sa manière de concevoir le rapport entre les sexes et le statut de la femme. Ces portraits mêlent celles qui croient au métissage des sexes et presque en vivent (madame du Deffand) et celles (Colette) qui considèrent les hommes et les femmes comme deux peuplades étrangères, passant entre elles à l'occasion, et à l'aveugle, d'obscurs traités, toujours fugaces. Deux d'entre elles (Hubertine Auclert et Simone de Beauvoir) peuvent se dire féministes et militantes. Deux sont des perturbatrices, Hubertine toujours (à contre-cœur) et Simone Weil (à cœur joie) : encore ne s'agissait-il pas, dans ce dernier cas, de la cause des femmes. Aucune n'a réagi de la même façon à la discrimination sexuelle. Madame du Deffand, qui vit dans un monde hérissé de différences, sent à peine cette différence-ci et, d'ailleurs, s'en accommode aisément. Isabelle de Charrière, Manon Roland, Germaine de Staël la ressentent comme une contrainte douloureuse mais en nient la fixité et lui proposent des remèdes. Madame de Rémusat la perçoit sans en souffrir, soutenue par la certitude de l'égalité des âmes. George Sand, qui a donné dans sa vie tant d'exemples d'audacieuse inventivité, tient pour assuré que le cœur humain ne change pas et que la femme en sera toujours l'esclave, comme de ses entrailles. Hubertine Auclert veut obstinément réduire les différences entre les sexes à la fonction de la génération et abolir toutes les autres. Colette ne le croit ni possible ni souhaitable et vit en paix avec elles. Simone Weil est ailleurs, hait tout déterminisme, sexuel aussi bien, mais ni plus ni moins que les autres contraintes. Parmi elles, Simone de Beauvoir est la championne de l'indifférenciation, professe que la fin de l'exclusion des femmes passe par l'assimilation aux valeurs et aux rôles masculins. Ainsi faisait Hubertine. Mais non George Sand, qui croyait plutôt à l'inversion de la hiérarchie des valeurs.

Entre les perles disparates de ce collier, un fil court pourtant, qui les empêche de s'éparpiller et qu'on pourra tenir au long des portraits qui suivent. C'est d'abord que chacune a peu ou prou parlé des autres. La première, madame du Deffand, vêtue d'impassibilité et de stoïcisme sec, est une éblouissante épistolière, modèle pour toutes les autres. Les amis de madame de Charrière la lui comparent volontiers pour son don de la repartie, tout en soulignant qu'Isabelle a su échapper à l'aridité de l'existence. Madame de Staël reconnaît en madame du Deffand une autre intoxiquée de la conversation « piquante » et lui sait gré d'avoir écrit qu'elle ne connaissait pas d'homme plus aimable que M. Necker. Elle s'indigne, avec madame de Rémusat, de l'inégalité des rapports que la pauvre marquise a entretenus avec Walpole ; lui ne cherchait auprès d'elle qu'une indifférente gazette, elle réclamait du sentiment. À contempler la vie de cette femme dévorée d'ennui, la tendre Claire de Rémusat ne peut croire que l'Ancien Régime ait été aussi doux aux femmes qu'on le suppose habituellement.

Madame Roland est admirée de toutes ; de madame de

Staël qui, sans la citer, l'a évidemment lue, de madame de Charrière qui diffuse autour d'elle les *Mémoires de la citoyenne Roland,* de George Sand qui avoue n'avoir pas son courage. En madame de Staël, chacune reconnaît le génie : admiration nuancée de compassion pour madame de Rémusat, à qui l'agitation de Germaine inspire le même sentiment déconcerté que les pythies chez les Anciens et les convulsionnaires chez les Modernes ; teintée d'agacement pour George Sand, si souvent tympanisée par la comparaison qu'on fait d'elle avec Staël et qui, rudement rappelée par Sainte-Beuve à l'ordre de la solidarité féminine, finit par lâcher qu'elle la trouve ennuyeuse, consciente pourtant qu'on ne peut le dire qu'en faisant naître autour de soi un cri d'horreur ou d'indignation. Cette même George Sand est pour toutes un emblème : à peine Hubertine Auclert entre-t-elle dans un logement parisien qu'elle accroche au mur une icône de George ; Colette salue la robuste ouvrière des lettres, admire qu'elle parvienne à agencer, pêle-mêle, « son travail, ses chagrins périssables et ses félicités limitées ». Avec Simone de Beauvoir enfin, c'est le final avec toute la troupe. On trouve dans ses textes l'émerveillement devant le bureau d'esprit de madame du Deffand, l'originalité d'Isabelle de Charrière, l'héroïque vaillance de madame Roland. Elle fait honneur à Staël et à Sand, ces souveraines, de n'avoir pas été des proies entre des bras masculins et d'avoir choisi elles-mêmes leurs amants. Et elle salue le combat suffragiste d'Hubertine Auclert.

Dans la guirlande qu'elles forment, cinq d'entre elles, deux à deux, se sont connues et rencontrées autrement qu'à travers leurs écrits. Staël et Charrière sont les plus proches. À madame Necker, mère de Germaine, on avait fait le portrait d'Isabelle comme d'une personne en tous points digne d'elle. Quand Isabelle rencontre la fille, c'est à travers Rousseau, à qui Germaine avait consacré un libelle, vite contesté par le critique Champcenetz. Sous couleur de critiquer à son tour Champcenetz et de prendre la défense du petit livre, Isabelle, à sa manière moqueuse et vive, souligne le pathos du jeune auteur. Elle n'arrange pas son cas, un an plus tard, dans une « plainte et défense de Thérèse Levasseur » : « Madame la Baronne, s'écrie-t-elle, vous manquez de bonté ! » L'escarmouche paraît close lorsque les deux femmes font vraiment connaissance. Elles se lisent, font assaut de cajoleries — on sent malgré tout déjà le recul d'Isabelle —, s'entrecritiquent, s'écrivent. Isabelle admire comme malgré elle cette femme mobile, qui a le talent de paraître jolie alors qu'elle ne l'est pas. Germaine montre de la perspicacité devant les romans inachevés et nonchalants de son aînée : « Je me suis, dit-elle, intéressée aux *Lettres neuchâteloises,* mais je ne sais rien de plus pénible que votre manière de commencer sans finir. » Quand madame de Charrière reçoit *Zulma,* elle a vite fait d'en déceler l'emphase, répond d'abord à l'auteur « à la normande », puis se décide à lâcher tout à trac son sentiment, et ce sentiment est que le ton grimpé de *Zulma* est insupportable. Non qu'elle n'ait préféré admirer, mais le talent léger et ironique qui est le sien est déconcerté par le génie torrentiel et passionné de sa cadette, et elle soupire drôlement : « Diable m'emporte, je poux pas ! »

Mis au courant, Benjamin Constant écrit à Isabelle qu'il veut bien « se faire couper les deux oreilles » si Germaine pardonne jamais une sincérité d'autant plus insoutenable que les deux femmes tournent autour des mêmes sujets : l'histoire d'amours mises à mal par l'opinion publique et dont la femme sort brisée. Et il y a bientôt entre les deux femmes non seulement un thème, mais un homme, ce Benjamin, précisément, qui écrit à Isabelle de Charrière que Germaine est la seconde femme de sa vie qui pourrait lui tenir lieu d'univers (vous savez, ajoute-t-il, quelle a été la première). Isabelle se rend vite compte que madame de Staël est devenue pour lui une sorte d'« arche sainte » et en tire les leçons : « C'est un sentiment, conclut-elle, qui pour jamais vous ôte à moi, et moi à vous. » Constat d'autant plus mélancolique que le compagnonnage que Benjamin a entamé avec elle — ils écrivaient côte à côte, elle se divertissait à le voir griffonner sur des cartes de tarots des remarques sur toutes les religions connues et lisait par-dessus son épaule — se transforme avec Staël en une collaboration littéraire de tous les instants, où nul ne démêle plus bien la part exacte de chacun. Mises sur le pied de cette double rivalité, intellectuelle et sentimentale, les deux femmes ne sauraient s'aimer.

Ce n'est pas un homme qui sépare les trois autres femmes, mais la distance des émotions et des idées. Quand Simone de Beauvoir rencontre Colette chez Simone Berriau, elle fait grand cas de l'écrivain. Elle a beaucoup aimé ses héroïnes, dont la libre et séduisante Vinca du *Blé en herbe,* emprunté aux descriptions que Colette fait du gynécée, admiré ses rapports avec Sido, qu'elle a pris à la lettre. Elle aime aussi le personnage, sa tête lui « revient ». Mais elle est rebutée par le contentement de soi qu'affiche la romancière, lui reproche la médiocrité de son horizon, la ténuité de ses préoccupations, son horreur des idées générales. Colette, au reste, la reçoit fraîchement, c'est à peine une rencontre. Avec Simone Weil, en revanche, Beauvoir partage le même espace (la Sorbonne), les mêmes études (l'agrégation de philosophie), les mêmes camarades : il s'agit moins ici d'indifférence que d'incompréhension. La personnalité hors norme de Simone Weil inspire à l'autre Simone une certaine révérence et sa légende — l'auberge de rouliers du Puy, le traitement de professeur mis chaque mois sur la table à la disposition de qui veut bien se servir, les drapeaux rouges agités en tête des cortèges, les délégations de chômeurs menées à la préfecture — l'impressionne. Mais elle sent confusément que Simone Weil ne l'aime pas — elles se sont accrochées dans la cour de la Sorbonne au sujet de la révolution — ou, du moins, ne l'aimerait pas. Elle cherche à se débarrasser de l'encombrante personne par le persiflage, note avec satisfaction que lorsque la combattante, en Espagne, réclame un fusil, on l'affecte aux cuisines où elle s'ébouillante. Mais la dérision n'y fait rien : toute maladroite, toute ridicule qu'elle puisse paraître, Simone Weil représente la menace d'un jugement. Au point que lorsque Beauvoir veut faire apparaître dans un roman la figure même de l'altérité, c'est à Weil qu'elle songe.

Entre elles donc, rencontres réussies ou manquées, liens tissés puis rompus, entretien infini, loquace ou muet. Mais quelque chose de plus profond encore les unit toutes : une foi, une inquiétude. La foi est celle qu'elles ont placée dans l'éducation des filles. Certaines d'entre elles se plaignent de celle qu'elles ont reçue : madame du Deffand eût rêvé d'un Horace pour précepteur, et pour Simone de Beauvoir aussi, il eût avantageusement remplacé les demoiselles du cours Désir. D'autres ont eu une éducation bâtarde et disparate, comme madame Roland, mais ont su tirer parti de tout, du catéchisme avec la mère, du dessin avec le père, du latin avec l'oncle, et des livres (toutes ces enfances sont pleines de livres). D'autres encore ont reçu, soit chez elles, soit au couvent, une éducation soignée et réfléchie : car le couvent n'a été, ni pour George Sand ni pour Hubertine Auclert, le lieu de fanatisme et de superstition qu'on imagine si volontiers, mais celui où l'on aguerrit les esprits et les âmes [14]. Et quant aux mères, elles se sont vouées à leur tâche : celle de madame de Staël enseigne à la petite Germaine, assise toute droite sur son tabouret bas, les langues anciennes et modernes, celle de madame de Rémusat cherche à communiquer à Claire l'élégance de l'ironie, et Sido ouvre à Colette l'usage du monde. Les dernières des héroïnes de ce livre enfin, les deux Simone, avaient eu accès aux mêmes fortes études que les hommes, sanctionnées par des diplômes identiques et rondement menées.

Mais le plus intéressant est de mesurer combien toutes avaient misé, pour leur propre compte, sur l'éducation. De là l'usage paradoxal qu'elles font de Rousseau, détracteur de l'étude féminine et qui n'a pas donné à Émile une compagne dont brille l'agilité intellectuelle. Mais d'un autre côté, Rousseau a créé Julie, et Julie est l'emblème d'une femme qui met sa volonté et son intelligence à se créer elle-même. Or c'est leur objectif à toutes. Est-ce, chez elles, la certitude que les Lumières rendent heureux ? C'est plus encore l'idée que l'éducation enveloppe la conscience et la promesse de ce qui n'est pas encore : elle ne se satisfait pas de préparer les femmes à une destination ou à un état, elle est toujours au-delà, annonce

---

14. Voir sur ce sujet Paule Constant, *Un monde à l'usage des demoiselles*, Paris, Gallimard, 1987.

une émancipation, promet qu'on peut ne pas être ce que l'on est, éloigne la fatale féminité. Isabelle de Charrière en définit merveilleusement l'objet (« faire penser dès l'enfance à ce qu'on peut obtenir de soi ») et le but : ne pas être « de jolis poissons dorés qui tournent en rond éternellement dans une jatte du Japon ». Aussi ont-elles passionnément voulu apprendre, puis être elles-mêmes des éducatrices : Isabelle prête l'œuvre de Locke à sa femme de chambre et le *Télémaque* à une jeune bergère qui l'apprend par cœur en gardant ses chèvres sur les montagnes ; Claire ouvre une école d'enseignement pour les garçons, décide la supérieure des Carmélites à en fonder une pour les filles ; George Sand, après l'éducation de ses enfants, se consacre à celle de ses petites-filles ; Hubertine applaudit aux lois républicaines sur l'instruction ; Simone Weil, donneuse bénévole de leçons aux prolétaires, leur raconte des fables tirées de Plutarque ou d'Homère ; elle tient le métier d'institutrice, dans le plus médiocre des villages, pour le plus beau de tous ; Beauvoir n'est jamais lasse d'expliquer à ses protégées l'*Éthique* ou les *Méditations*. La lecture est pour toutes un remède, l'écriture une assurance. Écrire, c'est se délier.

Talisman contre la médiocrité et la monotonie de l'existence féminine, l'activité littéraire l'est-elle aussi contre leur grand ennemi commun, le temps ? Tout ici paraît plus difficile aux femmes. Le temps féminin a une courbe particulière, secouée par la crise pubertaire, brisée quand vient la ménopause et l'impossibilité de porter des enfants. Nulle ne peut ignorer ces coupures brutales, l'alternance des vides et des pleins de l'existence, et même celles qui ne tremblent pas devant la mort tremblent devant le temps. Toutes remâchent ce grand malheur des femmes, ne pouvoir dans la vie compter que sur la jeunesse, la plupart vivent avec épouvante l'approche de la vieillesse, certaines en l'anticipant comme Staël — elle sait dès vingt ans que « tout marche vers le destin dans la vie des femmes » ; d'autres, comme Beauvoir, en la découvrant brusquement. Toutes vivent le désespoir de la limite.

Mais voici bien le paradoxe. Ce temps objectivement discontinu, elles ne savent pas le vivre comme tel : le temps haletant, où se succèdent des actions indépendantes, le temps haché de passés simples, le temps délié où chaque matin relance la vie, c'est le temps des hommes. Le temps où s'installent les femmes, en revanche, est un temps à l'imparfait, un temps lié : sur lui pèse le poids de l'enfance, des habitudes, de la tradition ; aucune ne sait se défaire de la traîne persistante du passé dans le présent. Elles s'éveillent, écrit madame de Rémusat, avec les pensées sur lesquelles elles se sont endormies. Et Beauvoir : « L'action du temps m'a toujours déconcertée, je prends tout pour définitif. » De là naît pour toutes un sentiment de profonde inégalité avec les hommes. Alors que ceux-ci peuvent renouveler en permanence leurs affections, elles ne savent ni renoncer aux sentiments dont pourtant le feu est éteint, ni renaître — c'est le thème de Staël — au nouvel amour.

De là encore leur manière de penser et de vivre le mariage. À l'exception de l'une d'elles, elles ont très mal vécu l'institution où la femme est objet d'échange et ont fait du mariage, lorsqu'il est mal assorti, la pire infortune de la vie. Toutes savent qu'ils sont exceptionnels, les mariages qu'on voit conclure avec une entière satisfaction de cœur. Elles n'ont pas renoncé pourtant à l'idée du mariage comme lien parfait entre des partenaires égaux. Elles demandent — c'est, sur le modèle de *La Nouvelle Héloïse*, le rêve de toutes — à l'amitié d'irriguer l'amour. Rien de plus calmant à leurs yeux que de se fixer sur un être et dans un lieu. Aussi les voit-on toutes, à défaut d'avoir rencontré celui avec lequel réussir cet arrêt paisible, tenter de transformer le temps. Aucune, si ce n'est Simone Weil, ne fait fond sur la vie éternelle. Car si beaucoup professent une religion éclairée, catholique (madame Roland, madame de Rémusat) ou protestante (madame de Charrière, madame de Staël), si elles ont le sentiment vif d'être reliées, la transcendance les intéresse peu. Ce n'est pas à l'éternité qu'elles aspirent, mais à la durée humaine. Elles sont acharnées à transformer l'instantané en état, à se « choisir tous les jours » comme le dit Alfieri, cité avec exaltation par madame de Staël, à éliminer les temps morts, à magnifier les temps forts, à bannir la tristesse comme une défaillance, à remplir l'existence du plus grand nombre possible de menues jouissances ; et celles-ci, Isabelle de Charrière l'assure, vont leur train quand bien même on n'aurait rien réussi d'autre. Leur génie récupérateur est ici à l'œuvre et il parvient même, pour quelques-unes d'entre elles, dont Sand et Colette, à les persuader de saluer l'automne comme un enrichissement.

Cette présence si pleine au temps, madame de Rémusat l'a superbement définie comme « la capacité de nous complaire dans ce qui nous appartient ». Et ce passage du « je » au « nous » est significatif. Ici Claire de Rémusat entend parler pour le sexe tout entier. L'art féminin du temps, tel est le secret que toutes nous chuchotent. Voilà le texte commun qu'on peut saisir en cheminant avec elles, à travers les mots qu'elles ont choisis.

LES MOTS DES FEMMES

Marie de Vichy-Chamrond, marquise du Deffand. Née en Bourgogne en 1696, orpheline de bonne heure, élevée au couvent qui ne la rendit pas pieuse, mariée à vingt-deux ans avec un lointain cousin dont elle se sépara vite. Débute dans le monde à l'époque agitée de la Régence, entre dans le cercle libertin de Philippe d'Orléans, puis regagne sa respectabilité en se liant au riche président Hénault. À la mort de la duchesse du Maine, auprès de laquelle elle anime les fameux divertissements de Sceaux, elle déménage dans les anciens appartements de madame de Montespan, au couvent Saint-Joseph : elle y installe son salon célèbre. Quand s'annonce pour elle la cécité, en 1751, elle appelle à ses côtés une intelligente nièce de vingt-cinq ans, Julie de Lespinasse, qui devient la seconde attraction de son salon et bientôt même la première. Le grand choc de cette existence est la brouille avec Julie, qui entraîne la défection de nombre de ses fidèles, dont d'Alembert. La marquise n'en cultive que davantage son commerce compensateur avec Voltaire. La vie lui réserve un bouleversement de plus en lui faisant rencontrer, en 1765, l'aristocrate anglais Walpole : occasion d'un étrange amour sans réciprocité, qui occupe les dernières années de sa vie. Elle meurt comme elle a vécu, au milieu de ses hôtes, en 1780.

Marie ou la fixité

Un dessin de Carmontelle la montre très digne, un peu raide, regardant droit devant elle de ses yeux morts. Une douceur éteinte, répandue sur ce visage régulier et fin, fait comprendre la réaction qu'avait eue Talleyrand à leur première rencontre : elle avait soixante-treize ans, lui dix-huit ; la cécité qu'on lui avait annoncée l'impressionnait fort ; il fut soulagé, émerveillé même, de constater que cette cécité ne défigurait pas la marquise et donnait au contraire à « la douce placidité de sa figure une expression proche de la béatitude ». Madame du Deffand reste dans nos souvenirs cette image immobile « dans son tonneau », avec l'égalité de maintien et d'humeur que lui prêtait madame de Genlis, la « contenance simple et unie » qu'elle s'accordait à elle-même, mais sans beaucoup de couleurs ni de mouvement : une silhouette quasi abstraite, allégorie de la sociabilité des Lumières.

Pas beaucoup de ressources non plus dans l'arrière-plan pour animer la scène. Nul paysage : elle haïssait la campagne et, qu'elle fût aux eaux de Forges ou au château de La Lande, n'y trouvait jamais à noter que l'heure du courrier de Paris. Voltaire, pour chasser l'humeur noire que le temps présent inspirait à la marquise, lui rappelait volontiers que les fleurs gardaient le même éclat, les perdrix et les gélinottes le même fumet. Elle ne s'en souciait guère. Les plantes lui étaient indifférentes, elle raillait chez Saint-Lambert l'obsession des rameaux, des ormeaux, des ruisseaux et des roseaux. Quant aux bêtes, elle soupçonnait Buffon de l'être quelque peu pour s'en occuper tant. De la campagne, ce qu'elle avait à dire de plus fort était qu'on s'y ennuyait parfaitement. Autour d'elle donc, encore et toujours, le décor étouffé et les couleurs violentes et sourdes — moire jaune et taffetas cramoisi — de son salon célèbre. Pendant trente ans, elle s'y installe chaque après-midi pour recevoir le cercle d'intimes qui vieillit avec elle, d'année en année un peu plus décrépit, chacun semblant différer l'heure de quitter la scène. Et elle aussi tâche de retenir le plus longtemps possible sa société d'ombres, pour retarder le moment du coucher, de la solitude, les noirceurs de l'insomnie ; et toucher plus vite la rive du lendemain où le même rideau, à la même heure, se lève sur la même scène.

Rien ne paraît susceptible de changer cet emploi du temps ni de bouleverser cette vie : ni les amitiés ni les amours. L'amoureuse amitié qui l'unit à l'aimable président Hénault, rimailleur parlementaire, est une liaison sans flamme, méticuleuse et réfléchie, comme étouffée elle aussi. La marquise, du reste, soupçonnait les mouvements du cœur d'être toujours plus pensés que sentis. Elle n'avait pas la tendresse native, détestait les « douceurs ». On la surprend, dans sa correspondance, occupée à corriger prestement la phrase où elle sent poindre une sentimentalité fade. Y cède-t-elle avec le président Hénault, amant aussi précautionneux qu'elle, elle rectifie sans plus attendre : « Ce n'est pas une douceur, c'est une démonstration géométrique que je prétends vous donner. »

Cette femme qu'on n'imagine plus que vieille, immobilisée dans la prison de la cécité et comme ensevelie toute vive dans son salon rouge et or, avait pourtant été jeune et belle ; galante même, si l'on en croit Marmontel. La marquise du Deffand, née Marie de Vichy-Chamrond, avait pendant un temps fait flamber sa vie. Il n'est pas sûr pourtant qu'elle ait aimé ; et sûr qu'elle n'aima pas l'époux qu'on avait choisi pour elle à vingt-deux ans : elle jugea vite qu'elle participait du « malheur assez général de ne pas aimer son mari ». Entre elle et ce du Deffand, un lointain cousin, qui aimait la vie de famille et l'existence du gentilhomme campagnard, nulle entente possible. C'était, dit-elle plaisamment, ce qu'on appelle un mariage assorti, « sauf les

caractères ». Sur cette incompatibilité profonde, toutes les
tentatives de raccommodement viendront s'échouer. Est-ce à
cause d'elle que la jeune femme se jeta dans les aventures ? Elle
fut en tout cas assidue des petits soupers libertins de Philippe
d'Orléans et même, selon Walpole à qui elle en fit confidence,
sa fugace maîtresse. Elle multiplia les amants, eut la passion du
jeu. Tant et si bien qu'au sortir de la Régence, au témoignage de
la belle mademoiselle Aïssé, qui avait tant sacrifié elle-même à
la décence, elle était « tout à fait perdue de réputation ». Pour
s'établir reine d'un grand salon, avec des « jours marqués », un
flot régulier de visiteurs et la considération publique, il lui fallut
donc retourner l'opinion : opération malaisée, menée avec une
adroite ténacité, et à laquelle la liaison avec l'affable président
Hénault fut chargée de contribuer.

    Opération pleinement réussie : aujourd'hui encore, nous
enveloppons la marquise du Deffand dans le manteau de
décence et de régularité où elle a souhaité se draper elle-même.
La postérité semble avoir tout à fait oublié le premier versant de
sa vie, le plus court il est vrai, puisqu'elle est morte à quatre-
vingt-quatre ans et qu'à trente-quatre ans déjà tous les lampions
de la fête galante s'étaient éteints pour elle. Elle dit avoir été,
dès lors, totalement dégagée de « ces sortes d'impressions des
sens dont Crébillon a été un si mauvais peintre ». Elles
semblent de toute manière avoir glissé sur elle sans l'atteindre.
Car on cherche en vain dans ses lettres la trace des sensations,
des émotions, des souvenirs de l'enfant ou de la demoiselle
qu'elle a été. Rien sur les prés du Charolais, le couvent des
jeunes années, les premières amours. Marie de Vichy-Chamrond est une ombre, à peine profilée derrière madame du
Deffand. Et celle-ci semble naître à l'existence avec l'installation de l'appartement du couvent Saint-Joseph, où elle s'établit
au centre de sa petite société, entre la table du piquet et la table
de l'écarté, dans ce « tonneau » d'où, sauf exceptions raris-
simes, elle ne bougera plus. Figée dans cette indifférence
courtoise qui la fera haïr des amoureux du mouvement comme
Stendhal. Une allégorie de la fixité, que la cécité, qui s'installe à
peine la cinquantaine venue, achève d'une touche cruelle.

◆

Incarner la fixité, au point d'être vue par les contemporains, dont Voltaire, comme une butte témoin du premier XVIIIe siècle, a donc été pour la marquise du Deffand un objectif social consciemment recherché. Elle n'a pourtant pu le poursuivre que parce qu'il recevait l'aveu d'un tempérament. Tout au long de ses lettres, la marquise développe une philosophie et presque une religion de la fixité : bonne élève de Voltaire, au point même de dépasser le maître.

Elle est, en effet, tout comme lui, en procès avec la nature. Celle-ci, objet de la vénération du siècle, n'est pour elle que l'abrégé des contraintes qui pèsent sur les hommes, créatures de peu, perchées à mi-chemin entre les anges et les huîtres sur l'échelle invariable des êtres. C'est la nature qui distribue les caractères, répartit à la naissance les vices et les vertus, décide du bonheur et du malheur de chacun et burine les destins. Car nul ne saurait rien tenter contre ses passions ou son égoïsme. Personne ne s'amende. Serait-on, comme elle croit l'être elle-même, fort éclairé sur ses propres défauts qu'on ne sentirait pour autant nulle impulsion à les redresser. Du reste, il s'agirait d'une entreprise sans espoir : car si l'on peut se rendre maître de sa conduite — encore est-ce loin d'être assuré — on ne le peut pas de son cœur : sentiments, goûts, passions, tout vient à l'homme comme les idées qui occupent les rêves, « sans que nous nous en mêlions ». Il n'y a donc qu'à se soumettre à cette donne qui ne dépend pas de la volonté.

L'immuabilité des caractères, pour elle un dogme, elle a trouvé à l'exprimer dans l'art du portrait, alors si prisé et qu'elle maniait avec une sûreté sèche. Elle en a laissé beaucoup, portraits des autres, portraits d'elle-même. Tous composés comme dans la lumière fixe et froide du Nord, écrits à ce présent de l'indicatif qui confère au peintre la neutralité de l'entomologiste et au modèle vivant l'immobilité de la nature morte. Aucun tremblé ici, aucun pathos moralisateur, aucune brume embellissante. Voici la grosse, grossière, excessive duchesse d'Aiguillon : « Elle est comme ces statues faites pour le cintre et qui paraissent monstrueuses étant dans le parvis. » Voici Formont, ami indifférent et fidèle, exempt de passions, mais avec « un fond de bonté qui dédommage ses amis de tous les sentiments qui lui manquent ». Voici madame du Châtelet, la savante amie de Voltaire, la belle Émilie : « Comme elle veut être belle en dépit de la nature et magnifique en dépit de sa fortune, elle est obligée pour se donner le superflu de se passer du nécessaire. » Les portraits de madame du Deffand sont tous tendus vers une définition péremptoire de l'être. Ainsi d'Alembert, suffisamment peint quand on a dit qu'il était « l'esclave de la liberté » : le portraitiste doit non seulement attraper la ressemblance, mais l'épingler.

La fixité, qui rive chacun à lui-même, n'est même pas compensée par la variété que la nature sème ; car si les caractères sont assez nombreux pour nourrir l'art du peintre, ce ne sont que variations sur le même : tous les hommes sont semblables par le peu d'intelligence et de vertu. Devant le spectacle que lui donne la petite société qu'elle s'est choisie, la marquise bâille, vaincue par l'ennui : « Nous étions tous parfaitement sots, mais chacun à sa manière. » Dans les gestes de ses hôtes, leurs propos, leurs saillies même, elle voit percer la rigidité des automates : « Hommes et femmes me paraissaient des machines à ressort qui allaient, venaient, parlaient, riaient, sans penser. » C'est que la nature distribue ses emplois chatoyants sur un livret très monotone, qui ressasse le malheur de la condition humaine, le désespoir d'être né et de devoir mourir, la brièveté du passage sur la scène, la caducité et la mort. Ce ne sont pourtant pas des leçons d'égalité que dispense à madame du Deffand cette nature si cruellement équitable — elle était, aux dires de Julie de Lespinasse, « grande ennemie de l'égalité naturelle » —, mais plutôt une tolérance tiède, indifférente aux errements de chacun. Quand madame Louise, fille de Louis XV, se fait carmélite, ce comportement, extravagant aux yeux réalistes de la marquise, peut pourtant être ramené à la loi commune : l'impossibilité pour l'homme d'être heureux. On pourra donc bien modifier à l'infini les conditions et les caractères, tout sera toujours identique dans l'insatisfaction et l'inquiétude : capucins et religieuses sont tourmentés de leur âme à l'égal des incroyants. Elle est consciente qu'il est un peu ingrat, ce regard fixe et froid porté sur les êtres ; un peu desséchant aussi, ce sentiment de la nullité finale de toutes choses ; mais au moins est-on par là guéri de toute velléité de revendiquer et de récriminer, prémuni du ridicule qu'il y a à attribuer ses peines aux circonstances extérieures.

Voltaire trouve qu'elle force le trait. Pour lui comme pour elle, l'homme est un pou misérable, sur qui la vengeance, l'envie, l'intérêt, les passions en un mot, ont un irrésistible pouvoir d'entraînement. Mais il croit aussi qu'il y a dans la nature humaine un instinct d'espérance, que la frivolité des êtres les sauve de la tentation du suicide et que la philosophie sert à quelque chose. Ce qui la fait bien rire. Les désaccords de Voltaire et de la marquise tournent autour de deux questions, toujours les mêmes. D'abord le rapport de la pensée et du bonheur : plus on pense, soupire-t-elle, plus on est malheureux ; et c'est à quoi il ne peut consentir, lui qui professe que la pensée délivre du préjugé et qu'« il y a du plaisir à se sentir d'une autre nature que les sots ». Ensuite, les leçons de l'expérience. Elle tient que celle-ci ne produit rien, que rien ne s'acquiert durablement. Pour lui, l'expérience est cumulative. Il croit à l'aménagement du monde par les inventions raisonnées des hommes, à la réforme, au triomphe des Lumières sur l'obscurantisme et la superstition. Ce n'est pas rien, se félicite-t-il, de s'être affranchi de la croyance aux fables. Pour elle, en revanche, s'être dépris des fables ne suppose nullement qu'on soit éclairé, bien moins encore consolé.

Ainsi s'explique son attitude défiante à l'égard des philosophes. Même au temps de son amitié avec d'Alembert, quand Julie, qui n'était pas encore devenue pour elle « mademoiselle de Lespinasse », ne l'avait pas détournée des encyclopédistes, elle avait laissé deviner sa perplexité face à un des credo du siècle : qu'il y a un bon gouvernement et que l'homme peut en être le législateur. Pas plus qu'à la malléabilité de la nature, madame du Deffand ne croit aux progrès de l'histoire. Même la grande bataille pour la tolérance lui paraît suspecte. Les persécutés, sans doute, la prêchent, mais cesseraient-ils d'être victimes, ils ne la prêcheraient plus. Aussi pèse sur elle l'horrible soupçon — Voltaire lui-même le partage un moment — d'être passée dans le camp borné des Palissot, des Pompignan. En réalité, elle ne ferait pas cet honneur à des médiocres, mais elle se refuse à s'enrôler ; elle déteste les engouements de doctrine, les colères et les étroitesses de l'esprit de parti : cette aveugle redoute les aveuglements. Et quand son cher Voltaire s'acharne contre l'infâme, elle hésite : est-ce sénilité ? Est-ce puérilité ? Une preuve de mauvais goût en tout cas.

Si elle juge que Voltaire gaspille son talent dans le combat anticlérical, ce n'est pas qu'elle se sente assurée d'une autre vie : l'éternité, l'existence d'un autre monde sont des mystères. Pourtant, elle assiste aux offices de la chapelle qui jouxte ses appartements au couvent Saint-Joseph. Quand on lui apprend l'entrée en religion de sa nièce aînée, elle se réjouit : au moins celle-ci ne donnera pas naissance à des malheureux. Avantage négatif, mais elle sent aussi à plein quels avantages positifs il y aurait à embrasser la religion. Croyez, lui dit-on, c'est le plus sûr. Elle en convient, mais ajoute : « Comment croire ce qu'on ne comprend pas ? » En ce domaine comme en d'autres, elle tient qu'on ne peut forcer son tempérament et croire ce qu'on n'est pas prêt à croire. Mais elle regrette de n'y pas parvenir, et La Harpe, toujours mauvaise langue, raconte que c'est parce que les épîtres de saint Paul l'ennuyaient à mourir. La raison de son indifférence au christianisme est en réalité plus profonde, liée à la représentation qu'elle se fait du temps. Le temps, ce radoteur sempiternel, ne peut jamais, selon elle, recéler d'événement critique. Aucune chute n'a introduit d'écart entre le destin de l'homme et sa nature, aucune conversion ne peut transformer les conditions du bonheur. Jamais une vie ne se retourne ni ne se rachète.

La seule chose à laquelle elle est fière de croire est encore une manière d'illustrer la fixité qui est au fond de sa pensée : c'est le goût, qui comporte à ses yeux des règles immuables et des exemples indiscutés, et qui est donc bien supérieur aux

mœurs, trait où s'affirme un antirousseauisme instinctif. Elle
est sûre de son goût et de posséder des modèles du beau, du
bon, du vrai. Sainte-Beuve lui accordera qu'en ce domaine elle a
été sans rivale. La postérité a ratifié ce qu'elle avait aimé, lui a su
gré d'avoir défendu Montaigne contre Walpole, d'avoir mal
supporté que celui-ci pût aimer à la fois Sévigné et Crébillon.
On l'applaudit d'avoir, contre tant de ses contemporains,
démêlé la banalité de Thomas, la fadeur de Saint-Lambert,
d'avoir aperçu le naturel du roman anglais, souhaité retrancher
un bon tiers de Clarisse, montré de la tiédeur au théâtre
pédagogique de Voltaire, *Les Guèbres, Les Lois de Minos,* et vu
dans *Les Scythes* « des paysans de Chaillot ou de Vaugirard ».
Le goût, comme la langue classique, est à ses yeux une mesure
immuable, et c'est à son aune fixe qu'on la voit apprécier les
auteurs et les œuvres. Ainsi la Bible : on ne peut l'ouvrir sans
être saisi de « l'effroyable ton » qui y règne, consterné de
constater à quel point « le Saint-Esprit a peu de goût ». De fait,
quand on s'est une fois muni des grands exemples classiques de
l'écriture, peu d'œuvres deviennent fréquentables. Et que dire
des contemporains ? Les lettres de la marquise, surtout quand
elles sont adressées à Voltaire, en qui, malgré ses manquements
de vieillesse, elle perçoit un allié dans la grande cause du goût,
retentissent de plaintes : il n'y a plus de gaieté, plus de grâces, le
ton pédant et didactique a tout envahi ; même les sots, qui jadis
rachetaient leur sottise par un brin d'extravagance, ne sont plus
que sentencieux et plats. Propos de vieille ? Elle craint qu'on ne
le dise, mais ne croit pas que la sûreté du jugement de goût soit
affectée par l'âge : l'âme ne vieillit pas.

◆

Pour elle, donc, rien à attendre de l'avenir : elle est
brouillée avec l'espérance. Quant au passé, rien n'autorise à
croire qu'on verra resurgir ce qu'il a eu d'heureux. Julie de
Lespinasse, malgré son ressentiment, ou à cause de lui, a très
bien perçu cette disposition majeure de la marquise : « Elle se
souvient peu du passé et ne songe nullement à l'avenir. »

Pourtant il faut vivre. La seule ressource est donc dans l'instant et dans la façon de le ressentir, de n'en pas souffrir si l'on peut, de s'en divertir quand on peut. Rien de plus déterminé chez madame du Deffand que cette religion de l'instant et rien de plus désespéré.

Quand Horace Walpole la rencontre, en 1765, il est bluffé par cette déjà vieille dame qui court de théâtre en opéra, fait des chansons, compose des épigrammes, dicte des lettres à Voltaire, donne deux fois la semaine à souper chez elle. Lors de son second séjour à Paris, en 1767, il note, admiratif et incrédule, que l'amour de la comète la fait rester debout jusqu'à trois heures du matin. Infatigable dans la conversation, où elle voit l'essence même de la vie, elle fait preuve de ce que Walpole nomme une *prodigious quickness* : à la fois dans la manière de mener le récit, qui avec elle court toujours la poste (« L'archevêque de Toulouse avait un grand-père, ce grand-père était mon oncle, cet oncle était un sot, et ce sot m'aimait beaucoup ») et dans le mot d'esprit, talent éphémère bien accordé à sa philosophie ; elle s'estimait peu apte à la liaison des idées, le temps que demande le raisonnement argumenté la fatiguait, et il est significatif qu'après avoir lu et estimé l'*Essai sur les gens de lettres,* elle ait suggéré à d'Alembert de le « mettre en maximes », autant dire en miettes. Le fragment, en effet, est sa spécialité, *intelligenti pauca* sa devise, et le mot d'esprit, où elle excelle, est précisément cette saisie au vol de l'occasion, le grain de sel posé sur la queue de l'instant, qui l'immobilise, le fixe et lui prête le goût de l'éternité. Nul, parmi ses contemporains, ne chicanait à la marquise les succès qu'elle remportait dans l'activité de toutes la plus volatile : on répétait ses mots, elle en était glorieuse.

Mais affligée tout autant. Car pour exercer ce talent, où l'on s'absorbe bienheureusement dans l'instant, on a besoin des autres, de l'appui qu'ils offrent, de l'attente qu'ils expriment, de l'intérêt qu'ils manifestent et relancent. A Voltaire qui lui conseille de tuer le temps en écrivant, elle répond que l'écriture, cette activité si solitaire, n'est pas de son génie. Il lui faut donc toujours veiller à se procurer « de la société ». Rien de plus poignant que les dernières pages du journal que tient la vieille dame. On la voit, quelques jours avant sa mort, noter fébrilement le nombre des visiteurs, l'arrivée des lettres, s'inquiéter de donner à souper : jusqu'à treize convives parfois chez elle, alors même qu'elle agonise. Angoisse qui résume une vie entière : elle a toujours eu l'obsession de réunir assez de personnes pour tromper le tourment — elle le connaît par cœur et le décrit fort bien — réservé à celui qui n'a ni occupation, ni dissipation, ni passion et pourtant de la réflexion et de l'activité dans la pensée. Il est alors dans la dépendance absolue d'autrui. Elle, qui ne trouve en elle aucune ressource et « n'a que ce qu'on lui communique », ressent douloureusement cet esclavage, mais met tout son zèle à ce qu'il ne cesse pas. Un bref dialogue entre elle et madame de Choiseul, qui fut une de ses correspondantes privilégiées, le fait très bien comprendre. Madame de Choiseul lui avait confié que sa vie avait beau n'être pas « occupée », elle était pourtant « remplie ». Voilà qui ne convainc guère madame du Deffand : pour qu'une vie soit remplie, ne faut-il pas nécessairement qu'elle soit occupée ? Entre les deux femmes, le gouffre du malentendu. Car madame de Choiseul croit à une plénitude naturelle de l'âme, alors que pour madame du Deffand la plénitude est un travail, et l'amitié une épuisante dépense d'énergie.

On ne peut l'imaginer qu'entourée d'amis, mais elle nourrit bien peu d'illusions sur la profondeur et la solidité des amitiés. La crainte des déceptions la rend allergique à l'effusion. Le président Hénault qui, malgré sa tiédeur, s'est laissé aller à lui écrire une lettre presque tendre, en fait les frais : elle se moque, elle sait bien que ce n'est pas elle qui a inspiré ces douceurs. La faute en était au clair de lune, à « de certaines circonstances », à la disposition où la beauté du temps mettait l'âme impressionnable et faible du Président. Elle pratique avec ses proches le réalisme dur qui lui plaisait chez madame de Maintenon, si sèche pourtant, mais qui avait l'esprit de n'entretenir aucune illusion. Ses amis les plus chers, Formont, d'Alembert, elle les a élus pour « leur extrême vérité » plus que pour leur attachement à sa personne. Au surplus, elle n'exige pas d'autrui les sentiments qu'elle n'éprouve pas elle-même. Elle a en haine le verbiage, l'éloquence des beaux sentiments. Elle les débusque dans *La Nouvelle Héloïse,* où elle reconnaît des beautés, mais gâtées par le prêche sentimental. Le sommet de sa détestation : l'autre Héloïse et ses lettres avec Abélard, mélange de « galimatias, de dévotion, de métaphysique, de physique ». Le tout « faux, égaré, dégoûtant ».

La peur de s'en laisser conter a forgé la réputation de férocité de la marquise, dont Rousseau a donné l'inoubliable formule : « J'aime mieux encore m'exposer au fléau de sa haine qu'à celui de son amitié. » Quand elle s'était liée à Julie de Lespinasse, elle avait multiplié les lettres précautionneuses et réalistes, qui tentaient de fixer les termes et les réquisits de l'échange, d'en imaginer d'avance les dégoûts, d'inventer les moyens de les conjurer (méfiance dont Julie se souviendra dans le portrait vengeur qu'elle tracera de sa protectrice). Avec ses parents, qu'elle cherche à fixer près d'elle, elle en fait autant. La nature intéressée du commerce social et amical ne lui échappe jamais. À Walpole, elle décrit la satisfaction amère que lui a procurée une conversation avec la maréchale de Mirepoix qui partageait quelques-unes de ses aversions. Et ces haines, dit la pragmatique marquise, « me firent lui pardonner l'indifférence et peut-être la haine qu'elle a pour moi ». Sur quoi, elle commente : « Jolie société, charmant commerce ! » Car elle ne renonce jamais à porter sur elle-même et les autres un regard critique et considère sa petite société avec le détachement de celui qui est au théâtre. Étrange, du reste, la constance avec laquelle cette aveugle recourt au lexique du spectacle.

Amis peu sûrs, formules d'amitié trompeuses puisqu'elles « sont de tant d'usage à ceux qui ne s'aiment point », certitude qu'on n'aime jamais que soi, société qu'il faut s'évertuer à conserver sans être sûr d'y prendre du goût, instants d'oubli qui sont le seul bonheur accessible à l'homme, mais qu'on ne peut justement réussir à pérenniser, conversation dont rien ne reste et qui ne vaut que par la peur du silence, plaisirs sitôt finis qu'éprouvés, dissipation à la fois nécessaire et dérisoire : on comprend que l'arrangement imaginé et poursuivi par madame

du Deffand ait pour corollaire l'ennui et le désespoir. Elle
supplie d'Alembert d'imaginer contre l'ennui un remède, pour
elle la vraie pierre philosophale. L'ennui, qui scande toute la
correspondance, est la pierre de touche de tous les jugements,
dans la vie comme dans la littérature (« *L'Encyclopédie* m'a
ennuyée à mort »). Mais c'est un ennui très particulier.
Walpole, qui en fut le confident privilégié, avait dans sa
jeunesse écrit que « le fantôme de l'ennui le hantait constamment ». Mais l'ennui de Walpole, qu'il proposait plaisamment
de traduire par « recevoir chez soi », était, en raison des
ressources infinies du divertissement chez ce dilettante, une
forme bénigne, infiniment policée et dépourvue de tranchant.
Chez madame du Deffand, l'ennui est une crise brutale —
« Tout à coup, avait écrit monsieur du Chatel, on voit s'éclipser
toutes les lumières de son esprit » —, violente, torturante. Une
plongée, une descente aux enfers.

Vers 1751, elle a connu, sans qu'on puisse en reconstituer
l'histoire, ce qu'on étiquetterait aujourd'hui dépression et
qu'elle nomme l'« abîme des vapeurs ». Paris lui devient
odieux, elle songe même, un comble pour elle, à se retirer à la
campagne. En contant plus tard cet épisode de « vapeurs
affreuses » à Voltaire, elle le définit comme « le néant où mon
âme était plongée ». Et même une fois la crise dépassée, l'ennui
ordinaire, celui qui fait sentir le poids des heures, la replonge
toujours dans l'angoisse ancienne ; car c'est le signe avant-
coureur du néant, qui « donne une idée des supplices de l'autre
monde ». Ennui et tristesse sont pour madame du Deffand des
états actifs. L'intensité, presque la fraîcheur agressive que prend
l'ennui chez elle ont frappé tous les contemporains. Maison
soudain démeublée, chandelle brusquement soufflée : ce sont
les images dont on use pour peindre les éclipses de la marquise.
Dans ces moments-là, elle cherche son âme « et n'en trouve que
la réminiscence ». Ce sont les « grandes vapeurs ». Celles-ci,
elles les vaincra parfois, mais ne parviendra jamais à se
débarrasser des petites. Il y a pour elle deux seuls modes d'être :
ennui, plaisir, dans une existence qui fonctionne comme un
moteur à deux temps. Tel est le tourment d'une âme fâchée avec

les accomplissements de la durée, condamnée à sauter de diversion en diversion et, entre les deux, menacée par l'« abattement ». Ce contraste est aussi celui des écrits de la marquise : le paradoxe de sa correspondance est d'être à la fois fort vive et fort répétitive ; celle qui écrit sait que la monotonie de ses plaintes risque de fatiguer ses correspondants, s'en arrache par saccades pour y retomber aussitôt.

L'étonnant, quand on prête l'oreille à cette longue plainte, c'est le peu de place qu'y tient le fait d'être une femme. Monsieur du Chatel, qui n'en revenait pas de voir un esprit « mâle et nerveux » logé dans ce corps « féminin et débile », écrivait qu'en la considérant on pouvait croire à une méprise de la nature : « Son sexe, concluait-il, a contrarié son génie. » Et elle, se sentait-elle femme ? À la différence de tant de ses contemporaines, elle avait détesté la bible féminine du siècle, l'*Éloge des femmes des différents siècles* par Thomas. Très rares, du reste, sont, dans ses textes, les simples occurrences du mot « femme ». Très rares, encore, les allusions à des faiblesses particulières aux femmes. À une exception cependant : après avoir crédité la comtesse de Boufflers d'une qualité rare, l'esprit de suite et d'application, elle ajoute « surtout chez les femmes ». Mais on sent que c'est manière de renforcer l'éloge : un tribut à une image convenue plutôt qu'une conviction personnelle. Car si la marquise porte sur ses qualités d'esprit un regard dépourvu d'illusions, elle n'a pas pour autant petite idée d'elle-même. Elle se sait le centre nécessaire de sa compagnie, cette figure féminine irremplaçable sans laquelle, selon Morellet, il ne pouvait y avoir de conversation habituellement bonne. Sentiment conforté par l'admiration de ses amis. Voltaire lui parle comme à une femme d'exception : « Ne rougissez point, lui dit-il, de joindre aux grâces de votre personne la force de votre esprit. Faites des nœuds avec les autres femmes, mais parlez-moi raison. » Elle ne se récrie pas, répond sur le même ton. Quand le même Voltaire ne lui envoie aucun de ces « rogatons » dont elle est affamée comme remède à l'ennui, elle gémit : il la traite comme une caillette. À cette catégorie particulière de femmes, les « caillettes », elle serait prête à attribuer les traits que la convention prête aux femmes. Mais elle ne songerait pas à les étendre au sexe tout entier, et elle mesure l'estime qu'elle a pour ses sœurs à leur capacité de n'être pas caillettes. Elle-même est sûre de ne point l'être du tout, et elle rend à la triste et sévère madame de La Fayette cet hommage décisif : elle n'était pas une caillette.

Aussi ses plaintes ne portent-elles jamais que sur le malheur général de l'espèce humaine. Elle gémit de l'âge et de la caducité, emblèmes de la fatalité. Ce qu'elle souhaiterait passionnément, c'est trouver des réponses aux éternelles questions : « Pourquoi vieillit-on ? » « Pourquoi sommes-nous sur terre ? » Elle ne s'attarde jamais à la particularité du corps féminin. Contente d'avoir échappé à la maternité. Mais ce n'est pas pour les souffrances et les peines qui lui sont attachées, c'est pour ne pas mettre au monde un malheureux de plus. La maladie elle-même, les « vapeurs » de la dépression ne sont pas un accident de l'individu sexué, mais menacent tout être. Le seul trait qui pourrait singulariser les femmes, avait-elle confié à madame de Choiseul, est qu'elles ne conviennent jamais de leur ennui. En quoi elle échappe une fois encore à la règle, elle qui ne parle guère que de cela. Bref, dans les contraintes qui pèsent sur la triste condition humaine, la nature féminine n'ouvre pas un chapitre particulier.

Et pas davantage l'histoire. On la voit fugitivement toucher au problème de l'éducation des filles qui se prêtait si bien, en son temps déjà, à la dénonciation de la frivolité à laquelle une société injuste condamnait les femmes. Mais les plaintes de madame du Deffand sur l'éducation du couvent (elle aurait bien souhaité qu'on lui fît lire de bons auteurs et se souciât de développer son esprit) s'entendent sans référence particulière au sexe. La marquise aborde en termes strictement individualistes le problème de l'éducation. Elle regrette que celle-ci n'ait pas compensé chez elle l'absence de talent inné, vaincu la difficulté à s'appliquer fortement à un objet, la peine à écrire et à formuler sa pensée. Mais à quoi faut-il renvoyer ces insuffisances ? À des difficultés de digestion, à une faible constitution, qui n'épargnent personne. S'il y a donc bien pour

elle une échelle du mérite et des talents, qui fait des « médiocres » et des « supérieurs », cette hiérarchie ne tient aucun
compte de la catégorie grossière du sexe. Celui-ci ne compose
nullement un mode spécifique d'existence. Du reste, la marquise déteste toute généralisation, raille les philosophes quand
ils prétendent s'adresser à l'Humanité majuscule, ne veut avoir
affaire — de là son goût pour les héros de roman, les Mémoires,
les autobiographies — qu'à des individus particuliers. Elle ne
pardonne pas à Crébillon le portrait global qu'il fait des
femmes. Non seulement elle ne saurait s'y reconnaître —
« Rayez-moi, écrit-elle à Walpole, de la peinture que Crébillon
a faite des femmes » —, mais l'entreprise elle-même lui paraît
tout à fait incongrue. Crébillon est « un faquin qui n'a jamais
vécu qu'avec des espèces ».

Il arrive pourtant que ses amis la ramènent à cette féminité
dont elle ne veut souffler mot. Voltaire, au moment le plus
épineux de leur commerce — quand il ferraillait avec Pompignan et qu'elle n'admettait pas qu'il fît à ce médiocre l'honneur
d'une controverse —, avait écrit au président Hénault, sûr que
la lettre serait montrée à la marquise : « Je vois que malgré
toute sa raison elle est encore femme. » Et dans une lettre
postérieure, adressée à elle cette fois : « J'ai mandé à votre ami
que vous êtes assez comme les personnes de votre sexe qui font
des agaceries et qui plantent les gens après les avoir subjugués. »
Mais elle ignore la provocation, ne se soucie jamais d'adopter ce
terrain de discussion. Il faudra une autre rencontre, un autre
ami et presque une autre vie pour qu'elle l'accepte, non sans
broncher.

◆

Car si l'existence de madame du Deffand s'était achevée
en 1760, alors qu'elle a soixante-quatre ans déjà, son portrait
serait celui d'une femme terriblement méfiante, à l'esprit aigu et
sec, gouvernant son existence de manière à ne jamais se laisser
surprendre, manifestant le talent, paradoxal pour une aveugle,
de traiter le monde comme un spectacle (elle s'en divertit et ne

s'y investit guère), et qui s'est arrangé une existence vivable, mais très artificielle. Tout cela bascule dans la rencontre avec Walpole, et nul ne l'a dit plus fortement qu'elle : « Je daterai du jour où je vous ai connu. »

Horace Walpole, à l'automne de 1765, était depuis quinze jours à peine à Paris quand il note dans son journal avoir fait visite à « une vieille dame aveugle de beaucoup d'esprit ». En écrivant quelques jours après à son ami Conway, il renchérit : « une vieille et aveugle débauchée d'esprit ». Et quelques jours plus tard encore : « fort vieille et tout à fait aveugle ». En quoi il épouse la façon que la marquise a de se définir elle-même comme une « sempiternelle ». Mais dès janvier, leur relation est devenue moins extérieure, et il note, admiratif, que la double disgrâce de la vieillesse et de la cécité a laissé intact tout le reste : « vivacité, esprit, mémoire, jugement, passion, agrément ». Son commerce avec les grands hommes du siècle la grandit aussi à ses yeux — la correspondance avec Voltaire surtout : il la voit comme un monument vivant ; et pour cet homme avide de potins, le salon rouge et or est une première loge, grande ouverte sur la vie parisienne.

Et elle, comment a-t-elle jugé, aux premières rencontres, ce dilettante, cet aristocrate raffiné auquel on ne connaît que des passions décoratives ? Car Walpole s'est voué à l'arrangement de sa maison de Strawberry Hill, qu'il meuble dans le goût gothique ; et à l'arrangement d'une énorme correspondance, qu'il festonne amoureusement. Ce tempérament ornemental est dominé par le souci de l'impression qu'il fait et de l'image qu'il laisse, et mené par une peur panique du ridicule, que ses biographes ont diversement interprétée. Tantôt, comme Macaulay, en y voyant la preuve d'une nature simulatrice, artificielle et maniérée. Tantôt, comme Lytton Strachey, l'indice d'une fragilité émotive. Quoi qu'il en ait été réellement, ce trait psychologique ne rendra pas aisée la relation entre Walpole et la marquise. Mais, pour l'heure, elle ne le voit pas, pas plus qu'elle ne le voit lui-même, et doit se satisfaire des portraits qu'on lui fait : « ces yeux qu'on dit être si beaux ». Elle est d'abord sensible à sa voix, aux délicieuses hésitations de son accent et à son talent de conversation, où elle retrouve la distance ironique qu'elle prise tant : il a « beaucoup d'esprit ». Elle note aussi avec satisfaction sa tiédeur à l'égard de l'engagement des Lumières : il a beau être beaucoup plus jeune qu'elle, il est comme elle désabusé. En un sens, lui aussi est un homme du passé. Et, comme elle encore, un aristocrate. Peut-être l'est-il même un peu trop : elle doit, quand Walpole, dans une lettre à Voltaire, utilise pour se définir lui-même l'expression d'« homme de condition » — il attribuera cette bévue à la traduction —, le rappeler au code de l'égalité méritocratique. Et s'il allait blesser ainsi l'oreille bourgeoise de Voltaire ? Celui-ci pourrait bien rétorquer qu'il ne savait pas que les gens de condition fussent différents des autres.

Mais les rencontres du tempérament et du goût n'expliquent pas tout. Car il y a chez Walpole, par ailleurs, beaucoup de traits qui laissent madame du Deffand perplexe. Sa propension décorative, par exemple, le goût pour la porcelaine, les jardins, autant d'énigmes pour elle légèrement ridicules : comment peut-on trouver du charme à des objets inanimés ? Au reste, ce qui joue chez elle n'est pas l'évaluation réfléchie de leurs accords et désaccords, mais le « je ne sais quoi » du coup de foudre, allumé par un malentendu. Walpole, sur la route du retour à Londres et en passant par Chantilly, lui a adressé une lettre hélas égarée et dont on ne sait au juste quel était le ton. Imprudent à coup sûr. Car elle croit y lire une déclaration d'amour, « l'aveu de ce que vous pensez pour moi ». Elle y répond à cœur perdu, par d'autres aveux : elle dit l'agitation insomniaque où il l'a laissée, la tendresse (« On ne peut aimer plus tendrement que je vous aime ») et même, comme si toutes ses réserves de méfiance avaient fondu d'un coup, risque l'affirmation la plus contraire à son génie amer : « Je crois que l'on est récompensé tôt ou tard suivant ses mérites [c'est ce qu'on n'aurait jamais imaginé qu'elle pût même espérer] ; et comme je crois avoir le cœur tendre et sincère, j'en recueille le prix à la fin de ma vie. »

Est-ce l'amour ? Assurément. Madame du Deffand, sur laquelle l'amour vient de fondre sans préavis, comprend à peine ce qui lui arrive. En un clin d'œil, elle change de langage (au point d'user du lexique sentimental qu'elle a toujours proscrit, ce qu'elle appelle « les styles de Scudéri »), d'âge (« Je n'ai que treize ans »), de vie et d'expérience (« J'oublie que j'ai vécu ») et se sent si régénérée par le sentiment qui vient de naître qu'elle ne craint pas de le nommer un « nouveau baptême ». Que de bénéfices à cette conversion de l'existence par l'amour ! On est arraché à soi (« Je suis plus à vous qu'à moi-même »), guéri des dégoûts de l'ennui par l'objet unique autour duquel tourne la pensée, miraculeusement doté d'une pénétration inouïe : « Quand vous étiez dans les mêmes lieux que moi, je devinais ce que vous pensiez, vous saviez ce que je pensais et nous ne tardions pas à nous le dire. » La conscience qu'un être aimé vous aime illumine le quotidien. Et c'est une panacée : « Quand on aime et qu'on est aimé, on est au-dessus de tout. » Sur cette nature soupçonneuse, un vif soleil d'arrière-saison vient de se lever.

L'éblouissement a sa contrepartie. L'amour est une boîte de Pandore. À peine ouverte, elle laisse envoler un essaim d'angoisses. Angoisse sur soi : comment vous aurais-je plu ? Qu'est-ce qui peut vous attacher à moi ? Angoisse sur l'autre : toute matérielle parfois, crainte de la mauvaise nouvelle, à laquelle elle ne sait si elle pourrait faire face, de la maladie, de l'accident ; mais plus souvent encore, angoisse sur la nature de l'échange : et si la lettre qu'elle attend, haletante, allait être « à la glace » ? L'automne de 1765 a vu l'indomptable marquise se mettre à trembler. C'est qu'elle est sans illusions sur ce que Walpole sent pour elle et, à peine les deux premières lettres échangées entre eux, il ne l'a pas laissée en nourrir beaucoup.

Quelle était exactement la nature de ses sentiments à lui ? Si on s'en tient aux manifestations extérieures, il est hors de doute que Walpole a eu pour elle une fidélité très affectueuse : il fit des voyages à Paris dans le seul but de la rencontrer, recueillit après sa mort son affreux chien. Mais il avait un sens très ombrageux du décent et de l'indécent, haïssait l'absence de réserve et vivait dans la terreur d'être le héros moqué d'un roman épistolaire. Ses lettres, dès les premières lignes, débordent de recommandations : qu'elle ne les montre surtout à quiconque, qu'elle n'aille pas parler de lui. À la moindre manifestation de tendresse, il s'affole, la gourmande, la supplie de parler en femme raisonnable. Il refuse toutes ses plaintes, il menace : « Si vous voulez que notre commerce dure, montez-le sur un ton moins tragique. » Il se déclare tout à fait insoucieux de leur amitié, si « cette amitié a les inconvénients de l'amour sans en avoir les plaisirs ». Le mufle. Face à ces sévérités et à ces dédains, elle se sent tenue de lui répéter que nul ne pourrait le croire l'amant d'une femme de soixante-dix ans. Mais rien ne désarme sa méfiance à lui. Et comme il a fort bien compris que ce qu'elle supportait le moins était d'être taxée de sentimentalité larmoyante — comme une vulgaire caillette justement —, il dénonce son imagination romanesque. Un comble pour une femme qui avait confié au président Hénault, avec quelque orgueil, n'avoir ni « tempérament, ni roman ». Walpole touche souvent à la grossièreté, mais il n'a pas tout à fait tort. L'austère marquise se conduit comme une jouvencelle éperdue. Elle défaille à l'heure du courrier, épluche les lettres en tremblant, achète un coffre pour y serrer la précieuse correspondance.

Où est passée celle qui répétait : « J'aime l'ordre, j'aime la raison » ? Qui pourrait encore reconnaître la sarcastique madame du Deffand ? La voici prête à tout accorder à cet énigmatique Anglais (à l'exception toutefois du jugement littéraire, où elle s'estime plus éclairée que lui et où elle tient bon, déterminée à défendre Montaigne contre Crébillon). Et d'abord, elle accepte l'humiliation d'avoir en face d'elle un homme rongé par la peur, qui n'écrit de lettres qu'à la condition expresse de se les voir restituer. Elle se soumet à la règle, légèrement offensante, du silence qui doit, selon lui, gouverner leur liaison : « Je ne prononce plus votre nom » ; « Je me soumets, sans murmurer, sans me plaindre, à tout ce que vous décidez ». Encore cette contrainte serait-elle assez légère. La pire consiste à réprimer tous ses premiers mouvements, impatience, colère, tendresse ; à feindre l'ironie et le détachement puisque c'est ce qu'il veut, à camoufler le lexique de l'amour sous celui de l'amitié ; mais quelle cruauté de s'en tenir, avec la

seule personne qu'on aime, aux expressions « dont on use avec
ceux qu'on traite d'amis sans rien sentir pour eux » ! De cette
épuisante dissimulation, elle dit tristement : « Vous êtes presque parvenu à me rendre fausse. » Cette amante de la vérité
déteste la contorsion que Walpole lui impose, mais la crainte de
recevoir une glaciale rebuffade est la plus forte : « J'aime mieux
étouffer toutes mes pensées que vous déplaire. » Du coup, elle
jure de s'amender, de s'en tenir à l'agenda mondain dont elle
sait qu'il est friand. Elle lui livre donc ce qu'il attend, la
chronique de Paris, soupers, théâtre, jeu, personnalités brill-
lantes. Cette gazette la rebute : est-ce là, pour qui aime,
l'essentiel ? Tant pis pourtant, elle écrit, elle écrit, même pas
rassurée sur la qualité littéraire de ce qu'elle lui donne. Car elle
sait qu'elle a une étrange rivale, en la personne de madame de
Sévigné à qui Walpole vouait un culte exalté. Et madame du
Deffand mesure tout ce qui la sépare de l'autre marquise, dont
l'imagination abondante et lumineuse décolore les petits récits
aigus et secs qui sont de son génie à elle.

À cette servitude volontaire, elle trouve quelques charmes.
Il est délicieux de s'entendre appeler « ma chère petite » ;
d'user, avec une sorte de frénésie extatique, du langage de la
subordination. Elle, qui n'a jamais été dévote de quiconque,
même pas de Voltaire, lui écrit d'emblée : « Vous êtes mon
tuteur, mon gouverneur. » Elle le supplie de ne pas abandonner
son éducation et parle avec ivresse de ses « leçons ». De-ci de-
là, elle risque, en les calculant soigneusement, quelques « douceurs ». Et même l'annihilation complète de sa personnalité lui
procure un trouble plaisir : « Vous m'avez rendue poussière. »

Parfois, au milieu de mille « je me soumets », le naturel
rebelle revient au galop. Les lettres de madame du Deffand sont
trouées d'explosions de colère contre la « tête fêlée » à laquelle
elle a eu la folie de s'attacher. Elle essaie le sarcasme où elle
excelle (sans doute pense-t-il qu'elle a fait vœu de le dompter ?
Elle serait trop heureuse de l'avoir seulement « apprivoisé »).
Elle lui réclame un modèle de lettre, à copier dorénavant pour
qu'il soit enfin satisfait. Elle a des sursauts de fierté offensée :
« Je ne comprends pas pourquoi vous vous êtes permis d'écrire

des choses aussi outrageantes à une femme de mon âge. » Elle cherche à renouer avec le sentiment ancien de sa valeur : « Je suis positivement ce qu'il vous convient d'aimer. » Elle essaie du chantage : s'il ne lui écrit pas, il la verra un beau matin débarquer à Strawberry Hill. Elle menace d'arrêter là toute correspondance. Elle le fait. Cela dure deux mois, après quoi elle capitule : « Mon ami, mon unique ami, au nom de Dieu, faisons la paix. » Elle sait bien, elle le répète à Walpole, qu'il est impossible de « rien changer à ma façon de penser pour vous ». Le « je ne peux pas m'en empêcher », qui lui servait jusque-là à décrire l'immuable fixité de la nature humaine, lui sert désormais à constater l'embardée hors de sa nature.

◆

Devant ce dernier acte si inattendu, les critiques jubilent. La voici bien prise au piège, celle qui disait : « Je sais qu'on n'aime point, je ne désire pas être aimée », et désormais soupire : « Je ne connais de bonheur que d'être aimée de ce que l'on aime. » Certains critiques, comme Scherer, voient dans l'épisode Walpole une incongruité (l'amour chez une septuagénaire n'est pas seulement ridicule, il est impossible). D'autres, plus pénétrants et plus généreux, comme Sainte-Beuve, s'enchantent de voir madame du Deffand se conduire enfin comme une femme. Ce long été de la Saint-Martin est la revanche de la nature féminine qu'elle a voulu ignorer, sinon bafouer. La relation inégale et subalterne qu'accepte au soir de sa vie la redoutable marquise dévoile une tendresse cachée, longtemps restée sans usage. Pour beaucoup, elle illustre aussi l'inconséquence du sexe tout entier.

Cette dernière explication habile beaucoup trop large : il y avait dans le personnage de madame du Deffand assez de traits contradictoires pour n'avoir nul besoin de recourir à une contradiction si platement générale. Car selon qu'on consulte tel ou tel de ses biographes, ou tel ou tel de ses contemporains, on tient deux portraits de la marquise. Être de passion ici, être de raison là. Personne fragile pour les uns, féroce pour les autres. Féroce si l'on en croit les encyclopédistes, tous alignés sur le portrait laissé par Julie de Lespinasse de la marquise comme un « méchant enfant », insupportable et tyrannique. Fragile, en revanche, « un être de bonté dont il faut combattre les illusions sur l'amitié », si l'on en croit Walpole. Femme très raisonnable aux yeux de Voltaire. Très déraisonnable, au contraire, toujours selon Julie qui voyait la passion présider à la plupart de ses décisions. Et le verdict de Julie reçoit cette fois l'aveu de Walpole qui concédait à la marquise un jugement très pertinent sur les sujets de raison, mais très fautif sur les questions de conduite : là, elle était « tout amour et toute haine ».

Ne peut-on imaginer pourtant ce qui chez elle finissait par accorder férocité et fragilité, passion et raison ? La férocité de la marquise est une défense contre sa fragilité, et sa froideur (cette manière qu'elle a de considérer que tout, en fin de compte, est égal et indifférent) une ruse contre la déception et la souffrance. Quant à la raison, monsieur de Forcalquier avait très pertinemment dit d'elle qu'« elle avait pris la raison comme les femmes habituellement prennent la dévotion ». Elle-même sait qu'elle est une « petite emportée », et c'est ce qui la fait broncher quand Walpole la campe en héroïne de roman (c'est-à-dire, à ses yeux, ennuyeuse et fade), tout le contraire de ce qu'elle sent remuer en elle. Elle pratique la raison comme un exercice exalté, en intégriste. Et c'était aussi sa façon de pratiquer le doute, elle se gardait, avait-elle dit, de s'élever contre les affirmations des autres, de peur de se laisser entraîner à affirmer à son tour. Mais cette gymnastique tendue et volontaire ne lui paraît pas pour autant pourvue d'efficacité. A-t-elle vraiment, cette raison, le pouvoir de guérir les illusions de la passion ? Elle n'en jurerait pas.

Quand elle serait possible, une guérison de ce genre est-elle souhaitable ? Madame du Deffand comprend à la fois la nécessité de se prémunir contre l'illusion et le besoin que les hommes en ont. Elle se méfie fort de l'illusion dont on retombe meurtri, mais appellerait volontiers de ses vœux une illusion éternelle : la croyance aux champs Élysées, par exemple, ou encore l'aptitude native des ingénus à « prendre pour or les feuilles de chêne ». C'est que l'illusion passionnelle, tant qu'elle dure, a au moins le mérite d'absorber l'être tout entier dans une activité qui lui tient lieu de tout : seuls échappent à l'ennui les fous, les amants, les ivrognes.

C'est donc le sentiment amer de l'inutilité, doublé de l'horreur du vide, qui rend compte des deux versants de sa personnalité, accorde la fixité de son esprit et la frénésie de son comportement, la quête de la dissipation et la conviction de son inanité, le volontarisme et le scepticisme. Et on comprend mieux alors en quoi la passion pour Walpole, loin d'être un épisode incongru, achève cette vie dans une manière de cohérence. Toute humiliante, toute meurtrissante même qu'elle soit, elle emplit l'âme en tout cas : « Quand l'âme est fortement occupée, il ne lui manque rien. » Et si le tourment ordinaire de cette âme est une forme extraordinaire d'ennui, alors la passion malheureuse elle-même devient une forme de bonheur. En rencontrant Walpole, la marquise du Deffand a troqué l'ennui contre la souffrance, mais si l'ennui est le mal absolu, le manque douloureux d'un être est encore plénitude. Appuyons-nous donc un instant à la fenêtre d'où Walpole contemple la Tamise, et décachetons avec lui la lettre où la marquise lui avoue sur elle-même le vrai du vrai : le besoin d'amour. Silence ! « C'est un secret qui vous est réservé et dont je n'ai pas la moindre envie d'instruire personne. »

MADAME DE CHARRIÈRE

Isabelle de Charrière est née Belle de Zuylen en Hollande, dans une famille noble qui lui donne une éducation raffinée, dont elle saisit avidement les chances. Après d'infructueuses tentatives pour s'émanciper de sa famille par le mariage, objet d'une savoureuse correspondance avec James Boswell et Constant d'Hermenches, l'oncle de Benjamin Constant, elle finit par épouser en 1771 un gentilhomme vaudois, précepteur de son frère, et s'établit à Colombier, près de Neuchâtel. Elle y meuble sa solitude en écrivant quelques romans, Les Lettres neuchâteloises *en 1784 et, en 1787,* Caliste ou Lettres écrites de Lausanne, *qui lui assure un début de notoriété. Pour l'achèvement et la publication de ce dernier roman, elle séjourne à Paris, où elle fait la rencontre la plus importante de sa vie, en la personne de Benjamin Constant, avec qui elle échange de 1787 à 1795 une très intéressante correspondance, jusqu'à ce que madame de Staël vienne se mettre en tiers dans leur amitié amoureuse et finalement la rompe. Quand survient la Révolution, madame de Charrière, pénétrée du sentiment de l'égalité des individus, l'accueille avec sympathie. Du moins jusqu'au 10 Août, date à partir de laquelle croît son hostilité pour le cours qu'a pris la Révolution française. La correspondance, l'éducation de ses jeunes protégées, la musique et la littérature occupent ses dernières années sédentaires au Colombier, semées de romans mélancoliques, dont* Trois femmes *en 1798. Elle meurt en 1805.*

Isabelle ou le mouvement

Pour faire connaissance avec celle qui n'était pas encore madame de Charrière, mais seulement Belle de Zuylen, le plus court est de la suivre au bal que donne à La Haye, le 28 février 1760, le duc de Brunswick pour le mariage de sa sœur Caroline. Elle n'a pas vingt ans. Jolie, pas jolie ? Difficile à dire, c'est, disait-elle, « selon qu'elle veut se faire aimer ». Agréable à coup sûr, animée, une physionomie si mobile qu'elle fera, quelques années plus tard, le désespoir du peintre. Invité à faire son portrait, Quentin de La Tour détruira le premier, fort agacé de n'avoir qu'un « rien à ajouter aux yeux, mais ce rien ne veut pas venir ». Ce rien était tout : c'est aujourd'hui encore le regard d'Isabelle qui frappe le visiteur du musée de Genève dans le second portrait de La Tour, réussi celui-ci ; on y lit la vivacité, la curiosité, l'audace tranquille, la ferme volonté de savoir. Ces yeux qui ne se baissaient point s'accordaient mal à l'idée qu'on se faisait alors d'une jeune personne d'à peine vingt printemps. Ça, une demoiselle ? disaient, perplexes et malveillantes, les douairières.

Ce soir-là, il y a dans la foule brillamment parée du bal de La Haye un homme étrange, un colonel baron, avec sur le front un bandeau noir pour cacher un mauvais coup reçu à la bataille de Fontenoy. Curieux personnage, ce Constant d'Hermenches : un militaire claveciniste, qui trompe l'ennui des garnisons en composant de la musique, en écrivant des tragédies, en oubliant dans les bonnes fortunes qu'il est dûment marié et qu'il a laissé un maussade fantôme de femme à

Lausanne. Une gueule en tout cas, qui retient l'œil vif de la demoiselle, en quête d'une physionomie originale. Elle est suffisamment intriguée pour s'approcher de lui, alors qu'il ne la remarque pas ; suffisamment imprudente pour l'entreprendre la première : « Vous ne dansez pas, Monsieur ? » ; suffisamment pénétrante pour déceler immédiatement en lui « la sève, la chaleur de l'action » ; suffisamment confiante pour parler avec lui toute la soirée à cœur ouvert et nouer, du même coup, une amitié pour la vie ; suffisamment audacieuse encore pour prendre, quelques jours plus tard, l'initiative d'une correspondance, alors qu'entre-temps on lui a fait part de la sulfureuse réputation du baron. Mais cela est plutôt fait pour éperonner la demoiselle que pour la dissuader. Le bal, le baron, « vous, votre main, votre bandeau », comme elle le lui écrira, toute la soirée restera dans ses souvenirs mêlée d'un brin de sorcellerie.

Comment se façonne une jeune personne aussi inattendue ? Elle est née dans une fort bonne famille. Jacob Van Tuyll Van Zuylen, le père, baron de Serooskerken et de Westebroek, porte un grand nom d'Utrecht. C'est un homme austère, que l'amour de l'ordre et la conscience de ses devoirs définissent. La mère, elle, issue de la riche bourgeoisie d'Amsterdam, est aux dires de Belle un peu moins rigide, mais ne décide rien sans l'aveu de l'époux. Au total, les meilleurs parents du monde, ce qui pour la jeune fille tient la bride plus courte encore : car elle les aime, souhaite ne pas leur gâcher la vie, jure de « n'être pas Ninon ».

Ces deux êtres rigoureux avaient pourtant imaginé pour leur vif-argent de fille une éducation émancipatrice. Ils avaient consenti à ce qu'Isabelle s'en allât étudier le français à Genève, s'exprimât en cette langue plutôt qu'en hollandais, bref devînt Belle de Zuylen et non Isabella Van Zuylen. Ils l'avaient laissée libre de régler son emploi du temps, de choisir ses lectures : les longues journées un peu mornes, sous le ciel bas de Zuylen, elle les meuble, dès quinze ans, en étudiant l'anglais, en faisant des vers et de la physique avec ses frères, car elle souhaite approfondir tout ce que « la nature permet qu'on en connaisse ». Les parents avaient encore eu l'intelligence de choisir une gouvernante avisée, sensible au charme spontané de la jeune fille et qui l'encourageait à le cultiver. Isabelle cédait-elle à un moment de morosité, cette Jeanne-Louise Prévost lui répétait qu'il est bon de se permettre des petites folies, lui rappelait qu'elle possédait supérieurement ce talent et soupirait : « Qu'est devenue cette fille qui riait en dormant ? »

Elle-même se connaissait bien et s'analysait volontiers. Dans l'autoportrait qu'elle tente, à l'abri du nom fictif de « Zélide », comme dans la correspondance narcissique qu'elle entretient avec le baron, elle souligne complaisamment sa personnalité à facettes, contradictoire, cyclothymique, toujours hésitant entre le trop et le trop peu, « tantôt soi-disant poète, tantôt femme frivole, tantôt femme passionnée, tantôt froide et paisible philosophe ». Elle gémit parfois d'une versatilité qui la fait tourner au vent de la circonstance, mais c'est sans conviction : sous sa plume, l'absence d'égalité dans l'humeur et dans les goûts, conséquence de la vivacité des impressions, est à l'évidence une vertu. Elle en pourvoit en tout cas ses héroïnes préférées, la Marianne des *Lettres neuchâteloises,* la Joséphine des *Trois femmes.* Rien ne vaut pour elle — Stendhal l'eût aimée pour cela — le mouvement qui déplace les lignes. Et l'amour, que comme toute jeune fille elle espère trouver au bal, lui paraît surtout précieux pour la surabondance de mouvement qu'il donne.

C'est bien l'absence de repos qu'annonce l'échange épistolaire avec le scandaleux baron. La découverte qu'en font les parents sourcilleux complique d'emblée le jeu. Pour que voyagent les lettres, il va falloir de l'ingéniosité, des précautions, des adresses sûres, la complaisance d'une fille de chambre adroite ou d'une veuve à peine plus âgée qu'Isabelle, mais émancipée par son statut. Rien de plus minutieusement calculé que cette correspondance qui égrène pourtant, de son côté à elle, des lettres de feu. Ce n'est pas qu'elle imagine un avenir à sa liaison avec un homme qui n'est pas libre. Mais elle soutient volontiers qu'entre l'amour et l'amitié — du moins « quand les amis ne sont pas désagréables ou qu'ils n'ont pas cent ans » — la frontière est incertaine. Et ce qu'elle aime, justement, c'est se tenir sur ces marges indécises et dangereuses. On la voit ainsi provoquer d'Hermenches, lui peindre complaisamment des tableaux de genre où elle figure avec une amie caressante, « débarrassées de tout ce qui gêne dans notre habillement », insister sur l'adresse qu'elle met à se dévêtir, lui répéter, au cas où il ne l'aurait pas compris, que leur correspondance n'est pas innocente, lui prédire qu'il leur sera difficile de se tenir dans les limites d'une paisible amitié et qu'elle sera inévitablement un jour sa maîtresse, « à moins que nous n'habitions les bouts opposés du monde ». Son mariage même ne saurait constituer un obstacle, puisqu'elle s'interroge : le souvenir des serments échangés, le devoir de fidélité suffiraient-ils à la défendre contre « l'amour, l'occasion, une nuit d'été » ? La réponse est non, elle ose l'avouer.

Ainsi va cette étrange liaison de papier, où l'audacieuse ne craint pas de questionner son correspondant sur les maîtresses qu'il doit avoir, de supputer les enfants qu'elle aura elle-même, de s'inquiéter des tristes maladies qu'un éventuel mari aurait pu contracter, tous sujets qu'une jeune fille ne devrait pas même soupçonner. On la voit encore, avant une entrevue qu'ils ont fini par se ménager, clairière dans le roncier d'impossibilités qu'est leur histoire, lui demander d'être austère pour deux, car elle connaît trop « les agaceries indécentes » qu'elle est capable de lui faire. La clef de tout cela ? Elle a — elle le clame plus qu'elle ne le chuchote — « des désirs et des sens ». Elle le redira, quelques années plus tard, à Boswell, avec qui elle entretient une correspondance également équivoque.

D'Hermenches est parfois un peu troublé. Il ne sait trop s'il écrit à une dame ou à une demoiselle. Demoiselle, demoiselle, lui assure-t-elle, « et presque trop à mon gré ». Le baron, un connaisseur pourtant, paraît peu impressionné par la sensualité d'Isabelle. Elle n'a, selon lui, de flamme que spéculative : « Votre imagination est tout. » Elle parle volontiers de baisers, mais à distance. Il la soupçonne de n'aimer du désir que sa capacité à fournir de jolies phrases : « Les plus belles missives, lui écrit-il, produisent le plus souvent les entrevues les plus froides. » Car il a compris qu'Isabelle aime moins les caresses que les compliments (du coup, il les lui prodigue, elle est pour lui « la divine Agnès », ses lettres soutiennent, il le jure, la comparaison avec celles de Voltaire) et soupçonne la tranquillité des sens d'équilibrer chez elle le mouvement de l'esprit. Il sent si bien que les barrières qu'elle saute avec tant d'impétuosité dans ses lettres l'arrêteront dans la vie qu'il entre avec elle dans l'arrangement un peu scabreux d'un mariage avec un de ses amis. Car il n'imagine pas d'autre moyen pour vivre avec elle, il le dit tout de go. Elle, enchantée, voit dans l'affaire le moyen d'être « mariée sans l'être trop ». Tous deux rêvent de cette combinaison qui leur permettrait de se voir à loisir. Et même peut-être d'inventer un mode inédit de relation ternaire : « Nous allons faire un trio de parfaite intimité tel qu'aucun poète, je crois, n'a osé l'imaginer encore. »

◆

Entre le bal de La Haye et les noces d'Isabelle, en 1771, dix longues années s'écoulent et une masse de lettres s'écrivent, qui tournent toutes autour de la difficulté du mariage. Ce n'est pas qu'elle manque d'espérances, qu'elle détaille à d'Hermenches avec un pragmatisme tranquille : trois mille florins par an comme revenu d'une dot de cent mille, plus les quatre-vingts à cent mille florins destinés à ses futurs enfants quand sa mère mourra. Ce n'est pas non plus qu'elle manque de prétendants, dont elle a une constante réserve au fond de l'Angleterre ou de l'Allemagne. Mais il semble que, au moment de conclure, il y ait toujours un obstacle. Elle renâcle à accepter ces épouseurs qui se mettent sur les rangs sans se faire connaître et la déçoivent dès qu'elle les connaît. Plus tard, elle prêtera à Mistriss Henley (dans le roman où, selon Sainte-Beuve, elle invente le personnage de l'« incomprise » promis à un bel avenir) ses propres dégoûts : « Je n'aimai point ceux qui m'aimèrent ; je refusai un homme riche sans naissance et sans éducation ; je refusai un seigneur usé et endetté ; je refusai un jeune homme en qui la suffisance le disputait à la stupidité. On me trouva dédaigneuse. » Sur chacune de ces petites phrases

Isabelle peut mettre un visage ; tel celui de l'imbécile à qui elle a demandé s'il avait lu *Cinna* et qui lui a répondu, avantageux, qu'il l'avait lu « en latin ».

Mais elle, de son côté, a souvent été l'objet des refus. Il arrive que des prétendants, une fois informés du montant de la dot, le trouvent insuffisant. Il arrive plus souvent encore que la réputation de bel esprit d'Isabelle les fasse hésiter. Ainsi le comte d'Anhalt. Ainsi encore le plus original de tous, ce Boswell vaniteux et incongru qui, après s'être écrié : « Diantre, il faut qu'elle soit mienne », la crible de questions en forme d'ultimatum : est-elle sûre de faire une très bonne épouse ? de pouvoir vivre dans une campagne — écossaise, autant dire hors du monde, et de surcroît « terre de maris despotiques et de femmes esclaves » — six mois par an ? de faire tenir tout son bonheur dans sa famille ? C'est non, non, et toujours non, Belle ne se soucie pas de s'enchaîner ainsi. Et puis l'intermittent Boswell n'est pas amoureux d'elle et elle l'a fort bien perçu : « Vous avez attendu pour m'aimer que vous fussiez dans l'île de Corse et pour me le dire vous avez attendu que vous en aimassiez une autre et lui eussiez parlé mariage. » Bref, elle se méfie, « tant de maris prennent femme pour passer l'hiver » ; ce qui ne l'empêche pas, car elle reste toujours la même imprudente, de lui écrire de provocantes lettres. Il y lit des déclarations d'amour, qu'elle rétracte alors aussitôt, les mettant au compte d'une plume échevelée et plaidant la sincérité de l'instant. Elle ne nie pas avoir éprouvé un penchant passager, elle convient même d'avoir pu mettre un nom sur ce penchant. Mais le mot d'amour est-il l'amour ? En Isabelle, l'être de mouvement proteste toujours contre la fixité des substantifs et la tyrannie du langage.

Dans ces circonstances, faut-il vraiment se marier ? Elle voit à plein les inconvénients du mariage, qui l'empêchera de consacrer autant d'heures qu'il faut au clavecin et aux mathématiques. Elle sait l'inégalité des devoirs imposés aux deux sexes, mesure le poids de l'autorité maritale, ne s'attend nullement à un mariage de délices. Et, pourtant, elle veut se marier. D'abord, parce que passer sa vie, comme risque de le faire Cécile, la jeune héroïne des *Lettres de Lausanne*, solitaire au milieu de femmes comblées d'amants, de maris, d'enfants, doit être déprimant. Ensuite et surtout, parce qu'elle envisage le mariage en fille de son siècle : une union dont l'amour est le plus souvent banni mais qui confère l'indépendance. Le mariage c'est la liberté. « Je serai libre », s'écrie-t-elle. Libre de ses mouvements, d'aller à La Haye, à Amsterdam, voire à Paris. Libérée aussi des sermons : « On ne viendra pas me prêcher pédamment mes devoirs ». Libre de s'entretenir avec d'Hermenches. C'est cette liberté qui la décide : « J'aurai donc un mari et un établissement. »

Ainsi fait-elle bon accueil à la suggestion que lui fait d'Hermenches d'épouser son vieil ami. Le marquis de Bellegarde n'est ni sot — ce serait un obstacle décisif — ni jaloux. C'est un homme du monde ; il voyage, perspective douce à l'imagination d'une femme mobile, il aime la bonne compagnie, a de la naissance et du bien. Beaucoup d'années sans doute les séparent mais, dit-elle drôlement, comme si cela annulait la distance, « nous veillerons tard », et aussi, preuve qu'elle n'a garde d'oublier le baron, « nous jouerons des trios ». Bref, elle l'épouserait « de bon cœur ». Ce réalisme sans élan est partagé par le baron — il imagine quel bien la fortune d'Isabelle ferait aux domaines hypothéqués de son futur mari — et par le marquis lui-même. Cet indolent un peu fat ne brûle pas du désir de convoler — aux dires de son ami, il a toujours été un « gâte-mariage » —, mais il a cinquante ans, est cousu de dettes, dépourvu d'héritiers. Bien peu cultivé, au demeurant ; d'Hermenches dira ne pas se rappeler l'avoir jamais vu lire plus de deux pages d'un livre. Il n'écrit pas volontiers non plus, son orthographe, du reste, est hautement fantaisiste — elle accorde que ça fait grand genre —, son style décourageant de platitude : les deux complices s'en amuseront fort, mais Isabelle n'en comprend pas moins que voilà un homme qui ne « l'entendra pas ». Qu'importe, le projet lui convient assez pour qu'elle y engage toute sa vivacité et son ingéniosité.

Elle va en avoir besoin. Dès l'origine, un énorme obstacle se présente : le marquis est catholique, Belle protestante. De cette différence, les deux futurs époux ne feraient pas un drame. Le cynique Bellegarde est dépourvu de fanatisme et même de superstition. Quant à elle, qui respecte la religion, souhaiterait en avoir, elle doit constater qu'elle n'en a point et se meurt d'ennui à l'église. En réalité, un agréable mari catholique lui paraît préférable à un désagréable mari protestant. Ce sur quoi cette fille des Lumières n'est pourtant pas prête à céder ? Sur les vœux perpétuels, une abomination : pas de prêtrise donc pour ses futurs fils, pas de couvent pour ses filles qui en sortiraient « l'imagination salie ». Mais elle accepterait sans trouble des enfants catholiques et aimerait encore mieux les voir élevés dans « les devoirs de toutes les religions », abstraction faite de « quelques dogmes difficiles sur lesquels Dieu semble permettre le doute ». Elle plaide avec élan les mariages mixtes, accotée à l'irrécusable exemple de Calas : « Si dans Toulouse, des pères catholiques, des mères protestantes élèvent de concert leurs enfants, un vieillard innocent ne périra plus sur la roue. »

Hélas, les certitudes d'un siècle philosophe n'ont pas encore atteint les parents Van Zuylen. Catholique pour eux rime tout bonnement avec fanatique et ils voient d'avance leur fille cernée de gens acharnés à la convertir. Comment les convaincre ? Isabelle soupire : « Quand donc une fille a-t-elle été chargée toute seule de faire des miracles pour obtenir un mari ? » C'est pourtant ce qui doit se passer : à l'activisme de la jeune fille est suspendue toute l'affaire. Elle écrit donc pour d'Hermenches la lettre que celui-ci doit recopier à l'adresse du père : il s'agit de présenter le marquis de Bellegarde comme un homme de la première distinction, d'annoncer ses intentions matrimoniales tout en tâchant de conjurer le spectre abhorré du papisme. Elle double cette remarquable lettre — sa propre demande en mariage ! — d'un billet à son père en veillant à changer de style pour qu'il ne conçoive pas de doute sur l'auteur de la première missive. On la voit encore s'en aller incognito consulter l'archevêque d'Utrecht sur les mariages mixtes. Explorer toute seule les chances d'une dispense. Bellegarde, sur la foi d'un nonce obtus, lui a juré que toute dispense était impossible ; elle commente mélancoliquement :

« Si je ne me remue pas pour la lui procurer, il ne l'aura certainement que par un miracle, or je ne sache pas qu'il en mérite un ni moi non plus. » Elle est loin pourtant d'être au milieu des expédients qu'elle imagine comme un poisson dans l'eau. Le talent qu'elle met à mener l'intrigue nuit, elle le sent, à sa bonne foi et gâte aussi le charme de l'affaire, qui traîne en longueur.

En bons parents, ceux d'Isabelle ont cherché en effet à gagner du temps, exigé qu'elle attende ses vingt-cinq ans, l'âge de l'indépendance féminine. Délai qui exaspère la jeune fille et que le marquis prend avec une grande philosophie, ce qui n'arrange pas son image. Le projet de mariage demeure, cependant, et continue à occuper la correspondance avec le baron, mais son caractère nuageux paraît bientôt à Isabelle plus pénible encore que « l'état de fille ». Dans le désert de sentiments et d'action où la laisse Bellegarde, l'écart se creuse entre le rêve et la réalité : « Quand je suis loin du marquis, mon imagination fait ce qu'elle veut de lui, de son cœur, du mien, de nos jours, de nos nuits. » Mais qu'elle vienne à le rencontrer, elle voit à plein son inertie, se sent humiliée d'être mollement recherchée, cherche vainement l'« homme auquel elle écrit » et commence à se déprendre. Le temps coule ainsi. Non sans quelques bénéfices : à force d'avoir publié ses projets, elle a acquis aux yeux du monde l'air « d'une mariée loin de son mari » et trouvé la liberté de mouvement qu'elle met au-dessus de tout : « Je vais, je viens sans qu'on n'y trouve rien à redire. » Le malheur veut que dans ces atermoiements la figure du prétendant s'éloigne et se brouille. « Le chapitre du marquis, soupire-t-elle, devient si obscur pour moi que j'ai peur d'y toucher. » Quand elle consent à l'aborder à nouveau avec d'Hermenches, il devient « notre vieux, vieux sujet ». Et lorsque le marquis, piqué par une éphémère envie d'aboutir, écrit une de ses inimitables lettres amidonnées pour lui redire son indéfectible admiration, et ceci « en deux mots, trouvant inutile d'en dire davantage », elle commente, sarcastique : « Je ne crois pas que deux mots ni quatre réveillent ce qui s'endort. »

Comme le marquis somnole et qu'elle, d'avoir tant cheminé pour arriver au château de Bellegarde, est lasse à mourir, de nouveaux prétendants montrent le bout de l'oreille : un milord anglais, un monsieur de Witgenstein, qui ont aussi peu de succès que ci-devant. Apparaît alors dans la correspondance d'Isabelle, sous l'énigmatique label de l'« homme que j'aime », celui qui lui donnera finalement son nom. Ce monsieur de Charrière a été précepteur de ses jeunes frères, il est aimable et ruiné. Elle le connaît trop bien sans doute, mais il a le talent d'écouter et, au fil des années, il est devenu pour elle un confident nécessaire, une source de réconfort. Un drame va précipiter l'issue : madame Van Zuylen meurt à la suite d'une inoculation pour laquelle une fille éclairée comme Belle se devait de plaider. Elle l'a ardemment fait. Inconsolable, le père se résout à peine à la regarder. Les frères gardent un mutisme accusateur. Elle sent dans la culpabilité qu'on fait peser sur elle le plus redoutable des pièges — ainsi son père pourra la tenir prisonnière auprès de lui — et se jette alors dans le mariage avec Charrière, que curieusement elle ne présente pas comme son œuvre propre : « *On* m'a fiancée hier. »

Aucun des deux promis ne nourrit beaucoup d'illusions sur l'union qu'il va contracter. Lui, en annonçant la nouvelle à des parents vaudois, admet non sans humour : « Il est vrai que pour moi elle a trop d'esprit, trop de naissance, trop de fortune, mais il faut bien se passer de quelque chose. » Elle, qui distinguera dans la typologie des mariages les « plats » des « biscornus », en confessant sa tendresse pour les seconds, sait certainement qu'elle fait un mariage plat. Mais les dix ans de chasse au mari l'ont fatiguée, et elle s'imagine aussi rejouer dans cette raisonnable union *La Nouvelle Héloïse*. Monsieur de Charrière est-il un Wolmar ? Il a l'âge, l'expérience, le gouvernement de lui-même et la connaissance de ses secrets à elle. « Je n'ai, écrit-elle, point vu d'homme raisonnable, doux, facile, vrai comme lui. » Et ceci, qui décide tout : « Je vivrai avec un homme que j'aime, je serai aussi libre qu'une honnête femme peut l'être ; mes amis, mes correspondances, la liberté de parler et d'écrire me resteront. »

Alors, heureux mariage, où elle trouve la liberté qu'elle a toujours cherchée ? Ou lamentable mariage ? D'Hermenches, furieux, a tout de suite tranché. Il s'agit pour lui de ces mariages sans plaisir et sans grâce, où finissent par s'échouer les inconsidérées comme elle. Comment n'a-t-elle pas compris que la somme du bonheur ne doit pas être seulement « nombrée » par des sentiments, mais par des choses ? Il les détaille, ces choses qu'avec Charrière elle n'aura pas : « augmentation de fortune, relations agréables, habitation plus riante, considération, plaisirs ». Il s'en assure en allant visiter Colombier, près de Neuchâtel, la demeure familiale où Charrière doit emmener la jeune femme vivre entre son vieux père et deux sœurs habituées à régenter le ménage : la plus hideuse des geôles à ses yeux. Il prédit qu'elle trouvera son mari de moins en moins aimable. Et que lui, assez fin pour comprendre l'entrain factice qu'elle devra mettre dans ses démonstrations d'affection, ne sera pas plus heureux. C'est à travers les aigres propos de cette Cassandre que les biographes futurs d'Isabelle en jugeront. Anthony West, sans sympathie et sans tristesse, estime que Charrière était trop borné pour calmer la peur que faisait naître en Isabelle la vie sexuelle, et trop maladroit, celle-ci une fois éveillée, pour la satisfaire. Simone de Beauvoir, avec sympathie et avec tristesse, conclut que l'éclatante Belle de Zuylen a, par le mariage, été littéralement assassinée.

Et elle, qu'en pense-t-elle au juste ? Elle n'en dira jamais rien. West décrit lourdement sa nuit de noces, une catastrophe selon lui, Charrière était ivre, elle en proie à une rage de dents. Isabelle le dit plus drôlement : « Le punch sans respect pour l'occasion rendit M. de Charrière un peu malade et un inexcusable mal de dents vint me tourmenter le matin comme si je n'eusse pas été une nouvelle mariée. » À son frère Ditie, à qui elle fait cet ironique récit, elle confie que depuis les noces elle a toujours été malade, mais que lorsqu'elle se porte bien il ne manque rien à son bonheur. Est-ce tout à fait vrai ? On reste peu convaincu lorsqu'à la question de savoir si elle a changé on l'entend répondre qu'elle a seulement changé de nom et qu'elle ne « couche pas toujours seule, voilà la différence ». De temps à autre, elle lâche une confidence désenchantée : le style de Charrière est si dénué, si sec ! Il est lui-même si routinier ! Il met à tout une telle précipitation maniaque, est si dépendant de la cloche du dîner ou du déjeuner qu'elle n'a jamais pris plaisir à se promener en sa compagnie. Avec Benjamin Constant, qui disait pourtant apprécier la manière d'obliger de monsieur de Charrière, elle convient de la sécheresse de sa situation et gémit : comment retrouver l'idée charmante que le mariage est un lien de tendresse, et non une « raboteuse, pesante et pourtant fragile chaîne » ?

Elle n'y parvient pas. Elle voit autour d'elle les mariages se conclure sans satisfaction intime, comme des marchés « par trop plats », et quand elle les commente avec ses jeunes protégées, elle multiplie les considérations désabusées : elle souhaite à Isabelle de Gélieu d'être heureuse, « hélas comme on l'est, passablement ». Difficile alors de ne pas lire ses romans comme des autobiographies. Ils sont pleins d'inquiètes mères marieuses, de tristes stratégies nuptiales. De filles condamnées à aimer leurs maris parce qu'elles n'aiment rien d'autre. De femmes mélancoliques, comme Mistriss Henley. À l'instar de Charrière, Henley est un homme patient, doux et morne. Aucun grief précis à lui faire. À ceci près qu'il ne sent rien, ne devine rien, qu'elle est exclue de ce qu'il pense, étrangère à ses sentiments. Paralysée, comme Isabelle, par « la terrible stabilité du Dieu Hyménée, qui ressemble au Dieu Termes ».

Il est donc fort tentant de conclure qu'entre monsieur et madame de Charrière s'est noué un mariage à « la manière des marmottes et des escargots », celui même qu'elle décrira à son neveu en 1801, trente ans après ses noces, comme la pire des malédictions ; que l'être de primesaut qui aimait tant regarder les oiseaux (créatures sœurs, puisque, disait-elle, l'agilité fait « tout leur code ») s'est laissé prendre au filet de la lourde, tiède et constante existence du Colombier ; et qu'ici est venu s'empêtrer ce fier goût d'indépendance pour lequel, dix ans durant, on l'a vue batailler.

◆

Avec le bonheur devenu chimère, au moins sous la forme d'une félicité durable, avec la découverte progressive qu'il n'y aura pas d'enfants — perspective qu'elle jugeait pourtant si « intéressante » — et une fois épuisée l'illusion grisante de faire du Colombier un nouveau Clarens, que faire de sa vie ? Il reste à Isabelle quelques cartes en main, dont elle usera avec méthode. Ce qui l'aide ? Le sentiment que, comme le lui disait d'Hermenches, les femmes sont plus susceptibles que les hommes de s'accommoder du lien régulier du mariage. Elle a toujours repoussé comme absurde la philosophie du tout ou rien : un degré de bonheur de plus ou de moins ne lui semble nullement indifférent, « même dans un chien ». La voici donc occupée à gravir ces degrés, en usant de l'heureuse disposition qu'elle a à ressentir les plaisirs de l'instant, à cultiver les « vives et ineffaçables impressions » qui vont, dit-elle, remplir son existence et dont le privilège est de survivre aux aléas de la fortune et à l'état du monde. « Les moments, dit-elle avec une sobriété forte, font la vie. » Il ne s'agit donc que de les saisir et de régler son rapport au temps.

Tout un art, car la plupart des hommes vivent ou « trop tard, ou trop tôt dans leurs pensées », heureux seulement dans l'attente ou dans le souvenir. Dans la torpeur du Colombier, qui lui offre du moins de beaux paysages, des ciels traversés d'oiseaux, des haies de houx et d'épine fleurie et partout « la petite fleur rougeâtre du lierre terrestre », Isabelle met au point sa stratégie du temps : ne jamais anticiper quand le moment est plaisant (« Le soir est pour moi comme s'il ne devait jamais arriver ») ; toujours anticiper quand il est déplaisant ; et remplir en tout cas le plus possible les moments. Chaque jour, avoir quelque chose à apprendre — Tacite, Salluste, Cicéron, les gros dictionnaires encombrent les tables du Colombier —, quelque chose à faire — jupons à ourler, fichus à broder —, quelque chose à goûter : conversation, harpe, clavecin, une vraie passion celui-ci, qui lui fait composer « tous les jours un menuet, un allegro ou un andante ». Une attention — hollandaise, dira Sainte-Beuve — aux détails — les fleurs, le chien, le piano, l'échiquier, le feu de bois, les bons livres — rend l'existence plus amène.

Et quand l'amertume montre son oreille noire, il reste encore la ressource de la mettre en mots. À vingt-deux ans, Isabelle avait retenu l'attention de Frédéric le Grand avec un bref récit, *Le Noble*, fable sarcastique des prétentions aristocratiques. Vingt ans plus tard, elle renoue avec la fiction et commence à égrener des histoires mélancoliques et allusives, échos de la sienne et comme la sienne inachevées. Entre 1784 et 1797 se succèdent *Mistriss Henley*, roman de l'incommunicabilité, les *Lettres écrites de Lausanne*, qui racontent les tourments d'une mère anxieuse du bonheur de sa fille, fort compromis quand on ferme le livre, les *Lettres neuchâteloises*, qui ouvrent un peu plus l'avenir aux jeunes gens amoureux qui en sont les héros, encore que la vie à Neuchâtel s'annonce aussi platement provinciale qu'à Lausanne (ni l'un ni l'autre de ces romans doucement ironiques n'est fait pour flatter l'esprit de clocher et gagner à Isabelle les sympathies de la société locale). Trois ans plus tard, c'est *Caliste*, le sujet même dont s'emparera madame de Staël dans *Corinne* : un homme de qualité s'éprend d'une femme brillante, mais que la morale du monde réprouve. L'amant cède à la pression sociale, abandonne la triste victime d'un préjugé injuste, traîne ensuite une vie lamentable. Mais alors que Germaine multiplie les grandes scènes pathétiques, ne lésine ni sur le poison, ni sur les incendies, ni sur les agonies publiques et pourvoit ses héroïnes de toutes les vertus à la fois, Isabelle cultive la discrétion et l'allusion. Chez elle, la vie bascule sur des riens, un pion tombé d'un échiquier, une lettre dérobée, des mains qui tout à coup cachent un visage. Dans ses livres, la tragédie éclate moins qu'on ne la sent frémir quelque part, et ses créatures, auxquelles elle prête sa spontanéité, son imprudence et son bavardage, le désir irrépressible de parler de ce qui occupe l'esprit, sont des femmes subtiles, sans héroïsme et sans raideur, figures d'un peintre pointilliste qui multiplierait les repentirs. Les vertueuses ne le sont jamais tout à fait, ou ne le sont que par l'absence de sens, simulacre de vertu ; celles qui manquent de chasteté sont de bonnes filles ; celles qui acceptent un argent mal acquis se rachètent en en faisant un édifiant usage ; les impatientes doivent attendre ; les fidèles ne le seraient pas dans toutes les circonstances, les raisonnables ont leur coup de lune. Toutes ont leurs jours d'incertitude et de faiblesse, il n'y a pas d'esprits forts ici.

Le charme qui flotte sur ces récits évasifs, laissés en suspens comme la vie elle-même, lui a gagné des lecteurs. Lorsqu'elle achève *Caliste*, Charrière comprend vite que le livre sera de nouveau l'objet de la mauvaise humeur locale et lui suggère un établissement à Paris, où l'attend un public moins vétilleux. Elle y conquiert une petite notoriété et continue à écrire, toujours faisant des embarras du mariage son sujet d'élection. Dans *Sir Walter Finch*, l'une de ses dernières créations, un père aristocrate et rousseauiste est à la recherche d'une femme pour son fils William. Dans *Saint-Anne*, une mère contrarie les projets d'un jeune noble qui souhaite épouser une séduisante sauvageonne. Madame de Charrière tourne et retourne autour de ces difficultés qui à la fois rappellent et conjurent les siennes propres. Il ne faut d'ailleurs pas imaginer ces romans nonchalants comme nonchalamment écrits : c'est en vrai professionnelle qu'elle épluche les épreuves, proteste contre les éditions fautives, choisit les estampes qui doivent illustrer ses récits.

Un hédonisme tempéré, l'application à l'étude, les bonheurs de la création : tout cela permet de franchir les jours. Et puis l'existence sentimentale ne s'achève pas forcément avec le mariage et la sienne lui a encore ménagé des surprises : lorsqu'au printemps de 1787 Charrière loue un appartement rue Thérèse pour qu'elle puisse achever *Caliste* en paix, on lui présente un jeune homme aux cheveux de feu, fort sale, fort spirituel. Dans le salon de madame Saurin, où ils se rencontrent, on bâille parfois et pourtant les hommes et les femmes qui s'y rassemblent sont tenus d'y montrer de l'esprit. Tous deux en ont à revendre, bien qu'ils viennent, dit-elle ironiquement, de deux pays, Hollande et Suisse, qui ne le font pas fleurir. Malgré la différence d'âge — il a dix-neuf ans, elle quarante-sept —, ils se plaisent donc au premier coup d'œil.

« Nous nous convînmes parfaitement, écrit le jeune homme, nous nous enivrions de nos plaisanteries et de notre mépris pour l'espèce humaine. » C'est l'histoire avec d'Hermenches qui recommence, et le plus piquant, c'est qu'il s'agit encore d'un Constant, le neveu même du baron. Elle a vécu plus que lui, mais il a lu davantage et sur cette manière d'égalité se bâtit un roman sage, tissé d'entretiens, ponctué de lettres, avec des protestations réciproques d'amoureuse amitié, plus tendres encore de son côté à lui, qui écrit en août 1793 : « Je vous aime mieux que tout au monde — sans exception ? — oui, sans exception. » De cette histoire, le chapitre exquis est un séjour de huit semaines que Benjamin fait au Colombier pour se soigner. Elle a raconté comment elle lui avait réservé une chambre au pied du petit escalier tournant qui menait, au premier étage, à son propre appartement ; et les nuits qu'ils avaient passées à parler, dans la paix de la demeure ensommeillée, « vous nonchalamment assis, moi couchée, le clair de lune donnant sur l'autre bout de ma couchette, la conversation douce et lente, je vois et entends tout cela encore ». Il lui fait écho, il revoit « la table blanche, les nuits, le thé de tilleul ». Il tient ces huit semaines pour les plus heureuses de sa vie, qui l'ont presque consolé du « malheur d'être », car elle a su, à un moment de noir dégoût, « repeupler de désirs et d'espérances » le désert du monde. Et elle, quand elle rompra, en lui rappelant ironiquement que lui ne sait rompre avec personne, elle dira lui devoir un « charmant hiver ».

Huit semaines seulement ? Huit ans en réalité, hachés par les projets de mariage puis de démariage de Benjamin, irrésolu chronique qui remet sans cesse en cause ses tentatives de liaison durable. « La relation de mari et femme, commente la judicieuse Isabelle, vous convient médiocrement d'âme comme de corps. » Elle, qui met « le plaisir de vivre avec Benjamin au-dessus de tout », a donc, quand rien d'autre avec lui ne dure, le bonheur de durer et la certitude de lui être nécessaire, de l'aimer et de le comprendre mieux que personne. Lui en convient volontiers, il goûtait chez elle « cette manière si animée et si originale de considérer la vie », jusqu'à ce jour de l'automne de

1794 où il rencontre madame de Staël. Le voici, en un tour de main, métamorphosé. Madame de Charrière, qui retrouve bien peigné et sentant l'ambre le jeune homme qui rongeait ses ongles, a vite fait de comprendre qu'il est tombé amoureux. Avec un profond déplaisir. « Fussiez-vous plus aimable cent fois, vous êtes autre. » C'en est fait, ils ne seront plus d'accord sur rien. Sur madame de Staël, pour commencer. Elle ne l'avait pas détestée d'emblée : en Germaine, elle retrouvait le mouvement qu'elle aimait, elle saluait le talent mis par cette laide à passer pour belle. Mais elle la soupçonne vite d'être une personne factice, déteste le pathos et le clinquant staëliens et voudrait faire partager ses répugnances à Constant. C'est pour s'attirer une réponse courroucée : n'aurait-elle pas reconnu en Germaine « un être à part, un être supérieur, tel qu'il s'en rencontre peut-être un par siècle » ? Camouflet à partir duquel leur divorce va se creuser jusqu'à la lettre d'adieu, où elle refuse l'aumône d'une correspondance qu'il traînerait comme un boulet, humiliation qu'elle ne peut ni ne veut tolérer. Ce n'est pourtant pas l'amour-propre qui est surtout en cause, « c'est mon cœur qui a été blessé », dit-elle avec une simplicité triste.

Les événements, de leur côté, se sont chargés de nourrir leurs désaccords. Elle avait accueilli la Révolution avec élan, disposée de tout temps, disait-elle, à « se prévenir pour les domestiques contre leurs maîtres, pour les enfants contre leurs pères, pour les sujets contre leurs princes ». C'était la pente, chez elle, d'un esprit républicain, ami spontané de la liberté et de l'égalité, ennemi des distinctions de naissance. Mais elle avait mis aussi beaucoup de lucidité à interpréter la commotion révolutionnaire. Dans une lettre de septembre 1789, où elle dit avoir prévu la résistance royale à la réforme, elle risque une prophétie à long terme qu'elle pourrait relire après coup sans rougir : vingt ans d'agitation, prédit-elle, de coups de théâtre politiques et qui, pourtant, ne feront pas revenir en arrière ; ceux qui se cramponnent à leurs habitudes et à leur langage se ridiculiseront plus sûrement que s'ils reprenaient un vieux vêtement à la friperie. Il est absurde de « vouloir replacer un siècle dans un autre siècle » ; nul ne pourra donc redevenir esclave. C'est le 10 Août qui brise cet élan de sympathie, marque pour l'être épris de liberté la borne de l'inacceptable. La détestation de la Terreur ne conduit pourtant Isabelle à aucune simplification : elle accorde que le Robespierre des débuts a pu vouloir le bien public ; si elle ne croit pas une seconde que « ce qui s'établit *ad hoc* » puisse durer — en quoi elle rejoint Maistre dont elle salue la voix originale —, elle ne croit pas davantage au retour de la chevalerie, toute délicate, toute généreuse qu'elle ait été ; et si elle juge chimérique l'égalité réelle, les maux de la Révolution n'en sont pas moins compensés à ses yeux par l'égalisation des fortunes. Du reste, elle ne croit nullement que les ferments du jacobinisme puissent être détruits en France et pressent l'irrépressible, l'interminable surenchère égalitaire.

Mais ce n'est pas cette intuition qui la sépare de Benjamin (pour lui aussi, l'égalité est l'idée mère des temps nouveaux), mais le jugement sévère qu'elle porte sur son agitation muscadine, son ambition politique et cette défense du gouvernement directorial à quoi il consacre ses premières brochures politiques. Elle en a détecté la fragilité : l'effort de Constant pour dissocier la Révolution et la Terreur rend celle-ci plus énigmatique encore. Et lorsqu'il polémique avec Lezay-Marnésia — qui plaide, lui, pour une Terreur nécessaire, fonctionnelle et pleinement efficace —, elle renvoie dos à dos les belligérants : « Ils parlent assez joliment des causes, quand ils en viennent aux résultats, cela devient misérable, et s'ils s'avisent de prédire, il n'y a pas moyen de tenir plus longtemps le livre. » À force d'agacements, elle finira par lui déclarer tout net : « Je n'aime ni votre genre de vie ni votre politique. Vous ne me convenez plus du tout et comme vous n'avez pas besoin de moi, il faut rester comme nous sommes. » Conclusion qui mêle la mélancolie au panache : à l'homme empêtré dans de vieux liens, elle montre que la liberté sait se déprendre.

Car, en dépit de tout, madame de Charrière n'a nullement renoncé à vivre libre, c'est-à-dire en accord avec elle-même, sans ruse ni faux-semblant. Ce qu'elle détestait par-dessus tout était de voir l'esprit de liberté « frappé de léthargie ». Ce qu'elle avait goûté en Angleterre, lors du séjour où elle avait rencontré

Hume, c'était de n'être précédée par aucune réputation, de n'avoir ni « préventions à détruire, ni imprudences à réparer ». Benjamin avait d'emblée reconnu que toutes ses opinions « reposaient sur le mépris de toutes les convenances et de tous les usages ». Ce qui lui avait le plus pesé dans sa relation avec le marquis était la politesse contrainte où les tenait l'embarras d'une situation sans issue. On peut rapporter aussi à l'obsession de la liberté la difficulté — on la lui a fort souvent, madame de Staël la première, reprochée — qu'elle a à boucler ses récits, incertains et décousus comme la vie même. On les referme sans savoir si Cécile se mariera (Lettres écrites de Lausanne), si l'aveu laconique de Marianne lui vaudra le bonheur (Lettres neuchâteloises), si Mistriss Henley aura gagné la résignation ou perdu la vie. Isabelle déteste cadenasser ses romans et immobiliser ses héroïnes : pour l'individu libre, il n'y a pas de mot de la fin.

La vie conventuelle du Colombier, le mariage plat avec Charrière ont donc cette compensation : la possibilité d'imposer sa liberté de parole — elle prie son neveu de laisser là, dans les lettres qu'il lui écrit, les appellations convenues, les maussades « Madame et Chère Tante » ; sa liberté d'action : user largement de sa fortune lui paraît une vertu, et la parcimonie, en revanche, qui bride les gestes et les mots, la plus laide des passions ; sa liberté d'esprit : jeunette encore, elle avait rêvé de secouer l'esclavage de la coutume, et voici que maîtresse désormais d'elle-même elle en a les moyens. Elle a une femme de chambre, une Henriette, dotée d'une opiniâtre confiance en elle — un défaut que connaît bien la bonne dame du Colombier, toute prête à l'excuser chez autrui — et d'une rare indépendance — mais on ne lui demande pas non plus une obéissance aveugle. Très intelligente de surcroît. Isabelle lui fait lire Locke, selon elle une excellente machine à débrouiller les idées. Voici Henriette enceinte, qui garde sur le père de l'enfant un mutisme obstiné. Isabelle sollicite de Charrière la permission d'agir à sa guise, simple formalité car l'assentiment obtenu de l'époux, elle se moque bien qu'il se ravise et déclare ne plus s'embarrasser de rien. Cette Henriette « ronde comme un tonneau », elle la soigne donc, la console, la divertit, la protège contre la rumeur malveillante du cousinage, du voisinage. Après les couches, devenue marraine de l'enfant, elle résume toute l'affaire en expliquant comment Henriette peut encore faire d'imprudence bonheur, presque vertu. Il vaut la peine d'écouter, sur un sujet qui prête si bien au pathos moralisateur (la fille, domestique de surcroît, engrossée et abandonnée), la voix si libre, si originale, de madame de Charrière : Henriette « aura fait (avec peine et risque, il est vrai) un saut heureux de l'inquiète jeunesse à la sage maturité. Homme, enfant, coquetterie, plaisir, regrets, honneur et honte, elle sait ce que c'est que tout cela, et ne sera ni une curieuse, triste, prude fille, ni une plate, soucieuse, malheureuse femme ».

◆

De l'histoire d'Henriette, on peut encore tirer cette morale réconfortante que le malheur féminin n'est jamais tout à fait sans ressources. La conscience d'être une femme abandonne rarement madame de Charrière. À d'Hermenches qui déplore parfois, mi-sérieux, mi-badin, qu'elle ne soit pas un homme, elle dit qu'elle partage ses regrets. Non qu'elle soit sûre d'avoir fait un homme admirable. Mais plus libre dans ses goûts, plus robuste dans son corps, elle se sentirait au moins « une créature moins déplacée ». Elle sait aussi d'expérience que l'arrangement de l'existence est plus ardu pour les femmes. Car la réputation fait tout pour elles. On le vérifie sans peine sur l'exemple de la femme-écrivain. Être chaste ou catin, pourtant, est très indépendant du talent littéraire. Rien n'y fait : avec les stéréotypes tenaces qui lient l'écriture féminine, comme toute manifestation d'indépendance, au dévergondage, les femmes doivent compter. Force leur est aussi de s'accommoder de la situation d'inégalité où les met leur façon d'aimer : alors que les hommes ne ressentent d'amour que pour l'« espèce », les femmes rêvent d'un sentiment individuel et exclusif. Alors qu'elles accordent à leurs amants, par compassion et tendresse, ce qu'ils les pressent de leur donner, eux se rappellent ensuite avec inquiétude les faveurs qu'ils ont emportées. Leur comportement tout d'instinct est inexplicable aux femmes. La Cécile des *Lettres de Lausanne* demande à sa mère — l'incompréhension entre les sexes fait le fond de leurs entretiens — si son cousin, qui dans une brusque impulsion lui a arraché un baiser, est devenu fou. « Quelque chose d'approchant », dit la sagace personne. Quelque chose d'opaque, en tout cas, au cœur féminin.

Il y a donc bien une spécificité féminine, des sentiments et des fonctions. Mais Isabelle de Charrière traite le problème sans accent revendicatif et sans aigreur. Joue sans doute ici l'idée, puisée chez Rousseau, que la nature est sage, qu'il faut remplir le rôle qu'elle a donné à chaque sexe et qu'aller au bout de cette nature est plus judicieux que la contrarier. Mais joue davantage encore chez madame de Charrière le sentiment de la complexité. Dans chaque situation, avantages et désavantages se compensent. Chaque sexe a ses contraintes : la mère de Cécile, en égrenant les lois que la société impose aux femmes, n'a garde d'oublier qu'elle impose aux hommes des lois qui ne sont pas d'une observance plus aisée : ainsi le devoir militaire. Par ailleurs, la manière d'aimer des femmes n'est pas tout uniment synonyme d'infériorité : les femmes ont la suprématie du cœur. L'amour, qui affadit les hommes, les aguerrit et les éduque. C'est la seule « université » qu'elles fréquentent, mais elles y font provision d'une foule d'observations sur les passions humaines, qu'elles savent deviner à demi-mot ; elles y apprennent à utiliser l'immense fatuité masculine ; même la coquetterie n'y est pas une matière négligeable ; après tout, elle enseigne ce qu'il leur est utile de pratiquer. Les livres d'Isabelle illustrent cette supériorité invisible : son univers romanesque est celui d'une connivence immédiate entre des femmes adroites et fines. Dans la chaude lumière domestique, avec fort peu de mots, deux gestes esquissés, trois sourires, elles montrent qu'elles détiennent les clefs du monde affectif. Les hommes passent très au large de cette vie recluse et douce. Parfois, ils viennent faire trois petits tours au salon, de la figuration intelligente. La porte refermée sur eux, place enfin, entre femmes, à l'interprétation juste et nuancée des sentiments humains.

Rien de plus éclairant, pour comprendre comment madame de Charrière traite le problème des devoirs féminins, que sa méditation sur les soins du ménage, dont elle ne doute pas une seconde qu'ils reviennent aux femmes. Elle s'est amusée, aux premiers jours de son installation au Colombier, à jouer les Nausicaa à la fontaine, au grand sarcasme du baron, trop content de prédire à la lavandière la perte de sa beauté dans ces « gaités agrestes ». Quand Isabelle de Gélieu, la fille du pasteur du Colombier, sa jeune protégée, tellement douée et qui fait sa fierté en lisant Salluste, pense à se marier, elle lui prédit qu'elle trouvera grand plaisir à tenir sa maison : car « quoi qu'on fasse, quand on cherche la perfection, on trouve un intérêt à ce qu'on fait ». Là aussi, pourtant, il y a un juste milieu à tenir. Il faut se garder d'accorder trop au ménage, sous peine de ressembler à ces Hollandaises qui croient qu'avec du thé à cinq heures, des pâtisseries entre sept et huit et de la mousseline partout une femme est nécessairement heureuse ! Minutie, lenteur, ergotage, pusillanimité sont la rançon de cette plate conviction. Pas de prosaïsme donc. Mais pas d'angélisme non plus : à peine fiancée, cette même présomptueuse Isabelle se targue de tenir son mari à une telle distance des occupations ménagères qu'il ne soupçonne même pas que le linge doive se laver. Madame de Charrière se moque un peu : il n'est pas bon de laisser croire à un mari que le ménage est une opération magique. Il n'est pas un maléfice, soit. Mais pas davantage un enchantement.

Dans tout cela perce le souhait que la spécificité féminine, une fois raisonnablement reconnue, ne fonctionne pas comme un piège. Chaque fois que d'Hermenches, pour la provoquer, feignait de la confondre avec ce qu'elle appelait le « gros des femmes », elle se rebiffait. Elle prétendait que ses bons mots, ses plaisanteries n'avaient point de sexe. Tout au long de ses écrits, elle déclare ne pas connaître, ne pas vouloir connaître « les femmes en gros » ; c'est qu'elle hait, avec la fixité, les appellations collectives et l'emploi machinal des mots. Elle a détesté dans la Révolution le fait de pourvoir « le peuple » d'une volonté collective, comme s'il n'y avait qu'un peuple.

Elle n'a que sarcasmes pour les philanthropes qui préfèrent le peuple en masse à celui de leur village. Elle plaide toujours pour le concret, prétend ne raisonner que sur des données palpables et des individus singuliers : « Où la foule est si grande, on ne reconnaît plus personne. » Il ne faut donc pas dire que « l'armée est mal approvisionnée », constat abstrait et mécanique, mais que « les soldats souffrent de la faim ». Elle proteste contre les généralisations qui empêchent de sentir. D'Hermenches lui avait écrit qu'à ses yeux le cœur devait être « le même chez des gens de même étoffe ». Elle répond qu'elle ne connaît pas de cœurs qui soient les mêmes, qu'elle ignore ce que peut être une même étoffe de gens : « Mon amitié ne connaît point d'étoffe. »

Reconnaître une spécificité n'est nullement consentir à une inégalité. Rien de plus net, chez madame de Charrière, que ce thème promis à un immense avenir. Aucune déclaration des droits, sans doute, n'a prononcé l'égalité des hommes et des femmes. Mais en annonçant que tous les hommes naissent égaux, n'a-t-elle pas voulu dire que toutes les créatures humaines sont égales ? C'est d'autant plus plausible que « s'il est question des facultés de l'homme naissant, on ne peut disputer qu'elles ne soient très semblables chez l'un et l'autre sexe ». Les différences qu'on aperçoit n'entraînent pas l'inégalité qu'on n'aperçoit point. Chaque fois qu'elle rencontre des exemples de cette égalité fondamentale, elle exulte. La lecture des lettres de la margrave de Bayreuth la plonge ainsi dans l'enthousiasme et la vanité pour son sexe tout entier. La margrave raconte volontiers des batailles, sujet qui n'a rien de spécifiquement féminin. Isabelle, pourtant, n'a « jamais rien lu d'une femme qui prouve aussi complètement que nous pouvons être tout ce que sont les hommes ».

Ce n'est pas qu'elle ne connaisse sur le bout du doigt les objections apparemment victorieuses qu'on oppose généralement à cette « preuve » : les femmes qui savent raisonner sont bien plus rares que les hommes. Mais la cause de cette supériorité statistique n'est pas là où l'on a coutume de la mettre. En réalité, nul n'a entraîné les femmes à l'étude et à l'application. On les a persuadées que « l'eau qui bout à la cuisine n'a rien de commun avec la physique ni la gelée de groseilles avec la chimie ». On les a convaincues de la nécessité de plaire, qui les détourne de l'étude, et poussées à « donner congé à leur esprit pour ne penser qu'à leur miroir ». On leur a permis quelques livres, ce qui fait qu'elles lisent pour se divertir, n'amalgament pas ce qu'elles ont lu à leur existence, ne se créent avec cela aucune expérience. On s'est satisfait pour elles de demi-connaissances, trois points de dentelle, trois leçons d'arithmétique (c'est tout le programme scolaire que la mère de Cécile a imaginé pour sa fille). Mais cet « un peu de tout », ce dilettantisme mou est ce qui hérisse le plus madame de Charrière. Sur la toilette de madame du Châtelet, le voisinage désordonné des compas et des pompons émerveillait Voltaire. Elle le juge ostentatoire, seulement destiné à épater le vulgaire. Aux filles, il faut de vraies, de fortes études. Si on les y pliait, on s'apercevrait qu'il y a beaucoup moins à dire sur les facultés distinctives de chaque sexe et on tordrait le cou à bien des pauvretés. Pour en finir avec la rengaine de l'infériorité féminine, la Constance des *Trois femmes* imagine une expérience inédite sur deux jumeaux qu'on élèvera, lui comme si c'était une fille, elle comme si c'était un garçon. Lui, on l'appellera Charlotte. Elle, Charles. Et on verra bien si elle prendra le rabot et lui le rouet. De cette expérience, fût-elle réussie, Constance ne se flatte pas qu'elle soit jugée concluante : on continuera à soutenir la différence prétendue, cette fois au nom de l'utilité. Reste qu'un esprit bien organisé ne « se laisse pas persuader un fait par l'utilité dont il pourrait être ».

Sur l'éducation des filles comme, du reste, des garçons, la bonne dame du Colombier, forte et fière de l'éducation qu'elle avait elle-même reçue, n'est jamais à court d'idées : elle adore, faute d'avoir pu les mettre en pratique avec des enfants à elle, les exposer à ses protégés. Elle plaide pour de la lecture et encore de la lecture, affirme que lire beaucoup est préférable à bien lire et qu'est sauvé celui qui lit comme il respire, sans même s'apercevoir de son activité. Elle plaide pour les mathématiques contre d'Hermenches, qui, fort conventionnellement, les accuse de dessécher le cœur, et qu'elle voit, elle, comme l'antidote aux perplexités religieuses et métaphysiques (au moment où elle l'écrit, les propriétés des sections coniques la fascinent), sûre que la fréquentation des vérités évidentes fait l'esprit plus libre et le cœur plus gai. Elle plaide contre les méthodes qui se prétendent amusantes, la niaise pédagogie sans larmes : c'est au milieu des difficultés que se forge l'intelligence. Elle plaide encore pour la régularité : tous les matins l'étude, et pourquoi pas du latin puisque, s'il est vrai qu'on peut être éclairé sans latin, ne pas le savoir est une tache sur une éducation ; tous les soirs, un compte succinct de la journée, le bilan des plaisirs et des peines. Entre les deux, des occupations manuelles : fort utiles celles-ci en un temps où la noblesse est détruite, l'égalité proclamée et où nul ne sait à l'avance à quoi il devra s'employer. Il n'est pas mauvais que les garçons eux-mêmes apprennent à cultiver les choux et les laitues, et deviennent les « Regulus des champs de raves ».

Tous conseils valables donc pour les deux sexes, mais qu'elle prodigue aux filles avec une véhémence spéciale. Soyez savante, chère Isabelle, soyez savante, répète-t-elle à sa jeune homonyme. Comme elle ne perd jamais le sens du particulier, elle convient que l'exhortation ne vaudrait sans doute pas pour *toutes* les filles, pas plus que pour *tous* les garçons : chacun doit être utile dans le genre pour lequel il est organisé. Mais quand il s'agit d'Isabelle, qui lit Salluste avec la plus grande facilité, il serait fou de se limiter à l'éducation d'une « caillette » (madame de Charrière retrouve ici les mépris de madame du Deffand) et fou d'invoquer, en général, l'éducation *des* femmes. Ne s'est-on pas avisé, par exemple, de reprocher à Thérèse Levasseur, à qui Rousseau a fait l'immense honneur de donner son linge à blanchir et son potage à cuire, de n'avoir pas été une Héloïse ? Dans le texte ironique et charmant où elle donne la parole à Thérèse, pour une « plainte et défense », elle bataille avec Barruel, avec Du Peyrou. Avec madame de Staël, surtout : car celle-ci a supposé que le suicide de Rousseau tenait aux « complaisances » de Thérèse pour un homme « de la plus basse classe ». En voilà assez pour allumer l'humeur sarcastique de madame de Charrière : « Plaisante aggravation pour la ménagère ! Plaisante excuse pour le philosophe ! Se serait-il mieux consolé s'il s'était agi d'un prince ? Lui, Jean-Jacques ! »

C'est pourtant avec ce Jean-Jacques et sur le sujet de l'éducation des filles qu'elle a son différend le plus sérieux. D'autant qu'il s'agit d'amour déçu. Car on sent dans les textes d'Isabelle la fréquentation assidue de Rousseau. Elle ne peut parler d'un préceptorat sans avoir Saint-Preux à l'esprit. Assister à un battage campagnard sans se comparer, fiérote, à Julie. Sa lecture quotidienne, à vingt-cinq ans, c'était Rousseau, la nouvelle Héloïse le modèle des vertus qu'elle souhaitait pratiquer. Vingt-cinq ans après cet engouement de jeunesse, elle cherche encore à retrouver « une fille nommée Marion qui servait à Turin vers 1725 » : l'héroïne involontaire du célèbre épisode du ruban volé, qui doit aller pour l'heure sur ses quatre-vingts ans et auprès de qui, si elle vivait encore, elle aimerait réparer l'injustice. Elle continue jusqu'au bout à faire référence à Jean-Jacques dont elle épouse les réquisits de bonheur (une solitude riante avec un ami sûr, une femme tendre, honnête et douce) en faisant remarquer, car chez elle l'esprit critique ne perd jamais ses droits, l'ambition cachée dans ces souhaits apparemment modestes. Cela ne rend que plus véhémente sa détestation du livre V de l'*Émile*, où elle souligne les contradictions de son grand homme. Car Rousseau, on le sait, n'a pas souhaité que les parents et les instituteurs pussent plier le caractère d'Émile au joug de la société. En revanche, il l'a expressément voulu pour Sophie, « esclave qu'on élève pour son maître ». De deux choses l'une, commente madame de Charrière : ou les parents ont le droit de prévoir et de préparer la destinée de leurs enfants en fonction des inévitables contraintes de l'existence, ou ils ne l'ont pas. S'ils l'ont, comme elle incline à le penser, ils l'ont également pour les deux sexes. Et s'ils se sentent en mesure d'user de leur expérience, ils doivent les accoutumer tous deux aux entraves trop prévisibles de l'existence. Sans esprit de système, pourtant, et sans les forcer à être ce qu'ils ne sont pas. On vérifie ici la cohérence de madame de Charrière, qui est d'accorder toujours plus de prix à la liberté qu'à la vertu.

◆

Et c'est cette préférence, accordée parfois comme à regret, après une hésitation finalement vaincue, qui fait le charme de ces écrits inachevés : ils ont le délié de la conversation entre amis intimes, on les ferme sans les quitter. Chez cette femme mobile, la pensée obéit presque toujours à trois mouvements successifs. Comme c'est une activiste, elle commence par vouloir tout arranger à sa convenance : de là la course méthodique au mariage ; de là encore les plans d'éducation tirés au cordeau, et ces emplois du temps où chaque case est minutieusement remplie. Elle lègue à ses héroïnes cette frénésie d'aménagement. Dans les *Lettres de Lausanne,* la mère de Cécile, qui doit établir une fille sans fortune, imagine un système social où les femmes auraient le privilège d'anoblir leurs époux, utopie trois fois bénéfique : les filles pauvres et bien nées trouveraient des époux méritants ; une noblesse des talents viendrait enrichir la noblesse héréditaire ; Cécile, enfin, y gagnerait le bonheur. La Constance des *Trois femmes,* elle, meuble son existence en créant à Altendorf, île fortunée, une école modèle, où rien n'est laissé au hasard, nombre des élèves, temps de la scolarité, matières enseignées, livres à consulter. La romancière, on le sent, s'enchante de ces beaux desseins.

Mais l'élan volontariste est dans un second temps tenu en bride par le sens des réalités. Car l'activiste est aussi une pragmatique. Elle ne peut croire que l'organisateur puisse penser à tout (du reste le faudrait-il ? Parle-t-on de « garantir » une fille du malheur, elle s'insurge : que serait à vingt ans une fille « toujours garantie » ?). Ni croire que le temps ne réserve pas de surprise ; quand Isabelle de Gélieu, triomphante, affirme qu'il est facile de ne pas se quereller avec son époux, elle s'exclame : « Facile ! Combien de semaines avez-vous été mariée ? » Ni penser que les êtres se transforment à volonté. L'école d'Altendorf a beau être exemplaire, on y apprend vite que rien n'est aisé de ce qu'on veut faire faire aux hommes ni de ce qu'on veut faire pour eux. Et la mère de Cécile s'avise que si l'hérédité se transmet par les femmes, Cécile, dont la grand-mère est bourgeoise, ne ferait pas partie de la classe privilégiée. Partout on doit renoncer à la prétention — c'était aussi aux yeux de madame de Charrière la folie même de la Révolution française — de « recréer *ab ovo* les têtes humaines ».

L'intelligence sceptique corrige donc toujours chez elle l'optimisme de la volonté. Elle n'est pourtant pas suffisamment pessimiste pour empêcher, dans un troisième temps, la volonté de rebondir : s'attendre à des mécomptes avec les êtres et à devoir rabattre des rêves qu'on fait pour eux décourage l'illusion utopique, mais n'annule pas l'élan utopique. Il n'en faut pas moins faire des projets et bâtir des plans, car c'est parier pour le mouvement contre la fixité : nulle n'est trop « caillette » pour raisonner droit, nul n'est trop vieux pour apprendre, nul n'est trop humble pour prétendre, nul n'est enfermé dans sa vie ni même dans ses pensées, car chacun peut s'arracher à la glu de ses propres convictions. Telle est la foi de madame de Charrière.

À Isabelle de Gélieu, qui venait de lui infliger une déception, elle avait écrit que, jusqu'alors « Isabelle de roman », elle devenait enfin « Isabelle de l'histoire ». Sans trace de regret. Car, à tout prendre, mieux vaut avoir en face de soi, au lieu d'un être chimérique, un être réel auquel s'adapter souplement. Souplesse : c'est le mot sur lequel on peut quitter cette dame charmante, qui ressemblait tant à l'idéal tracé par son ennemie madame de Staël, pourvue de gaieté dans l'esprit et de mélancolie dans les sentiments. En 1790, elle avait écrit un joli conte pédagogique. Autour du berceau d'une princesse, baptisée Aiglonette, on avait convoqué une troupe de fées, qui donnèrent sans compter : beauté, esprit, courage. Une fée de second ordre s'était présentée aussi, la petite Insinuante, mais pour être brutalement renvoyée par ses sœurs mieux dotées : elle n'avait à offrir que la souplesse, dont il était à parier qu'une Aiglonette adulée et impérieuse n'aurait que faire. La vie, comme il se doit, s'était chargée de montrer à la princesse, touchée par le malheur, quel trésor était caché dans cette flexibilité méprisée. La fable était dédiée à Marie-Antoinette et sa morale trop claire. Isabelle de Charrière, elle, n'avait pas eu à déplorer l'absence de ce don élastique : elle avait reçu à la naissance l'art de saisir l'occasion et d'épouser le mouvement des circonstances en gardant toujours sur elles un œil ironique. Il ne l'abandonne jamais, même quand l'approche de la mort signe, comme pour chacun de nous, la revanche de la nature sur la liberté. Quelques jours avant sa mort, le 10 décembre 1805, en annonçant sa fin prochaine dans une ultime lettre à Benjamin Constant, elle écrivait : « Je prétends être mourante ; mes amis n'en veulent pas juger comme cela parce que je n'ai aucune souffrance qui tue, mais l'extinction de vie me paraît être la mort. »

MADAME ROLAND

———

Manon Roland est née Marie-Jeanne Phlipon, en 1754, dans une famille de petite bourgeoisie parisienne — le père est graveur — qui lui donne une éducation domestique aussi complète que possible, coupée d'une année de couvent. La mère meurt en 1773, et la vie irrégulière du père pousse la jeune fille, l'âge de la majorité venu, à accepter en 1780 le mariage avec un inspecteur des manufactures de vingt ans son aîné, sans illusions sur la disparité de leur union. Elle vit avec lui à Amiens, puis près de Lyon, mère d'une petite fille en 1781, vouée au foyer, mais prêtant aussi sa plume à son mari, qu'elle accompagne en Angleterre — en 1784 — et en Suisse — en 1787. Dès l'aurore de 1789, qu'elle accueille avec transport, elle participe à la rédaction du Courrier de Lyon, *entre en correspondance avec quelques-uns des espoirs du parti patriote et suit avec une ardeur soupçonneuse les premiers pas de la Constituante. Elle s'installe en 1791 à Paris, rue Guénégaud : là se rassemble, autour de Brissot, Pétion, Buzot, la future Gironde. Quand Roland, en mars 1792, accède au ministère de l'Intérieur, sa femme trouve l'occasion d'exercer son talent et de manifester son penchant extrémiste : elle rédige la lettre d'observations à Louis XVI, qui coûte sa place à Roland, bientôt ramené au pouvoir par le 10 Août. Manon partage alors les travaux du ministère, est enveloppée dans la haine qu'il suscite, arrêtée dans la nuit du 31 mai 1793, emprisonnée à Sainte-Pélagie : captivité qu'elle occupe à la rédaction fiévreuse de ses Mémoires. Empêchée de faire entendre sa défense, elle est exécutée le 9 novembre 1793.*

Manon ou la vaillance

Il y a mille portraits de madame Roland : vifs et brefs profils, comme chez Stendhal, portraits en pied, comme chez Sainte-Beuve. Et mille portraitistes, de Lamartine à Michelet, en passant par Proudhon et Carlyle. Mais des portraitistes étranges, moins intéressés par la particularité du modèle que par sa conformité à un type. À travers l'image qu'ils ont donnée de leur héroïne, ses admirateurs ont presque toujours — exceptons Stendhal du lot — cherché à répondre à une question normative : madame Roland a-t-elle véritablement agi en femme ? Comme le peut une femme ? Comme le doit une femme ? Interrogation partagée aussi bien par ses détracteurs. Tous se sont entendus à la percevoir et à la juger au regard d'une représentation de la Femme idéale, par rapport à laquelle ils cherchaient soit à célébrer une proximité, soit à déplorer un écart. Comme si dans l'adoration ou le dénigrement la partiale postérité continuait à porter à travers elle jugement sur le sexe tout entier. Comme si chacun avait encore dans l'oreille l'épitaphe du *Moniteur :* « Le désir d'être savante la conduisit à l'oubli des vertus de son sexe, et cet oubli, toujours dangereux, finit par la faire périr sur l'échafaud. »

On peut le vérifier sur l'exemple apparemment le moins favorable à la démonstration, celui de son admirateur le plus exalté, Lamartine, qui l'identifie d'entrée de jeu à la Femme majuscule. « Il semble que la vérité a deux sexes. Il y a une femme à l'origine de toutes les grandes choses, il en fallait une au principe de la Révolution. » Pourtant, par une dérive propre à toute l'*Histoire des Girondins,* Lamartine finit par prêter à cette créature divine un pouvoir funeste : elle perd tous ceux qu'elle avait « enchaînés à son rayonnement ». La raison du maléfice est d'une rassurante banalité : la frustration amoureuse a poussé madame Roland à venger ses infortunes privées dans l'action publique. On sait que le souci de Lamartine n'était pas la cohérence : faute d'avoir pu avec certitude prêter à son modèle des yeux bleus ou bruns, il les avait faits « bleus, mais brunis par l'ombre de la pensée ». Une incertitude plus grave flotte sur le jugement intellectuel et moral. Au fil des pages, la Femme archétypique qui, dans des circonstances ordinaires (entendons heureuse et aimée), n'eût « été qu'une femme » devient, dans l'extraordinaire de la Révolution, un « chef de parti ».

Une fois débusquée dans un personnage si emblématiquement féminin, la virilité cachée sert d'explication à tout-va. C'est elle qui pourvoit la gracieuse Manon d'audace intellectuelle (pour Sainte-Beuve), de bon sens (pour Quinet), d'énergie vitale (pour Michelet). Elle qui rend compte d'un caractère « de fer » (Quinet), d'une « dureté de cristal » chez cette Minerve (Carlyle). Elle enfin qui fait de ses amis Bosc, Bancal, Champagneux, Lanthenas, pour peu qu'on les juge à son aune, une escorte frileuse, timide et pour tout dire, Michelet lâchera le mot, féminine. On sent combien cette analyse autorise d'ambiguïtés. Elle ouvre la porte aux mille interprétations de madame Roland comme un être bâtard, trop masculin pour ce qu'il avait de féminin, ou trop féminin pour ce qu'il avait de mâle.

Trop masculin : c'est à ce titre que son ennemi le plus ouvertement déclaré, Proudhon, et malgré la sympathie de principe qu'il nourrit pour la Gironde, l'exécute une seconde fois. Madame Roland a, selon lui, réussi le tour de force de féminiser son parti (les Girondins sont « les Femmelins ») tout en étant un « demi-homme » : la « virilité affectée » qu'elle montre sur l'échafaud l'a empêchée d'être sublime, et voilà pourquoi Marie-Antoinette, toute pécheresse qu'elle ait pu être, la dépasse : elle, du moins, n'a pas trahi son sexe. Même

ses admirateurs n'ont pas échappé au regret de l'avoir vue
manquer à la retenue qui convient aux femmes. Sainte-Beuve
s'offusque du passage des *Mémoires* où elle conte avec une
simplicité crue le traumatisme adolescent que lui causa un
attentat à la pudeur. À sa suite, toute une troupe de critiques
pudibonds, Monglond, Mornet, Scherer, heurtés par cette
confidence incongrue, n'ont su lui imaginer comme circonstance atténuante que la tyrannie exercée alors par le modèle de
Rousseau, qui impose presque, lorsqu'il s'agit d'écrire des
confessions, une scène d'initiation sexuelle. Tous partagent la
méfiance que Sainte-Beuve montre aux « ambitieuses et abu-
sives chimères » qui voudraient camper madame Roland en
modèle « pour les femmes futures, inspiratrice de l'époux, égale
ou supérieure à lui ». Dans la ligne de mire de Sainte-Beuve, il y
a Stendhal. Mais d'avance Stendhal avait répondu à toute cette
littérature, pour lui caractéristique du siècle nouveau, si différent de son aîné des Lumières, qui était vif, dégagé, où l'on
savait vivre et mourir gaiement ; sur tous les portraits à venir de
madame Roland, il avait mis le sceau de l'anachronisme : après
elle sont venues « les dames de l'Empire qui pleuraient dans
leurs calèches au retour de Saint-Cloud quand l'Empereur avait
trouvé leurs robes de mauvais goût ; ensuite les dames de la
Restauration qui allaient entendre la messe au Sacré-Cœur pour
faire leurs maris préfets ; enfin les dames du juste milieu,
modèles de naturel et d'amabilité ». Dans cette société si
fadement prévisible, comment espérer qu'on accordera un
regard à un « grand caractère » ?

Mais, inversement, le « grand caractère » a pu être jugé
comme trop féminin encore. Quand s'annonce l'historiographie universitaire de la Révolution, on pourrait croire que le
thème de la féminité de Manon va céder la place à l'évaluation
informée et précise de son rôle politique au sein de la Gironde.
Mais le jugement globalement négatif que portent sur celle-ci
l'historiographie dantoniste comme l'historiographie robes-
pierriste est redoublé, lorsqu'il s'agit de madame Roland,
par l'appréciation sans complaisance d'une féminité dévoyée,
coupable d'avoir fait à la Révolution un « mal immense ».

Aulard la soupçonne d'avoir inspiré à la Gironde ses passions
personnelles, colère, haine, rancune et peur. Mathiez la voit en
intrigante, assez experte en « cajoleries » pour avoir détourné
jusqu'au compagnon de Robespierre, Buzot. Georges Lefebvre
déplore en elle le travers, si féminin, de juger les êtres sur la
mine. Jaurès lui-même, qui s'est si souvent et si heureusement
efforcé à l'équité — pour Dumouriez, pour Mirabeau —, en a
fait un emblème féminin de l'esprit de coterie : tantôt « minau-
dière et régence », tantôt « présomptueuse et vindicative ».
Alors que les lecteurs masculins de Rousseau (Robespierre ou
Bonaparte) savent revenir à la réalité en quittant les brumes du
rêve, elle s'y enfonce, selon lui, sans recours. Il n'est pas
jusqu'au mot de la fin — l'invocation à cette liberté au nom de
laquelle on commet tant de crimes — qui ne paraisse à Jaurès
« un triste écho de l'éternelle dénonciation où les Roland
s'étaient obstinés ».

Rien n'était encore fini. L'apparition d'une historiographie
féministe, selon laquelle la Révolution est tout entière à relire
du point de vue de l'exclusion des femmes — peu faite pour
tordre le cou aux anachronismes pressentis par Stendhal —, a
mis sur madame Roland une lumière nouvelle, mais, une fois
encore, peu flatteuse. Pour quelques voix disposées à lui faire
honneur d'avoir « milité pour son sexe », la plupart des écrits
contemporains la considèrent avec un apitoiement désolé. À
quoi attribuer, en effet, la défaite du mouvement féminin dans
la Révolution ? En bonne partie, au consentement des « femmes
éminentes », résignées au *statu quo*. Mieux, qui ont illustré par
leur comportement le lien nécessaire qui unit la fondation
démocratique et l'exclusion des femmes, et souscrit à leur
enfermement dans la prison biologique de la nature. Parmi
elles, madame Roland bien sûr, qui tout à fait gagnée au modèle
de la femme ornement du foyer, mère nourricière complètement dévouée aux enfants et au mari, nourrit les plus grandes
préventions contre les femmes en général, au moins lorsqu'elles
s'aventurent en politique. La condamnation définitive est venue
du monde anglo-saxon, sous la plume d'une historienne, Linda
Kelly : « Elle a payé son tribut à l'idée de la supériorité

masculine et n'a jamais cherché à s'associer à la masse d'aspirations féminines à laquelle la Révolution a donné naissance. »

Tant de commentaires et pourtant peu d'attention portée aux textes où madame Roland traite elle-même le problème. Car elle avait d'avance répondu à l'interrogation que tous, admirateurs ou adversaires, supposent résolue : être une femme, qu'est-ce au juste ? Et la question a-t-elle un sens univoque ?

◆

Le promenade dans les écrits de madame Roland livre une cueillette contradictoire, où les tenants des interprétations affrontées aujourd'hui (la militante féministe, la complice d'une société sexiste) peuvent également prétendre faire leur miel. Des plaidoyers pour la cause des femmes ? On en trouve d'explicites, chez une jeune fille qui avoue qu'il faudrait « beaucoup de patience ou de vanité pour entendre de sang-froid de la bouche des hommes l'estime qu'ils font de leur supériorité sur la nôtre ». Sans pour autant entrer dans le débat de fond, elle voit « quelque chose d'humiliant et bas à ne pas soutenir la cause de ses pareilles devant leurs juges ». Au chapitre du « féminisme » de la jeune Manon, on pourrait encore verser les réflexions que lui inspire la perspective du mariage. Elle pose un libre regard sur le médiocre défilé de ses prétendants, ne nourrit aucune illusion sur la difficulté que présente l'affaire, sûre qu'il lui faut « un homme qui, par l'élévation de son âme, puisse s'unir et s'assimiler avec moi, me seconder dans l'éducation d'une famille ». Un choix d'infinitifs assez médité pour montrer qu'elle n'a que faire d'un maître et qui n'annonce pas précisément la femme soumise. Pas plus que les exclamations furieuses ou dépitées que lui arrache l'appartenance à un sexe auquel on interdit d'étudier la physique et la géométrie. Là naît chez elle le désir, si stendhalien déjà, du travesti : « J'ai quelquefois envie de prendre une culotte, un chapeau, pour avoir la liberté de chercher et de voir le beau de tous les talents. » Ce n'est pas haine de la féminité, mais de la dépendance : celle-ci empoisonne des devoirs qu'elle trouverait, dit-elle, « délicieux à remplir » s'ils étaient l'objet d'un choix. Qu'il s'agisse de maris ou d'histoire naturelle, l'ambition de Manon est l'autonomie. Aucun de ses écrits ne respire le « manque de hardiesse » dont, à la suite de Pierre Trahard, les féministes d'aujourd'hui lui font tristement grief.

Mais il est vrai que pour remplir leur corbillon d'arguments ils peuvent récolter dans les écrits de madame Roland d'autres déclarations, d'autres images, antinomiques des précédentes : le portrait repoussoir qu'elle trace à plusieurs reprises de la femme nouvelliste, de la femme bel esprit (thème rebattu, il est vrai, qu'on trouvera paradoxalement aussi chez madame de Staël) ; celui, féroce, des poissardes qui arrivent à Lyon le 25 juin 1790, munies d'un passeport de Bailly pour aller chercher les princes à Turin, héroïnes prétendues du 14 Juillet et du 5 Octobre, en réalité de « dégoûtantes coureuses, bouffies de liqueur et de grossièreté » ; celui, attristé, de madame Necker, objet de ridicule « depuis que son mari a publié son éloge en traitant d'affaires d'État ». Toutes ont transgressé les limites où s'inscrit l'activité féminine et les formes qu'elle doit revêtir. Aux yeux de madame Roland, et ceci aggrave naturellement son cas, il faut accepter ces figures imposées, composer avec les exigences sociales, ménager le qu'en-dira-t-on. On la voit ainsi étudier la géométrie, mais « secrètement », car elle « respecte l'opinion et [elle n'a] garde de faire la savante ». Ou encore, après avoir lu Locke, Machiavel et les *Commentaires* de César, écrire à Sophie que de tels tête-à-tête ne peuvent s'avouer qu'à l'amitié et doivent se dissimuler soigneusement à toute autre société : Manon, au reste, est devenue habile à désarmer le soupçon et « parle chiffons et bêtise avec une profondeur étonnante ».

Sur de tels aveux, on peut non seulement repérer la dualité d'un personnage, mais peut-être même le convaincre de duplicité. De ce double jeu entre fierté et prudence, révolte et acceptation, beaucoup d'explications ont donc été proposées, qui le renvoient soit aux deux vies de madame Roland — avant et après 1789 —, soit aux deux sources — correspondance et

Mémoires — qui nous l'ont fait connaître, soit aux deux versants de la vie petite-bourgeoise, soit encore au miroir à deux faces que lui tendaient ses lectures favorites. Deux vies d'abord, car la Révolution fend le tissu des existences : pour madame Roland comme pour les acteurs d'une Révolution qui fait d'un rimailleur aimé des dames un Robespierre, d'un avocat obscur un Danton, d'un plumitif frustré un Marat et accomplit bien d'autres métamorphoses. L'immense événement a la capacité de faire flamber les vies les plus grises. C'est donc la bourrasque révolutionnaire qui transforme en héroïne une femme douce, paisiblement vouée aux ouvrages de son sexe. Thème très largement traité et jamais mieux que par le comte Beugnot dans ses *Mémoires*. Prévenu contre elle lorsqu'il fit sa connaissance à la Conciergerie, mais immédiatement séduit, il ne voulut plus attribuer son esprit de parti et de passion qu'à l'événement monstre qui arrachait alors **tous** les êtres à leur pente : « Séparez madame Roland de la Révolution, elle ne paraît plus la même. » Suit la description d'une « femme sensible », épouse et mère, attachée à l'idée qu'on ne trouve le bonheur que dans l'accomplissement de ses devoirs sacrés, et « qui célébrait la vertu dans le style de Fénelon ». Deux madame Roland ? C'est qu'elle a dû appartenir à deux mondes, séparés par le gouffre de la Révolution.

Il existe une version universitaire de cette interprétation. Carl N. Becker a fait remarquer que tous les portraitistes de madame Roland ont usé, sans les distinguer assez scrupuleusement, de deux textes antinomiques. Les *Mémoires* sont voués à la méditation d'une mort extraordinaire, les *Lettres* à l'aménagement d'une vie très ordinaire. Les *Mémoires* veulent embrasser la tragédie collective, les *Lettres* sont curieuses de tout, sauf de la chose publique. Les *Lettres* ont le charme spontané du primesaut, les *Mémoires* sont composés avec un souci étudié de cohérence. Dans la proximité de l'échafaud, madame Roland lit la phrase de sa vie à rebours, comme si dès l'origine elle avait été aimantée vers cette fin tragique, prix à payer pour l'émancipation de l'humanité : moins une vie qu'une destinée, par conséquent, et dignifiée par cela même. Illusion consolante selon Becker. Mais elle explique que Manon, femme conventionnelle dans les lettres, peu intéressée par le monde extérieur et définie par les soins du ménage, ait pris dans les *Mémoires* les traits d'une activiste politique. Selon qu'on va d'un texte à l'autre — pour Becker l'authenticité est évidemment du côté des *Lettres*, moins ordonnées que les *Mémoires* à une finalité impérieuse —, on va d'un portrait de madame Roland à l'autre.

Cette double image peut encore être nourrie d'une interprétation sociale. Fille et petite-fille d'artisans et de boutiquiers parisiens, madame Roland revendique son appartenance à une lignée de petite bourgeoisie citadine. On peut y lire son enracinement dans une classe moyenne en profond accord avec elle-même, qui a placé son idéal dans des rapports de famille simples et heureux et tient pour exemplaire la distribution scrupuleuse des emplois féminins et masculins, de part et d'autre de la frontière qui sépare le privé du public. Mais on peut aussi, à la manière des Goncourt, voir dans cette classe un mixte instable d'ambitions contradictoires : aspirée, vers le haut, par les agréments de la sociabilité aristocratique, vers le bas par les devoirs de la vie domestique. L'éducation de la jeune Manon illustre cette dualité. On lui donne des maîtres de « basse de viole » et de « dessus de viole », mais on la prie d'aller acheter le persil et la salade. Elle apprend le latin et elle coud ses chemises. Éducation mi-populaire, mi-mondaine par conséquent, « qui l'approchait de tout sans l'empêcher de descendre à rien ». Aussi était-elle destinée à incarner le métissage bourgeois, à camper une « Sévigné de la bourgeoisie », comme avait dit Sainte-Beuve.

On peut enfin suggérer, redoublant cette dualité sociale, une dualité culturelle. Le premier choc intellectuel de la petite fille avait été, dès huit ans, la rencontre avec Plutarque. Elle y avait contracté pour toujours l'admiration de la vie héroïque et la révérence pour ceux et celles qui sacrifient le bonheur privé à la chose publique. Le deuxième choc, beaucoup plus tard, fut la rencontre avec Rousseau. Elle devait saluer en lui un autre admirateur de Plutarque, à huit ans lui aussi, et recevoir confirmation de ce qu'elle avait adoré dans les *Vies parallèles* :

l'amour de la patrie, l'enthousiasme de la liberté et l'héroïque tension de la vertu. Elle réunira les deux hommes dans un commun hommage en composant en 1787 ses *Réflexions sur Plutarque*. Mais elle avait aussi trouvé chez Rousseau tout autre chose : la valorisation des activités domestiques traditionnelles, un idéal féminin de vie dévouée, le consentement à l'obscurité. Ainsi, des lectures d'autodidacte, menées sans esprit de méthode, auraient fait naître chez elle des représentations contradictoires de l'existence des femmes.

À son insu, bien entendu. Car toutes ces interprétations prospèrent sur une idée bien partagée : celle que la dualité de la personne et l'aspect contradictoire des valeurs qu'elle souhaitait incarner ou défendre auraient échappé à l'intéressée. Madame Roland serait le produit inconscient des circonstances d'une vie déchirée par la Révolution, des hasards de la naissance dans un milieu bâtard et de lectures désordonnées. Incarnation exemplaire de ces femmes révolutionnaires incapables de résister aux inspirations et aux injonctions de la société qui les englobe, et même de les percevoir ; et l'aliénation serait le dernier mot de toute son histoire.

◆

« Eh bien, mon cher frère, ce n'est qu'une fille ! Je vous en fais mes excuses très humbles, mais de plus habiles que moi ne s'y entendent pas mieux. » Telle est l'annonce faite au frère de Roland de la naissance d'Eudora. Ce qui saute aux yeux dans les lettres de madame Roland et chaque fois qu'elle aborde la question de ce que la nature a « semblé » désigner comme destin aux femmes, traite de leurs rapports avec les hommes ou réfléchit sur l'égalité, c'est la distance ironique. Faute d'avoir repéré dans l'étoffe de ses déclarations explicites le fil de la malice, on l'accuse lourdement d'avoir abandonné la « cause » des femmes. La liberté de l'ironie est pourtant ici partout présente, à la manière d'un sourire intérieur, sans doute contracté dans toutes les occasions où elle avait entendu louanger Roland pour des textes qu'il n'avait pas écrits et dont elle se rendait *in petto* la paternité et l'hommage. Témoin cet exemple entre mille : Roland avait adressé à la société d'émulation de Bourg-en-Bresse un factum, pendant de cheminée au discours de Rivarol sur l'universalité de la langue française, où il prophétisait la promotion de l'anglais en langue universelle. Comme souvent, il est difficile de dessiner avec une entière précision la part que madame Roland avait prise à ce mémoire. Mais un certain Varenne de Fenille ayant élevé des objections à la thèse qu'il soutenait, c'est elle qui se charge de la réplique, petit chef-d'œuvre d'adresse moqueuse : oui, elle le sait bien, le silence est l'ornement des femmes, telle est, au moins, « la religion des maris ». Elle ne pourrait ni n'oserait, en conséquence, entrer dans un véritable débat littéraire, mais comme celui qui l'a ouvert n'a pas exclu les romans, le théâtre, bref la frivolité, elle s'y risque : au sexe mineur les genres mineurs. La voici donc discutant Richardson et Shakespeare, mais de là, sans même paraître y toucher, glissant à Locke et à Newton. Et filant l'ironie jusque dans la chute du texte ; l'académicien de Bourg-en-Bresse avait souhaité qu'on lui donnât une citation de Columelle, elle la lui refuse sur une irrévérencieuse pirouette : « Sans avoir les goûts de Ninon, je partage son aversion pour les citations. »

Il faut garder cela en mémoire quand on veut comprendre l'idée qu'elle se faisait de l'égalité des sexes. Sa bible, sur ce point, avait été un mortel best-seller de Thomas, l'*Essai sur le caractère, les mœurs et l'esprit des femmes dans les différents siècles,* qu'elle louait beaucoup pour avoir refusé de trancher la « célèbre question ». Si, à ses yeux, il s'agit d'une question déraisonnable, c'est qu'elle croit à la commune nature raisonnable des hommes et des femmes, à l'égalité de leur dignité intellectuelle et morale. Elle a continûment cherché dans un mari un égal, l'égalité lui semblait « l'unique source d'agrément dans la société », elle ne se sentait faite ni pour « s'élever au-dessus de personne ni pour être dominée d'aucune ». Mais l'égalité qu'elle revendique n'a rien d'une indistinction : la complémentarité des sexes lui paraît naturelle, « leur mérite doit être nécessairement différent ». Aux femmes, par consé-

quent, des imperfections spécifiques : la faiblesse de la constitution, elle-même responsable d'un défaut d'énergie et de suite
dans les idées ; mais des perfections spécifiques : les vertus de
sociabilité, de sensibilité, de vivacité dans l'imagination, ce
qu'elle appelle déjà, avant Stendhal, le « feu ».

Aucune étroitesse dans ce tableau. Tout ce qui ressemble à
une assignation définitive allume d'entrée de jeu son humeur
sarcastique : « Le ciel a voulu que les tyrans fussent cruels, les
maris jaloux, les femmes légères et moi prêcheuse. » D'autre
part, elle est convaincue qu'on fait souvent d'imperfection
vertu. Elle note qu'on refuse habituellement aux femmes les
facultés d'observer, qui relèveraient, pense-t-on, d'une vue
réfléchie de l'entendement. C'est n'avoir pas compris que la
dépendance des femmes, l'obligation de réserve qui leur est
imposée, les « bienséances qui les gourmandent, les retiennent
sans cesse » leur font une nécessité vitale d'observer, et celle-ci
leur assure une acuité inégalée. Madame de Staël théorisera
cette analyse dans *De la littérature*. Les femmes s'entendent à
distinguer dans les caractères une « foule de nuances » : le
bénéfice paradoxal d'une destinée obscure leur ouvre ce qu'on
appelle alors la philosophie morale. Ainsi voit-on les
contraintes naturelles sécréter leurs antidotes. Sans doute y a-
t-il une nature féminine, mais son trait majeur est la « flexibilité », qui est à peine un trait positif : un rameau de Salzbourg
vite recouvert d'efflorescences. Dans le discours assez conven-
tionnel que la jeune Manon avait adressé à l'Académie de
Besançon sur la question de savoir comment l'éducation des
femmes pourrait contribuer à rendre les hommes meilleurs, elle
avait défini ses pareilles comme « susceptibles de toutes les
impressions ». Une élasticité si souvent pliée aux petites choses
pourrait bien être étendue aux grandes. Les Indiennes, remarque-t-elle, se brûlent à la mort de leurs maris : « Que ne ferait-
on des femmes de mon pays si on leur inspirait de l'enthousiasme pour la vertu ! »

Tout, donc, est affaire d'éducation. Elle en est assez
persuadée pour batailler avec son cher Rousseau, prête contre
lui à soutenir que les différences infinies entre les sexes en

relèvent presque toutes. Les femmes sont assujetties aux impressions des sens ? Une éducation où l'on cultive les grâces n'est pas faite pour redresser cette docilité. Elles ont la fureur de plaire ? On ne leur laisse pas d'autre empire à exercer. Faudra-t-il s'étonner, la Révolution survenue, s'il se trouve peu de femmes patriotes ? « La sensibilité qui se disperse et s'atténue sur des bagatelles arrive malaisément à se sublimiser sur de grands objets. » Les hommes de la Révolution, à une ou deux exceptions près, professeront que les femmes n'appartiennent pas à l'histoire, mais à la nature. Madame Roland est fort loin d'en être convaincue. Là-dessus, madame de Staël dira, elle aussi, son hésitation : en cette fin de siècle, les femmes ne sont déjà plus dans l'ordre naturel. Mais elles ne sont pas encore entrées dans l'ordre historique. Encore, déjà plus : on ne sait s'il s'agit d'une rencontre fortuite ou si madame de Staël a emprunté ce lexique de la transition à madame Roland. Mais lorsque celle-ci, le 5 avril 1791, confie à Bancal qu'elle vient d'écrire aux hommes du Cercle social pour tisonner leurs énergies, elle note qu'elle n'a pas dit son nom : les mœurs ne permettent pas *encore* aux femmes de se montrer, elles ne pourront « agir ouvertement que *lorsque* les Français auront tous mérité le nom d'hommes libres... *Jusque-là,* elles seraient ridicules et perdraient ce qu'elles auraient cru gagner ».

Au gré des éducations, au gré des histoires et du temps qui passe, changent donc les cadres dans lesquels peut s'inscrire l'action des femmes et s'épanouir leur dignité. Bien des parcours leur ont été et leur seront offerts, bien des modèles sont possibles. Celui des Républiques antiques leur propose d'organiser leur vie autour de cette valeur dominante, la patrie. Chaque femme doit lui donner des enfants vigoureux — et pour cela s'entraîner elle-même aux exercices du corps ; former des hommes libres — et s'entraîner à ceux de l'esprit ; accepter et même cultiver le sacrifice, comme ces mères qui voient revenir leurs fils sains et saufs du combat, qui en ont honte, leur en font honte. Oui, c'est un sort enviable, une grande chose que d'être femme spartiate ou romaine. Changeons de lieu, changeons d'époque : dans un siècle décadent, où rien d'héroïque ne s'offre aux femmes, où on les tient éloignées de la chose publique, où l'honnêteté a remplacé l'honneur, elles ont encore le magistère des mœurs ; et ce n'est pas rien, même obliquement, même dans l'obscurité du foyer, de travailler à un bien public secrètement inclus dans la sphère privée : d'une petite vie, une femme peut donc encore faire une grande œuvre. Elle doit même pouvoir s'accommoder de vivre dans une nation absolutiste. Manon a beau en détester la morgue et les mépris, elle sait aussi reconnaître le prestige dont elle a doté les rôles féminins : dans cette société si inégale, les femmes ont gagné, par l'empire des manières, un air d'aisance et de gaieté, qui est une « sorte d'égalité ». Madame Roland n'avait pas lu seulement Rousseau, mais aussi Montesquieu. De l'*Esprit des lois* elle avait retenu que les monarchies, pour peu qu'elles soient civilisées, développent chez les femmes un esprit de liberté. Elle avait senti tout ce que le talent de madame de Sévigné devait à la sociabilité de Cour, « c'est-à-dire au centre où arrivent, où se rapportent les anecdotes intéressantes, les jolies choses, les grandes affaires, les riens importants, où le tour aisé, le ton aimable, la finesse, les grâces, se joignent à tout ce qu'on voit, à tout ce qui se fait ». Dans une nation « dominée par des maîtres », mais vive et gaie, il appartient aux femmes d'épurer et de décorer les sentiments. Peu de civisme ici sans doute, mais de la civilité. La politesse est un ouvrage de dames, pas du tout dérisoire, une autre figure de l'autonomie. Jusque sur la charrette de l'échafaud, elle croira bon de rappeler son compagnon d'infortune à la galanterie.

Ce n'est encore pas tout. À la même époque, et pas si loin, il y a les femmes anglaises dont la découverte attendrie lui a donné l'idée d'un autre modèle encore. Ici pourtant règne la ségrégation des sexes. Dans une nation où domine « l'esprit viril de la discipline », la séparation des femmes, avait dit Montesquieu, résulte de l'institution même du gouvernement. « Libres par les lois », mais esclaves par les mœurs, les Anglaises mènent une vie très retirée, très intérieure, elles n'obtiennent pas l'hommage de la petite galanterie, on ne leur voit jamais l'air évaporé des Françaises. Mais ce sont des femmes « sensibles » dont on ne peut, écrit-elle à Bosc, se retenir de tomber amoureux. Elles inspirent ces sentiments subtils et forts qui font le charme et la richesse du roman anglais. Une fois de plus, madame de Staël la rejoindra ici : elle aussi attribuera la supériorité de la littérature romanesque anglaise à la moralité sexuelle, à la vie privée à laquelle se vouent les femmes, toutes deux contribuant à inspirer aux hommes le sentiment amoureux, dont la profondeur varie donc en raison inverse de la légèreté galante.

La jeune Manon s'était écriée qu'elle aurait dû avoir « une autre âme, un autre sexe, ou un autre siècle ». Naître « femme spartiate ou romaine, ou du moins homme français ». C'était assez dire que le sexe à lui seul n'est pas une prison. Qu'il existe pour les femmes une pluralité de destins, et encore faudrait-il ajouter que chacun d'eux peut présenter des devoirs contradictoires et « particulariser » à l'infini les cas (elle l'apprendra amèrement de l'éducation d'Eudora, qu'elle s'appliquait à calquer sur le modèle rousseauiste et dont les beaux principes ne résistèrent pas à l'expérimentation). Que dans chacun d'eux les femmes peuvent prétendre à la dignité. Qu'enfin et surtout leurs contraintes — ils en comportent tous — laissent pourtant du jeu à l'émancipation de la pensée. On peut toujours leur refuser l'adhésion de l'esprit. Ainsi de la religion, si visiblement faite pour exercer son emprise sur l'imagination féminine : rien pourtant n'empêche une femme de savoir et de dire que la religion catholique est « très peu convenable à un jugement sain », puisqu'à toute femme sont permis — là-dessus elle ne cède jamais un pouce — l'exercice de la raison éclairée et la chance de l'autonomie. Bien avant que les Jacobins ne lui donnent l'occasion de démontrer qu'on peut être libre entre les murs d'une geôle, elle l'avait magnifiquement exprimé : « Qu'importe où le vent me jette, je porte avec moi le principe de ma félicité ! »

Chemin faisant, elle s'applique à corriger elle-même la raideur des oppositions où on l'enfermera. Les descriptions diverses qu'elle a faites de l'existence féminine sont une illustration de l'inépuisable variété avec laquelle l'esprit invente ses cheminements et cultive son privilège d'échapper à toute définition. Elles ne tiennent ni aux aspirations contradictoires de la classe sociale — qu'elle aurait reflétées sans les comprendre ni les argumenter —, ni à la différence entre des Mémoires gouvernés et une correspondance spontanée — les citations ont été plus volontiers dans les pages qui précèdent et, volontairement, empruntées à la correspondance —, ni à la contradiction supposée entre la vie selon Plutarque et la vie selon Rousseau. Car Rousseau avait toujours refusé de prendre parti dans la question de l'égalité des sexes, produit selon lui de ce malheur humain absolu, la folie de se comparer. Il répétait que chaque sexe était plus parfait en allant au bout de sa particularité et que l'approfondissement de cette destinée singulière était toujours une richesse. Il ne suffit pas de dire que la femme est subordonnée : il y a une subordination commune de l'homme et de la femme à une destination qui les déborde. De la société des sexes résulte une « personne morale dont la femme est l'œil et l'homme le bras ». Ajoutons que cette unité nouvelle, cette nouvelle âme, s'ordonne à l'exigence du bien public : de ce fait, la femme, par sa mission privilégiée d'institutrice du civisme, est réintégrée dans la vie de la cité. Perspective exaltante, où la féminité est moins un état qu'une valeur. Même Sophie, que Rousseau ne comble guère de talents, finit par reprendre auprès d'Émile le rôle impérieux du précepteur. « Aujourd'hui, dit celui-ci, j'abdique l'autorité que vous m'aviez confiée » et, désignant Sophie : « Voici désormais votre gouverneur. » Quant à Julie, c'est elle qui règne à Clarens, ni Wolmar ni Saint-Preux n'ont barre sur cette âme forte, et nulle n'illustre mieux qu'elle cette réconfortante et rayonnante vérité : que la richesse de la destinée féminine peut s'épanouir jusque dans un mariage sans amour. On comprend mieux alors ce que madame Roland pouvait demander à la lecture de l'*Émile* ou de *La Nouvelle Héloïse*. À la jeune fille qui s'était mariée sans élan, était devenue épouse sans plaisir, puis mère déçue d'une enfant sans flamme, Rousseau apprenait à transformer la prose de l'existence en création poétique. À la condition de savoir gouverner la vie affective par la volonté — et Manon n'en manquait pas —, il lui promettait l'accomplissement du moi et, en dépit de tout, la plénitude de l'être.

◆

Se dessine donc une personnalité d'une cohérence exceptionnelle. Reste à dire si la Révolution la dérange, si, du moins, elle distribue autrement la donne des rôles féminins et fait surgir une nouvelle madame Roland. Que la Révolution marque l'entrée dans une histoire extraordinaire, qui donne aux événements une merveilleuse élasticité, mobilise l'énergie des individus et relance leur capacité de rebond, elle en a été immédiatement convaincue. Elle dira que l'événement a changé radicalement sa perception du temps (on vit « dix ans en vingt-quatre heures ») et la mesure de ses promesses : « Enfin arrivèrent les jours de la Révolution et avec eux le développement de tout mon caractère, les occasions de l'exercer. » Chez elle, la vive conscience de la rupture révolutionnaire éteint d'un coup l'admiration jalouse des libertés anglaises, le regret nostalgique de l'héroïsme romain. À Bancal, au lendemain de la Fédération, elle rappelle ces jours de jeunesse où l'étude de l'histoire ancienne la faisait « pleurer de dépit de n'être pas née spartiate ou romaine » (ce n'est nullement, comme on sait, une reconstruction rétrospective), mais pour s'écrier aussitôt : « Je n'ai plus rien à envier aux antiques républiques ! » Avant même qu'elle soit entrée sur la scène politique, la Révolution la fait changer de livres, d'amis, d'activités, d'émotions. Tout à coup, les poètes italiens paraissent bien légers, seuls semblent à la hauteur de l'événement Tacite, « l'histoire de madame Macaulay », la morale de Rousseau ; des connaissances toutes fraîches, faites dans l'enthousiasme de l'événement et qu'il n'est plus besoin d'éprouver longuement, s'agrègent au cercle de la sociabilité ; les occupations se simplifient, les lettres se font sobres (« Adieu tout court, écrit-elle à Brissot, la femme de Caton ne s'amuse point à faire de compliments à Brutus ») ; il y a désormais des comportements interdits, comme la récrimination ou la plainte : pour le coup, c'est un « rôle de femme »,

qu'elle ne voudrait pas, dit-elle à Bosc, assumer. Car la
Révolution a tout changé : « Il faut veiller ou prêcher jusqu'au
dernier souffle, ou ne pas se mêler de Révolution. »

De quoi se mêle-t-elle, au juste, et que prêche, du clos de
La Platière, l'infatigable épistolière à son réseau d'amis ? Ce
n'est pas l'originalité des vues politiques qui la distingue de ses
amis. On trouve chez elle, comme chez eux, une américanophi-
lie originelle. Chez elle, comme chez eux, un républicanisme
primitif, fait de la haine de l'arbitraire. Chez elle, comme chez
eux, le thème de la guerre nécessaire se met très tôt en place.
Pour elle enfin, comme pour eux, la scène cristallisatrice est
Varennes. Ce qui frappe chez elle n'est pas le contenu des idées,
mais l'âpreté de leur mise en forme. Car elle commande
l'audace tout simplement et encore l'audace, comme le dira un
autre, qu'elle détestera. Dès les premiers pas de la Constituante,
et jusqu'au bout, on la voit gémir de l'absence de grands
caractères : « La France était comme épuisée d'hommes. »
Chez ceux qui l'entourent, elle déplore la timidité ou l'ingénuité de la confiance irréfléchie. Dès le 26 juillet 1789, en pleine
euphorie révolutionnaire pourtant, elle écrivait à Bosc : « Vous
n'êtes que des enfants, votre enthousiasme est un feu de paille.
Si cette lettre ne vous parvient pas, que les lâches qui la liront
rougissent en apprenant que c'est une femme. » Ce qui alimente
sa méfiance, c'est l'obsession des conjurations contre la Révolution, qu'elle voit immédiatement à l'œuvre, à l'extérieur autour
des princes, à l'intérieur autour des privilégiés et des prêtres.
Est-elle déjà républicaine, comme l'assureront les *Mémoires* ?
Sans doute, si l'on fait de l'idée républicaine l'hostilité aux
prêtres et aux rois, colorée chez elle d'agressivité pure. La vente
des biens ecclésiastiques la trouve enthousiaste. Encore faut-il
la presser, car « jamais nous ne serons débarrassés des bêtes
féroces tant qu'on ne détruira pas le repaire ». Et le roi ? Les
Mémoires diront qu'elle n'a cru ni à Louis XVI régénérateur ni
à la monarchie constitutionnelle et, une fois de plus, les lettres
n'infirment nullement ce témoignage qu'on pourrait croire
arrangé. Dès l'été de 1789, elle réclame le procès de la reine et
du comte d'Artois. Elle n'a jamais nourri d'illusions sur les

dispositions de Louis XVI. Enfin, bien avant que Brissot ne souhaite pour la Révolution « de grandes trahisons », elle a dit « être bien aise qu'il y ait des dangers », pensé que « la régénération d'un empire faite paisiblement est probablement une chimère » ; et appelé la guerre pour accomplir ce « supplément de révolution » qui est tout de suite dans ses vœux.

Lorsqu'elle arrive à Paris, en février 1791, sa première rencontre avec l'Assemblée avive un peu plus encore ce radicalisme spontané. Les premières séances auxquelles elle assiste lui donnent l'occasion de portraits féroces, les funérailles de Mirabeau la consternent parce qu'elles raniment l'engouement pour un homme dangereux. Pour les gens de couleur, pour les citoyens passifs, pour l'absolue liberté de la presse, contre la rééligibilité des constituants à une seconde législature : dans tous les combats du printemps, elle se tient aux côtés des quelques « patriotes énergiques » qu'elle a distingués (Robespierre fait alors partie du lot). Elle met de jour en jour davantage son espérance dans l'insurrection ou la guerre. La grande date dans cette initiation politique, c'est Varennes, à la fois confirmation et choc. Il faut cela pour la précipiter « aux sociétés fraternelles » (sans doute s'agit-il de la société fraternelle des deux sexes séant aux Jacobins). Premier pas dans l'arène politique, qu'elle justifie par le caractère inouï de la fuite du roi. Tant que la paix, dit-elle, avait duré, elle s'en était tenue « au rôle paisible et au genre d'influence qui me semblent propres à mon sexe » ; puisque « le départ du roi a déclaré la guerre, il m'a paru que chacun devait se dévouer sans réserve ».

La voici donc désormais sur la scène publique, dans le rôle où ses ennemis vont l'enfermer et qui lui vaudra la mort et l'immortalité : la femme de coterie, l'inspiratrice clandestine de la politique girondine. Femme de salon ? Assurément, à condition de dire que dans celui de la rue Guénégaud, ouvert en février 1791 et qui réunissait deux fois la semaine les députés de l'extrême gauche, on ne respirait nullement l'air d'Ancien Régime qu'y flairaient les Jacobins : les femmes, à l'exception de l'hôtesse, en étaient exclues, la chère y était spartiate, l'atmosphère studieuse et tendue était plutôt celle d'une société de pensée que d'un salon. Éminence grise ? Assurément encore. On la voit aider Roland, lorsqu'en février 1792 il entre au Comité de correspondance des Jacobins, activité qui ne la prend pas sans vert ; un mois plus tard, lors de la formation du premier ministère girondin, percevoir tout de suite quel piège il représente pour des hommes qui ont plaidé le conflit ouvert avec le roi ; en juin, après le refus de Louis XVI de sanctionner les décrets, composer la fameuse lettre — elle enferme une superbe définition de la patrie comme un être — qui entraîne la démission des ministres girondins et campe à nouveau ses amis en symboles de la fermeté révolutionnaire ; en juillet, démêler les atermoiements dissimulés dans le discours ouvertement provocateur de Vergniaud ; en septembre, insoucieuse du « voile » qu'au même moment Roland juge bon de jeter sur les massacres, en dénoncer immédiatement le caractère atroce et concerté ; en septembre encore, dès le 5, concevoir l'idée d'une garde départementale : c'est du reste chez elle qu'on trouve ce qui ressemble le plus à l'accusation de fédéralisme lancée contre les Girondins, les spéculations sur la carte de France, l'évaluation des « bons » départements, l'esquisse d'une géopolitique de la liberté. Bref, jusqu'à ce 21 janvier 1793 où le roi qui meurt sur l'échafaud entraîne dans sa chute le ménage Roland, elle donne mille gages à la perfide insinuation de Danton, que « Roland n'était pas seul dans son ministère ».

Ses ennemis n'ont donc pas mal jugé et madame Roland elle-même reconnaît que la haine leur a fait don de pénétration. Ils avaient fort bien compris le parti qu'ils pouvaient tirer de l'image d'un ministre mené par sa femme, mais ils appuyaient aussi leur thèse sur une intuition exacte : la femme, en effet, tenait la plume. En revanche, ils ignoraient superbement la façon dont elle concevait ce rôle. Car, pour elle, il n'avait pas de bouleversante nouveauté. Il est d'abord frappant de constater qu'il n'était nullement exclusif de ceux qu'elle avait pu jusque-là essayer ou caresser. Au plus brûlant des événements, Manon a toujours voulu préserver la possibilité de retourner au confinement de Theizé comme à un autre Clarens, pour faire ses confitures et ses vendanges et ne plus « penser aux révolutions des Empires ». Elle a continué de poursuivre le projet d'une vie inspirée des *Lettres d'un cultivateur américain* de Crèvecœur, cherché à acquérir un bien du clergé pour y vivre avec ses amis en cultivateurs philosophes et philanthropes. D'autre part, dans le rôle public que lui imposait la poursuite des « grandes vérités », elle n'a pas abandonné le style qu'elle avait toujours affectionné. Au clos de La Platière, quand elle recevait des hommes, c'était en autorité bienveillante, modeste et distante, comme hors du cercle, un éternel ouvrage à la main. Rue Guénégaud, ou au ministère, devenue « la reine Coco », elle s'en tient à cette présence-absence, attentive aux commentaires masculins et n'en laissant rien perdre, mais retenant sur ses lèvres la formule incisive qui la brûle. Image dont elle force sûrement la discrétion dans les *Mémoires* pour les besoins de sa défense. On peut pourtant la tenir pour vraie. Jouait ici la force de l'habitude — elle avait toujours collaboré à petit bruit aux ouvrages techniques et académiques de Roland, et tiré de cette influence obscure un vif contentement. Il se nuance de jubilation lorsqu'elle conte dans les *Mémoires* être le véritable auteur d'une lettre au pape que signèrent Roland, Monge, Clavière, Garat. À l'évidence, dans cet emploi occulte, méticuleusement rempli et défendu, quelque chose a retenu et même comblé la femme du ministre. Prudence ? Ce n'était pas son fort. Mais conviction que si les connaissances et les talents sont indispensables aux femmes, car la répartition des tâches n'entame pas l'égalité de la raison, ce n'est jamais « pour le public ». Et certitude, héritée de Rousseau, que la complémentarité sociale des sexes est un arrangement admirable. Dans l'attitude où ses ennemis voient une pose, un chef-d'œuvre de dissimulation, et ses amis le comble de l'aliénation, il y a au contraire l'adéquation d'un être avec lui-même.

Rousseau avait prêché cette vérité morale qu'il faut mettre la personne en mesure de se préférer, soi et son état, à n'importe quelle autre. Il tenait l'accord avec soi pour le bien le plus précieux. Manon le pensait aussi, elle qui définissait l'unité du moi personnel comme le plus grand accord possible entre les opinions et la conduite. De quoi donc, chez cette femme singulière, si apte à susciter à la fois l'admiration et l'agacement, est faite l'unité de l'existence ? On approche le mystère de cette personnalité en percevant que madame Roland est un être — on saisit ici une fois encore les raisons de la tendresse que lui a montrée Stendhal — qui ne supporte pas les situations statiques et redoute par-dessus tout d'y être immobilisée. Elle n'est pas une protestataire née, ni une révoltée de toujours. Mais elle n'a jamais toléré les états négatifs — léthargie, tristesse, paresse, apathie, ennui —, à ses yeux des maladies de l'âme auxquelles il faut s'arracher coûte que coûte, fût-ce au prix de la violence. C'est ce trait d'impatience qui fait comprendre la nuance brutale qui distingue ses discours de ceux de ses amis, lui encore qui explique que plus tôt qu'eux, et plus vivement qu'eux, elle désire une crise, l'insurrection ou la guerre, le sang versé qu'elle n'hésite pas à croire « régénérateur ». On verrait ainsi crever enfin l'intolérable orage qui monte tout au long de la Révolution et n'en finit pas d'éclater. C'est ce qui arrive le 31 mai : presque heureuse de la foudre enfin tombée, elle est aussitôt en mouvement, « comme un oiseau », pour voler à la municipalité, courir à la Convention dénoncer l'arrestation de Roland ; soulagée, on le sent bien, de s'arracher à la passivité, prête à en payer le prix, délivrée de cette incertitude que haïssent, remarque-t-elle avec pertinence, « les caractères énergiques ». Et c'est cette disposition, enfin, qui rend compte de sa manière de vivre l'épreuve de la prison. En tête à tête entre les tristes murs avec le portrait de Buzot qu'elle aime, allégée de ses devoirs envers le mari que désormais elle nomme le « vieillard », elle parvient, comme Fabrice à la tour de Parme, à se trouver heureuse avec son Shaftesbury et son dictionnaire anglais, et moins dédoublée que jamais.

C'est pourtant la prison qui touche à une certitude centrale et qui modifie, pour la première et la dernière fois dans cette vie si une, la représentation que Manon se fait de l'existence féminine. Elle avait toujours su que les femmes pouvaient étonner l'univers. Mais elle ne croyait pas que telle était leur destination et qu'elles devaient « paraître ». La révolution de son pays avait laissé intacte cette conviction, que la révolution de sa vie emporte. La voici qui écrit à tout ce qu'elle connaît de députés, de journalistes, pour les prendre à témoin de l'arbitraire. Qui noircit des centaines de pages, comme elle l'a toujours fait, mais cette fois préoccupée de les sauver de ses geôliers, d'acheminer vers le public son testament moral et politique, de diffuser le texte où elle « prend soin de sa mémoire ». Désespérée quand elle croit comprendre que ses amis ont jeté au feu ses manuscrits (« J'aurais préféré qu'on m'y jetât moi-même ») ; se sentant même « de la vocation pour la guillotine » tant que celle-ci sanctionne un jugement public qui fournit au moins une chance de se faire entendre ; ayant tout à fait surmonté sa vieille répugnance pour les femmes auteurs : « S'il m'avait été donné de vivre, je n'aurais plus eu, je crois, qu'une tentation ; c'eût été de faire les Annales du Siècle et d'être la Macaulay de mon pays ; j'allais dire le Tacite de la France » ; saluant même de sa geôle la femme qui est venue donner la mort à l'apôtre du meurtre et du brigandage : le couteau de Charlotte « mérite l'admiration de l'univers ».

Sans doute a-t-elle soin encore de faire remarquer que cette conversion lui a été imposée : « Mes concitoyens voudront bien, écrit-elle à sa section le 4 juillet 1793, accueillir cette profession de foi que je n'eusse jamais songé à rendre publique si un abus d'autorité ne m'inculpait d'une manière publique. » Mais lorsque les crieurs de journaux viennent sous ses murs psalmodier la litanie de ses crimes supposés et l'inscrire, entre Antoinette et Charlotte, sur la liste noire des femmes dénaturées, il ne suffit plus de forger en secret son propre caractère et d'avoir son innocence pour soi. Encore faut-il la faire connaître. La fièvre qu'elle met à écrire ses *Mémoires* et à les faire voyager au-dehors lui permet d'échapper à la tristesse, qu'elle tenait pour une inconvenante diminution de l'être, et à l'obscure inertie de la prison. Mais elle lui permet aussi de se sentir « utile », maître mot de tout son siècle, qui avait toujours été sa « chimère », au point de lui faire avouer, mi-fiérote, mi-confuse, qu'elle ne voyait au monde à sa convenance que le rôle de la Providence (dont on peut remarquer au passage qu'il n'est pas un rôle sexué). L'idée que dans le désastre de ses rêves ce qu'elle endure peut encore, à condition d'être publié, enseigner ses contemporains, éclairer la raison publique et servir l'humanité constitue son espérance, l'ultime chance de l'émancipation.

C'est donc le théâtre de la cruauté, sur lequel on la traîne pour une figuration tragique, qui la réconcilie avec le paraître, devenu la seule pédagogie imaginable. Le couperet solennise et dignifie l'exhibition. Dans l'unique infidélité que madame Roland fait aux règles qu'elle avait tracées aux existences féminines, c'est encore la fidélité à elle-même qu'elle manifeste. Le principe d'unification de cette existence est de croire que s'il y a mille destins possibles pour les femmes, on peut les vivre tous dans l'exercice illimité de la pensée libre. Et jusqu'au sien, si lugubre.

_____

Germaine de Staël, fille de Jacques Necker, née à Paris en *1766, élevée dans le dernier salon littéraire du siècle, épouse en 1786 le baron de Staël-Holstein, ambassadeur de Suède (bonheur manqué, qu'elle ne cessera plus de poursuivre à travers les hommes aimés, Narbonne, Ribbing, Benjamin Constant, Barante, jusqu'au jeune officier, Rocca, qu'elle épousera en secondes noces en 1811). Elle ouvre à Paris son propre salon, qui devient de plus en plus politique au fur et à mesure qu'approche, puis éclate la Révolution française, à laquelle elle s'intéresse passionnément. Après le 10 Août et la chute de la monarchie, elle se réfugie en Suisse. Nouveau retour à Paris en 1795 : elle est alors républicaine et écrit* Des circonstances actuelles qui peuvent terminer la Révolution. *Quand Bonaparte prend le pouvoir, elle voit fugitivement en lui l'homme capable d'incarner cet achèvement, mais son premier grand livre,* De la littérature considérée dans ses rapports avec les institutions sociales, *la fait suspecter du nouveau maître. C'est entre eux le début d'un duel aux mille péripéties, qui la contraint en 1802 à l'exil. Elle fera de ce bannissement une chance : elle réunit à Coppet, où elle tient les assises d'une souveraine exilée, toute l'Europe cultivée ; elle voyage à travers l'Allemagne, l'Italie et la Russie. Ce sont des années fécondes qui voient la publication, en 1802 et 1805, de ses romans,* Delphine *et* Corinne, *et, en 1813, de son grand essai,* De l'Allemagne. *Le retour des Bourbons la ramène à Paris, où elle compose les* Considérations sur les principaux événements de la Révolution française : *cet ouvrage fondateur de l'historiographie révolutionnaire, qui paraît en 1818, un an après sa mort, connaît un immense retentissement*

Germaine ou l'inquiétude

Deux fantômes hantent les pensées de madame de Staël : le silence, la solitude ; tous deux grimaçants et étendant leur ombre sur la chance d'être heureux. Fantômes jumeaux qui parfois vont l'un sans l'autre : on peut être physiquement seul, mais soutenu par le souvenir de la parole amicale ou amoureuse, ou la réalité des mots salvateurs qui voyagent dans les lettres ; et on peut être au milieu d'un cercle nombreux et plongé dans l'aride tristesse du silence : ce qui arrive dans les sociétés convenues, où les propos échangés sont de pure routine mondaine, où l'on trouve sans doute la parole, mais non l'« entretien ». La plupart du temps, pourtant, les deux spectres ont partie liée et se tiennent ensemble au chevet des journées : alors c'est l'épouvante.

Le mot n'est pas trop fort. L'image terrifiante de la mort gouverne la rêverie de madame de Staël sur le silence ou la solitude. Elle « descend » dans le silence. Elle « s'enfonce » dans la solitude. L'absence des amis, leur mutisme sont des tombeaux. Tombe la campagne, et l'éloignement de Paris, lieu où fleurit l'échange amical, « le plus grand plaisir concevable ». Tombe plus profonde encore, l'exil. Tombe le vieil âge, où il faut « descendre sans appui ». Aussi faut-il prendre à la lettre les cris qui déchirent la correspondance de Germaine : leur éloquence est moins celle de l'amour que de l'impatience, de l'effroi ; de la colère, aussi, mise à réclamer ces missives qui, lorsqu'elles n'arrivent décidément pas, alors même que l'heure du courrier s'est passée dans le tremblement de la fièvre, donnent le coup de la mort ; ou bien, lorsqu'elles arrivent, mais couvertes de mots négligents tracés par un indifférent ou un ingrat, portent une sentence également fatale. Il est vrai qu'en sens inverse les lettres peuvent délivrer le cordial des mots qui raniment et ramènent au nombre des vivants. Quand ils annoncent le retour de l'aimé, le bonheur proche de la présence, alors le ciel se rouvre. Le vérité profonde de madame de Staël tient dans ce mouvement de systole et de diastole. Euphorie de la présence et de la parole, abattement de l'absence et du silence. Entre les deux, nulle sérénité.

Ce tempétueux secret d'existence, elle le connaît mieux que quiconque (« J'étais vulnérable, écrit-elle dans *Dix années d'exil*, par mon goût pour la société ») et n'a cessé, d'un bout à l'autre de sa vie, d'en fournir des illustrations nouvelles. Toute jeune, elle écrivait à madame d'Houdetot qu'elle la jalousait d'avoir passé sa vie entourée de tous les grands hommes de son siècle, assurée donc contre la solitude et le silence. Dans *De la littérature*, elle explique pourquoi le théâtre anglais représente la douleur avec plus de force que le théâtre français : sur la scène française, la douleur s'exhibe en grand arroi, et l'on n'est jamais tout à fait seul quand on souffre ou même meurt « en produisant un grand effet ». Le théâtre anglais, lui, peint l'infortune absolue : l'oubli des hommes, la séparation d'avec la société avant la séparation d'avec la vie. De cette abomination, « marcher isolée dans le monde », madame de Staël ne se croit pas garantie. Quand meurt son père, en 1804, elle croit voir tomber le dernier écran qui la séparait de la solitude : « Après sa perte j'eus affaire directement à la destinée. » Le paradoxe est de voir cette femme brillante, admirée, reine d'une cour de soupirants et de fidèles, s'être fait un leitmotiv du mélancolique « je n'ai point d'appui ».

Dans le triste bagage du délaissement, une fée compatissante a pourtant déposé deux talismans capables de réenchanter la vie, de ranimer le sentiment de l'existence chez l'individu qui ne le trouve pas en lui-même, sur qui la présence et la parole d'autrui détiennent le droit de vie et de mort. L'amour, qui rend à l'être le plus démuni le sentiment de sa nécessité ; la gloire, qui fait vivre au centre d'un cercle brillamment éclairé. L'un et l'autre peuvent et savent conjurer l'esseulement des êtres humains. Mais jusqu'à quel point exactement ? Et la conjuration vaut-elle pour tous les individus ? Les femmes ont-elles ce recours ? Toutes, ou quelques-unes ? Et Germaine, tout spécialement ? Une grande partie des écrits de madame de Staël est consacrée à tourner autour de ces questions. Et c'est toujours à travers l'obsédante image des deux spectres familiers qu'elle traite, avec le mélange d'impétuosité et de chagrin qui la définit, le problème des destinées féminines.

◆

Des deux herbes de la Saint-Jean dont madame de Staël munit les êtres, seule la première est pour les femmes d'usage courant : dans la vie féminine, l'amour est l'unique histoire. Merveilleusement efficace au demeurant. Qui se sait aimé est habité (plus de silence) et accompagné (plus de solitude). L'amour dispense du tourment de s'interroger sur soi et fait sortir de soi, bien suprême que Germaine supplie Ribbing de lui accorder : « Tirez-moi de moi-même. » Il annexe tous les autres objets du monde, étend et décuple les jouissances dans une griserie d'expansion et d'assurance. Qui ne le possède pas voit se décolorer la vie et qui le possède ne manque de rien. Mais quel amour a cette vertu ? Celui qu'on donne ? Celui qu'on reçoit ? Là tient la difficulté particulière à être une femme. Car si toutes les femmes ont besoin de protection et d'appui, toutes aussi sont « refroidies par la nécessité d'en donner ». L'amour qu'elles dispensent est donc bien moins salvateur que celui qu'elles obtiennent : or de celui-ci elles ne peuvent jamais être assez sûres pour éloigner d'elles les ombres menaçantes attachées à leurs pas.

Et c'est ainsi que les couplets exaltés dédiés par Staël à l'amour essentiel, celui qui fait briller et danser la vie, ont presque toujours leur versant noir. Le talisman amoureux accomplit certes son miracle, mais ce n'est que dans l'instant triomphal de la séduction. Car quelle femme peut jamais se fier à la durée du sentiment qu'elle inspire, à ses propres attraits, au goût que les hommes ont pour elle ? Celui-ci dépend de la « figure » des femmes, à laquelle tous attachent une importance démesurée. Sur la sienne, Germaine a toujours nourri de l'anxiété. Mais la plus séduisante des figures féminines elle-même est vite altérée par le temps qui passe : il ne bat pas la même mesure pour les hommes et les femmes. Eux, à tout âge, ils peuvent entamer une carrière nouvelle. Elles, leur jeunesse est un feu de paille, et comme dans la vie des émotions seule la jeunesse compte, l'existence féminine n'a qu'une saison, violente et brève : « À la moitié de leur vie, il ne leur reste plus que des jours insipides, pâlissant d'année en année. » De là, chez elles, le sentiment aigu de l'insécurité, l'agitation, l'application, la nécessité de vivre la séduction comme un travail, toujours à recommencer. Aucune femme n'a à découvrir que sa vie est dès l'origine orientée vers le déclin : savoir immédiat, angoisse native. Un homme devient-il précocement aveugle, comme Belmont dans *Delphine*, sa femme en tire immédiatement un bénéfice de sécurité : son image, fixée aux jours de son bel âge, devient alors indestructible.

Ainsi se referme sur les femmes, comme un piège, ce qui précisément devrait les sauver. Elles veulent certes ressentir et inspirer l'éblouissement de l'amour, mais elles savent aussi d'instinct qu'on ne vit pas de moments éblouissants. C'est la durée qui fait tout le bonheur, et force est donc de remplir les intervalles de la passion. Avec quoi, au juste ? Avec les souvenirs, ces « droits du passé sur le présent ». Avec la reconnaissance et l'amitié. Avec le sentiment du devoir moral. Toutes ressources pour transformer un penchant en lien. Mais l'être dont on veut, pour être rassurée, s'assurer n'entend habituellement pas se laisser enchaîner. Il lui serait d'abord bien difficile, même en aimant, et madame de Staël en convient elle-même, de multiplier assez les expressions de l'amour pour éteindre la crainte dans un cœur brûlé d'anxiété. Par ailleurs, plus les hommes sont convaincus des sentiments d'une femme, et plus ils sont sujets à s'en détacher ; mieux vaudrait ne pas leur laisser voir ce qu'on souffre, ce qu'on est prête à faire pour eux.

Enfin, il y a dans l'existence masculine une capacité infinie de divertissement : la vie sociale, le pouvoir occupent les hommes et les détournent, ils oublient jusqu'au nom des femmes qu'ils ont aimées. « Fixer » la passion, entreprise toujours épineuse, devient avec le naturel masculin tout à fait désespéré.

Rien n'est donc plus paradoxal que la recette inventée par madame de Staël pour conjurer l'esseulement : le viatique est un poison. Aime-t-on un être, désire-t-on être aimé de lui ? Voici immédiatement l'angoisse. À peine l'absence entamée, fût-ce d'un jour, et commence la souffrance de l'être délaissé, qu'elle caractérise si fortement comme à la fois vive et monotone, fraîche et aride. Que dire alors de la rupture, éloignement définitif ? Celle-ci, littéralement, est la mort. « Venez, écrit-elle à Narbonne, retenir sur le bord de la tombe une femme déchirée par d'atroces douleurs. » Celui qui rompt — elle-même ne sait pas rompre, n'a jamais rompu — est un assassin.

Pathos d'époque ? C'est trop vite dit. Le vocabulaire de madame de Staël tient moins à la mode naissante de l'amour romantique qu'à la vérité d'un être dont Benjamin Constant avait écrit que « tous les volcans sont moins flamboyants qu'elle ». On a beaucoup ironisé sur les moyens désespérés qu'elle emploie au fil de ses lettres pour retenir auprès d'elle l'homme qui la fuit : rappel des bienfaits reçus, évocation des souvenirs sacrés, évanouissements, crachements de sang, écriture des dernières volontés, menace de suicide, tableau du lac tout proche où il ferait si bon se jeter, prise de poison — la « dose de Coppet », il est vrai, n'était pas mortelle —, elle a accumulé de façon touchante les moyens de retourner la situation à son profit. C'est que cette ennemie du silence croit au caractère magique de la parole. Que l'amant en cavale ou en désamour lui accorde deux mois de sa vie, ou seulement deux jours, ou moins encore : « Que je vous voie un quart d'heure et ma vie est payée. » Le calcul n'est qu'apparemment absurde, car elle se croit capable de remplir ce moment d'une parole assez subtile, comme la sultane des *Mille et Une Nuits,* qu'il lui arrive d'invoquer, ou assez véhémente, comme son héroïne Zulma, ou assez inspirée, comme Corinne, pour retarder l'échéance. Et si ce n'est pas possible, alors que la parole vengeresse serve au moins à infliger au séducteur, comme Corinne à Oswald, le remords d'avoir causé sa mort ou à le précipiter dans le déshonneur. Tout en suppliant Narbonne, elle le menace : en mourant, elle exigera de tous ses amis qu'ils le regardent comme son assassin.

Au reste, le pouvoir de ce discours ensorceleur a été suffisamment célébré pour retenir son lecteur de sourire. Constant, au fil des pages du journal où il ressasse, comme on agace une dent cariée, son désir de rompre, a des moments de révolte contre cette « Minette » si mal et si mièvrement nommée, cette femme qui réclame les anciennes promesses, « ce vieux procureur avec des cheveux entortillés de serpents et demandant l'exécution d'un contrat en alexandrins ». Mais c'est pour céder de nouveau à la vertu d'entraînement de cette parole, si différente d'une conversation à la Marivaux, si originale, si réchauffante, et dont l'accent de vérité « subjugue ». Même quand tout sera fini entre eux, et Germaine devenue bien lointaine, Constant lui dédie la plus belle phrase d'amour, sans doute, que femme ait jamais inspirée : « De temps en temps, à d'assez longs intervalles, je rêve d'elle, et ces rêves mettent dans ma vie, pour quelques heures après que le rêve est venu, un mouvement inusité, comme quand nos soldats passaient auprès d'un grand feu, à Smolensk ou sur la Beresina. »

Comme la réflexion est la chose dont elle manque le moins, Germaine sait que cette manière de plaider, de tempêter, de retenir, oratoire plus que poétique, aggrave, en rompant le charme amoureux, la distance entre les hommes et les femmes. Elle comprend d'instinct que la femme qui ne sait pas rompre rencontre de préférence des êtres de fuite, insoucieux de lui consacrer leur vie, qui manquent face à elle de courage et d'intensité. C'est vrai des séducteurs versatiles, comme Benjamin Constant, mais vrai aussi des Brutus, comme Ribbing. Elle sait que les femmes ne doivent pas laisser voir aux hommes la profondeur de leur souffrance, sous peine de nourrir la fatalité d'être quittées, et elle convient même qu'il y a peu de fierté à retenir les êtres qu'on a aimés autrement que par les liens du sentiment. Rien n'y fait pourtant : dès que le silence et la solitude montrent avec la pensée de la rupture leur visage effrayant, elle est prête à accepter avec joie, comme le dit aussi Corinne, n'importe quel motif capable de « s'assurer » — le mot est significatif — la présence de l'objet qui lui est cher et sans lequel elle se sent — autre mot de son vocabulaire, éloquent lui aussi — « à découvert ».

Et comme c'est cette présence qui compte, même contrainte, même refroidie, on comprend que l'amitié puisse servir de substitut à l'amour. Au moins est-elle un gage que l'autre n'est pas complètement dépris, et sauve l'essentiel. À Ribbing, Germaine offre, s'il se détache d'elle par l'amour, la forme d'attachement qui lui conviendra le mieux : « Sœur, femme, maîtresse, amie, disposez de moi. » Elle va plus loin encore avec Narbonne : « Un seul bien m'est nécessaire pour vivre, un seul m'est dû, un seul doit me rester à jamais, c'est votre amitié. Je jure de fixer ma vie où d'autres liens vous enchaîneront, de les voir sans me plaindre, et d'être encore reconnaissante des moments que vous leur arracherez pour votre amie. » Avec moins de pathos, mais autant de vérité, elle définit pour Auguste de Staël la malédiction qui pèse sur leur mariage : « Tu n'aimes point mes amis, et je ne puis vivre sans eux. Une conversation animée et spirituelle m'est indispensable. » Sous le ton mesuré et banal, tous les mots comptent ici : le cercle des amis, qui dispense la parole et l'appui, est nécessaire à la respiration. En l'absence de ce cercle revivifiant, il n'y a plus qu'à « engourdir la vie » pour tenter de souffrir le moins possible.

Avec l'image du cercle, si prégnante dans ses écrits (et qu'elle identifie à la société française tout entière, « un cercle d'hommes et de femmes d'esprit »), et celle du centre, où il faut se tenir coûte que coûte (car rien n'est plus terrible que de ne plus être au centre des regards et des affections), on touche au second talisman que la vie tient en réserve pour les êtres humains, la gloire. Camper au centre d'un cercle d'admirateurs, dans l'ivresse d'une exhibition réussie, voilà l'autre remède au silence et à la solitude. Remède comparable au premier, car lui aussi rompt la malédiction de l'esseulement dans la rumeur de la renommée, dilate l'existence, fait reculer l'espace, libère du temps, fait toucher à la plénitude. Corinne, l'héroïne préférée de madame de Staël, dont Oswald capte pour la première fois l'image au milieu d'une foule sous le charme, ne voit aucune différence entre la gloire et l'amour. Si bien que l'été de la gloire pourrait prolonger dans la vie des femmes le printemps si fugace de l'amour.

« Pourrait » : le conditionnel s'impose en effet. Car les femmes qui veulent seulement songer à la gloire trouvent devant elles la société masculine tout entière armée contre des rivales. L'exaltation qu'elles pourraient éprouver à remplir l'univers de leur nom ou, plus modestement, à avoir « des rapports plus étendus ou plus éclatants que ceux qui naissent des sentiments qu'elles pourraient inspirer » est très chèrement payée. Par le ridicule, dans les monarchies. Par la haine, dans les républiques. Au point qu'elle expliquera dans *De la littérature* que les conséquences inévitables du rêve féminin de la gloire sont le seul argument sensé qu'on puisse opposer à l'éducation des femmes : si par extraordinaire ces femmes éduquées acquéraient assez de « qualités distinguées » pour ambitionner la gloire, elles se condamneraient à une « affreuse destinée ». Par chance, cette ambition vouée à l'échec est statistiquement improbable. Il sera facile d'en détourner les imprudentes. Si donc le malheur est aussi étroitement noué à la gloire qu'il l'est à l'amour, il est infiniment moins impressionnant pour les femmes.

Et pour madame de Staël elle-même ? Au chapitre de la gloire, c'est en réalité le livre de sa vie qu'elle ouvre. Rien ne le donne mieux à comprendre que l'aveu qu'elle fait à Rœderer : « Les femmes jeunes et sensibles ne vivent pas *encore* dans l'amour-propre. Le temps ne viendra que trop tôt où *mon* livre sera le premier événement de *ma* vie. » La phrase évoque bien les deux saisons de l'existence féminine commune, mais le passage du pluriel au possessif singulier dit assez la particularité de la remarque. Il ne s'agit ici que de la femme géniale, désignée pour la gloire par son éclatante supériorité intellectuelle, la « femme auteur » qu'a condamnée le *topos* du XVIIIe siècle. Et dont l'image, pour elle, est frappée d'une disgrâce particulière. Car ce rôle féminin a été expressément stigmatisé par l'homme qui a dominé sa vie, celui dont, en 1804 encore, elle dit que tout son être est empreint de lui, ce père en majesté qui a interdit à sa propre femme la diversion des travaux littéraires (il ne supportait pas de voir l'épouse dans ses bras « poursuivre encore une idée ») et n'a accueilli qu'avec une condescendance amusée ceux de sa fille. Sous l'influence de cette malédiction paternelle inaugurale, qu'elle intériorise, à sa manière exaltée et quasi sacrificielle, dès son journal de 1775, en répétant qu'une femme ne doit faire don de ses talents qu'à celui qu'elle aime et dans le secret de l'intimité, que de misères spécifiques n'est-elle pas prête à promettre à la femme qui se mêle d'écrire ! Pour commencer, elle n'aura pas la ressource de la simulation. Les hommes, eux, ont toujours la possibilité de camoufler leur appétit de louange sous des passions plus fortes et apparemment plus nobles. La femme auteur, elle, doit s'avancer à découvert et s'exposer à des coups multiformes : ceux des hommes, d'instinct intolérants à la femme supérieure, bien plus rassurés de trouver chez leurs compagnes la médiocrité de l'esprit ; ceux des femmes, guère plus indulgentes : les jolies femmes ne sont pas fâchées de faire la démonstration qu'elles peuvent vaincre la supériorité de l'intelligence, les mères de famille d'affirmer que ce sont elles qui remplissent la véritable destination de leur sexe. La gloire enfin, qui s'annonce par un charme très puissant, le bonheur d'être connue, fonctionne aussi comme un piège : si l'on y aborde, « quelle solitude, quel effroi n'éprouve-t-on pas ! On veut rentrer dans l'association commune. Il n'est plus temps ».

Tout conspire donc contre la femme auteur : à lire les commentaires qui accompagnent la publication des romans staëliens, on sent que cette disgrâce n'a été nullement exagérée. Corinne, Delphine ont été d'autant moins épargnées que chacun comprenait que madame de Staël les avait conçues comme des doublets d'elle-même et qu'à travers elles on frappait au cœur. Voici Delphine peinte par Fiévée : « Elle est philosophe et déiste et qui pis est, elle est si bavarde qu'elle parle toujours la première. Parler est pour elle le bonheur suprême [...]. Ce caractère existe et madame de Staël a pu le peindre, mais elle a eu tort de croire qu'un tel caractère inspirerait de l'intérêt. » Et voici Corinne, vue par *La Gazette de France* : « Une femme qui se distingue par d'autres qualités que celles de son sexe [et] contrarie les principes d'ordre général. » De cette oblique perfidie, on passe insensiblement à la férocité directe du portrait de l'auteur, où nul n'égalera Strindberg : « Madame de Staël me semble être une suite de ce Necker à moitié fait. Ajoutons l'éducation par Schlegel, le commerce gratuit avec tous les grands hommes d'Europe, des voyages dans tous les pays, écumoire à la main. »

Devant pareille agressivité, une femme est spécialement désarmée : se défendre est une disgrâce de plus, elle n'a pas droit au « talent de l'amertume ». Mais le pire est ailleurs : c'est qu'au sein même des rayons de la gloire la femme reste un être qui appelle la protection : ainsi Corinne, qui implore moins doué qu'elle. Le génie assurerait-il à une femme le talisman de la gloire, il ne la dispenserait pas de quêter le talisman de l'amour. Avec cette affreuse conséquence qu'elle poursuit alors l'inatteignable puisqu'un de ces dons annule l'autre. L'impossibilité de conjuguer l'amour et la gloire est un *topos* staëlien, illustré à la fois par de célèbres aphorismes et par les grandes figures de ses romans. Mirza, Delphine, Corinne, qu'elle a peintes comme des spécimens plus réussis d'elle-même, parfois pas jolies puisqu'elle sait ne pas l'être, mais « mieux que belles », dotées d'yeux enchanteurs et de physionomies animées, comblées de talents, cœurs généreux de surcroît, sont de merveilleuses créatures. Mais au départ elles n'ont pas l'ombre d'une chance. Leur énergie même, qui devrait leur assurer le bonheur, a un caractère d'impétuosité qui les mène droit à la mort. Elles sont bien pathétiques, une fois abandonnées, en faisant cet ultime souhait : que l'ingrat au moins comprenne qu'il a tué par sa conduite « la femme de son temps qui savait le mieux aimer et penser ».

Pour les femmes, donc, aucune réponse satisfaisante aux deux tourments de l'existence, le silence et la solitude. Cette conviction gouverne chez madame de Staël la réponse à ces questions cruciales : qu'est-ce qu'une femme ? Les femmes ont-elles toutes la même destinée ? Réponse dépourvue d'ambiguïté. Oui, il y a une nature féminine qui comporte des qualités spécifiques : la mobilité, la délicatesse, l'attention aux détails, le discernement que donnent la sympathie et la pitié ; et des insuffisances spécifiques : la timidité devant la calomnie, la difficulté d'exister sans appui, l'insurmontable faiblesse. L'alliance des unes et des autres voue évidemment les femmes au malheur. La vieille, sage et triste mademoiselle d'Albémar le rappelle à Delphine, avec un mélange d'orgueil et de consternation : « La nature a voulu que les dons des femmes fussent destinés au bonheur des autres et de peu d'usage pour elles-mêmes. » Et madame de Staël, qui joint à l'universelle capacité féminine à souffrir la souffrance particulière qui naît chez elle d'une opposition invincible entre le caractère et la destinée, est donc plus femme que femme, frappée plus que les autres du sceau de la douleur.

◆

Faut-il laisser à la nature le dernier mot ? Sur le déchirant tableau que trace madame de Staël, ne peut-on adoucir quelques traits au moins ? Là-dessus elle a beaucoup varié. Après la rupture avec Narbonne, quand elle écrit *De l'influence des passions,* elle est formelle. Aucune femme, quand bien même elle se vouerait à la solution des problèmes d'Euclide, ne saurait échapper à la destinée commune à toutes, marquée par une implacable monotonie, à quoi les lois des hommes ne peuvent rien changer. Mais cette conclusion, dictée par le malheur de la rupture, ne saurait chez elle rester inchangée. Dans un premier mouvement, elle s'exalte, tempête ou gémit. Dans un second, elle se reprend et veut écrire « comme si le temps avait vieilli mon cœur ». Le malheur même de la destinée naturelle pousse les femmes — c'est au moins suggéré par les *Passions* — à user des ressources de l'art pour composer avec leur statut. Le sort des femmes, par ailleurs, est-il insensible à l'esprit des lois ? Les monarchies le déclinent-elles comme les républiques ? Des lecteurs de Montesquieu admettent difficilement qu'il soit indifférent à une femme de vivre dans tel ou tel régime, sous tel ou tel climat. Nul ne le fait mieux sentir que Benjamin Constant quand, dans l'opuscule qu'il consacre à *Madame de Staël et ses ouvrages,* il médite sur le destin de Corinne. Eût-il été le même si au lieu de s'éprendre d'un Anglais (c'est-à-dire l'habitant d'un pays où l'opinion est empreinte d'« une sévérité mêlée de préjugés et fortifiée par l'habitude »), elle avait rencontré un Français (amoureux de Corinne, il eût travaillé à la séduire et l'opinion eût consenti à cet écart), un Allemand (il l'eût épousée), un Italien (il se serait consacré à elle, comme l'y autorisent les mœurs de son pays). Quatre destins donc pour Corinne, quatre portraits de nations, quatre possibilités pour une femme de vivre : chaque pays conjugue différemment les chances des femmes, conjure différemment leurs tourments ; le déplacement dans l'espace met un peu de jeu dans leurs destinées.

D'abord l'Angleterre. Quand madame de Staël écrit *Corinne,* elle y a déjà fait deux voyages. Le premier à dix ans, le second pour suivre Narbonne, de janvier à la fin de mai 1793 : c'est pour y essuyer des rebuffades, nouer avec Fanny Burney, la future madame d'Arblay, une amitié commencée dans la satisfaction de rencontrer une autre *blue stocking,* puis devenue un peu réticente. La première impression qu'elle reçoit de l'Angleterre, c'est que le pays interdit absolument aux femmes la gloire, et même sa menue monnaie, le délice de briller en société. Les sociétés anglaises sont des « enceintes glacées » : les femmes ne se mêlent jamais aux entretiens à voix haute et, quand elles se retirent des dîners, la conversation masculine n'en est que plus vive et plus animée. Comment les héroïnes staëliennes — et madame de Staël elle-même, dont Schiller dépeignait à Gœthe la volubilité extraordinaire (« il faut se

transformer tout entier en appareil auditif pour la suivre ») —
pourraient-elles supporter la société anglaise ? Delphine, dans
le salon où les dames sont établies au jeu, reste à causer auprès
de la cheminée avec les hommes distingués et convient qu'elle
ne sait pas « résister assez aux succès [qu'elle] obtient en
société » et qui doivent quelquefois déplaire aux autres femmes.
Corinne, morte d'ennui au dîner de madame Edgermont, tente
une diversion : évoquer quelques vers italiens qui parlent
d'amour. L'hôtesse lui fait comprendre comme c'est inconvenant : les jeunes filles ne doivent « jamais se permettre de citer
des vers où le mot d'amour est prononcé » ; du reste, les talents
des femmes, utiles à les divertir dans leur solitude, ne sont
pas faits pour être *montrés*.

À quoi tient l'habitude insulaire de séparer les hommes et
les femmes ? D'où sourd l'ennui anglais ? Ce n'est pas seulement, même si l'association d'idées est irrésistible, la maussade-
rie du climat. Cela tient aussi aux institutions libres, aux
élections populaires, au Parlement qui encourage l'éloquence.
Dans un État libre, où règne l'austérité républicaine, où la loi
fixe les rôles et les places, où les âmes sont absorbées par la
patrie, les hommes reprennent leur dignité naturelle. En
revanche, les femmes ne peuvent exercer aucun ascendant
oblique, ni conquérir la moindre parcelle de pouvoir : leur
subordination est le prix à payer pour la liberté politique. Ce
qu'on perd, dans une telle société, c'est la richesse stéréopho-
nique de l'échange entre les sexes ; le discernement masculin,
puisque les hommes anglais passent leur vie avec d'autres
hommes et ne ressentent jamais le besoin de confier ce qu'ils
pensent ou sentent ; la gaieté féminine ; plus l'originalité,
puisque la puissance de l'opinion détourne les femmes de s'en
affranchir : pas de place en Angleterre pour une femme
exceptionnelle.

Aucune situation, pourtant, n'est sans contrepartie. Les
femmes anglaises ne sont pas rompues aux jeux sociaux, aux
rôles, au maquillage des gestes et des mots. Mais le sanctuaire
domestique qui les voue au silence est aussi celui de la pudeur,
de la délicatesse. La langueur des conversations elle-même a son

bon côté : ici nulle ironie, nulle médisance, rien qui puisse blesser la sensibilité féminine. Les hommes rendent aux femmes en respect et en fidélité ce que leur situation sociale a de subalterne. L'Angleterre est le pays des bons ménages, et même dans les situations scabreuses, comme les procès en divorce pour cause d'infidélité féminine, les femmes peuvent prétendre à la protection des hommes : leurs torts sont sanctionnés sans esprit de vengeance, sans légèreté mais aussi sans cruauté, et on fait payer le séducteur. On reconnaît là le pays où l'individu se plie à la morale collective, où chacun a intérêt à être vertueux, combinaison rare où la moralité sexuelle consacre l'empire des femmes sur les cœurs masculins. On reconnaît aussi un thème cher à madame de Staël : dans un texte de jeunesse sur Rousseau, elle pardonnait à Jean-Jacques d'avoir écarté les femmes des affaires publiques, puisqu'il croyait à l'amour.

En définitive, les femmes anglaises sont sans recours contre les deux maux de l'isolement social et du silence. Elles sont à jamais exclues du centre brillant de l'existence, ne peuvent prétendre à aucune jouissance d'amour-propre, ni à la dignité de citoyennes. Mais elles tiennent la conjuration suprême contre la solitude réelle, la force et la profondeur du sentiment : celui qu'elles inspirent ; celui qu'elles ressentent, car elles compensent la ténuité de leur existence personnelle par la vivacité de ce qu'elles éprouvent — il n'est pas rare que la perte d'un être cher voue leur vie entière aux regrets. De là le charme des romans anglais. À la différence du roman français, qui peint « des passions sans combat, des sacrifices sans regrets, des liens sans délicatesse » — excellente définition du roman libertin —, le roman anglais, veuf de merveilleux, d'allégories, de personnages illustres, d'allusions historiques, s'attache à l'approfondissement des menus événements de la vie privée, aux « situations touchantes » du foyer et à l'amour. Il ne traite que d'objets sérieux et, comme le plus sérieux de tous est la mort, il est baigné de mélancolie. Tout un côté de Germaine est secrètement touché par la poésie triste des héroïnes anglaises, dont la destinée obscure s'accomplit paisiblement sous la bannière d'un amour protecteur : elle l'avait célébrée dans *De l'influence des passions*. Mais tout l'autre côté, glacé d'ennui, proteste à cette évocation.

Avec *Corinne* (*Corinne ou l'Italie*, dit le titre complet), madame de Staël a trouvé l'exact pendant de cheminée à son tableau des femmes anglaises. Entre la libre Corinne et Oswald, si empêtré dans les filets de l'opinion, il y a la distance du brouillard anglais au ciel italien. Ici, pour les femmes, ni silence ni isolement. Corinne, la première fois qu'Oswald l'aperçoit, est assise sur un char de victoire, entourée d'une foule enivrée qui la porte au Capitole, au milieu des parfums, des vivats, des regards admiratifs ou adorants. C'est que les Italiens, spirituels, gais, prêts à tomber amoureux si on le leur permet, enthousiastes, célèbrent le génie chez l'être exceptionnel, quel que soit son sexe. Le secret du bonheur italien, c'est d'être imperméable à la vanité (l'Italie n'est pas la France, on comprend que Stendhal salue cette intuition) et à l'opinion (l'Italie n'est pas l'Angleterre). Les femmes italiennes, affranchies de la hantise de la conformité, n'ont donc nul besoin de composer, de mentir. Elles peuvent avec une égale tranquillité confesser leur ignorance ou montrer leur instruction. Il leur arrive de professer dans les Académies ; on croise à Turin, à côté des femmes qui ne savent pas lire, « des avocats femelles, des médecins femelles ». Qu'on ne s'avise pas de s'en étonner, car on s'attirerait la réponse : « Quel mal y a-t-il à savoir le grec ? »

Corinne a donc choisi le pays qui convenait le mieux à sa disposition intérieure — celle même de madame de Staël, affamée de gloire *et* d'amour — et la tragédie finale paraît tenir seulement à sa malencontreuse passion pour un Anglais. Est-on sûr pourtant que l'Italie soit le pays où les femmes peuvent briser la malédiction de l'esseulement ? Pour le savoir, il suffit de comprendre que l'Italie offre l'image inversée de l'Angleterre. Car si l'éventail des possibilités est largement ouvert pour les femmes dans une Italie qui ne connaît pas la liberté au sens civique anglais mais l'indépendance sociale, si les Italiens se font volontiers les esclaves des femmes, ils sont néanmoins étrangers à ces sentiments profonds et durables qui sont une spécialité anglaise. Si donc les Italiennes connaissent ce moment de pouvoir absolu que confère l'enthousiasme de l'amour naissant, elles n'ont pas les moyens de le faire durer, et là tient pourtant, madame de Staël n'en démord pas depuis l'*Influence des passions,* « le seul bonheur des femmes ». Car il s'épanouit bien moins dans les heures où elles se sentent admirées de tous que dans celles où elles se savent nécessaires à un seul être : même la glorieuse Corinne a besoin d'appui et rêve de sécurité. S'il est vrai que la femme ne tient à l'existence que par les liens du cœur, mieux vaut probablement encore naître anglaise qu'italienne.

Et l'Allemagne ? L'Allemagne est un mixte, un pays dépourvu de foyer central. Mais n'avoir pas de centre, comme n'être pas au centre, reste une disgrâce aux yeux de madame de Staël. Pays incertain où les femmes occupent aussi une position bâtarde : modestes comme les Anglaises, mais moins timorées ; moins dépendantes de l'opinion et plus instruites, parfois même plus que les hommes. Le trait le plus frappant de cet insaisissable pays, où est né l'esprit de chevalerie, si différent de l'esprit de fatuité, est une affinité virtuelle avec l'égalité du christianisme, qui a affranchi les femmes. Madame de Staël s'émerveille de l'amour et du respect quasi religieux que les Allemands montrent à leurs compagnes, analyse sur laquelle Benjamin Constant — malgré les intermittences du cœur, l'amitié d'esprit est restée entre eux si étroite que la part littéraire de chacun est toujours difficile à apprécier — renchérit dans son *Journal.* Rien ne peint mieux la nation allemande que la bonhomie et l'absence, chez les hommes comme chez les femmes, du sens de la tragédie : le divorce est facile, on change calmement d'époux, on vit en paix en ignorant l'ironie qui souffle sur les affections le vent du désert.

Il n'est donc pas mauvais pour une femme de naître allemande. Elle trouve chez les hommes plus de sentimentalité et de sérieux qu'en Italie, et se sent moins reléguée qu'en Angleterre. Mais, cette fois encore, de tels avantages ont un prix : l'absence de séduction sociale, l'austérité, la séparation des hommes de savoir et de cour, qui fait ressembler l'Allemagne plutôt à une université qu'à un salon, la réclusion studieuse qui enferme chacun dans ses pensées : de là le manque de grâce, la rigidité, un mortel esprit de sérieux. Nulle femme ici ne peut espérer s'évader de la conduite tracée depuis toujours et de la fixité des rangs. Chacune paie sa sécurité de moins de liberté, de moins d'égalité. De plus, les hommes ont si peu de séduction ! Dans une lettre à Necker, madame de Staël avoue ne rien connaître « d'aussi lourd, de plus enfumé au moral et au physique que tous les hommes allemands ». On comprend que, découragées par les hommes réels, les femmes allemandes aient si souvent caressé la chimère de l'amour idéal.

La France, en revanche, est la terre où les hommes peuvent prétendre au maximum de liberté, au maximum d'égalité. Tel est le cadeau paradoxal que leur a fait la monarchie : les rangs étaient si peu fixes, les ambitions si souvent contrariées par des ambitions rivales, les prétentions si nombreuses et si contradictoires que les femmes pouvaient loger leurs calculs et employer leur subtilité dans tous les interstices du dispositif. L'ancienne société française pouvait donc passer pour le paradis des femmes, émissaires de leurs maris, amants et frères, qui faisaient et défaisaient les ministères et détenaient le pouvoir de la parole. À l'espérance de pouvoir vivre par leurs talents, ouverte aux femmes par le gouvernement monarchique, les Françaises doivent ces qualités, rapidité, pertinence, souplesse, sens infini de la nuance, que Necker avait détaillées en 1786, dans son *Fragment sur les usages de la société française,* en évoquant les mille et une imperceptibles manières de marquer les sentiments et les usages, en levant simplement une épaule, en plongeant une révérence. Et la société française leur doit en retour ses charmes : ici hommes et femmes ne sont pas séparés, pas plus que ne sont séparés nobles et gens de lettres (on sait que la séparation glace toujours madame de Staël), et de ce mélange naît le bonheur de conversation qui rend la France incomparable. À Necker, en 1803, elle écrit : « Je sens que je ne peux vivre hors de cette France. Quel charme dans la conversation ! Comme on s'entend ! Comme on se répond ! » Elle pense aux séductions de la société, que seule la présence des femmes d'esprit rend « piquante », et à sa propre séduction, qui ne peut être pleinement reconnue que là : où pourrait-on, ailleurs qu'en France, recevoir, comme Delphine de Léonce, une déclaration d'amour tout entière inspirée par la visibilité sociale de l'être aimé : « Trois rangs d'hommes et de femmes faisaient cercle autour de vous pour vous voir et vous entendre » ?

Pas de société, donc, qui sache mieux vaincre le silence et la solitude. Pas de société où les femmes vivent mieux avec les hommes, où leurs qualités d'indépendance et d'originalité soient mieux reconnues, au point qu'on les prend pour arbitres. Sans compter que l'activité des femmes, dans un pays où il n'y a pas de gouvernement représentatif, est bénéfique à tous : elle compense la puissance du maître, en lui opposant la puissance de l'opinion. Une fois de plus pourtant, tout cela se paie, et la contre-épreuve est fournie par *Delphine*. Car la scène se passe à Paris, c'est-à-dire à l'endroit même où les Lumières et les passions féminines ont le plus de chance d'être reconnues, acceptées. Même là, pourtant, Delphine est condamnée : elle n'a droit ni à la pitié, ni à la reconnaissance, ni à la générosité (Léonce, il est vrai, est espagnol), elle doit céder à la puissance de l'opinion, qui impose aux femmes des lois différentes de celles des hommes. L'éclat des Françaises a pour envers tragique la facilité avec laquelle on se détache d'elles ; leur sécurité est en raison inverse de leur liberté. L'oubli et l'indifférence sont des défauts français.

Toujours équitable, madame de Staël n'en fait pas porter la seule responsabilité aux hommes. Elle indique aussi la possible perversion des qualités féminines. L'aisance légère que les femmes mettent à parler du cœur fait pencher toute la société vers la galanterie, la frivolité, l'immoralité. Leur présence au centre de tout les entraîne à vivre pour faire effet ; la vanité, passion française, est un sentiment étroit qui, en outre, porte en lui le malheur : les rangs sont si nombreux en France, séparés par des écarts si menus que tout le monde dans la monarchie — monarque seul excepté — souffre du malheur rousseauiste de se comparer. Personne n'y est en repos et les femmes françaises — c'est, dans les *Considérations sur la Révolution française*, le tableau le plus noir qui en est tracé — deviennent, dans l'activité d'intrigue qui leur est ouverte par le gouvernement arbitraire, une « sorte de troisième sexe factice, triste production de l'ordre social dépravé ».

La conclusion de tout cela peut paraître fort ambiguë. Madame de Staël a constamment répété, jusque dans ses dernières œuvres et singulièrement dans *De l'Allemagne,* que la destinée des femmes reste stable, quelles que soient les circonstances, parce que la nature leur est toujours cruelle. Mais cette donnée inaugurale, qui accompagne la vie des femmes comme une basse monotone et sombre, est pourtant susceptible, dans le canevas infini des arrangements humains et le jeu des contrepoids, d'être modifiée. Les stéréotypes nationaux, la certitude que dans tout état, même désastreux, il y a quelque chose de bon à prendre (même le Turc en claquemurant sa femme lui montre après tout son attachement) et l'art des femmes, enfin, adoucissent et enrichissent le verdict. On peut donc absoudre madame de Staël de la contradiction qu'on lui a si souvent reprochée. Reste, en revanche, la contradiction majeure qu'elle a décelée dans sa revue des destins féminins, celle qui oppose liberté et sécurité. Là où la sécurité grandit, la liberté diminue. Là où s'affirme la liberté, en France par exemple, la sécurité dépérit. Pour les femmes ordinaires, êtres chancelants, mieux vaut assurément vivre en terre de sécurité. Mais pour Germaine elle-même, qui abrite, à l'état de passion, les deux exigences ennemies ? Pour elle, la question ne peut manquer de rebondir.

◆

Il n'est pas sûr, du reste, que cette promenade géographique offre à l'astuce féminine autant de jeu qu'on pourrait l'espérer. Il est malaisé d'exporter les stéréotypes nationaux et il serait, par exemple, tout à fait impossible de faire de madame de Staël — elle le répète avec un brin de provocation — « ce qu'on appelle une femme anglaise ». Si bien que le caractère national peut être considéré lui aussi comme une seconde nature, un destin également impérieux. Changer d'espace ne serait alors qu'une occasion de montrer la diversité du sort des femmes, mais ne lèverait pour aucune d'elles le verdict de fixité. Quelque chose, pourtant, retient madame de Staël de cadenasser ainsi la destinée féminine. Si la nature ni l'art ne lui fournissent de réponse satisfaisante, reste encore l'histoire. Qui croit au mouvement de l'histoire ne peut accepter que le sort des femmes tienne tout entier dans leur passé.

Non qu'il n'y ait chez madame de Staël une forme de révérence à l'égard du passé. Elle est certaine qu'on ne se débarrasse pas d'un héritage par la force de la volonté. Ce n'est ni possible ni souhaitable. Les êtres humains ont grand besoin des souvenirs, qui seuls meublent le désert de l'absence et de la solitude. Tout spécialement les femmes et elle-même, si avide de durée. Elle se refuse pourtant à pourvoir la durée, à la manière de Burke, d'une légitimité quelconque. Une page frappante des *Considérations* paraît tout entière destinée à arbitrer, sans les nommer, entre Burke et Paine : c'est pour donner raison à Paine et dans des termes presque calqués sur les siens. La durée à elle seule ne peut jamais servir d'argument : quatre mille années ne parviennent pas à justifier l'esclavage, pas plus que dix siècles le servage. Par ailleurs, si les hommes devaient chercher dans le temps passé un point d'ancrage, quel moment de la durée leur faudrait-il privilégier comme modèle indiscutable ? « Il serait curieux de savoir à laquelle des générations de nos pères l'infaillibilité a été accordée. » La conclusion est qu'on peut s'affranchir du passé et que le changement des mœurs et des idées en amènera nécessairement un aussi dans les institutions. Et cette « nécessité », qui peut inspirer un consentement sans joie, tout mêlé de nostalgie, est accueillie ici sans trace de regret.

Ce qui fait de Germaine de Staël une « moderne » et la rend si différente de Chateaubriand, pourtant politiquement très proche d'elle, c'est l'absence de toute déploration du passé. Trait si frappant, chez elle, que la baronne de Vinci, chez qui Lamartine réside pendant les Cent-Jours, le donne comme l'obstacle absolu à une rencontre : « Elle est fille de la Révolution par M. Necker. Nous sommes de la religion du passé. » Ne pas confesser cette « religion » passéiste, c'est chez madame de Staël une disposition à la fois existentielle et intellectuelle. Existentielle : vit en elle l'horreur de l'immobilisme ; elle met son éloge dans la bouche du personnage le plus antipathique de *Delphine*, l'épouvantable madame de Mondoville (« Notre conduite, psalmodie celle-ci, est tracée, notre naissance nous marque une place, notre état nous impose nos opinions ») et sa condamnation, en revanche, dans la bouche du charmant, tolérant, éclairé monsieur de Lebensei, qui stigmatise les vœux perpétuels, affreuse allégorie de la fixité. Intellectuelle aussi : toute l'œuvre est écrite dans la protestation contre l'empire exercé sur la conscience des vivants par les idées des morts et dans la perspective du progrès. Qu'elle traite sous l'angle d'une double comparaison : entre paganisme et christianisme ; entre Anciens et Modernes. À chaque fois, c'est pour conclure que le sort des femmes, en passant d'une époque à l'autre, s'est beaucoup amélioré.

Car voyez quel il était au temps du paganisme. Les Grecs n'ont eu aucune idée de ce qui est pour elle le premier sentiment de la nature humaine — premier aussi à ses yeux parce qu'il est le plus désirable —, « l'amitié dans l'amour ». Ils ont peint l'amour entre hommes et femmes comme une tragédie, non comme un échange. Les Romains, sans doute, ont donné aux femmes un peu plus d'existence à l'intérieur des familles, où elles pouvaient être l'objet, à l'instar des dieux pénates, d'un culte domestique. Même à Rome, il ne pouvait être pourtant question d'égalité des sexes. C'est la gloire du christianisme de l'avoir proclamée, au moins sous le rapport de la religion et de la morale et sous le nom d'égalité des âmes : hommes et femmes ont les mêmes dispositions à faillir, sont passibles des mêmes châtiments, peuvent pratiquer des vertus identiques, prétendre également à la palme de la religion. Les uns et les autres ont une conscience identique de la mort, où madame de Staël, après Bossuet, voit l'école même de l'égalité. Ajoutons que le christianisme a sanctifié le mariage, dont il a atténué, sinon effacé, le caractère d'être une loi du plus fort. En introduisant l'idée d'une égalité morale comme condition de l'amour, il a inventé le couple. Enfin, il a dépolitisé la vie : la patrie n'occupe plus exclusivement les esprits des chrétiens, d'autres intérêts leur sont venus, qui ouvrent aux femmes une carrière neuve.

Quand elle aborde la confrontation des Anciens et des Modernes, c'est cette déprise de la vie publique que madame de Staël traite en priorité. Les Anciens, elle les définit par l'exercice à plein temps de l'activité civique et la mise en sourdine des passions humaines ; celles-ci, du reste, sont trop dépendantes des décrets des dieux pour être véritablement pour les hommes un objet d'analyse. Les Modernes, en revanche, ont imaginé et défini un espace préservé de jouissances privées, affirmé la possibilité d'exister sans investir dans les affaires publiques. Déplacement d'intérêt capital pour les femmes. Quand la vie publique passe au second plan, on s'en remet aux femmes, beaucoup moins portées que les hommes à la réflexion politique sans doute, mais plus expertes en matière de sentiment, plus subtiles : la nécessité de composer et de calculer qu'engendre un long esclavage et la sympathie native pour le malheur ont, de longue date, entretenu chez les femmes la pénétration. D'où le service indirect qu'elles rendent à la littérature moderne : elles enrichissent le clavier des émotions et des sentiments, y jouent une partition délicate, font naître chez les hommes des sentiments inédits et introduisent dans l'existence une richesse polyphonique en « doublant les rapports entre les êtres ».

Le sort des femmes, donc, s'est considérablement amélioré. Elles n'ont toujours pas conquis la gloire et trouvé le secret de s'illustrer. Elles n'ont pas absolument vaincu la solitude, mais imaginé quelques moyens de la conjurer. Peuvent-elles en espérer de nouveaux ? Madame de Staël croise ici la question de savoir de quoi sera fait l'avenir des nations et spécialement de la France. Celle-ci sera-t-elle une république, comme, au sortir de la Terreur, elle l'écrit dans les *Circonstances actuelles* ? Ou, comme elle est contrainte de le penser et de l'écrire dans les *Considérations*, quand la Restauration qu'elle tenait jadis pour une illusion sera devenue un fait, cette monarchie limitée que son père avait appelée de ses vœux ? Ces variations importent en définitive assez peu pour le propos de Staël sur les femmes. Au temps des *Circonstances*, dans les années où l'avenir lui paraissait à l'évidence devoir être républicain, elle n'en pensait pas moins que le mouvement naturel de l'histoire aurait tenu dans le passage de la monarchie absolue à la monarchie constitutionnelle ; mais qu'après le séisme révolutionnaire mieux valait parier, toutes étapes désormais superflues, pour le gouvernement républicain, qu'elle préférait, pour mieux le distinguer de la démocratie, nommer gouvernement représentatif. Vingt ans plus tard, ce dernier lui paraît compatible avec la monarchie. Car la liberté politique peut s'accommoder de la forme monarchique comme de la forme républicaine. Dans ce gouvernement représentatif qui, de toutes façons, sera celui de l'avenir, tant il est accordé au mouvement de l'opinion, quel sera le sort des femmes ? Faut-il penser qu'il leur réservera le sort que leur avaient fait dans le passé les gouvernements d'esprit républicain (Angleterre comprise) ? Staël rencontre ici un problème redoutable : la logique républicaine était alors réputée vouer les hommes à la vie publique et reléguer les femmes à la vie privée. Opinion si communément établie et liaison si apparemment irrésistible qu'elles lui avaient servi à elle-même d'argument quand elle avait voulu, en se forçant quelque peu, innocenter Rousseau de ses mépris pour les femmes.

Cette interrogation suppose de s'attarder un moment à ce que la Révolution, « le plus grand événement qui ait agité l'espèce humaine », a apporté au sort des femmes. La question n'est jamais traitée de front par madame de Staël, mais des remarques éparses, tant dans *Delphine* que dans les *Considérations* permettent de reconstituer sa pensée. Une chose est sûre : on ne reverra plus jamais le monde de l'Ancien Régime, ni le type de pouvoir oblique qu'il ouvrait à l'entregent des femmes et dont le souvenir nourrit l'antiféminisme de la Révolution. Une autre encore : avec le retour dans la Révolution de l'image faussement idéalisée de la liberté antique, s'annonce un temps où l'éloquence remplace la conversation, où un imaginaire héroïque triomphe au détriment de la grâce. Enfin, le règne de férocité qu'a inauguré la Terreur a porté un coup fatal — elle le dit dans sa *Défense de Marie-Antoinette* — au sexe tout entier : toutes les femmes ont été « immolées dans une mère si tendre ». Du reste, sans même se porter à cette extrémité tragique, le jacobinisme nourrit une méfiance instinctive à l'égard des femmes : en elles, précisément parce qu'elles peuvent vivre sans songer qu'elles sont en révolution, il voit, à l'instar de tout pouvoir arbitraire, des ennemies natives, des rebelles en puissance. Bref, les femmes sortent de la Révolution en victimes : à nouveau réduites au silence — le césarisme n'arrangera rien — et à la solitude.

Staël, pourtant, refuse de considérer cette aggravation objective comme une malédiction insurmontable. Pour elle, la Révolution est restée liée à une éblouissante scène inaugurale : la route de Bâle à Paris, quand Necker est rappelé à Versailles, avec les femmes à genoux dans les champs, et l'arrivée dans la capitale, avec les grappes humaines aux croisées et sur les toits, la plus belle journée de sa vie à l'en croire. La Révolution, d'autre part, a connu son temps béni, celui de l'Assemblée constituante où pendant un moment « la force de la liberté s'est alliée à l'espérance aristocratique et où l'art de parler a été sans rival ». Jusqu'au jour où la Terreur s'est abattue sur la France, on a pu croire que les femmes gagneraient à la Révolution. Ce qu'illustre, malgré l'impossibilité où l'héroïne s'est trouvée d'en profiter, l'histoire de Delphine : les nouvelles lois, en effet, ne reconnaissent plus la folie sombre des vœux perpétuels (« Il existe un pays, dit fièrement monsieur de Lebensei, où on a brisé par les lois tous les vœux monastiques ») et réparent par le divorce l'indissolubilité des mariages non assortis, qui « prépare des malheurs sans espoir à la vieillesse ». Ce n'est pas rien d'avoir donné aux femmes l'assurance de n'être pas enchaînées pour la vie par un moment de faiblesse, d'ignorance et d'égarement : c'est la preuve que le despotisme marital est un cas particulier de tout despotisme et qu'un régime de liberté politique n'est pas nécessairement cruel aux femmes.

Dans *Delphine*, c'est l'annonce des massacres de Septembre qui fracasse l'espérance féminine et particulièrement celle de l'héroïne. La Terreur, pourtant, ne permet pas de préjuger de l'avenir. Car elle est antinomique de la République, un temps horrible qu'il faut considérer comme « tout-à-fait en dehors du cercle que parcourent les événements de la vie, comme un phénomène monstrueux ». Même interrompu, le progrès des Lumières reprendra et sur un rythme plus vif encore : cette évidence, pour qui a adopté, comme madame de Staël elle-même, le « système de perfectibilité », triomphe du découragement que pourraient inspirer les époques noires de l'Histoire. Sans doute, le progrès pour les femmes ne se fera pas par l'autorité. Car il est difficile d'imaginer que des décrets puissent d'un coup avoir raison de l'attitude des hommes vis-à-vis d'elles, si anciennement ancrée, si irrationnelle. Mais il se fera par le changement des mœurs et des habitudes, par la diffusion régulière des Lumières dans une masse d'individus toujours croissante, dont les femmes ne doivent pas être exclues. La foi dans l'éducation des femmes a été embrassée très tôt par Germaine. Dans les *Lettres sur les ouvrages et le caractère de Jean-Jacques Rousseau*, déjà, elle renâclait à accepter les limitations mises par Jean-Jacques à l'instruction féminine. Était-il si urgent, se demandait-elle, de confirmer les femmes dans leur faiblesse ? La réflexion qu'elle mène ensuite sur l'avenir de la liberté politique en France ne fait que conforter cette intuition : dans un régime représentatif, les femmes ne pourront plus régner par leurs avantages extérieurs, leurs intrigues et leurs talents de société, mais par leurs qualités intrinsèques, leur « élévation naturelle ». Il est donc raisonnable d'encourager les femmes à cultiver leur esprit. Ainsi pourront-elles sortir de la bâtardise qui est la leur : car « dans l'état actuel elles ne sont ni dans l'ordre de la nature ni dans l'ordre de la société ». Et l'on verra, Staël l'attend avec confiance, poindre l'époque « dans laquelle des législateurs philosophes donneront une attention sérieuse à l'éducation que les femmes doivent recevoir, aux lois civiles qui les protègent, aux devoirs qu'il faut leur imposer, au bonheur qui peut leur être garanti ».

Et comme elle n'oublie jamais d'apporter des correctifs à ses prophéties, elle ajoute qu'il n'y a pas à craindre qu'une espèce féminine entièrement inédite naisse de cette amélioration : du long passé monarchique, les femmes garderont les traits de finesse qu'il leur avait fait acquérir. Toute républicaine qu'elle puisse être, la France ne le sera jamais assez pour se passer entièrement de l'« esprit » et de la douceur des femmes. Elles y civiliseront la République et y policeront les républicains.

◆

C'est à ce tournant que l'on attend madame de Staël. Mettre son espérance dans la transformation lente et partielle de l'éducation, n'est-ce pas signer une pensée timorée ? Elle n'est pas militante, soupirent drôlement ses plus fervents admirateurs. Pis, on la soupçonne d'être réactionnaire. En tout cas duplice, administrant dans sa conduite la preuve de l'émancipation et plaidant dans son œuvre pour la conformité ; offrant même de renoncer à la rivalité intellectuelle avec les hommes si, en échange, elle peut espérer l'amour et la fidélité. Cette image qu'à des degrés divers les commentateurs et, surtout, les commentatrices, de Simone Balayé à Madelyn Gutwirth, ont répandue, est-elle exacte ?

Si c'est être réactionnaire que de croire à une féminité inscrite dans la nature, à une « vocation naturelle », alors madame de Staël l'est à l'évidence. Il est vrai aussi de dire qu'elle ne sonne jamais la charge d'une féminité combative, même si elle en appelle à la sensibilité féminine, à la compréhension immédiate, par les femmes, de ce qu'elle ressent et exprime. Vrai encore que sa plainte s'inscrit dans une représentation traditionnelle du sort des femmes : ce n'est pas l'absence de droits civiques et légaux qui la heurte le plus (elle ira même jusqu'à soutenir qu'on a raison d'exclure les femmes des affaires politiques et civiques) ; pas même la difficulté qu'ont les femmes à faire reconnaître leurs talents ; mais la rareté des

ménages harmonieux. « S'il était, soupire Delphine, une circonstance qui pût nous permettre une plainte contre notre
créateur, ce serait du sein d'un mariage mal assorti que cette
plainte échapperait. » Et Germaine, dans *De l'Allemagne*,
renchérit : « Il y a dans un mariage malheureux une force de
douleur qui dépasse toutes les autres peines du monde. » Est-
ce timidité ou bien pragmatisme ? Le mariage, après tout, est
le sort commun. Il est plus urgent de réclamer, non l'égalité
des occupations politiques et sociales, mais l'égalité et la
réciprocité sexuelles, et de plaider pour le divorce. Et c'est
aussi dans la perspective du mariage que s'inscrit, thème
promis à un bel avenir, le plaidoyer pour une éducation
similaire pour les femmes. Rien de plus solide que le mariage
fondé sur une admiration réciproque et, une fois encore, sur la
possibilité de l'« entretien ».

Faut-il pourtant réduire le propos de madame de Staël sur
les femmes à cet aménagement prudent, au sein de la destinée
stable que représente le mariage pour les femmes ? En réalité,
quelque chose chez elle proteste contre cette manière de
composer avec la tradition et la porte au-delà. Son attitude à
l'égard du passé historique laisse présager le privilège que,
dans l'existence privée comme dans l'existence publique, elle
donne au mouvement sur la conservation : il lui paraît toujours possible de s'arracher à la donne initiale et d'échapper
par là à la monotonie des regrets.

Cette capacité de rebond est-elle un trait féminin ou un
trait personnel ? Germaine ici reprend ses droits et sa parole
singulière. Toutes les femmes, a-t-elle reconnu, peuvent s'arranger de leur condition et y trouver des compensations. Il
n'en reste pas moins vrai que leur cœur est « inépuisable en
regrets », que tout les pousse à la déploration du passé. Mais
comme ses héroïnes, et mieux qu'elles, Germaine transforme
ce tableau. Avec le « fond de douleur » qui, comme l'a si bien
vu Benjamin Constant, est le sien, elle combine le besoin de
mouvement, l'arrachement aux verdicts obstinés de la souffrance. Cette émancipation peut être le fruit de l'écriture, pour
elle comme pour ses amis, auxquels elle ne cesse de soutirer

des textes (Mémoires qu'elle réclame à Narbonne ou à Ribbing, essai sur *L'Énéide* à Bonstetten, *Histoire des républiques
italiennes* à Sismondi), ou du nouvel amour. Car elle a toujours sous la main, alors même qu'elle cherche à retenir
l'amant qui s'enfuit, l'amant de remplacement : Ribbing joue
ce rôle avec Narbonne, Constant avec Ribbing. Germaine
croit passionnément à la chance des départs à neuf dans
l'existence, et la mort elle-même, à condition d'être l'objet
d'une mise en scène adaptée, peut en faire office : le suicide
est encore un moyen de compter dans la mémoire des
hommes, de changer l'image de la destinée et, comme
l'amour, comme la gloire, « d'exister au-delà de soi ».

Où loge finalement, s'il peut exister, le bonheur féminin ? Dans l'étouffement sacrificiel imposé aux facultés féminines, pour mieux se replier sur une destinée subalterne,
gagner en échange la tranquillité et offrir moins de prise au
malheur ? C'est une des réponses, en effet, qu'on peut trouver chez Staël et qui alimente le procès de timidité qu'on lui
intente. Mais on doit lui offrir deux correctifs : cette réponse
est plus fréquente chez elle dans les jours de sa jeunesse, sous
l'influence du père, et quand sa pensée n'a pas encore pris
toute son autonomie. D'autre part, elle est, depuis toujours,
contredite par le jaillissement du tempérament : *Corinne*,
déjà, est un plaidoyer exalté pour le bonheur qu'il y a à
développer ses facultés, bonheur d'expansion et de liberté qui
se paie cher, sans doute, mais auquel on ne saurait pour
autant renoncer. Il suffit pour s'en convaincre de comparer
les deux préfaces écrites, en 1788 puis en 1814, pour l'éloge
de Rousseau. La première signe un consentement au repli des
ambitions féminines. Mais lorsque Germaine écrit la seconde,
son choix est fait ou, plus exactement, elle a cette fois
accordé son choix intellectuel à son choix d'existence. Désormais elle soutient que, quel que soit le prix à payer, il faut
vivre de la façon la plus complète, la plus riche possible.
« Une plus grande intensité de vie est toujours une augmentation de bonheur ; la douleur, il est vrai, entre plus avant
dans les âmes d'une certaine énergie mais à tout prendre il

n'est personne qui ne doive remercier Dieu de lui avoir donné une faculté de plus. » Prenons ceci comme son dernier mot, valable, faut-il le remarquer, pour les hommes comme pour les femmes, mais aussi témoin d'un renoncement à la conformité et d'un consentement, enfin, à elle-même.

MADAME DE RÉMUSAT

Claire de Rémusat est née à Paris en 1780. Elle était la petite nièce de Vergennes, ministre de Louis XVI. Le père, intendant à Auch, meurt sur l'échafaud en 1794. La jeune fille est élevée par sa mère, femme d'esprit, dans une campagne proche de Paris, dans la compagnie de madame d'Houdetot dont le salon accueille quelques rescapés de la société d'Ancien Régime. Elle épouse à seize ans un avocat général à la Cour des comptes d'Aix-en-Provence et devient, grâce aux relations nouées avec Joséphine de Beauharnais, dame du palais en 1802, tandis que son mari est nommé en 1804 premier chambellan de Napoléon, puis, en 1807, surintendant des théâtres impériaux. Malgré les services rendus à l'Empire, la discrétion de monsieur et madame de Rémusat pendant les Cent-Jours leur vaut d'obtenir des Bourbons la préfecture de la Haute-Garonne en 1815, puis du Nord en 1817. Madame de Rémusat, tout en remplissant ses devoirs de préfète, écrit ses Mémoires, *s'essaie au roman, étend son éducation pour mieux travailler à celle de son fils Charles. Elle accorde, du reste, une importance capitale au problème de l'éducation, crée à Lille, au siège même de la préfecture, une école d'enseignement mutuel pour les garçons et, faute de réussir à en créer une pour les filles, compose un* Essai sur l'éducation des femmes, *destiné à mesurer la place que la société nouvelle leur réservera. Il sera publié en 1824 par son fils Charles, trois ans après sa mort.*

Claire ou la fidélité

Il est fort embarrassé, Charles de Rémusat, quand il doit faire le portrait de Pauline de Meulan, la première madame Guizot : c'est que les femmes heureuses n'ont pas d'histoire ; même lorsqu'elles ont pu manifester leur supériorité d'esprit, su étendre leur activité, la sérénité de l'ombre domestique paraît les envelopper et les soustraire aux regards. Que raconter de ces vies apaisées, surtout si les femmes en question, comme c'est ici le cas, témoignent de la plus grande sévérité dans les principes ? Il n'y a guère à dire que des œuvres, et de la vie, rien qui ne soit d'une grande fadeur. Charles de Rémusat pensait-il, en traçant ces difficultés, à sa propre mère ? Celle-ci avait affiché, presque clamé, son bonheur dans les trois états que la destinée donne aux femmes. « Heureuse fille, heureuse épouse, heureuse mère », psalmodiait-elle. Elle allait plus loin encore : « La plus heureuse des créatures qu'il y ait sur la terre. » Sensible à l'ingénuité de ce bilan ébloui, son fils y ajoutait une touche de scepticisme : c'est ainsi, écrit-il, qu'elle le « sentait ». Mais peu importe au fond. Entre être heureux et sentir qu'on l'est, qui donc verrait la différence ? Et la petite nièce du comte de Vergennes, l'épouse d'Augustin de Rémusat, la mère de ce Charles qui recule devant la description du bonheur, fait entendre dans notre concert féminin la voix pacifiée de l'assentiment au destin.

Le malheur, pourtant, n'avait pas épargné Claire de Vergennes. Le père, conseiller au parlement de Bourgogne, et le grand-père, faussement accusés d'émigration, étaient morts sur

l'échafaud — pas de chance, on était le 6 Thermidor — laissant
la famille ruinée, contrainte de se retirer à Saint-Gratien, dans la
vallée de Montmorency : Claire avait quatorze ans. Quelques
années plus tard, après un mariage précoce, la venue d'un
enfant « noué », qui jamais ne se développera, est un second
malheur qui accompagne la correspondance de la jeune femme
comme une basse mélancolique. Il faut ajouter que cette
douloureuse naissance inaugure une vie maladive : elle gardera
le pli et presque la fascination de la souffrance. La familiarité
avec la douleur ne parvient pourtant pas à assombrir le regard
que madame de Rémusat porte sur sa vie. Aux heures noires de
Saint-Gratien, après le traumatisme de la guillotine, avait tout
de suite surgi auprès de la mère et des deux filles un protecteur.
Ce monsieur de Rémusat, un Languedocien ami de Mirabeau,
avait dix-sept ans de plus que la jeune Claire. Pas encore un
barbon pourtant et qui sut lui inspirer sur-le-champ le sentiment qui devait, écrira-t-elle, « parer son malheur ». Cette
vallée de Montmorency, où flottait l'ombre de Rousseau et qui
aurait dû être le lieu du deuil et de l'exil, était donc devenue
l'abri champêtre du premier amour : dans les lettres de la jeune
femme, c'est ce souvenir qui brille, tandis que s'efface la
tragédie initiale. Quant à Albert, autre épine dans son existence,
la correspondance reflète sans doute assez mal le tourment qu'il
a représenté. Paul de Rémusat, le petit-fils, qui l'a éditée
convient en avoir gommé les passages qui égrenaient les
angoisses causées par cet enfant inachevé. On ne les devine qu'à
travers les distorsions du vocabulaire. Seul Charles est « mon
fils » ou « notre fils ». Albert est « le petit », « cet enfant ». Elle
ne l'a nullement rayé de sa vie. On la voit s'épuiser à le faire
dessiner, à composer pour lui de « petits extraits tout bêtes »
d'Histoire de France, à le « cultiver » autant que faire se peut.
Ce fardeau quotidien ne semble pas pour autant éteindre chez
elle le sentiment du bonheur. Elle professait, il est vrai, que
dans toutes les douleurs de l'existence, « il y a toujours un
certain guichet à passer, après lequel on se trouve mieux qu'on
ne s'y était attendu ».

C'est donc un oui ferme qu'elle prononce devant les aléas

du sort. Oui, la vie est bonne, en dépit de tout. Oui, la destinée des femmes est enviable. Oui, les limites que la nature a fixées à leur développement sont justes. Aucune de celles que nous avons déjà vu passer n'avait consenti à se reconnaître dans le miroir que la société tend aux femmes ; soit en raison d'une indifférence profonde à la convention (madame du Deffand), de la pratique raisonnée de l'entrechat ironique (madame de Charrière), de la participation réelle, quoique oblique, à la vie politique (madame Roland), du génie (madame de Staël). Madame de Rémusat, en revanche, semble avoir dit oui à tout et tout intériorisé de la représentation canonique des femmes. Elle consent à leur subordination naturelle, à leur exclusion de la sphère publique, à la division des tâches et des espaces. Mieux encore, par ses comportements — Claire tremble, pleure souvent et beaucoup, d'ennui, de tendresse, de souvenir, d'espérance et, de surcroît, ne déteste pas pleurer — elle signe une reconnaissance tacite des stéréotypes féminins, non plus avec des mots, mais avec des émotions.

Où ce consentement prend-il sa source ? C'est sans doute qu'à dix-sept ans, âge auquel elle donne naissance à Charles, elle a déjà fait le tour des attachements de la vie : fille, épouse, mère. Elle a eu cette chance — qui, dira-t-elle, a fait d'elle un être à part — que le premier amour, celui qu'on éprouve par une manière de convenance, parce que la jeunesse est le temps où il faut aimer, a été aussi le dernier et le seul. Cette précocité à se fixer explique que les années peuvent bien passer, Claire reste ce qu'elle a toujours été, une jeune fille éblouie. L'amour une fois né, il ne lui reste plus qu'à « se complaire dans ce qui lui appartient », assez jolie définition du bonheur. Dans les textes qu'elle a laissés ne perce aucun regret du passé, aucune insatisfaction du présent. L'évocation du premier, la jouissance du second la comblent, seul l'avenir lui inspire un mouvement de crainte superstitieuse : sa part de bonheur lui paraît si grande qu'elle la fait trembler.

Car voici bien la surprise que recèle ce portrait d'apparence si lisse. Sous la surface unie se cache une agitation jamais apaisée. Cette femme calmante n'est pas calme. Cette satisfaite est une mélancolique. Cette vertueuse n'est pas prude. Cette femme heureuse a l'intelligence du malheur, celle qui célèbre l'obscurité de la vie féminine s'est mêlée d'écrire et sur des sujets — l'inceste, la passion d'un prêtre — parfois scabreux. On peut multiplier ces étonnements. Car cette victime de la Révolution ne hait point 1789. Et celle qui faisait tenir son bonheur dans les occupations bucoliques, rêvait de cultiver son jardin, coudre des nappes de lin, voir traire des vaches et apprendre à lire aux petits paysans, a été un des ornements de la Cour impériale. Ces contrastes donnent au portrait de madame de Rémusat son tremblé et au portraitiste sa chance.

◆

Claire de Vergennes était sortie de la Révolution avec l'horreur de la Terreur, qui ne la quittera plus. En 1819 encore, l'élection de Grégoire la bouleverse. Elle croit voir resurgir « la sanglante parenthèse de nos révolutions ». Il aurait fallu, à la Chambre, au lieu de ne l'admettre point, accueillir l'évêque sacrilège en lui disant : « Asseyez-vous donc et représentez-nous ici 1793. » Mais l'aversion pour les Jacobins ne la fait nullement douter que la Révolution soit une grande époque de l'histoire humaine. Le plus raisonnable, si l'on veut empêcher les Français de magnifier 1793, est de ne pas blesser leurs sentiments en attaquant 1789. Lorsqu'elle rencontre le plus jeune des Lameth, Alexandre, elle s'étonne : il est toujours dans « certaines opinions constituantes », a sans cesse à la bouche les mots de réforme et de régénération. Les récits qu'il fait sur les beaux premiers jours de la Révolution lui paraissent des contes bleus et, pourtant, elle ne les récuse pas absolument. Car la force de la Révolution est d'avoir inauguré une autre époque, « celle où s'appeler marquis ou comte ne servira plus de rien », où il faudra imaginer une autre forme de noblesse, qu'elle appellerait, si elle l'osait, noblesse révolutionnaire : car l'inégalité des mérites lui paraît inaugurer une nouvelle aristocratie, non plus celle des classes, mais celle des individus. L'énergique formule qui résume ses sentiments sur la Révolution — « qu'on la comprime dans ses excès, soit, mais il faut la légitimer dans ses libertés » — pourrait convenir à toute l'opinion libérale. Et c'est aux libéraux encore qu'elle emprunte le test qui lui sert à partager les hommes en deux catégories : ceux qui ont et ceux qui n'ont pas compris.

À vingt-deux ans, le hasard avait fait entrer dans la vie mondaine celle qui rêvait comme Rousseau d'un enclos à la campagne et de volets verts. En 1793, la mère, madame de Vergennes, avait fait la connaissance de madame de Beauharnais. Lorsque Joséphine, entre ses nombreux prétendants, élit Bonaparte, c'est la stupéfaction : pourquoi la veuve de monsieur de Beauharnais épouse-t-elle un homme si peu connu ? Devenu premier consul, l'homme peu connu, qui rêve d'agréger à la nouvelle société des éléments de l'ancienne, ne peut qu'être séduit par madame de Vergennes, que Joséphine a attirée à la Malmaison : un beau nom qui fleure l'Ancien Régime, sans compter les manières de l'esprit. Augustin de Rémusat devient donc préfet du Palais — c'est le début d'une carrière de serviteur de l'Empire, qui le verra premier chambellan puis surintendant des spectacles — pendant que sa femme est attachée au service de Joséphine. Double distinction qui survivra au divorce impérial, malgré une demi-disgrâce que les époux Rémusat partageront avec Talleyrand, un de leurs intimes. Rémusat cessera d'être grand-maître de la garde-robe, mais restera chambellan. Et elle sera toujours auprès de Joséphine une consolante dame d'honneur.

Comment est-elle, à vingt-deux ans, celle qu'on appelait Clary et qui, après six ans de paisible vie conjugale, nullement préparée à la vie des cours, fait son entrée à Saint-Cloud ? Pas jolie, à ses propres yeux, mais avec des « agréments » : beaux yeux, cheveux noirs, taille gracieuse, de la vivacité qui frise la précipitation, le naturel qu'elle doit au fait d'être heureuse ; de l'esprit aussi, un talent de conversation aiguisé dans la société de sa mère et auquel Talleyrand rendra justice. Si bien qu'au milieu de compagnes souvent plus séduisantes, c'est elle que distingue le Premier consul ; il l'entretient volontiers des grandes figures de l'Histoire de France : d'Henri IV, que son caractère débonnaire avait, selon lui, contribué à rapetisser, ou de Louis XVI perdu du jour où il coiffa le bonnet rouge. Ce traitement particulier la flatte. Et puis, tout l'amuse, tout l'étonne : les robes, la révérence qu'il faut réapprendre à réussir, art délicat et si oublié qu'on doit convoquer le maître de danse de Marie-Antoinette. De plus, la Cour impériale est un formidable observatoire des passions humaines. Et elle qui aime à regarder et à juger, et dont la piètre santé, qui lui fait éprouver vivement la fatigue de la vie mondaine, accroît encore le sentiment de distance, perçoit tout : les vanités, les peurs, les jalousies. Car la rapide faveur des Rémusat a fait lever autour d'eux des malveillances envieuses : qu'ont-il fait pour la Révolution, eux qui se sont contentés de la franchir ? Et quels « gages » — expression d'époque — ont-ils donnés à la cause révolutionnaire ?

Elle avait tenu au jour le jour la chronique de cette Cour impériale, mais les Cent-Jours venus, avait jugé bon de brûler ses papiers. Lorsque paraissent les *Considérations* de madame de Staël — ébranlement littéraire sans précédent — l'émulation s'empare d'elle, son fils la presse de rassembler ses souvenirs et elle se jette dans la rédaction de nouveaux Mémoires : il s'agit de reparcourir le clavier des émotions et des pensées que lui ont inspirées le Premier consul puis l'Empereur. Elle ne minimise pas l'entreprise. Il y a d'abord les dimensions extraordinaires du personnage : « Il m'épouvante à retracer. » Et une autre difficulté encore, qu'elle voit à plein : la femme qui écrit sous la Restauration n'a plus vis-à-vis de l'Empereur les sentiments de la jeune personne : « Mes opinions ont fait route avec lui. » Sans compter que les Rémusat sont désormais des serviteurs de la monarchie, Rémusat est alors préfet de Lille. Les *Mémoires* sont donc, peu ou prou, une justification de la volte-face, destinés à montrer que bien avant l'écroulement de l'Empire le couple n'aimait plus ce qu'il devait servir : un divorce intérieur qui, pour une amante de l'unité de l'âme, est la pire des situations affectives et dont elle s'applique à décrire les prémisses et les paliers. Au demeurant, la confrontation des *Mémoires* et de la *Correspondance* permet de vérifier que le souci de plaider n'a pas nui à la vérité. Madame de Rémusat est une conteuse honnête. Elle ne le cache pas : « Nous avons servi, admiré Bonaparte... »

Elle avait, en effet, commencé par l'enthousiasme. Réfléchi pourtant par certains côtés : Bonaparte, à ses yeux, devait achever la Révolution. Achever, ce n'est pas répudier mais, en quelque manière, accomplir. On supportait donc, dit-elle, le despotisme de Bonaparte, car « le nez de la Révolution se laissait deviner sous le manteau impérial ». Et l'accomplissement de la Révolution dans la liberté réglée était le vœu profond des Rémusat. Mais à ces raisons se mêlait de la fascination. Il y avait d'abord l'étrangeté d'un homme ennemi des convenances, incapable de se plier aux entours, sans résistance à l'ennui mondain : « Il semblait fait pour vivre dans une tente, où tout est égal, ou sur un trône, où tout est permis. » Débraillé, insolent, parlant n'importe comment, mais avec des incorrections qui soulignaient l'énergie originale de ses propos et le flamboiement de ses qualités intellectuelles. Il y avait aussi la magnificence du spectacle, qu'elle aimait comme une preuve que « tout est accompli ». Et lui en était le metteur en scène conscient et parfois charmé. Toutes les femmes sont-elles, un soir de bal, jolies, il s'exclame : « C'est à moi, Mesdames, que vous devez tout cela. » Même les distinctions qu'il imagine et qu'il sème trouvent grâce aux yeux de la jeune femme ; elle convient que « nous nous croyions tous grandis de quelque chose » et, du reste, ces honneurs non héréditaires lui paraissent démocratiques en leur fond. Enfin, il y avait la gloire. Car Claire de Rémusat est une patriote, la fortune des armes la transporte, elle n'a que mépris pour les aristocrates « qui ont avec leur épée déposé leur noblesse ». En Bonaparte, elle voit l'amant-sorcier de la France. Celle-ci veut-elle une marche ? Il déplace l'armée de Boulogne en Allemagne. Veut-elle une ville ? Voici Ulm qui se rend. Il arrange l'Europe à sa fantaisie, multiplie les miracles, sait trouver les mots et l'accent qu'il faut pour les décrire, allie la magnanimité à la grandeur. Ce sont les « merveilles » de l'Empereur. À cette époque, Clary lit tous les soirs au petit Charles *Le Moniteur* comme une légende dorée.

C'est plus beau qu'Alexandre, s'exclame le petit garçon, la mère n'ose répéter ce « mot » à Joséphine, crainte de paraître céder à la flagornerie. Mais quel homme ! Il y a dans sa destinée, dit-elle, « quelque chose qui confond la pensée ordinaire ». Et c'est cet extra-ordinaire qui explique que la captivité de l'Empereur, les souffrances de Sainte-Hélène continuent, malgré le détachement affectif, à l'émouvoir jusqu'aux larmes.

Comment l'image s'est-elle décolorée ? Il y a d'abord eu des événements dégrisants. L'exécution du duc d'Enghien dans les fossés de Vincennes est le premier d'entre eux, qui a fait « frémir les âmes généreuses ». La guerre d'Espagne en est un autre, à partir duquel montent dans le pays les sentiments d'aversion. Entre ces événements funestes, toutefois, de nouveaux succès, ces marches de l'Empereur qui semble à chaque pas « enfanter de nouveaux peuples », sont venus réenflammer l'imagination mobile de Clary. La cause essentielle de sa désaffection est donc l'expérience de la vie quotidienne à la cour et l'observation directe du personnage. Ce qui la rebute en lui, à mesure qu'elle le connaît, c'est l'ivresse qu'il éprouve à faire plier les êtres. Car l'Empereur aime la servitude d'autrui, adore jusqu'aux dettes que l'on fait autour de lui, qui lui donnent barre sur les hommes. Il flatte les intérêts particuliers, qui isolent les individus et les laissent sans défense contre ses entreprises. Il aime faire planer sur tout une petite terreur de détail, car l'inquiétude, pense-t-il, entretient le zèle. Le pessimisme qu'il nourrit sur l'espèce humaine lui fait toujours croire le mal, ce qui ouvre aux médisants une immense carrière auprès de lui. Il affiche enfin son mépris, jamais aussi voyant que lorsqu'il s'agit des femmes et auquel se mêle une touche de timidité craintive, car il était convaincu qu'un pouvoir féminin occulte avait affaibli les rois de France. Les femmes qu'il avait côtoyées, les belles frivoles du Directoire, les épouses arrogantes des fournisseurs aux armées, ou les jalouses, comme mesdames Murat et Bacciochi, qui pleuraient parce qu'il ne les avait pas nommées princesses, avaient sans doute alimenté ce mépris. Aux yeux de madame de Rémusat, tout cela n'excuse pas le fond de vulgarité qui est en lui et lui fait voir dans l'influence des femmes une usurpation virtuelle, fleur décadente de cette civilisation dont, aux dires de Talleyrand, il faisait une ennemie personnelle. Belles, ou au moins jeunes, il lui arrive de faire cas des femmes. Mais hors ces exceptions, « il eût volontiers opiné qu'un pays bien organisé pourrait tuer ses femmes comme on voue les insectes à la mort prompte lorsqu'ils ont accompli l'œuvre de la maternité ». À sa Cour il ne veut donc, et il n'a, que de jolies carpes.

Ainsi se défait une admiration. De l'observatoire de la Restauration, madame de Rémusat contemple sans les reconnaître ses impressions d'antan, désormais « pareilles à ces monuments brisés qu'on rencontre dans les champs et qu'on ne peut plus reconstituer ». Elle s'applique à montrer que la désaffection est venue très tôt et qu'elle a traversé l'Empire avec une distance critique. On la croit d'autant plus volontiers qu'elle la conservera sous la Restauration. Pendant les Cent-Jours, Rémusat avait été frappé d'une sentence d'exil (l'Empereur avait trouvé aux Tuileries une lettre de Talleyrand qui recommandait son ami à Louis XVIII) : exil aimable, au demeurant, dans la propriété de Lafitte, partagé entre Virgile, Homère et la convivialité villageoise. La parenthèse des Cent-Jours refermée, on donne à Rémusat la préfecture de Toulouse. Madame de Rémusat est alors convaincue que la monarchie constitutionnelle est le meilleur des régimes possibles. Mais à Toulouse, ville secouée par le vent d'autan, traversée de haines — Rémusat est préfet quand le général Ramel y est assassiné —, toute panachée des portraits dévots de Chateaubriand, elle découvre les rancunes tenaces de la noblesse : on pardonne mal aux Rémusat leur long service bonapartiste. Les femmes surtout sont déchaînées. Elles appellent de leurs vœux une petite Saint-Barthélemy, tiennent qu'un peu de sang versé ferait le plus grand bien au pays. La préfète s'ingénie à donner des bals et des dîners et se divertit à voir les « vanités expirer devant [ses] dindes aux truffes ». Mais elle a beau allumer les bougies, ouvrir l'enfilade des salons et revêtir une robe couleur de rose qui « me faisait assez jeune », elle ne parvient pas à désarmer le jugement implacable des yeux bleus ou noirs, des jolies féroces qui condamnent madame Lavalette pour avoir sauvé la vie de son mari, dans le temps pourtant où elles admirent Éponine, martyre gauloise de l'amour conjugal. Face à ces ressentiments, elle comprend à quel point est ancrée chez elle la répugnance à entrer dans les haines françaises. Elle aurait voulu que la monarchie, effaçant vingt ans d'histoire, jetât un voile sur toutes les tragédies passées. Au Salon, déjà, elle peinait à expliquer au petit Charles le tableau où Hennequin avait représenté le lugubre événement de Quiberon.

La nomination de Rémusat à Lille desserrera un peu l'étau. Elle trouve dans le Nord une population plus posée. Préfet et préfète, grands admirateurs des textes de Guizot sur l'enseignement mutuel, y fondent une école qui réunit, dans le salon de la préfecture, soixante marmots. Claire y fait de fréquentes visites, distribue les récompenses, forme les petits moniteurs, s'émerveille de l'efficacité de la méthode mutuelle. L'initiative, pourtant, peine à s'imposer. Il faut compter avec l'hostilité d'une petite noblesse dressée contre le gouvernement et des curés « qui ne veulent entendre à rien dans ce pays ». Mais il y a surtout, contrastant avec l'agitation toulousaine, « une atmosphère de brouillard et de bière », qui endort chacun. Brouillard bientôt déchiré par la catastrophe que représente en 1820 pour l'opinion libérale l'assassinat du duc de Berry. Non que madame de Rémusat hésite sur l'interprétation de l'événement — comme tous les libéraux elle y voit l'action d'un homme solitaire, car « Louvel ne tient à rien ». Il ne modifie nullement l'idée qu'elle se fait de l'avenir : il arrive bien aux individus de reculer, non « aux temps ». Mais l'assassinat signe l'échec de la transaction libérale entre la Révolution et l'Ancien Régime, et ne tarde pas à avoir ses effets sur le sort des Rémusat : le ministère Villèle destitue le préfet, c'est la fin de la vie publique de Claire de Rémusat. C'est aussi la fin de la vie tout court : elle meurt en décembre 1821 à quarante et un ans. Mais elle eût mieux qu'une autre vécu la disgrâce, car la vie familiale avait toujours été son talent particulier.

◆

Heureuse fille, heureuse épouse, heureuse mère : c'est donc à cette litanie satisfaite qu'il faut revenir. Heureuse fille ? Madame de Vergennes, la mère, n'était pas une femme banale : une personnalité vive et moqueuse qui n'entretenait aucun doute sur son esprit et ses talents de conversation. Cette vraie fille des Lumières animait à Montmorency la société chenue qui avait traversé la Terreur avec elle : madame d'Houdetot, Saint-Lambert, Suard, l'inusable abbé Morellet. Claire a fait maintes fois le portrait du petit cercle dont sa mère, occupée à quelque ouvrage sous la lampe, figurait le centre. Y régnaient la simplicité — on s'y réunissait autour du thé rituellement servi à neuf heures du soir — et un charme tranquille : on examinait le travail de l'abbé Morellet sur le *Dictionnaire* de l'Académie ; on disputait sur l'innéité de la langue avec le curé du village, qui parfois voulait en appeler à l'autorité de l'Église et tout le monde alors de s'indigner ; il arrivait qu'on jouât *Iphigénie* ; malgré la passion qu'avait eue Jean-Jacques pour madame d'Houdetot, ou à cause d'elle, on ne l'évoquait qu'avec embarras, on l'accusait de n'avoir eu d'élévation que dans le talent. C'était, dira Charles plus tard, le monde de Voltaire. En réalité, on y tenait la balance égale entre les dévots et les philosophes. Madame de Vergennes avait l'adresse d'interrompre les conversations trop tendues, de relancer les entretiens languissants, avec une parfaite bonne grâce et en répandant sur tout « une couleur féminine ». Une inépuisable gaieté aussi. Ses mots étaient célèbres : quand madame Lavoisier épousa le comte de Rumford, grand inventeur du « calorique », le bruit courut que rien ne manquait à ce mariage. Rien, sauf le calorique, dit alors la moqueuse.

Madame de Vergennes avait veillé à l'éducation de ses filles. Elle convoquait tous les soirs Alix et Claire pour un examen de conscience à trois, « la gymnastique de famille », à quoi elle associera plus tard les maris. La régularité de ces séances vespérales s'étendra au petit-fils. Chaque jour, la grand-mère donne à Charles des « leçons d'esprit » : par là elle entend une idée à développer, un dialogue à imaginer. Charles dira qu'il doit à ces exercices de l'enfance, sous l'autorité vive de la grand-mère, sa disposition un peu railleuse. Claire, elle, n'a pas le détachement sceptique de sa mère. Quand elle est tentée de trouver du charme à ce Voltaire que dans le salon maternel il eût été incongru d'attaquer, elle se sent un peu coupable. Elle est aussi plus portée à la dévotion qu'une mère brouillée avec la théologie et qui professe une religion minimale faite de quelques préceptes évangéliques. Elle est enfin bien plus patriote, une bonne Française, qu'enflamme la gloire de la patrie. Sa mère s'étonne : la patrie, n'est-ce pas tout bonnement le pays où on se sent bien ? Sur quoi le petit-fils fond en larmes : comment, Bonne-Maman n'aime pas sa patrie ? Claire salue avec une satisfaction attendrie le mouvement d'émotion du garçon. La grand-mère, elle, continue de se moquer.

Sans doute est-ce sur le chapitre du mariage que l'écart entre mère et filles se creuse le plus. Madame de Vergennes dit volontiers du mal des hommes, en bloc, comme d'une espèce étrange et incommode. Ses filles s'émeuvent, la jeune sœur excepte son mari « sous quelques rapports » et l'aînée, elle, affranchit Rémusat de tous les griefs à la fois. Elle professe qu'entre son époux et la plus séduisante des femmes son image à elle, Claire, s'interposera toujours. La mère n'est pas convaincue. Elle estime, du reste, qu'en l'absence de leurs maris ses filles pourraient user plus gaiement de leur liberté. Elle se console mal d'avoir des filles si « conjugales ». Tout, une fois encore, finit par de tendres larmes et les yeux de la vieille dame semblent dire : « Si ce que vous dites est vrai, conservez bien ces biens si rares. »

De cette éducation libérale et sceptique, qu'était-il resté à madame de Rémusat ? Parfois brille encore dans ses propos l'éclat acéré de l'esprit maternel. De madame de Salm, si pénétrée de l'importance de tout ce que la littérature compte d'auteurs secondaires, elle dit : « Elle ne marche pas sans son album. » Quand elle s'en va écouter Azaïs, objet de l'engouement des mondaines, elle laisse tomber : « J'avais mal à la gorge d'avoir tant écouté. » Son salon à elle, qui commença à prendre forme en 1806, conservait quelques rescapés du salon maternel, dont l'abbé Morellet qui continuait, impavide, à rayonner de la gloire d'avoir été élu par Diderot, remarqué par Voltaire. On y examinait toujours ces graves questions : qui aime le mieux, de celui qui aime malgré les imperfections de l'être aimé ou de celui qui ne les aperçoit même pas ? Mais après la mort de la mère — « un des plus tendres liens de mon cœur fut à jamais perdu » — s'abolit aussi un certain mode d'être en société et un temps, celui de la conversation, où l'on savait causer d'une manière instructive et agréable. Quand Charles rendra compte à sa mère de ses soirées dans le salon Molé, il notera avec étonnement que désormais les hommes, debout au milieu de la pièce, parlent fiévreusement de politique, tandis que les femmes, assises, forment un cercle silencieux. Les mœurs anglaises auraient-elles triomphé ? L'« esprit de civilisation », commente-t-il, a en tout cas « dompté l'esprit de salon ». Une source de chaleur et de gaieté s'éteint. Un commerce aisé entre les hommes et les femmes agonise. Le sérieux s'installe.

Avec ce sérieux, Claire de Rémusat se sentait en consonance. Elle n'aimait pas trop le XVIIIe siècle, traversé à ses yeux de créatures menées par le plaisir et qui lui paraissait avoir tout juste la densité d'une gazette. Contrairement à sa mère, son siècle de prédilection était le XVIIe siècle où l'austérité, parfois invisible, était pourtant toujours présente sous les manières du monde comme le cilice que, pour aller au bal, portait la « belle, galante et factieuse » madame de Longueville. L'austérité qu'elle aimait n'excluait pas pourtant quelque gaieté dans l'esprit ; mais, convient-elle, elle avait plus de pesanteur que sa mère, car elle cherchait toujours le fond des choses et pour cela il faut « du temps et des aises ». Hommage à la durée paisible et à la sécurité, qu'illustre mieux encore le bonheur de l'épouse.

Dans les lettres qu'elle adresse à Augustin de Rémusat, lorsque celui-ci doit la quitter pour accompagner l'Empereur dans ses voyages, passe pourtant un frémissement d'angoisse. Part-il pour l'Italie, son imagination s'enflamme sur le « fatal Mont-Cenis » : précipices et brigands viennent hanter ses nuits. Son fils commentera avec un brin d'ironie les émois de sa mère, créature exaltée et romanesque « n'ayant jamais pensé au positif de la vie ». Une personne touchante, mais exagérée. Elle, sitôt Rémusat parti, entonne la cantilène de l'absence : « Ces longs jours passés sans toi, ces tristes nuits qui arrivent et qui disparaissent sans que je te retrouve, cette solitude du soir que je ne sais pas supporter quand je rentre dans ma chambre. » Elle trouve aussi, passant dans ses lettres du vous au tu chaque fois que le cœur s'en mêle, les accents de la passion : « Je suis en quelque sorte animée ou éteinte par toi. » De bonnes âmes lui avaient annoncé qu'elle en viendrait à ce point de maternité où l'on préfère ses enfants à tout. Elle constate que cela ne « vient » pas. Si bien que lorsque l'Impératrice lui demande de dire qui elle aime le mieux elle répond fermement : « Mon mari, madame. » À la dame d'honneur qui s'étonne de cette détermination, elle répond qu'elle le « sent » ainsi.

D'où vient alors que Rémusat, malgré cette première place revendiquée, parfois avec véhémence — « toi ou rien, voilà où j'en suis » — apparaisse toujours à l'arrière-plan de cette correspondance, à la manière d'une divinité tutélaire, mais lointaine ? L'épouse — comme aussi le fils — reconnaît sa supériorité, mais trouve peu de traits pour camper celui qui reste une figure sans épaisseur. C'est que tout le bonheur de la vie conjugale est de transparence. Il réside dans la sécurité à vivre avec celui qu'elle appelle un « bon et aimable ami ». C'est aussi que les intérêts partagés du « ménage » qui, selon elle, rapprochent les cœurs et font qu'il « est presque impossible de ne pas s'entendre » aplatissent et banalisent le tableau. C'est enfin qu'une confiance aussi entière — Claire est une intégriste de la confiance ; pour elle le plus mince soupçon, la réserve la plus menue l'empoisonnent sans retour — a de grands charmes, mais laisse peu d'espace à la narration. Ici aucun combat à relater, aucune difficulté à noter : aussi ne sait-elle nullement si on peut l'appeler une femme vertueuse, car elle n'a jamais été contrariée dans ses désirs et a toujours voulu ce qu'elle avait. En revanche, dès que Rémusat est absent, cette tranquille construction s'effondre. Triomphe alors chez elle l'imagination du malheur. C'est toujours l'anticipation de l'avenir qui agite un cœur que le passé a comblé, que le présent comble encore.

Et voilà sans doute aussi pourquoi c'est le commerce avec le fils qui fait passer dans les Lettres les accents les plus frémissants. Le rapport d'une mère et d'un fils, en quoi il ne ressemble à aucun autre, est nécessairement d'anticipation. Dans son enfant, toute mère doit « créer ce qu'elle suppose, encourager ce qu'elle aperçoit ». Un fils projette sa mère vers l'avenir et la pensée de celui-ci est pour Claire de Rémusat synonyme d'angoisse. De là le vibrato qu'on perçoit dans les Lettres à son fils. Charles est, elle ose le dire, le moteur de sa vie. Elle le remercie d'exister, car c'est à lui qu'elle doit de s'apercevoir qu'elle est encore vivante. Si elle le voyait seulement « passer dans son jardin », cela suffirait à donner du mouvement à « quantité de ressorts de sa pauvre machine engourdie ». Dans une soirée où il figure, au milieu de femmes uniquement préoccupées de l'effet qu'elles font, elle est tout entière tendue vers ce que dit ou fait Charles, « comme s'il ne lui restait d'autre vie que la sienne ». Aucun détail n'est indifférent lorsqu'il s'agit de lui. Il va jouer le personnage du *Bourru bienfaisant* de Goldoni et la voilà qui s'inquiète : va-t-il jouer en habit ? Sait-il que les perruques donnent l'air dur ? Mieux vaudrait friser ses cheveux, « votre tête ronde de cette manière serait beaucoup plus jolie ». À peine ces conseils délivrés, elle s'interroge : est-il raisonnable de tant redouter « qu'une laide coiffure ne vienne défigurer l'aimable visage de son fils » ? Est-ce là l'amour maternel, le plus exquis des amours à l'en croire ? Ou l'amour tout court ? Elle ne dirait pas non. Car le jour où il lui reproche de ne s'intéresser qu'à l'amour en général, elle trouve un seul mot à lui rétorquer, mais décisif : « Ingrat ! »

Il y a dans ces lettres d'amoureuse beaucoup de coquetterie. Elle tient à établir qu'entre elle et lui quelque chose déborde la relation de mère à fils : « Rien entre nous de ce qui ressemble aux autres. » Elle a été mère si jeune, il n'y a pas entre eux un si long espace qu'ils ne puissent se sentir contemporains. Et puis, chaque mère garde peu ou prou l'âge de son enfant. Elle le supplie de ne pas craindre de lui dire et lui redire qu'il l'aime. Il ne le fait pas suffisamment. « Votre mère, renchérit le père, est encore une femme et vous ne le savez pas assez. » Femme encore dans la manière dont elle se complaît, quand il a un coup de cœur pour madame de Barante, à scruter en lui les signes de l'amour et à lui donner des conseils pour se comporter avec les femmes. À tout ce manège féminin, le garçon répond avec un brin de raideur. Il la trouve exaltée, cette jeune femme un peu grave, qui l'a toujours intimidé et que sa fragilité maladive lui a fait considérer comme un être à part. Il n'en répond pas moins à ce qu'on peut considérer comme des avances et lui adresse des vers charmants, car chansonner est alors son talent : « Comment, c'est à vous que j'écris/Vraiment on ne le croirait guère/Dans quel siècle dans quel pays/Entendit-on jamais un fils/De ce ton parler à sa mère ? »

Ce Charles, elle avait fait à ses côtés « métier de mère » avec une grande conscience. Elle avait tenté d'utiliser ses défauts mêmes — enfant, il était un peu vaniteux — comme autant de mobiles. Elle avait veillé à partager ses journées entre l'écriture et la promenade, la danse et le grec, à lui donner un maître d'armes, à lui éviter l'internat. Lorsqu'à dix-huit ans il a ses premiers succès dans les salons et qu'elle considère son ouvrage, elle n'est pas mécontente. Sans doute est-il un peu péremptoire. Il aime trop conclure, est parfois trop tendu. Ses lettres sont aimables mais manquent de charme et d'abandon. Elle craint qu'il ne tourne à l'aridité. Elle tente de le convaincre qu'il y a une gymnastique du cœur comme il y a une gymnastique de l'esprit, et la pratique avec lui en lisant à haute voix tous les soirs le torrentiel récit de *Clarisse Harlowe*. Il dira à quel point il s'était ennuyé au long de cette éducation sentimentale.

A-t-il trouvé un peu pesante cette tutelle amoureuse ? Il raconte dans ses *Mémoires* le sentiment de soulagement que lui avait procuré le premier départ loin de ses parents. L'agaçaient sans doute aussi les recommandations — un peu niaises, elle en convenait — dont elle l'accablait : ne pas rentrer trop tard ni brûler ses rideaux. Mais il n'en a pas moins insisté, lui aussi, sur le caractère exceptionnel de leur relation, dit que la mort de sa mère avait été pour lui le premier malheur, le plus grand peut-être de sa vie, pourtant fertile en malheurs, et considéré que la grande date de leur commerce avait été cette année 1817 — elle a trente-sept ans, lui vingt — où ils s'étaient retrouvés après une longue séparation et avaient vu s'inverser leurs rôles respectifs : « Après qu'elle m'eut dans sa tendresse accordé l'égalité, peut-être l'ascendant passa-t-il de mon côté. » Désormais, c'est à lui de donner plus qu'il ne reçoit. Dirigez-moi, lui dit-elle.

Rien de plus frappant, de plus émouvant aussi dans leurs lettres que cet échange de rôles où l'on voit le fils faire l'éducation de sa mère. Ils n'étaient au départ à l'unisson sur rien. En politique, elle était plus traditionaliste que lui. Elle aimait la monarchie comme le gouvernement le plus régulier, pleurait à la lecture du testament de Louis XVI, si bien qu'il la jugeait un peu royaliste. Elle avait sucé avec le lait du XVIIIᵉ siècle l'idée que la République n'est pas viable dans un grand pays et lui, en revanche, souhaitait un gouvernement qui fût à la fois monarchique (par l'autorité d'un seul) et républicain (par l'égalité légale et la liberté de la presse). Il détestait aussi les propos injustes qu'il entendait tenir contre l'Empire et s'agaçait parfois de les retrouver dans la bouche de parents qui l'avaient servi et n'avaient à ses yeux pas toujours fait preuve d'indépendance. Ce qui la pique au vif, car le credo des *Mémoires* est que les Rémusat avaient dès la fin de l'Empire récupéré leur entière liberté de jugement, mais la taisaient devant le garçon. Lui veut bien leur accorder l'indépendance des sentiments, mais non de l'esprit, et maintient non sans raideur son point de vue. Elle, de son côté, s'inquiétait : en rêvant de liberté n'allait-il pas parvenir au partage des terres ? N'avait-elle pas en son fils un nouveau Camille Desmoulins ? Il la rassurait, jurait n'être pas un législateur d'utopie. De discussion en discussion, il finissait par l'amener à passer les termes d'un accord, à vrai dire paradoxal, vrai talon d'Achille de la raison libérale : oui, la Révolution devait s'opérer, car c'est le plus bel ouvrage des hommes ; et oui encore, la Terreur en est le plus horrible. Après 1814, les excès de la réaction royaliste feront beaucoup pour achever leur rapprochement.

On le voit aussi s'opérer dans leurs goûts littéraires. Elle admirait la prose de madame de Genlis, qu'il tenait pour une eau sucrée. Plus sentimentale que lui, elle juchait toujours Jean-Jacques sur un autel particulier ; lui avait jeté *Les Confessions* dès la sixième page, vaincu par l'ennui. Elle serait, dit-elle, prête à lui passer cet outrage s'il ne se montrait pas trop indulgent pour Voltaire. Ils se réconcilient dans l'admiration commune de madame de Staël et d'*Adolphe,* qu'il la presse de lire séance tenante et, tant il en est entiché, de n'en pas parler s'il advenait qu'elle ne l'aimât point. De Chateaubriand vient leur différend le plus grave. Après la brochure sur *Bonaparte et les Bourbons,* Charles avait osé écrire que Chateaubriand se vautrait dans la boue. Elle proteste. Elle lui recommande la circonspection. D'une part, elle sait que monsieur de Chateaubriand est une puissance, une « espèce d'arche sainte ». D'autre part, si elle lui accorde le *Génie du christianisme,* car il la persuade que l'ouvrage rapetisse la religion en s'échinant à établir qu'elle est après tout supérieure à la mythologie, elle tâche — elle y parvient — de lui faire partager son admiration pour *Les Martyrs.* Du reste, elle a toujours eu l'imagination chrétienne et après une grave maladie a repris des pratiques longtemps négligées. Ce qui ne fait pas trop plaisir au fils, pas plus qu'au père : le commerce entre les deux hommes prend souvent un accent très anticlérical. Mais, ici encore, la réaction royaliste dessine pour eux un terrain d'entente. Ils communient dans l'aversion pour les missions et pour ce « clergé nomade » qui s'entend à détruire l'autorité légitime des curés.

Car là réside justement le charme de leur relation. Loin de l'aigrir, leurs dissensions mêmes la nourrissent et l'animent. Leur différend religieux ne fait qu'établir entre eux une conversation plus libre : l'une expliquait sa foi, dira Charles, les deux autres leurs doutes. Et ils voient l'écart se combler peu à peu. Dans les premiers temps de la Restauration, le fils avait confié ses inquiétudes à sa mère : cette monarchie ne lui paraissait pas présenter de grands signes de « longévité ». Elle s'imprègne de la formule et elle dit, de temps en temps : « Est-ce que ce petit garçon aurait eu raison, avec sa longévité ? » Dans les années 1820, elle a tout à fait intériorisé les opinions du fils, en vient d'elle-même, quand naît le duc de Bordeaux, à juger qu'il s'agit d'une calamité nationale. Charles, satisfait, note qu'elle s'associe désormais à toutes les espérances : « Son esprit excité, si j'ose dire, par la jeunesse du mien, se portait avec vivacité sur des sujets divers... »

Ainsi s'achève une double éducation : il lui doit tout ce qu'il sait, plus l'« aise » et le « mouvement ». Elle, de son côté, estime qu'il a été très utile à son caractère. Il a développé chez elle l'attention, la vigilance, la recherche de la pensée droite, pour pouvoir le redresser s'il s'en écartait. S'il l'aime, il peut l'aimer « comme son ouvrage ». Est-ce la réciprocité parfaite des sentiments ? Il s'en faut pourtant. Car si elle accorde qu'entre son fils et elle le marché aura été égal, reste du côté de la femme une inguérissable anxiété dont le fils est sauvé, à moins, corrige-t-elle, qu'il ne faille dire « privé ».

C'est donc toujours l'absence de sérénité dans l'anticipation qui déséquilibre cette relation idéale. Ce qu'illustre le grand et seul différend qui vient troubler ce commerce tendre. Il ne s'agit pourtant que de vingt petites pages, anonymes de surcroît, publiées dans les Archives de Guizot : un premier pas littéraire de Charles, mais qui comporte quelques passages amers contre le ministère et paraît aux parents l'extravagance même. « M. de Lafayette partant à vingt ans de Versailles pour l'Amérique n'aurait pas, dit-il, autant chagriné sa famille. » Commence alors entre mère et fils une correspondance agitée, traversée d'angoisses. Elle le supplie de ne pas se compromettre, de ne pas se créer de haines. Elle lui recommande la fréquentation du beau idéal : Rousseau, Molière, Fénelon devraient guérir le jeune homme de l'aigreur. Augustin et elle emmènent le jeune fol à Lille, « comme si après une vie d'aventures, j'eusse besoin du calme et de la sagesse de la vie de famille ». Lui est désolé de froisser ses parents, mais satisfait et flatté d'un article qui l'a « tiré de l'engourdissement » et fait quelque bruit. Il n'entend rien céder. C'est à elle, selon lui, à franchir un pas supplémentaire : celui de consentir à le voir agir en fonction de ses pensées. Mais ce pas, elle ne le franchit pas. Elle pousse son mari à demander à Charles l'engagement de ne rien imprimer avant ses vingt-cinq ans et, comme il a refusé sa parole d'honneur, le supplie de revenir à la charge. Et puis elle s'en va trouver Guizot pour lui arracher une autre promesse : ne rien laisser publier à l'écervelé. Guizot la gronde gentiment : « Voulez-vous priver un jeune arbre de sa sève ? C'est un suicide, Madame. » Elle n'est pas convaincue, déplore que le fils ait mis la politique à la place de l'amour, lui recommande, toute métaphysique doctrinaire jetée par-dessus les moulins, la dissipation et la danse, gémit du ton acrimonieux qu'il a pris et rase les murs, crainte de rencontrer ces connaissances « ultra » qui vont répétant que Rémusat est un faible, elle une exaltée qui passe tout à son fils et lui un « esprit tortu ».

Toute l'affaire révèle à quel point, dans le triangle de leur relation à tous les trois, elle se tient au sommet. Négociatrice et médiatrice inlassable entre les deux autres. Elle suggère à Augustin d'adresser une lettre chaleureuse au fils : il arrive à celui-ci de soupçonner son père d'indifférence. Puis elle le persuade d'écrire à Molé pour le remercier de tout ce qu'il fait pour Charles. Comme Charles bronche, elle dicte au mari la lettre où il doit faire honte au fils de sa raideur. Elle dicte enfin à Charles la lettre où il devra remercier son père des sentiments que celui-ci lui porte. Cette navette entre les êtres aimés est, à l'en croire, indispensable : il faut entretenir l'affection « comme une lampe ». S'y lit aussi le volontarisme et, sous la douceur, le goût de tenir son monde en main. Un goût qu'elle poursuit jusque dans l'imaginaire : tantôt elle songe avec attendrissement que le mariage de Charles lui donnera une petite-fille dont elle serait folle, mais qu'elle élèverait fort sagement. Tantôt elle rêve de fabriquer une Sophie pour son fils. Une fois de plus, Charles est au centre de tout, c'est le garçon qui la ramène à l'éducation des filles.

◆

Elle avait ouvert à Lille une école pour les garçons, mais aurait bien souhaité en ouvrir une aussi pour les petites filles chez les carmélites. Car si, à Toulouse, plongée dans les haines des partis, elle s'était prise à douter de la possibilité d'instruire le peuple, elle avait retrouvé dans le Nord industrieux et prosaïque sa foi et son espérance dans l'éducation. Faute de pouvoir poursuivre son projet, elle s'était donc mise à écrire, en s'y passionnant, un traité d'éducation des filles.

Le problème, à ses yeux, devait être pris de très haut. « Il me semble que je ne peux rien écrire sur le mariage, sur la famille, sur l'éducation des enfants sans avoir pris parti sur toutes ces grandes questions qu'on dit n'être que politiques. » Par moments, elle se prend à croire qu'elle écrit elle-même un ouvrage politique. C'est qu'avant de descendre aux préceptes il lui paraît indispensable de répondre à la question de savoir ce que la nature et l'histoire réservent aux femmes. Sur la spécificité féminine, elle ne nourrissait guère de doutes. Elle sentait la contrainte interne de la féminité et, à son fils qui lui reprochait de faire des raisonnements de femme, elle répondait qu'elle eût été bien en peine d'en faire d'autres. Pour elle, la nature a voué les femmes à la subordination : elles ont besoin de vivre à deux, sont sans recours contre la solitude. Elles ont aussi moins de méthode que les hommes, moins d'idées, moins de persévérance, une humeur plus mobile, tournant au vent des circonstances, mal prémunies contre l'emportement du juge-ment — ce portrait des femmes est un autoportrait —, avec l'instinct de la coquetterie. Elles n'ont pas non plus la même hiérarchie de valeurs, les jouissances du cœur font tout le sel de leur vie. Faut-il pourtant les regarder comme n'ayant de l'humanité que les affections ? Tout cela ne fait ni moins de raison ni moins de volonté. Elles ont les mêmes facultés, la même moralité, la même liberté. « Notre âme en appelle à son immortalité pour réclamer son droit à la lumière de la raison ». Ne pouvoir prétendre qu'au deuxième rang ne les retranche pas de l'espèce humaine. Et ce deuxième rang même ne leur interdit pas d'avoir quelques supériorités : elles voient, elles devinent mieux. Elles ont le sens du détail, aperçoivent mille choses journalières. Elles brillent aussi par la fidélité. L'infériorité intellectuelle est souvent compensée chez elles par la supériorité morale.

Rien de moins statique, au demeurant, que la condition féminine. Car la Révolution a tout changé dans le statut féminin. Il n'y a, en réalité, aucun regret à nourrir sur ce qui l'a précédée. Car la vie de cour, singulièrement sous Louis XV, mettait le monde à l'envers : on séparait les filles de leurs mères à la naissance, les enfermait dans des couvents, leur enseignait une religion tâtillonne, laissait le hasard leur choisir un mari. Qu'on se figure donc, dit-elle — c'est l'image inversée de sa propre destinée —, le sort de ces femmes qui n'ont point été filles, qui ne sont point épouses et ne seront point mères. Tableau désolant, et rien n'en fait mieux sentir la médiocrité que la petitesse des exemples que Rousseau, un ami des femmes pourtant à ses yeux, donne de leur sagacité. Savoir ordonner un festin, ou dissimuler un secret, est-ce là tout ce dont on peut leur faire honneur ? Rousseau a malgré lui été contaminé par les exemples qu'il avait autour de lui.

Madame de Rémusat sait pourtant que les femmes peuvent croire avoir perdu à ce monde englouti, regretter l'ordonnance de la société passée et ce code de bonne compagnie dont elles fixaient les articles. L'Ancien Régime favorisait l'ascendant du deuxième sexe — du moins, corrige-t-elle aussitôt, dans les classes privilégiées — et, du reste, il en va de même à toutes les époques décadentes. Les femmes font merveille quand il s'agit d'agir auprès d'un monarque, elles s'entendent à usurper les pouvoirs et à confondre tous les rangs. On a beaucoup dit aussi que les mœurs de l'Ancien Régime étaient un rempart contre la vieillesse des femmes. Elles s'installaient dans le vieil âge comme au coin de la cheminée et régnaient encore par la conversation après avoir régné par la beauté. Tous ces privilèges ne peuvent pourtant faire oublier de quoi ils étaient payés : l'amour conjugal était bafoué et même l'amour illégitime quand il se mêlait d'être durable, tous les écarts de conduite trouvaient leur justification. La conversation elle-même — Clary, pourtant, en avait appris chez sa mère les plaisirs et les prestiges — avait son envers de hardiesse (on allait jusqu'à mettre en question l'existence de Dieu) et de frivolité : la rage de la conversation était telle, quand la Révolution éclata, qu'on vit avant tout en elle une inépuisable occasion de causer.

Mais précisément la Révolution a changé tout cela. Elle a vu le retour à la morale, à la tendresse conjugale et filiale. Tout, il est vrai, avait commencé avant elle, car Rousseau était passé par là, « rangeant les mères de son parti ». Si l'époque révolutionnaire achève le mouvement, c'est grâce à la pédagogie du malheur : la disparition des plaisirs, l'angoisse des lendemains, la communauté que crée la tragédie composent une thérapie de la frivolité. La Révolution ramène les femmes à la maison : car lorsque les hommes, autre axiome rousseauiste, sont davantage citoyens, les femmes sont davantage épouses et mères. Elles osent se montrer avec leurs filles, ne rougissent plus d'aimer leurs maris. Elles perdent sans doute les droits qu'elles avaient usurpés, mais gagnent de se mouvoir avec sécurité dans le cercle des droits reconnus. Par ailleurs, elles sont loin d'être exclues de tout accès à la vie politique : car ce sont des épouses et des mères *de* citoyens et le grand changement apporté par la Révolution est qu'on n'élève plus un enfant pour un état, mais pour une citoyenneté. Les femmes, réduites à observer, puisqu'il est clair qu'en politique elles ne doivent jamais « tenir les cartes », sont donc désormais des spectatrices attentives, intéressées, toutes prêtes à conseiller le mari-citoyen sur son vote, le mari-député sur son opinion, le mari-écrivain sur son livre. Bonald a décidément eu tort en claquemurant la femme dans la famille et l'excluant de la société. Il n'a pas vu combien il y avait de communication de l'une à l'autre.

Une objection se présente ici à l'esprit de Claire de Rémusat : la rareté de cette action sociale oblique. Mais elle, qui disait aimer son temps, est sûre que le mouvement des idées va décupler les occasions d'occupations intéressantes pour les femmes. Ne serait-ce que par cette grande nouveauté qu'est l'apparition du sentiment patriotique. Il s'agit d'une véritable révolution, comparable à la révolution du christianisme, qui a déjà, sans aller jusqu'au bout d'elle-même, amélioré la condition féminine en faisant place à la compassion. Le patriotisme, comme le christianisme, inspire à la fois l'humilité (nous sommes tous des enfants de la terre) et la fierté (nous sommes les enfants d'une patrie). Et cela vaut pour les femmes, pour les mères surtout, car elles peuvent faire servir au bien de la patrie les illusions exaltées qu'elles nourrissent pour leurs fils. Ainsi est vaincue l'objection de la monotonie de la vie féminine dans la société issue de la Révolution. Avant elle, les affaires publiques se traitaient comme des affaires de ménage. Désormais, les affaires de ménage sont aussi des actions publiques. Pour limitées qu'elles soient, les interventions des femmes sont donc capitales : la bienfaisance (auprès des pauvres), l'éducation (auprès des enfants), le conseil (près du mari). C'est, tout en restant dans le cercle familial, en sortir : car la femme peut même aller, au cas où un conflit de devoirs s'élèverait entre famille et patrie, jusqu'à faire pencher la balance en faveur de celle-ci et aider le mari à consentir au sacrifice. Il y a donc désormais aussi un héroïsme féminin. Le meilleur espace, le meilleur temps pour les femmes, c'est donc *hic et nunc* : dans une nation généreuse, la France, et à un moment où elle rejette à la fois l'agitation révolutionnaire et l'immobilité conservatrice. La situation boiteuse de la Restauration, qui hésite entre souvenir et espérance, tradition et innovation, favorise donc paradoxalement l'avènement d'une nouvelle condition féminine.

Mais tout cela rend plus indispensable encore l'éducation des femmes. Or, le principe canonique est qu'une fille ne saurait trop ignorer : les mères condamnent les filles à la nullité, les façonnent pour le seul jugement social, puis les livrent, bien trop jeunes, à qui ne les connaît pas. Car le point névralgique de tout cela est le mariage. C'est comme épouses surtout que les femmes sont aliénées, c'est le mariage qui a été défiguré et perverti. Là se noue le différend de madame de Rémusat avec son cher Jean-Jacques, dont les paradoxes la chagrinent. Elle ne peut croire qu'une fois épouses et mères les femmes doivent se déprendre du goût de l'étude. La mère éclairée est son idéal : il faut qu'elle sache consulter un notaire, prendre avis d'un médecin. Et bien que le propos de madame de Rémusat ne soit pas de délivrer des préceptes d'éducation, elle finit, chemin faisant, par en donner : que les mères ne préparent pas trop les êtres à souffrir car, lorsque les mécomptes arrivent, force est bien de les porter ; qu'elles ne craignent pas de toujours donner les raisons du blâme ou de la louange ; de manifester leur estime ; qu'elles osent montrer leur propre faiblesse ; et qu'elles n'abusent pas, pour ramener au devoir, du « saint nom de Dieu ». Ce sont là les recettes dont elle s'était servie dans l'éducation de Charles, qui révèlent donc ce trait fondamental : madame de Rémusat a autant pensé à l'éducation des éducateurs qu'à celle des enfants ; et autant à celle des garçons qu'à celle des filles. Elle entend bien parler de la petite fille, mais revient insensiblement à l'enfant. C'est que l'essentiel, à ses yeux, est la formation d'un être libre, et qu'il n'y a pas deux éducations de la liberté.

◆

Sa liberté à elle, c'est dans l'activité d'écriture qu'elle la manifeste le plus vigoureusement. Jamais elle ne se sent plus elle-même que lorsqu'elle noircit des pages, occupation qui arrache à cette tendre ses accents les plus passionnés. Correspondance, Mémoires, essai sur l'éducation des filles, romans et nouvelles emplissent les journées. C'est encore une façon de retrouver son fils (le mari bienveillant mais légèrement ironique se tient à l'écart de cette circulation de papiers) : Charles et elle ne cessent d'échanger leurs manuscrits. C'est lui qui la persuade de recommencer les *Mémoires* disparus, lui en suggère l'armature, le plan et jusqu'à l'argument : elle doit montrer qu'au sortir de la Révolution, horrifiée, elle s'est laissée séduire par un enthousiasme patriotique ; comment le désir alors si fort de se replier sur la vie privée a favorisé le despotisme et l'empire d'un seul homme ; comment cet homme s'est progressivement corrompu, à moins qu'il ne se soit révélé ; pourquoi moins on lui obéissait de cœur et plus il fallait lui obéir en fait ; et comment, en fin de compte, s'est installée l'« indignation

morale qui devait les conduire à la haine politique ». Elle
accepte les conseils, attend, éventuellement pour les combattre,
ses objections. Lui, de son côté, reçoit les siennes, lorsqu'il lui
adresse son premier livre, *De la procédure par jurés en matière
criminelle,* ouvrage parfaitement austère, dont elle pense et
espère qu'il restera inaperçu. Elle le presse de recueillir dès à
présent des éléments pour des futurs Mémoires. Et lui, comme
elle lui confie ses difficultés, la tarabuste : « Écrivez, écrivez
toujours. Prenez note de ce que vous vous rappelez, consignez
tous les souvenirs. »

Nous connaissons par Sainte-Beuve les thèmes des romans
qu'elle avait écrits pour un petit cercle. *Charles et Claire*
raconte l'histoire de la relation touchante qui s'établit entre
deux jeunes émigrés à travers le seul son d'une flûte : ils
s'aimeront et se quitteront sans s'être jamais aperçus. Après ce
conte, que Sainte-Beuve qualifie de « bourbonien », elle entame
les *Lettres espagnoles,* où elle utilise son expérience de la Cour
impériale et s'inspire de Talleyrand pour le personnage du
ministre. Après quoi, elle brûle d'écrire un roman où elle
peindrait un frère amoureux de sa sœur, mais ignorant qu'il est
le frère, car la mère a introduit son bâtard dans la maison.
« Vous voyez la punition, dit-elle, et comme cela est moral. »
Charles chicane le sujet : rien de plus triste que l'inceste.
Rémusat, de son côté, quand elle entreprend *Le Moine,* où elle
traite de l'amour d'un moine italien pour une pénitente, ne lui
ménage pas ses sarcasmes : « Ce roman va sentir le capucin, en
est-elle déjà à l'extrême-onction ? » Elle est consciente qu'avec
ces sujets un peu scabreux, qui la font rougir elle-même, on
peut « croire qu'elle a le diable au corps », mais ne manifeste
aucun désir d'y renoncer. Elle met à cette activité un étrange
alliage de modestie et d'orgueil. Elle y recourt délibérément
comme à un opium léger. Rémusat, un matin, la trouve tout
égarée, pâle au milieu d'un flot de papiers, en train de réunir
pour ses Mémoires des éléments « qui lui remuent l'âme plus
qu'il ne faut ».

Cet instantané, avec son mélange d'anxiété et de détermination, peut apporter une dernière touche à l'image de madame

de Rémusat. Entre son chat angora, ses roses et ses tourterelles, elle pourrait inspirer un portrait couleur pastel, gracieux et statique. Car il est vrai qu'elle avait mis son bonheur dans le repos, plaignait madame de Staël de n'en avoir pas eu le génie, ne concevait pas de félicité plus achevée que de recopier les articles de son fils, tandis que son mari, sur le canapé, lirait la presse du jour. Elle parlait de la passion avec circonspection comme la ressource des âmes faibles et pensait que celle des âmes fortes était en revanche la tendresse, la possession paisible du moment présent. Mais si le repos était dans ses vœux, il n'était pas dans sa nature. Ce que son fils baptisait chez elle timidité devant le nouveau était une incontrôlable angoisse devant ce futur qui allonge toujours son ombre menaçante sur la plénitude du présent. Elle savait faire face au malheur, mais non à son attente. La certitude que le bonheur peut être d'un moment à l'autre remplacé par son contraire — à quoi contribuait sans doute l'instabilité d'une époque fertile en bouleversements — accompagnait chaque pas de cette personne forte et frêle, impressionnable et gouvernée, paisible et frémissante. Sans ce frisson d'anxiété, son portraitiste, comme son fils l'avait pressenti, eût risqué la fadeur et elle la perfection. Ce qui l'en a préservée est, comme l'écrira cette fois son petit-fils, « l'union singulière, chez elle, de la paix de l'âme et de l'agitation du cœur ».

George Sand — *Aurore Dupin* — *est née à Paris en 1804.*
Enfance mi-rustique, mi-raffinée à Nohant en Berry, auprès de
la grand-mère paternelle, jusqu'à son entrée dans un couvent
parisien, de 1818 à 1820. Après la mort de la grand-mère en
1821 et pour échapper à la tutelle maternelle, elle épouse
Casimir Dudevant. Mariage désastreux entre deux êtres désac-
cordés, dont Aurore se libère d'abord par les aventures amou-
reuses, puis par la vie indépendante à Paris où elle entame une
féconde carrière de journaliste, de romancière, de dramaturge,
vite saluée par la double rumeur du scandale et de la gloire.
Deux grandes dates dans ce parcours : 1833, où elle publie Lélia,
roman poétique dont la réputation sulfureuse — elle y a plaidé
le droit féminin au plaisir et à la passion — s'attache durable-
ment à elle ; 1848, où, liée aux grandes figures de la démocratie
— Lamennais, Leroux, Louis Blanc —, elle accueille avec
enthousiasme les journées de février, rédige de nombreux écrits
de propagande, fonde un journal. Rêve fraternitaire cassé par les
journées de juin qui la ramènent en Berry : Nohant devient,
jusqu'à sa mort en 1876, son port d'attache. Deux grandes dates
aussi dans sa vie amoureuse : 1833 encore, c'est la liaison
mouvementée avec Musset et leur voyage à Venise ; 1838, c'est
Chopin et le voyage à Majorque ; deux escapades qui marquent
l'histoire du romantisme. Chaque aventure amoureuse est pour
elle l'occasion de nouveaux romans qui, ajoutés à une énorme
correspondance et à des Mémoires — l'admirable Histoire

de ma vie *paraît en 1854-1855 — composent une œuvre immense, aujourd'hui abusivement réduite aux romans champêtres et dont Renan a pu dire qu'elle était l'écho même du XIXe siècle.*

Aurore ou la générosité

« Ô beaux yeux bleus, vous ne me regarderez plus ! Belle tête, je ne te verrai plus t'incliner sur moi et te voiler d'une douce langueur ! Mon petit corps souple et chaud, vous ne vous étendrez plus sur moi comme Élisée sur l'enfant mort pour me ranimer [...]. Adieu, mes cheveux blonds, adieu mes blanches épaules, adieu tout ce que j'aimais [...]. » Et encore : « C'est de vous que je rêve quand je m'éveille trempée de sueur, vous que j'appelle quand la nature sublime chante des hymnes passionnés et que l'air des montagnes entre dans mes pores par les mille aiguillons de désirs et d'enthousiasme ».

Ce n'est pas au même homme que s'adressent ces lettres de feu. Le premier est Musset, le second Michel de Bourges. Mais peu importe. L'essentiel est dans ce langage, jamais entendu encore dans notre galerie de dames. La femme qui le tient ne se contente pas de dire son plaisir, elle revendique le droit des femmes au plaisir ; ou, plutôt, car elle n'aimait pas trop le mot de plaisir, qui lui paraissait un vocable un peu « Régence », le droit à l'amour vrai, indissociable du plaisir. Le drame de son personnage le plus célèbre, cette Lélia à qui on l'a identifiée, est de ne pas le connaître, car la nature « ne l'a pas éveillée ». À d'autres héroïnes, elle fait tenir le discours de la soumission amoureuse. « Dispose de moi, dit Indiana à Raymon, de mon sang, de ma vie, je suis à toi corps et âme [...] prends-moi, je suis ton bien, tu es mon maître. » Elle-même l'a tenu : « Fais donc de moi ce que tu veux », écrit-elle à Michel de Bourges.

Si incroyable, ce langage, qu'il n'y eut pas de femme plus

haïe que George Sand, de son vivant, et calomniée de la manière la plus basse. Proudhon, qu'elle avait salué comme un penseur « bien remarquable », avait forgé pour elle le mot sans grâce d'« omnigame ». Lamennais, qui à ses yeux était un ange, vivant parmi les anges, croyait sentir flotter sur sa vie une odeur de lupanar. Sainte-Beuve, un ami déclaré pourtant, à qui elle avait avoué, imprudente et confiante comme toujours, son amour pour Musset, son fiasco avec Mérimée, commentait, patelin et gourmand, ce qu'il appelait ses « écarts ». Rien n'a pu y faire : même quand, l'âge venant, elle a mené une vie retirée et exemplaire dans la campagne engourdie de Nohant, il y a eu des gens — fort tombés dans l'oubli : qui se souvient encore d'un monsieur Jules Lecomte, qui écrivait à *L'Indépendance belge* ? — pour peupler sa tranquille principauté berrichonne de turpitudes.

Et rien n'a été fini avec la mort. Une armée de biographes a fondu sur cette vie pleine d'hommes, de liaisons flamboyantes, de ruptures, de raccommodements. L'aventure avec Musset a rempli des rayons de bibliothèques. On a tenu le greffe de ses amours, souligné sa faculté à avoir toujours sous la main un amant de rechange, son ingénuité à les vouloir tous frères, Casimir et Aurélien, Musset et Pagello, s'aimant les uns les autres dans la sublimité du sacrifice, son inépuisable propension à baptiser chaque fois l'ardeur du moment amour vrai, amour saint et sacré. On l'a campée en dévoreuse d'hommes, chaque fois cuirassée d'une inusable bonne foi, menteuse au fond, fausse dévote, fausse amoureuse, fausse infirmière : Henri Guillemin, comme si souvent, a été indépassable dans l'insulte.

En tout cela donc, une Femme-femme, « la femme la plus femme que j'ai jamais connue », disait Musset. Tantôt femme à la manière de Baudelaire, affreusement « naturelle » et menée par l'instinct. Tantôt, au contraire, femme artificieuse et fatale. Femme majuscule, y compris dans sa manière de penser et d'écrire. Les critiques se sont ingéniés à attacher son talent à la féminité, à montrer en elle une imagination enchaînée à la biographie. Oscar Wilde disait qu'elle devait aimer pour écrire,

Zola que son talent avait besoin d'un soutien (« Rien n'est plus femme », commentait-il), Sainte-Beuve qu'elle adoptait naïvement les idées d'autrui si bien que les influences masculines sont partout présentes dans son œuvre, où il y a une période Balzac comme il y a une période Pierre Leroux. Son abondance même — un trait qui, cette fois, est bien à elle — a été traitée comme une particularité féminine. Elle accumulait les romans, les essais, les lettres, avec une régularité paisible comme d'autres tricotent ou cuisinent, sans se poser de questions torturantes — entre Flaubert et elle, ce sera un sujet inépuisable de controverse — sur le style ou sur l'art : un flux irrépressible d'encre, qui évoque le sang ou le lait. Une « vache à écrire », dira Nietzsche.

Elle-même avait prêté le flanc à cette représentation. Elle traitait ses propres livres avec un mélange de désinvolture et de minutie, faisait de l'écriture une activité quasi matérielle et prétendait ne plus se souvenir de ses romans quand ils étaient tombés d'elle, comme les pommes d'un pommier. Elle se savait femme aussi et l'a dit, dans beaucoup de déclarations qui soulignent sa conformité au modèle : « J'étais bien une femme comme toutes les autres, souffreteuse, nerveuse, dominée par l'imagination, puérilement accessible aux attendrissements et aux inquiétudes de la maternité ». Elle a parfois présenté ses héroïnes en « femmes types » : Indiana est l'« être faible chargé de représenter les passions comprimées, ou plutôt supprimées par les lois », la « femme en général », disait-elle. Mieux, il lui est arrivé de se décrire elle-même en porte-drapeau des femmes. Toujours citée, la déclaration explicite de 1837 — elle a trente-trois ans : « J'en fais le serment, et voici la première lueur de courage et d'ambition dans ma vie, je relèverai la femme de son abjection et dans ma personne et dans mes écrits, Dieu m'aidera. »

◆

Ainsi la cause paraît entendue. Voici, entre toutes les femmes, celle qui, directement ou indirectement, s'est identifiée à la féminité. Tout, en réalité, est beaucoup moins simple. Ses contemporains eux-mêmes ont là-dessus beaucoup varié. Certains ont voulu voir en elle une créature hybride, mi-homme mi-femme. Quand parut *Indiana*, sous une signature inidentifiable, G. Sand, ce fut la perplexité : livre d'homme ou livre de femme ? Même une fois l'anonymat levé, Jules Janin faisait mine d'hésiter : « Qui est-il, ou qui est-elle ? » Balzac parlait d'elle comme du « camarade George Sand ». « Homme dans la tournure, le langage, le son de la voix, les expressions », disait Vigny. Et Marie d'Agoult elle-même : « Est-ce un homme, est-ce une femme, un ange ou un démon ? »

Elle avait une fois de plus entretenu l'hésitation. Il y avait d'abord ce nom bizarre, ce Sand, quatre lettres même pas imaginées, mais empruntées à Jules Sandeau, son jeune et joli amant, comme pour souligner la difficulté des femmes à inventer leur propre modèle. Puis ce prénom, ce George masculin, mais rendu plus étrange encore par l'abandon du « s » final. Tous les pseudonymes aussi dont elle aimait s'affubler, beaucoup masculins, comme « le très docte et très habile docteur Piffoël ». Et l'habit, bien sûr, le chapeau gris, la grosse cravate, le cigare et la pipe, qui entretenaient ces confusions dont elle s'amusait beaucoup et qu'elle raconte complaisamment, dans l'*Histoire de ma vie* : elle s'y moque de tous ces hommes déconcertés qui l'appelaient « Monsieur », puis « Madame », au gré de sa vêture, ne parvenant pas à se décider pour un sexe. Elle a toujours adoré le déguisement, ne détestait pas la mystification, jouera la comédie jusqu'à la fin de sa vie sur le théâtre de Nohant.

Mais il y avait autre chose encore, de plus profond. Car dans ses lettres elle employait indifféremment, pour se désigner elle-même, le masculin et le féminin, signant, à l'intention de Flaubert : « ton vieux troubadour ». Elle engageait ses amis à s'adresser à elle comme il leur plairait : « Prenez-moi donc pour un homme ou pour une femme, comme vous voudrez. » Son fils lui écrivait : « Vive la République, vive l'égalité, vive mon vieux George. » En 1868, dans les *Nouvelles lettres d'un voyageur*, elle dira que dans ses romans « un vieux ermite se promène » et que cet ermite, c'est elle. Comment tout ceci peut-il s'accorder avec les déclarations qu'elle a tenues aussi sur cette nature féminine qu'elle sentait en elle ? Sans vouloir à toute force lui prêter de la cohérence, on remarque que chaque fois qu'il lui arrive de se déclarer pareille aux autres femmes, c'est pour manifester cette élémentaire solidarité à laquelle elle n'aurait surtout pas voulu manquer. Mais elle n'aimait pas pour autant entendre décliner tous les attributs de cette « nature » et refusait de se les voir attribuer. La fragilité, la langueur féminine ? Elle était loin d'en souffrir : elle avait trop couru les brandes, l'année où sa grand-mère, déclinante à Nohant, l'avait abandonnée à sa propre gouverne ; trop sauté les fossés, chassé la caille, accroché ses jupons aux épines, rempli ses poches, comme le dernier des galopins du village, avec trois cailloux, deux châtaignes et un flûtiau. La vanité de plaire ? Sa stoïcienne aïeule et son précepteur, ce vieil extravagant de Deschartres qui l'avait rompue à sauter les haies sur sa jument Colette et la faisait assister, toute jeune encore, à ses interventions de chirurgien, l'avaient formée à l'intrépidité et au mépris de la fanfreluche. La nervosité, l'impatience ? Flaubert, l'homme le moins suspect de complaisance envers le sexe, trouvait, entre toutes, sa société « calmante ». Elle n'a donc jamais vraiment reconnu en elle les défauts qu'on prête habituellement aux femmes. Elle ne se sentait, disait-elle, « ni tout à fait homme ni tout à fait femme ».

Son enfance partagée a joué dans son refus de s'identifier à une image féminine précise. Le père tôt disparu, la petite Aurore avait été tiraillée entre deux femmes étrangères l'une à l'autre, qui se livraient une guerre sans merci. La mère de Maurice Dupin pardonnait mal à son fils, officier napoléonien, d'avoir épousé une fille qui suivait les armées. Entre belle-mère et belle-fille, deux classes, deux époques et le gouffre de la Révolution. La grand-mère, qui descendait des rois de Pologne, estimait, à la manière désinvolte du XVIIIe siècle, que plaisir, bonheur, vertu, c'était tout un. Elle ne s'avisait pas de faire du bal un péché ni de la comédie un crime. Souffrir, mourir, tout alors se faisait avec grâce. Cette grand-mère distinguée était une jolie raisonneuse, lectrice de Voltaire, ennemie du fanatisme et de la superstition. La mère, elle, la fille du marchand d'oiseaux, campait du côté d'un XIXe siècle démocratique, mais romantique aussi, porté à la chimère. Elle rêvait sa vie plus qu'elle ne la raisonnait. Elle lisait Berquin et madame de Genlis, elle était, en toute inconscience d'elle-même, artiste et poète. C'est peu de dire qu'elle croyait à l'inégalité de fait, elle la vivait amèrement, payait cher le hasard d'avoir attiré « l'amour du riche », portait tout le poids de la mésalliance. George Sand a conté dans l'*Histoire de ma vie* comment ces deux femmes s'étaient disputé son âme jusqu'à la scène assassine où la grand-mère, pour garder l'enfant près d'elle et tuer l'image de la mère, fait peser un doute sur la vertu de sa belle-fille. De là, un autre doute, affreux, sur le vrai père. Dans cette lutte irréconciliable entre les deux femmes, la jeune fille inclinait vers la mère, en suivant la pente de son tempérament — elle se trouvait peu d'esprit, pas de conversation, rien de ce qu'on demandait aux femmes, au siècle vif de la grand-mère — et aussi de son cœur : le côté de la mère était celui de l'opprimé, du modeste grand-père maternel. La demoiselle savait, voulait appartenir à la mansarde. Mais elle aimait aussi le château. Elle avait gardé de l'aïeule la conviction qu'aux femmes revenait de perpétuer le charme de l'urbanité française, les grâces de l'esprit. Choix déchirant et impossible, qui l'a sûrement retenue de s'identifier à un type de femme. Et avec le secours des grands espaces de Nohant où elle est — victoire de la grand-mère — élevée et la complicité de Deschartres, elle a préféré être ce gamin qui galope en casquette et sarrau bleu, impossible à discipliner et enfermer dans les manières et l'habit de son sexe. La fiction consolante de ces années difficiles sera un personnage imaginaire, ce Corambé redresseur de torts qui l'accompagne partout et revêt « toutes sortes d'aspects différents », un peu Jésus, un peu Orphée, qui peut aussi être femme et lui sert tantôt d'ami, tantôt de sœur.

Ambivalence, ambiguïté ? Chaque fois qu'elle s'explique sur ses accoutrements masculins, le mot de liberté, l'image de l'indépendance viennent sous sa plume. À Adolphe Guéroult, qui avait critiqué l'obstination qu'elle mettait à porter un habit de « bousingot », elle avait répondu que par cette fantaisie elle n'ambitionnait pas la dignité masculine, mais « la superbe et entière indépendance » dont les hommes se croyaient seuls détenteurs. Liberté, c'était d'abord commodité : avec l'habit masculin, les petits souliers ferrés, voltigeant sur le pavé de Paris, elle a dit maintes fois combien elle se sentait mobile, sans le souci d'avoir à ménager ses robes ; les bottes, dont elle conte l'acquisition avec un attendrissement ébloui, ce sont vraiment les bottes de sept lieues, qui ouvrent l'espace et donnent la clef du monde. Mais plus que tout, liberté, c'était invisibilité. Comme Stendhal, rêvant d'être un grand Allemand blond qui se promène incognito dans Paris, ou de la bague qui rend invisible, elle s'enchantait de n'être pas reconnue, de voir sans être vue. Elle comprenait mal ses amies, comme Marie de Rozières, qui se plaignait d'être constamment importunée dans Paris et se sentait tenue de coudre ses pantalons. Elle se targuait d'avoir couru partout sans connaître l'agression sexuelle. Invisibilité, c'est aussi invulnérabilité. En femme déjà, elle était trop mal vêtue pour attirer l'attention et gardera toute sa vie cette simplicité de mise, qui passera pour une affectation et en était peut-être une : « Plus ornée, elle m'eût paru plus simple », dira Tocqueville. Mais par là s'affirme pourtant un trait majeur de sa personne et de sa vie : ne pas supporter la prison du regard d'autrui et, plus généralement, la servitude.

Elle n'enfermera pas plus ses romans dans de « beaux » personnages de femmes. La critique a pourtant pris le pli de suggérer qu'elle peut seulement créer, comme habituellement les femmes, des images de son sexe ; glorieuses de préférence, autoportraits « en mieux », comme déjà madame de Staël avec *Corinne* et *Delphine*. Et les créatures exceptionnelles, en effet, peuplent ses livres : Jeanne, un ange qui aurait pu être Jeanne d'Arc ; Fadette, généreuse sorcière ; Edmée, qui d'un sauvage fait un homme par la volonté et l'amour ; sans compter Consuelo dont le nom prêche pour la douceur et la compassion que les femmes répandent sur le monde et à qui elle a donné, avec les clefs du monde invisible, le rôle d'initiatrice du genre humain. Attention pourtant : tous ceux qui ont coutume de la voir en Lélia, ou en Indiana, n'ont prêté attention ni à ce qu'elle a écrit ni à ce qu'elle a dit qu'elle écrivait. Loin de donner seulement la parole à des femmes, elle a placé dans ses livres autant de narrateurs que de narratrices et ne s'est pas limitée aux sujets réputés typiquement féminins. Elle a doté chacune de ses héroïnes d'une personnalité double, divisée en elle-même et contre elle-même, comme Indiana, mélange de faiblesse et d'énergie, de grandeur et de petitesse. Et comme le problème du double la hantait, probablement depuis que sa grand-mère l'avait séparée de sa sœur Caroline, elle a souvent fait aller ses héroïnes par deux, chacune jumelle et antithèse de l'autre ; Fiamma et Bonne ; Louise et Blanche ; Lélia et Pulchérie : sur ce couple-ci, précisément, elle s'est explicitement interrogée. Elle-même est-elle Lélia ou Pulchérie ? Ni l'une ni l'autre, ou les deux. Quand on l'identifie à Indiana, elle proteste, déclare que si elle avait voulu montrer le fond de son caractère, elle aurait plutôt raconté une vie semblable à celle du moine Alexis dans *Spiridion.* Et si elle peut être Lélia à certaines heures, elle peut être aussi les autres héros du livre : « Magnus est mon enfance, Sténio ma jeunesse, Lélia mon âge mûr. Trenmor sera ma vieillesse peut-être. » Le moi de l'écrivain, selon elle, n'est pas un moi sexué, mais un moi fantastique, qui a reçu le don de la métamorphose. Aussi peut-elle écrire qu'elle est « trop romanesque pour avoir vu une héroïne de roman dans son miroir ». Et pourra là-dessus chicaner son ami Flaubert sur le célèbre aphorisme : « Madame Bovary, c'est moi. » Flaubert pouvait le soutenir, qui professait posséder en lui les deux sexes, l'un jouxtant l'autre. Mais elle n'était pas disposée à le suivre car pour elle les deux sexes ne font qu'un pour l'être qui écrit. Elle le fait dire à Albert, dans *Consuelo* : « Il n'y a qu'une route certaine vers la vérité, celle qui répond à la nature humaine complète, développée sous tous ses aspects. »

Aussi a-t-elle vite renoncé à représenter *la* femme, jugeant du reste l'entreprise impossible aux faiseurs de romans qui ne connaissent, ne veulent connaître que des individus, tous égaux, précisément, dans cette aptitude infinie à être différents, qui fait le bonheur du romancier et la saveur du monde humain. Est-ce à dire que rien ne particularise les femmes ? Elle avait beaucoup rêvé là-dessus et proposé une seule réponse vraiment articulée, toujours la même. C'est qu'il y a une chose que la femme sait faire et dont l'homme est incapable, et cette chose est l'enfant. Pour les femmes, il s'agit d'abord d'être mères, c'est-à-dire non seulement d'engendrer, mais d'élever, d'instituer quelqu'un qui leur est plus cher qu'elles-mêmes. Son amie, Mercédès Lebarbier de Tinan, en lui annonçant la naissance d'une petite fille, lui disait tristement que les filles sont vouées au malheur. Mais elle ne voulait pas en convenir, car l'incomparable bonheur de l'enfant faisait à ses yeux tout le fond de la vie. Pourtant, ce bonheur est aussi un tourment : dès que l'enfant est là, l'imagination s'emballe, et elle connaissait mieux que quiconque les terreurs des incendies, des mauvais coups reçus, des fièvres. À peine Maurice, le fils dont elle a dit qu'il était son « affaire de cœur », tardait-il à écrire, elle s'affolait. Et au-delà de l'angoisse, plus insidieuse, plus quotidienne, il y a aussi la déception. Qui donc a l'enfant qu'il a rêvé d'avoir ? Cet indolent Maurice n'était pas tout à fait un aigle. Et quant à Solange, sa « grosse fille », le chapitre de leurs rapports est celui de l'incompréhension réciproque, de l'amour maternel froissé, un vrai crève-cœur. N'empêche, elle tient que l'absence de ces tourments est un tourment pire. La passion maternelle, prolongée à travers ses petites-filles, a dominé, empli et orné sa vie.

La fierté aussi. Aux femmes de faire des enfants, donc de faire l'enfance des hommes, les hommes eux-mêmes. C'était un tic chez elle, dans les moments les plus brûlants, d'appeler ses amants des enfants. Musset a un trait de génie quand il lui écrit : « Adieu George, je vous aime comme un enfant » ; c'est la conquérir sans coup férir. Ses héroïnes préférées aussi, Edmée ou Yseut, quand elles se penchent vers les hommes, c'est pour leur chuchoter qu'ils sont leurs chers enfants, leurs enfants sauvages. À elle, dans ses lettres, il arrivait d'user du mot d'« enfants » pour désigner des hommes faits, même un vieil irascible comme Lamennais avait droit à ce tendre vocable. Et ce n'était pas le désir, ou la chimère, de rendre à la femme

quelque domination sur l'homme. Bien plutôt la reconnaissance de ce que la femme a de particulier, que toutes ses pensées
prennent la forme de l'être innocent. La fibre de la maternité est
ce qui fait d'un individu une femme, telle est la foi de George
Sand. Au point qu'elle la prêche même à Marcie, la jeune fille
très intelligente et très pauvre à laquelle elle s'adresse en 1837
dans *Le Monde* de Lamennais et dont le drame est justement de
ne pouvoir se marier.

Tout dans la vie des femmes tient, selon elle, à cette
religion de l'enfant. Dans la sienne, aussi bien : la maison pour
commencer, la coquille protectrice et close, peuplée de rêves et
de souvenirs à la taille des enfants. Elle adorait la campagne,
l'enfermement dans la maison de famille, rêvait d'un hiver
russe, d'une neige épaisse et tenace et de jouir d'un endroit à
elle, cadenassé, plein de voix enfantines, de jours tous semblables, de travaux réguliers et paisibles. Sur les soins du ménage
pourtant, elle avait beaucoup à dire. Elle avait vigoureusement
réagi à un roman de Louis Ulbach, où une certaine madame
Fernel — âme angélique mais étroitement dévote — manquait
perdre l'amour de son mari pour avoir trop celui de la lessive et
des confitures : selon George, elle eût mérité de perdre tout à
fait cet estimable mari. Elle n'avait pas trop aimé l'aiguille dans
sa jeunesse, préférant de beaucoup remuer les pierres, les
souches et manier l'arrosoir, caressant même l'idée que les
travaux de la maison s'accordent mal avec le génie, mais elle
avait fini par y prendre goût en confectionnant la layette de
Maurice le bien-aimé. Tout au long de sa vie, dans les
occupations diligentes, soigneuses, calmantes, elle ne verra pas
l'esclavage, mais la thérapie. Quelque chose aussi lui restera
toujours, malgré sa chicane avec Rousseau, de son rêve juvénile
d'être citoyenne de Genève : nul mieux que Jean-Jacques, à ses
yeux, ne sait peindre la royauté domestique des femmes.

C'est à l'enfant encore qu'elle rapportait la dévotion des
femmes. Elle avait en horreur l'odeur des sacristies et avait vu
sans plaisir sous l'Empire les filles d'une bourgeoisie jadis
sceptique se précipiter au confessionnal. Mais elle se refusait à
voir chez les femmes un penchant irrépressible à la bigoterie.

C'est la vue de l'enfant, c'est l'esprit d'espérance qui porte la religion. Elle avait subi par deux fois l'affreuse souffrance de la mort d'un enfant : d'abord le fils de son fils, puis la fille de sa fille, cette Nini qu'elle aimait tendrement. Elle ne voyait pas comment il est alors possible de survivre sans se fier aux raisons du cœur, tellement plus éloquentes que celles de l'intelligence. Le bénitier ni le chapelet n'y jouent aucun rôle, mais l'irrépressible besoin de s'assurer contre le désespoir. Et voilà pourquoi les femmes se sont, plus que les hommes, saisies des secours de la religion. Mais moins pour y puiser la croyance en Dieu que la seule chose consolante, la perpétuité des êtres qu'elles aiment, la mort non définitive, la destinée impérissable. C'était, à ses yeux, la manière féminine, si païenne, d'être religieux.

La sienne aussi bien. Car le besoin de consolation, la difficulté à accepter le malheur, elle les lisait d'abord en elle-même. Après le 2 Décembre, elle chagrina plus d'un grand homme. Michelet, Quinet, Hugo lui-même, car elle prêchait aux politiques de consentir à prononcer les mots simples qu'on exigeait d'eux pour revenir parmi les leurs, et eux s'obstinaient souvent, comme l'éditeur Hetzel, son ami, à camper sur leur socle d'exilés irréconciliables. Elle était certaine que les hommes posent plus volontiers à l'héroïsme que les femmes parce qu'ils sacrifient à leur image ce qu'ils appellent « les nécessités de la vie », au nombre desquelles figurent souvent leurs femmes et leurs malheureux enfants. Elle intercédait sans relâche pour ses amis berrichons, sans souci d'une fausse dignité : auprès des princes, de Jérôme, le prince-philosophe, et même de Napoléon III, qu'avec Flaubert elle appelait Isidore, contente quand elle avait pu arracher un « pays » à la prison et à l'exil. Ses biographes y ont vu un manquement à l'héroïsme. Mais elle avouait elle-même être fort peu héroïque dès qu'il s'agissait de sa tribu. Elle s'était précipitée de Nohant à Paris aux premiers jours de mars 1848, avait vibré pour la révolution, travaillé pour elle, mais à condition que son Maurice ne s'exposât point sur les barricades. Et elle étendait volontiers cette attitude à toutes les femmes, à l'exception de quelques-unes, comme cette madame Roland qu'elle admirait, tout en sachant ne pouvoir l'imiter. Car si les hommes exigent volontiers la sainteté de leurs semblables, voilà une exigence, ou une affectation, qui ne guette guère les femmes, moins endurcies au spectacle de la souffrance, sûres qu'on rencontre peu de héros et moins encore de saints et que rien n'est plus estimable que de vivre pour les siens. Aux désespérés et aux morts, elles préfèrent les gens vivants et consolés.

◆

Donc, une femme qui avait réfléchi sur la particularité d'être femme et se reconnaissait telle par la passion maternelle et même par ce qu'on appelait alors les « devoirs de son sexe ». Mais qui se sentait artiste, c'est-à-dire ni homme ni femme ; qui tenait la division des sexes pour subalterne par rapport à ce qu'est un être humain. Du reste, la nature fantasque, quand elle sème les différences parmi les êtres, s'amuse souvent à sauter la barrière des sexes. Il y a donc des hommes très femmes, pleins d'afféteries et de dépits amoureux : Ledru-Rollin appartenait, à ses yeux, à ce type ; en revanche, elle tenait sa fille Solange pour un homme manqué. Sur le grand chapitre de l'égalité des sexes, elle n'a jamais varié. Supériorité, infériorité, la question n'avait pas de sens pour elle. À son amie Charlotte, qui lui écrit que les femmes sont meilleures que les hommes, elle répond que tel n'est pas son avis. Comment les femmes, plus longtemps esclaves que les hommes, n'auraient-elles pas été dégradées par leur éducation absurde ? Elle n'a donc jamais voulu mettre l'ongle dans une comparaison si sotte et toujours trouvé grotesque de maugréer, en bloc, contre les hommes, qui ne valent ni plus ni moins que les femmes. À Émile de Girardin qui plaidait pour l'égalité des enfants devant la mère, elle écrivait : « Je plains la femme, mais j'aime l'homme : c'est mon fils, c'est mon frère, mon père, mon ami. » Elle ne trouvait pas bon non plus d'affecter de la sympathie pour une femme pour l'unique raison qu'elle en est une : ainsi Flora Tristan, qu'elle trouvait coléreuse et violente, ou Louise Colet, qui l'avait mise en pièces. Comment accorder tout cela avec le fier serment de

« relever » la femme, avec cette préface d'*Indiana* où cédant, dit-elle, à un instinct puissant de plainte et de reproche, elle a voulu plaider la cause de « la moitié du genre humain » ? Donc celle du genre humain tout entier, tant il est vrai que « le malheur de la femme entraîne celui de l'homme comme le malheur de l'esclave entraîne celui du maître ».

L'esclavage porte un nom tout simple, c'est le mariage. Les premiers romans de George Sand tournent tous autour du même douloureux problème : le rapport boiteux établi entre les sexes par la société et l'institution du mariage. Même si elle devait plus tard se défendre d'avoir voulu écrire des plaidoyers prémédités contre le mariage, variations sur le système saint-simonien, c'est ce thème initial qui donne l'élan à ses livres. C'est ici aussi sans doute que le fil de la destinée est le plus visible dans son œuvre.

Son propre mariage avait été vite conclu. Dans l'hospitalité joyeuse que lui offre, après la mort de sa grand-mère, la famille des Rœtiers du Plessis dans sa demeure près de Melun et où elle se sent affranchie de la tempétueuse tyrannie de sa mère, elle rencontre un jeune homme, qui accroche comme un reflet des charmes de cet entourage chaleureux et gai. Non qu'il ait l'air follement épris, il ne la trouve pas jolie, mais seulement raisonnable et bonne. Elle épouse donc, à dix-huit ans, ce Casimir Dudevant, pétrie de bonne volonté, d'illusions sur la sublimité du dévouement conjugal, avec la certitude que dans le mariage c'est à la femme de plier son caractère à celui de l'autre et en y puisant même quelque exaltation. Dans ses lettres aux amies de pension, on sent l'application — peut-être déjà un peu suspecte — à brosser une peinture aimable du mariage. Après quoi vient la découverte du prosaïsme inguérissable de Casimir, qui aime la chasse, les beuveries, les servantes girondes et dont les efforts pour se rapprocher de sa femme en lisant Pascal se soldent par de pathétiques échecs. Rien à faire pour lui orner l'esprit, Aurore finit par s'en convaincre. Elle s'ennuie donc, en dépit de la naissance de Maurice, et la rencontre à Cauterets de l'élégant Aurélien de Sèze lui fait mieux mesurer encore le gouffre qui se creuse entre elle et son mari. Après la tentative d'une sublime et platonique relation à trois — que tous ceux qui l'aiment s'entr'aiment a toujours été son utopie — vient la séparation de fait. Casimir, assez bon prince en dépit de sa fruste nature, s'évertue pourtant à distraire Aurore et finit par accepter de la voir s'en aller vivre seule à Paris une partie de l'année, laissant derrière elle Nohant, Maurice et, un moment même, la toute petite Solange, la fille qui lui est née après Maurice et dont on soupçonne qu'elle est d'un autre homme que Casimir. « Je suis enfin libre, écrit-elle, mais je suis bien loin de mes enfants », résumant ainsi toute la joie et toute la frustration de son existence parisienne. Dans ces années d'« écolier littéraire » — elle n'en continue pas moins de courir après une image de bonne épouse et de confectionner des pantoufles pour Casimir — il y a Sandeau, puis Musset — « Ceci n'est plus un caprice, c'est un attachement senti », écrit-elle à Sainte-Beuve — le voyage d'Italie, Venise, Pagello, le fracas des ruptures, la fièvre des raccommodements, l'enivrement des nouvelles amours. Et, en prime, l'écriture, bien vite frénétique, jamais interrompue par la passion et la célébrité naissante. Quand elle veut prendre un pseudonyme pour écrire, un nom qui ne soit ni celui du père ni celui du mari, mais celui de son travail à elle, la baronne Dudevant, sa belle-mère, n'y voit pas d'objection. Bien au contraire : « Elle ne voulait pas de tache sur son nom immaculé », dit sarcastiquement Aurore. Mais elle se rend compte très vite que la liberté du pseudonyme ne fait pas tout. Elle ne peut pas même emprunter à un banquier, ses contrats avec Buloz, son éditeur, ne valent rien sans la signature du mari, ses livres dépendent de celui que font bâiller les livres. Au retour à Nohant, en 1835, après une scène violente, elle prend la décision de faire de la séparation de fait une séparation de droit, procédure que plaidera Michel de Bourges, dont elle s'est éprise entre-temps. Le tribunal de La Châtre lui donne enfin gain de cause en février. Elle tient désormais Nohant, ses enfants, la liberté — celle-ci toujours meublée d'hommes avant la rencontre avec Chopin — et jour après jour, nuit après nuit, le travail, le travail, le travail.

Chemin faisant, se sont fixées dans son esprit ses idées du

mariage : tel qu'il se pratique, il est une tyrannie avilissante, une forme particulière de prostitution. Tout, dans la cérémonie elle-même, lui est insupportable : l'ingénuité des petites qui se marient pour une robe neuve, la fierté de s'entendre appeler Madame ; la gaieté grasse des banquets, où fusent les plaisanteries graveleuses auxquelles elles n'entendent rien ; le sort de ces pauvrettes qu'on avait élevées loin de toute réalité, comme des saintes de vitrail, puis livrées « comme des pouliches » et qui vont à la nuit de noces comme on tend le cou au lacet ; la pensée enfin de cette nuit, vécue avec un inconnu, dans la souffrance parfois, dans l'épouvante toujours. Car si elle n'a rien dit de sa propre nuit de noces, elle a écrit à son demi-frère Hippolyte Chatiron, qui mariait sa fille, d'empêcher que son gendre ne brutalisât celle-ci : « Les hommes ne savent pas assez que cet amusement est un martyre pour nous. » Et ce martyre, pour entrer dans un amer esclavage. Car elle a découvert aussi, dans la traversée avec Casimir, la condition d'éternelle mineure de la femme mariée. Elle n'en finit pas d'égrener le chapelet de droits sauvages qu'une loi anti-humaine accorde aux maris : droit de l'adultère hors du domicile conjugal, droit de tuer la femme infidèle, droit de gaspiller son héritage, de décider de l'éducation des enfants. Tous ces abus, s'ils étaient connus des femmes, les pousseraient au célibat qui, du moins, leur conserve des droits. Mais une fois abandonnés, ils ne laissent aux femmes esclaves que la ressource, à leur tour, de l'adultère : pitoyable ruse, fausse évasion, fausse liberté.

Rien n'était, à ses yeux, plus fertile en contradictions que cette question du mariage et elle-même n'en était pas tout à fait exempte qui, au gré des préfaces, durcit ou tempère ses plaidoyers contre l'institution. Mais, en dépit de ces variations, sa pensée est restée fort claire. Les partisans du mariage tel qu'il se pratiquait alors le défendaient au nom de l'inégalité de nature entre l'homme et la femme : argument odieux et irrecevable. Mais il arrivait aux partisans de l'égalité de soutenir la thèse de la promiscuité, qu'elle jugeait également « affreuse ». C'est son grand différend avec les saint-simoniens, ceux de la deuxième vague tout au moins. Elle avait commencé par les admirer pour

avoir entrepris de régénérer l'humanité et plaidé l'affranchissement de la femme. Et eux avaient même un temps vu en elle le
personnage de la Mère, qui devait à leurs yeux achever la
papauté de la secte. Mais elle s'était éloignée quand elle les avait
vus prêcher le plaisir dans la liberté, au nom de l'inconstance
naturelle des deux sexes. Elle leur pardonnait mal d'avoir « un
peu souillé la grande question de l'amour » et brisé la sainteté
de l'union conjugale : tel n'était pas pour elle le dernier mot de
la destinée féminine. Elle souhaitait plaider tout autre chose : à
la fois l'égalité des sexes et l'union légale sacrée. Elle ne cessera,
inlassable, de prêcher la beauté du mariage à ses correspondants : à Maxime Du Camp — vu l'inconstance du personnage,
c'était incongru — et à Flaubert qui, malgré la tendresse qu'il
lui portait, en était fort agacé. Quand Victor Considérant s'est
résolu au mariage, elle s'est dite enchantée : rien n'est plus
plaisant que le retour à la religion d'un apostat.

Chacun, elle le sait bien, l'attend à ce tournant-ci. Est-ce
elle, avec ses héroïnes scandaleuses, ces Pulchérie, qui prêche la
monogamie ? Elle qui, avec sa collection d'amants, célèbre le
mariage où dure l'amour et tient la fidélité, la chasteté pour
sacrées ? De la chasteté, elle dira à Flaubert, vieillissante, qu'on
a tort de faire tout un drame. Mais c'est qu'elle pense alors à la
chasteté du corps, et elle tient que la chasteté est surtout affaire
d'esprit. Pour cela, elle n'a jamais pu tout à fait aimer Michelet,
un moine égrillard selon elle, qui disait des horreurs à voix
dévote. Elle comprend donc celles qui secouent le joug de
l'homme, mais est certaine que la cause des femmes est perdue
quand elle se gagne par le désordre, les écarts et le libéralisme
érotique du père Enfantin. Elle prêche à son ami François
Rollinat de ne pas y entraîner la femme qu'il aime et dont il est
aimé, mais qui est mariée à un ami. Quant à la fidélité, elle la
tient pour indispensable aux deux sexes. Lorsque son fils
Maurice, cervelle légère, lui confie qu'il a décidé de se marier
pour avoir une actrice à domicile à Nohant mais ne pourra pour
autant répondre de sa fidélité, elle lui rétorque qu'à ce compte il
sera cocu, et bien fait pour lui. Elle lui répète : « Aime ou
n'épouse pas. » Et surtout pas pour faire une bonne affaire. car

alors « nous voilà lancés dans les sales et affreux hasards de la vie bourgeoise ». C'est sur ce point que même si, l'âge venu, elle est gagnée par la tolérance, elle reste intransigeante et rigide. Il faut ou aimer avec tout son être, ou n'aimer point et vivre dans une chasteté complète. Tout accommodement avec ce principe lui paraît lâche et malpropre. Le maître mot de tout cela est la liberté, seule garante de la réciprocité : le vieux Sainte-Beuve, qui se payait des tendrons, la choquait beaucoup. Son grand héros romanesque, champion conséquent de la liberté des êtres, est ce Jacques qui se suicide pour rendre à sa femme l'indépendance à laquelle elle aspire.

Tout cela s'accorde fort bien avec le souhait majeur qu'elle formule pour les femmes, la possibilité de rompre le mariage que l'amour a déserté. La revendication du divorce ! C'est ce que Lamennais ne put supporter dans les six *Lettres à Marcie* qu'il lui avait demandées pour soutenir *Le Monde*, son journal. Sitôt demandées, sitôt censurées : il attendait, dit-elle, des « fleurs de rhétorique », non une réflexion sur le divorce. Elle avait pourtant tenté, pour se faire entendre de l'indomptable abbé, d'adoucir l'expression de ses sentiments. Lui, la prescription de Saint-Paul : « Femmes, obéissez », ne le dérangeait pas. Elle, l'obéissance lui était odieuse : elle voulait établir que si le mariage d'amour partagé est la plus belle chose du monde, le mariage sans amour est la plus détestable. Pour en finir avec cette misère, y a-t-il d'autre remède que la liberté de rompre ? Elle ne le croyait pas, elle qui professait pourtant que l'indissolubilité du mariage est une chose sainte. Mais seulement lorsqu'elle est consentie. Et qu'on ne s'avise pas de voir là, selon elle, l'ombre d'une contradiction. Car elle n'en paraît une que par l'inégalité des droits.

Pouvait-on espérer voir l'âge béni où elle prendrait fin ? Elle l'a soutenu, pensé que le temps de l'égalité civile des sexes allait bientôt luire, que les mœurs, qui précèdent toujours le moment de la loi, en étaient proches. Car elles en étaient justement au point où la femme, esclave en principe, ne l'était plus vraiment en fait. Les hommes, déjà, ne grandissaient pas dans l'estime publique en maltraitant leurs compagnes. Si bien que travailler à l'affranchissement des femmes ne lui paraissait pas leur faire la guerre à eux. Elle-même s'entendait spontanément mieux avec les hommes qu'avec les femmes, avait multiplié les amitiés masculines indestructibles, vu ses amis autour d'elle comme un « bataillon sacré ». Les propos d'Émile de Girardin, qui croyait suffisants à la constitution de la famille une mère et des enfants, la faisaient frémir. Elle voulait aussi un père, même si Casimir s'était montré un père déplorable. Vilain monde, au demeurant, que celui où l'amour est une entreprise guerrière ! Et folie de ne pas savoir qu'hommes et femmes iront, ou n'iront pas, au bonheur de concert. Les hommes aussi, après tout, sont en quelque manière esclaves. Bref, elle avait la certitude qu'on touchait au grand moment d'une relation moins douloureuse entre les sexes.

Mais les affaires publiques ? Les mandats politiques ? Ceci était une tout autre affaire, pour laquelle on a pu la convaincre de timidité. Quand vint 1848, le Comité de la gauche, qui donnait son investiture aux candidats, trouva bon de l'inscrire sur sa liste. Eugénie Niboyet, qui animait alors le journal *La Voix des femmes,* la présenta sans son aveu à la députation. Candidatures impossibles bien sûr, le suffrage n'étant devenu universel que par antiphrase. Mais il s'agissait de consacrer un principe. Et ce principe lui donna l'occasion d'une lettre, du reste inachevée et de ton légèrement agacé — elle ne voulait pas être un drapeau malgré elle — pour s'expliquer sur la participation des femmes à la vie politique. Elle ne les croyait pas nécessairement inaptes à ce rôle. Elle avait souvent dit qu'elle les croyait capables de s'entendre à tout, éducation, médecine, comptabilité. Et latin même, car elle gardait en mémoire l'émotion scandalisée qu'avait montrée sa mère en apprenant que la jeune Aurore l'étudiait. Émue par cette embardée hors des devoirs et des occupations du sexe, la pauvre Sophie avait tout juste oublié que les femmes ont des fils. Aurore était sûre que les leçons d'un précepteur devaient compter pour rien au regard des leçons d'une mère. Plus tard, elle professera que ses enfants apprenaient plus avec elle en un jour qu'en un mois au collège. A Lamennais qui avait soutenu à son adresse que les femmes étaient incapables de suivre un raisonnement sérieux, elle avait répondu qu'on ne peut juger pour ce qu'ils sont des êtres qui ont été jusqu'à présent si mal éduqués. Et, pour toutes ces raisons, l'instruction des femmes a été son prêche le plus constant, dans la vie comme dans les romans. C'est à Yseut, la compagne idéale du *Compagnon du Tour de France,* qu'elle avait symboliquement donné la clef du cabinet d'études.

Reste que la revendication des mandats politiques lui paraissait tout à la fois un enfantillage, une erreur et une faute. Un enfantillage, car comment des femmes que le mariage faisait vivre dans la dépendance des hommes pouvaient-elles espérer conquérir cette indépendance-là ? C'était à ses yeux une étrange utopie de vouloir représenter le peuple quand elles ne se représentaient pas elles-mêmes. Et cela sans même rien dire de l'état d'ignorance où la majorité des femmes était alors réduite, qui les rendait bien peu aptes à remplir les devoirs du citoyen et à entrer dans la lutte parlementaire. Celles qu'elle appelait, non sans participer un peu de la dérision qui les entourait, les « dames socialistes », avaient tort de vouloir se jeter en personne dans le mouvement. Haranguer les hommes, quitter leurs enfants — argument toujours décisif chez elle — pour s'absorber dans la vie des clubs, voilà qui lui semblait inconvenant.

De plus, la revendication politique est une erreur. Elle confond le droit et la fonction entre lesquels elle persistait à voir un gouffre. Elle était prête à accorder aux êtres humains l'égalité de la race, mais ne croyait pas pour autant à l'identité des rôles. Les « dames socialistes », précisément, avaient le tort de confondre égalité et identité. Et George Sand tenait pour assuré que la femme est plus douée pour la vie et l'homme plus doué pour l'œuvre ; que l'harmonie des sexes est suspendue à ces fonctions différentes, qui ne comportent pour autant aucune inégalité et que l'éducation, du reste, doit rapprocher. Même là-dessus, cependant, elle avait ses jours de doute, elle confiait sa perplexité à Hortense Allart : est-ce qu'une éducation meilleure, davantage d'activité modifieront les instincts féminins, l'aptitude des femmes à subir et à pâtir ? Elle n'en était pas si sûre et invoquait son expérience existentielle : les femmes artistes, qui peuvent vivre comme les hommes, restent femmes en dépit de tout.

Enfin et surtout, la revendication politique est une faute de précipitation, une muleta imprudemment brandie sous le nez des adversaires des femmes, de manière à les rendre furieux. Une fois de plus, c'est par l'obtention des droits que le mariage enlève aux femmes qu'il faut commencer, car c'est la clef de tout et ce n'est pas un objectif inatteignable. Réclamer le droit au suffrage est, en revanche, mettre la charrue avant les bœufs et faire rétrograder la cause des femmes dans l'opinion. S'il est utile de publier ce à quoi on croit, est-il pertinent de plaider avec si peu de discernement et de goût qu'on encourt la raillerie de l'opinion et rend ses propos inécoutables ? La fermeté qu'elle a toujours montrée sur ce point, qu'on nommera timidité et même lâcheté, porte la marque de l'expérience. Après l'enthousiasme qu'avait provoqué chez elle la révolution de 1848 et surtout cette fête de la Fraternité où elle avait vu du haut de l'arc de Triomphe « un million d'âmes » se retrouver et s'étreindre, était venu le lugubre mois de juin et le gouffre ouvert entre la bourgeoisie et le peuple ; puis le mois de septembre, qui avait vu l'élection par cinq départements de Louis-Napoléon Bonaparte, un prétendant : emblème de ce que le peuple faisait du suffrage universel et présage de ce qu'il devait en faire. Elle avait compris du même coup que les opprimés devraient attendre, les femmes comme le peuple ; qu'elle vivait dans une époque de gestation, de transition, trop tard déjà pour les femmes dévotes, mais trop tôt pour les femmes éclairées ; qu'elle ne traverserait pas elle-même les contrées riantes qu'elle avait imaginées à l'aube de la Révolution.

Pourtant, ces certitudes n'étaient pas seulement le fruit des leçons dégrisantes de l'histoire. Car dès les premiers jours de la Révolution, à peine Lamartine avait-il annoncé les élections au suffrage universel qu'elle les tenait pour prématurées : le peuple n'était pas prêt. Dès avril 1848, en répondant aux avances du Comité d'action de la gauche, elle avait nettement dit qu'on ne remédierait pas d'un coup aux mauvais arrangements des choses humaines. Si elle a eu tout de suite l'intuition que les révolutions ne triomphent que lorsqu'elles sont faites dans les esprits, c'est aussi que la politique des pas comptés recevait chez elle l'aveu d'un tempérament ennemi de l'impossible.

◆

Quand s'annonce la vieillesse, elle écrit à Flaubert : « Voici venue l'heure du repos. » Elle avait toujours pensé que les jours d'hiver comptent double, que l'amitié se nourrit de la durée, que les bonheurs sont cumulatifs. La vieillesse a été pour elle l'âge de l'enfance retrouvée, où elle voit augmenter sa facilité native à écrire, sa tolérance à l'égard des êtres, son aptitude à sentir le prix des choses. À Flaubert encore, elle écrit : « Tu vas bientôt entrer dans l'âge le plus heureux et le plus favorable de la vie, la vieillesse. » Elle n'avait pourtant pas trouvé dans sa nature de quoi vivre cette vieillesse comme un âge d'or. Comme tous les artistes, elle avait cru, disait-elle, à l'abbaye de Thélème et la voulait sur-le-champ. Elle avait des flambées d'impatience et de colère, se reconnaissait des instincts de précipitation. C'est précisément l'entraînement passionnel, chez elle, qui faisait prédire à Chateaubriand qu'elle ne pourrait jamais être convertie, sinon « par la prédication de ce missionnaire à front chauve et à barbe blanche, appelé le Temps ». Et la certitude que ce temps viendrait nécessairement lui inspirait de l'indulgence pour les œuvres échevelées de la jeune femme : « Laissons madame Sand enfanter de périlleuses merveilles jusqu'à l'approche de l'hiver ; elle ne chantera plus *quand la bise sera venue* ; en attendant souffrons que, moins imprévoyante que la cigale, elle fasse provision de gloire pour le temps où il y aura disette de plaisir. »

Elle n'a eu nul besoin de ce prêche. La « voyageuse de nuit » de Chateaubriand, la vieillesse — elle en avait salué la venue fort tôt, en 1837 déjà, à trente-trois ans, écrivant à Lamennais, elle parlait de ce que « son âge » l'autorisait désormais à faire —, elle l'a saluée comme un accomplissement, le fruit d'une longue durée bénéfique, l'accès à une innocence seconde. À tous ses amis, elle a prêché la patience (« patience, cher grand cœur », recommandait-elle à Charlotte Marliani et à Augustine Brohan : « Prenez garde, chère enfant, de vivre trop vite »), célébré le calme qu'il y a à découvrir tous les enchaînements, heureux ou malheureux, qui au bout du compte font une vie. Elle conseillait à Maurice de se laisser mûrir, tenait qu'il faut permettre au temps de s'accomplir. Et si la mort de ses amis, qui éclaircit les rangs autour d'elle, l'emplit de chagrin, l'idée de sa propre mort ne communique aucune mélancolie à ses textes. D'une part, ce qu'il y avait en elle de penchant pour l'occultisme l'avait retenue d'écarter tout à fait l'idée, ou l'espoir, d'une résurrection quelconque. D'autre part, la curiosité vivace, intacte, la portait à croire qu'on n'est jamais vieux quand on ne veut pas l'être. Quand, à soixante-huit ans, elle part pour Trouville avec sa nichée, elle constate : « Je suis absolument comme mes petites-filles qui sont ivres d'avance sans savoir pourquoi » ; au même âge elle écrit à Flaubert, son unique « point noir dans la vie du cœur », parce qu'il est malheureux et amer : « Que la vie est bonne quand tout ce qu'on aime est vivant et grouillant ! » Enfin, elle était certaine que les années qui passent découvrent chacun à lui-même : nul ne sait qui il est avant d'avoir vieilli et souffert ; la longue phrase de la vie est une révélation continuée. Voir la vérité de George Sand dans cet accomplissement serein et généreux de la vieillesse, ce n'est donc pas dire autre chose que ce qu'elle a toujours soutenu, que la destinée manifeste les êtres.

En cet apprivoisement du temps, dont elle fait un allié, ce qu'on retrouve une fois encore chez elle, c'est la forme de l'enfant. Pour faire un enfant, et de cet enfant un homme, il faut du temps. La guérison de l'impatience tient dans les devoirs du sexe. À sa fille Solange qui désirait se séparer de son mari, elle écrit que la vue de l'enfant aurait dû la faire patienter. Attendre, prendre son temps, accepter de composer est souvent le parti le plus héroïque. La mère parlait en elle ici, l'éducatrice consciente du combat journalier à soutenir contre la nonchalance enfantine, et aussi la paysanne berrichonne qui savait quel temps il faut aux tilleuls de Nohant pour fournir assez d'ombre. Il y avait en George Sand mille modestes fées amicales, détentrices des talismans qui aident à franchir les jours : une fée pédagogue, qui se réjouit quand l'enfant a appris l'accord des participes ; une fée couturière, satisfaite d'avoir brodé délicatement des pantoufles ; une fée infirmière, qui sait guérir la cholérine ; une fée jardinière, capable d'acclimater en Berry les iris à cœur jaune. Les tours de main si efficaces que possèdent ces fées, dont elle usait elle-même, nouvelle Fadette, et qui la rendaient si chère à ses amis, tenaient tous dans cet art du temps, cet assentiment au déroulé des jours, qui fait qu'au-delà même des biens qui faisaient pour elle le fond d'une vie réussie — la sécurité d'âme de l'amour partagé et la maternité — il y avait mille autres choses, la musique, la botanique, arts de la durée, l'amitié qu'il faut entretenir, les chats, la campagne, le beau temps et les roses à feuilles de pimprenelle que chaque printemps ramène. Elle a inlassablement prêché ces joies humbles et inépuisables aux femmes privées d'amour, aux vieilles filles, si désolées souvent de leur célibat, et qui peuvent pourtant échapper à l'amertume de passer, inaperçues, dans une vie stérile. Elle l'a répété à Marie-Sophie Leroyer de Chantepie, cette demoiselle d'Angers si récriminante qui les accablait, Flaubert et elle, de lettres amères : en pure perte, Marie-Sophie n'avait pas de disposition au bonheur.

Et le bonheur, précisément. Si elle a cru parfois à un privilège féminin, ce n'est que dans l'aptitude supérieure des femmes au bonheur, en quoi elle est si différente de madame de Staël. Cela a tenu à trois composantes essentielles de sa nature. D'abord la capacité de créer un moi fantastique, le plaisir de s'entourer de fictions et de fantasmagories que l'âge, confiait-elle à Charles Duvernet, n'avait pas éteint chez elle, la griserie de la chimère, plus libre et plus entière encore chez une femme, tenue à moins de conséquence. Puis l'absence complète de vanité, ce trait où Lamennais avait grand tort, selon elle, de voir un défaut féminin : d'où son indifférence à tout ce dont les hommes, rivés à la réputation, pensent ne pas pouvoir se passer, comme le montre leur attachement si incompréhensible pour les objets insignifiants, titres, rubans, privilèges, et l'Académie française, dont elle déclina pour son compte les honneurs avec une parfaite fermeté. Enfin, surtout, il y avait un inusable appétit de vivre. Elle ne savait pas, elle ne voulait pas être malheureuse. Elle avait eu de cruels chagrins, mais savait qu'on ne s'en libère qu'en bourrant la vie de nouveaux travaux (ceux-ci, elle n'a pas eu à les chercher, la besogne l'écrasait toujours) et de nouvelles espérances. Elle écrit qu'au milieu de l'affreux désespoir la soutenait encore « l'âpre amour de la vie ». À peine le petit Marc, le premier enfant de Maurice, disparu, elle demanda, elle commanda un autre enfant. Ce qui frappe le plus dans ses chagrins et dans sa vie, c'est l'énergie qu'elle met à congédier la souffrance. Et c'est aussi une façon de comprendre la succession de ses amants autrement que par la frénésie du plaisir — ou par l'impossibilité du plaisir, puisque l'hypothèse, sur la foi d'une comparaison aventurée avec Lélia, a aussi été avancée. Elle oubliait ses amours précédentes, aimait chacun comme le premier et même, car en dépit de tout elle appréciait la constance, comme le seul. La volonté de laisser le moins de prise possible au malheur, telle a été la philosophie de son existence, menée donc bien plus sagement qu'on ne l'a imaginé.

Le 10 juin 1876, dans le petit cimetière de Nohant rayé de pluie, devant le cercueil, au milieu des paysans en sarrau bleu, il y avait le prince Napoléon, Renan, Dumas, Paul Meurice. Victor Hugo avait envoyé un de ces messages à deux temps dont il avait le secret : « Je pleure une morte, et je salue une immortelle. » Flaubert lui, pleurait vraiment : comme un enfant, « comme un veau » dira-t-il. Et c'est lui, encore, qui a eu le dernier mot : « Il fallait, écrira-t-il à Tourgueniev, la connaître comme je l'ai connue pour savoir tout ce qu'il y avait de féminin dans ce grand homme, l'immensité de tendresse qui se trouvait dans ce génie. »

HUBERTINE AUCLERT

———

Auclert, Hubertine. Née en 1848, dans une famille républi-caine de l'Allier. Convertie au féminisme par la lecture de Hugo et rendue indépendante par l'héritage paternel, elle s'installe à Paris en 1872 : sa vie se confond alors avec celle du mouvement féministe. Elle s'associe à Léon Richer et à Maria Deraismes et devient secrétaire de leur association « L'Avenir des femmes. » Mais son insistance à réclamer les droits politiques avant les droits civils l'éloigne d'eux : elle crée en 1876 sa propre associa-tion, « Le Droit de la femme », transformée en 1883 en « Suffrage des femmes ». En 1881, elle fonde un journal hebdomadaire, La Citoyenne, *qui deviendra mensuel en 1883. Son mariage avec Antonin Lévrier, un juge de paix acquis à la cause des femmes, l'amène en Algérie, où se ralentit son activité militante. Veuve en 1892, elle revient à Paris où, jusqu'à la date de sa mort en 1914, elle multipliera dans les journaux et les manifestations de rue les campagnes pour le vote des femmes. Au milieu des sarcasmes, mais non sans obtenir quelques victoires partielles : grâce à elle, les femmes obtiennent le droit modeste de s'asseoir dans les magasins, les ateliers, les usines ; grâce à elle encore, elles deviennent en 1907 électrices aux conseils de prud'hommes et éligibles aux mêmes conseils en 1908.*

Hubertine ou l'obstination

À deux jeunes gens qui ont souhaité se contenter du mariage civil, en 1880, le maire du Xᵉ arrondissement débite les articles 213 à 257 du Code quand jaillit des derniers rangs de l'assistance une jeune femme : elle contera elle-même plus tard à quel appel impérieux elle avait obéi en entendant le magistrat, armé de l'« affreux code », lire à la jeune mariée la litanie de devoirs « sous lesquels devait sombrer son libre arbitre ». Dans la harangue fébrile qu'elle improvise alors, il y a à la fois des félicitations (comme ils ont raison, les deux époux, de bouder le droit canonique de l'Église !), des conseils de bonheur (« Pour être heureux, soyez égaux ») et une indignation véhémente : comment ose-t-on psalmodier un texte qui outrage à ce point les femmes ? Stupeur dans le public, brouhaha, expulsion de l'oratrice incongrue. L'affaire, pourtant, n'a pas fini de faire du bruit, surtout chez les républicains : au moment où ils cherchent à donner un peu de solennité au mariage civil, l'incident est pour le moins intempestif et, du coup, le préfet Hérold impose aux maires de Paris de ne permettre désormais aucune prise de parole dans les salles des mariages. L'intéressée, de son côté, se charge de la publicité de son allocution tronquée, adresse aux journaux des récits lourds de sarcasmes (belle maison « commune » que celle où l'on fait taire les femmes !) et obtient en retour des portraits où perce la stupéfaction : pas effrontée pour un sou, la demoiselle, bien au contraire ; une voix très douce, des traits réguliers et intelligents, un gracieux cou blanc qui sort d'une collerette noire et, comme seul ornement dans l'austère costume, l'éclair d'acier de la ceinture. On croirait une gouvernante française au service d'une grande famille russe : quelque chose de « moscovite » disent parfois les journaux.

La même année, la même jeune personne, et toujours dans le X⁰ arrondissement, cherche à s'inscrire sur les listes électorales : nouvelle expulsion, bien sûr, et pourtant, plaide-t-elle, le *Journal officiel* recommande à toute « personne » omise sur les listes de réclamer son inscription. Merveilleuse aubaine que cette « personne » asexuée. Au nom de la même implacable logique linguistique, du reste saluée par la presse, elle persévère par le boycott fiscal : puisque l'expression « tous les Français » l'exclut quand il s'agit de voter, pourquoi l'inclurait-elle quand il faut contribuer ? L'affaire monte jusqu'au Conseil d'État, avec de nombreux épisodes burlesques : il lui faut, pour justifier son identité, produire deux témoins hommes ; elle assure ne connaître, dans toute l'espèce humaine, aucun mâle ; elle se résigne à recruter deux chômeurs dans la rue, qu'elle paie pour témoigner ; et bien qu'elle finisse par s'acquitter de l'impôt, les journaux, qu'elle a une fois encore alertés, soulignent sa crânerie à braver les huissiers, à risquer la saisie de son canapé et de sa boîte à ouvrage. Les années qui suivent la verront distribuer des tracts, coller des affiches, promener place de la Bastille une bannière endeuillée pour dénoncer un 14 Juillet qui n'a émancipé que les hommes, inviter ses sœurs à boycotter le recensement : pourquoi se compteraient-elles, celles qui ne comptent pas ? Qu'elles inscrivent donc, en lieu et place de leur nom, un éloquent zéro. Interventions fracassantes, toujours menées avec l'inentamable sérieux, la conviction et l'ingénuité de la bonne élève.

Les années passent, le siècle tourne, elle perd son air d'écolière, le veuvage, la solitude, la mélancolie font leur travail de taupe. Plus que jamais vouée au noir, sous d'extravagants chapeaux à plumes, elle s'est tassée, ressemble désormais davantage, dit *La Gazette des tribunaux,* à « une tireuse de cartes ou à une manucure en quête de clients ». Elle a gardé de la douceur dans la voix et de la rudesse dans le caractère. En

1904, le samedi de la Toussaint, à la tête d'un petit bataillon féminin, elle tente de brûler en public le Code civil : elle ne parviendra, la police s'en étant vite mêlée, qu'à en déchirer quelques pages. Quatre ans plus tard, on la retrouve, pour les élections municipales, au bureau de vote de sa mairie. Les assesseurs déconcertés voient une femme en deuil marcher fermement vers la « boîte à mensonges », la bousculer, la jeter à terre, crier que ces urnes réservées aux hommes sont illégales. Dans le procès qui s'ensuit, elle se déclare très respectueuse du droit, très ennemie de la violence et ayant cru, pourtant, devoir se faire violence, car il y a, plaide-t-elle, des moments dans la vie où il le faut bien. Elle n'en confesse pas moins avoir éprouvé un plaisir trouble à l'exercer et à avoir pu porter la main, fût-ce l'espace d'un instant, sur l'urne qui offense à l'égalité des sexes.

Dans ce pas de deux entre audace et timidité, exaltation et réserve, exhibition et repli sur soi, tient toute la richesse ambiguë du personnage. Les chroniqueurs du temps y ont perdu leur latin : tantôt ils ont perçu en elle la douceur sensitive, tantôt la note d'âpreté (*Le Temps* du 17 mai 1880 décrit ses gestes trop raides, son débit un peu coupant), tantôt le grain de folie (une « tête exaltée », dit Félicien Champsaur), tantôt l'application raisonneuse ; deviné en elle la chrétienne ou stigmatisé la libre-penseuse et constamment souligné la difficulté à la classer ; elle n'avait ni le type de la bourgeoise ni celui de la citoyenne. Distinguée dans la longue robe d'un deuil éternel, avec autour d'elle une brume de tristesse. Elle ira d'appartement austère en appartement austère, chaque fois posant, pour tout ornement, un buste de la République sur la cheminée et un portrait de George Sand au mur, installant au salon la bibliothèque toujours un peu triste des militants, bourrée de brochures plus que de livres. Jusqu'à son ultime adresse, cette rue de La Roquette voisine du cimetière où repose le mari disparu, avec, sur la prison, une vue imprenable bien accordée, confie-t-elle, à ses pensées intimes. Chacun se demande d'où a surgi cette Hubertine Auclert. D'où lui est venue la révolte qu'elle a conçue, quasi à la naissance dit-elle, face à l'« écrasement féminin » ? Plus mystérieux encore : où a-t-elle puisé son étrange idée fixe ? Car il ne s'agit pas seulement d'une entrée en religion féministe, mais de l'invention d'un féminisme très original dans l'histoire française.

◆

Il y a peu à glaner dans son enfance, passée dans un bourg de l'Allier, dans une famille de propriétaires terriens. Une grande maisonnée : sept enfants — Hubertine est la cinquième —, deux cousines, trois ou quatre servantes. La petite fille, selon sa sœur Marie, n'annonçait rien que de très traditionnel : elle avait du goût pour chiffonner la moire et le taffetas, habiller ses poupées. Est-ce l'exemple maternel qui a été la source de ses rébellions ? À de brèves indications, on croit comprendre que cette mère n'avait pas été très heureuse en ménage, mais on ne peut décider si les silhouettes pathétiques de femmes aux yeux pochés, insultées, meurtries, qui traverseront plus tard les textes d'Hubertine ont été calquées sur le modèle maternel. Au moins peut-on dire avec certitude que cette mère n'était pas une personne banale. Non seulement elle fut pour la fillette une institutrice de compassion, qui l'invitait à sacrifier les confitures du goûter en songeant aux enfants pauvres — ce qu'entendait trop bien l'ascétique conscience de l'enfant —, mais elle lui délivra des leçons plus subversives encore : on sait qu'elle était, comme plus tard la mère de Colette, accueillante aux filles mères, et bien des pages d'Hubertine porteront la marque de cette audacieuse sympathie, au point qu'on la verra légitimer l'avortement (« Qu'est-ce après tout que l'ablation d'une parcelle de membrane féminine où a pu apparaître la tache embryonnaire ? »), estimer odieuse l'assimilation de cette ablation à l'assassinat d'un être humain et excuser jusqu'à l'infanticide ; les filles mères n'ont de choix qu'entre le mépris public, un dénuement sans nom, le crime et, pour elles, il faudrait rétablir le tour. De ce langage inouï pour l'époque, on ne peut inférer l'histoire vraie de madame Auclert. Mais on devine, soit par ses propos, soit par son exemple, qu'elle avait transmis à sa fille le sentiment profond de la violence exercée sur les femmes.

Et l'on jurerait qu'elle lui avait communiqué une représentation peu conventionnelle de la vertu des jeunes filles ; pas du tout un capital à protéger, mais une disposition à exercer : une *virtus*, courage et responsabilité mêlés.

Plus problématique, le legs paternel. La famille, qu'avaient enrichie les biens nationaux, était décidément républicaine. Le père avait été un maire de 1848, qui avait refusé de servir l'Empire autoritaire. Le frère aîné, lui, attendra l'Empire libéral pour le devenir à son tour. On démêle mal si les admirations d'Hubertine — Fourier, Hugo, George Sand, Jean Macé — ont été contractées dès l'adolescence ou dans les lectures frénétiques que lui ouvrira, à son arrivée à Paris, son emploi de bibliothécaire. Mais elle épousa fidèlement le républicanisme familial, au point d'en colorer ensuite tous ses autres engagements : féministe républicaine, socialiste républicaine et même, quand elle plaidera lors de son séjour en Algérie pour l'assimilation complète des Arabes et la fusion des races, colonialiste républicaine. Elle avait trouvé dans son berceau l'idée que les Lumières viendraient à bout de tout, du fanatisme, de l'oppression, de la division des classes et des sexes. De la patrie française, inséparable à ses yeux de la République, elle se faisait une idée très haute. Une des expériences traumatiques de son adolescence avait été l'invasion de 1870. Elle avait vingt-deux ans, et on la retrouve quêtant dans sa petite ville pour les soldats, s'occupant des malades et des blessés, puis soulevée d'enthousiasme quand vient le 4 Septembre. L'atteinte à l'intégrité du territoire national l'obsédera sa vie durant, elle dira tenir aux frontières de son pays comme à la porte de son logement, et son discours pacifiste — elle croit la paix du monde suspendue à l'action des femmes — s'éteint tout net dès qu'elle voit renaître, en 1887 notamment, la menace d'une guerre avec l'Allemagne : les femmes alors lui apparaissent moins comme les messagères de la paix que comme les institutrices de l'énergie nationale. Elle s'autorise un coup de cœur pour le beau général Boulanger — « cet homme que le peuple aimait parce qu'il sentait battre sous sa tunique le cœur ardent d'une femme » —, est prompte à croire les Français moralement conquis par les Allemands, les Anglais, les Américains, voit des espions partout, proteste contre la représentation de *Lohengrin* à l'Opéra. Ce chauvinisme joue sans doute sa partie dans l'accueil qu'un moment lui fera Drumont à *La Libre Parole.* Elle ne perdra jamais son aversion pour ceux qu'elle appelle les « antipatriques », les partisans de Gustave Hervé en particulier, et quand elle mourra, en 1914, les journaux salueront cette féministe singulière, exempte de tout antimilitarisme. Depuis l'enfance, elle vouait un culte à Jeanne d'Arc, double symbole de l'héroïsme civique et de la liberté des femmes : en 1885, elle ira place des Pyramides déposer une couronne de lauriers aux pieds de celle qui avait eu l'inspiration sublime de chasser de son pays les envahisseurs. L'idée que Jeanne obéissait à une injonction venue d'en haut, qui retient alors tant de républicains libre-penseurs, trouble peu Hubertine : car Jeanne incarne à ses yeux la liberté de conscience bafouée et martyrisée par les prêtres. Quant à ses « voix », elle les met au compte d'un passé révolu : l'époque était au surnaturel. Les visions de Jeanne aux yeux d'Hubertine sont moins des appels du monde invisible que le baume répandu par la religion sur le monde visible.

Cette sensibilité à la poésie de l'Église avait-elle été contractée près des sœurs de Saint-Vincent-de-Paul, au couvent de Montluçon ? La jeune fille y avait fait un long séjour, y avait appris assez de latin pour pouvoir ensuite fleurir ses textes de citations savantes et manifesté une piété assez ardente pour songer un instant à prendre le voile. Une fois de plus, un certain mystère enveloppe les raisons pour lesquelles le projet échoua. Les sœurs, en tout cas, la repoussèrent — peut-être pour son exaltation, peut-être pour son attente chimérique d'un retour au christianisme primitif — et elle, forte tête, répondit à ce rejet par la violence d'un anticléricalisme resté intact toute sa vie durant. De l'existence conventuelle pourtant, il lui restera beaucoup, et pas seulement le parfum monacal que journalistes et policiers continueront à sentir flotter autour d'elle, mais le penchant sacrificiel et la foi de qui a reçu et pris au sérieux la promesse d'une société réconciliée. Le constant procès qu'elle fera au christianisme est qu'il a oublié en chemin l'annonce égalitaire qu'il avait faite au monde.

Une fois abandonné le projet religieux, une fois morte la mère amie et modèle, déjoués les plans du frère aîné pour la remettre au couvent, la jeune fille ne sait plus très bien où porter ses pas. Certes, l'indépendance matérielle lui est acquise. Elle n'a pas de métier — à ses yeux, pourtant, une solution largement préférable à une dot, fût-elle substantielle ; mais elle a hérité à vingt et un ans de quelques parcelles du domaine paternel, de quoi vivre, dans la frugalité et l'austérité qui s'accordent à ses goûts propres. À cette indépendance, elle attache un très grand prix : « La femme qui peut exister moralement, matériellement, diriger ses affaires, satisfaire à ses besoins sans le concours de l'homme est, en dépit de l'asservissement des lois et des mœurs, son propre maître. » Mais l'indépendance, c'est son revers noir, est mariée à la solitude. Cette fille de famille nombreuse, sœur de six autres enfants, se percevait comme une orpheline : de fait, après son refus du couvent, le frère aîné, devenu chef de famille, lui fait comprendre qu'il préfère vivre seul avec sa femme. De là vient la décision de « monter » à Paris. Dans le baluchon d'Hubertine, il y a les deux images pieuses de son adolescence : la patrie, la République. Mais elle vient d'y ajouter une troisième, la femme électrice. L'instrument de cette découverte, voire de cette conversion, c'est la tenue, en 1872, du premier grand meeting parisien pour l'« Émancipation des femmes françaises », dont l'écho est parvenu jusque dans les profondeurs de l'Allier. Louis Blanc, George Sand avaient adressé des messages. Mais c'est celui de Hugo que capte Hubertine. « Il y a des citoyens, avait dit le vieux poète, il n'y a pas de citoyennes. » Citoyenne : désormais elle sait qui elle veut être, celle qui éveillera chez les femmes spoliées l'idée de leurs droits politiques. Et elle ne doute pas du succès promis à ce mot magique : « Un an après, je ne fus pas la seule conscrite qui vint de cent lieues s'enrôler dans l'armée féministe. » Conscrite, enrôlement, armée, le vocabulaire dit assez le caractère irrévocable de l'engagement que vient de signer Hubertine.

◆

À dater de son arrivée à Paris, il y a bien une histoire de la
jeune fille, de ses efforts, de ses entreprises, de ses déceptions.
Mais il n'y a pas d'histoire de sa pensée, extraordinairement
fixée dès ses premières expressions. À peine, il est vrai, avait-
elle mis le pied gare de Lyon qu'elle avait pris contact avec
l'Association pour le droit des femmes, reconvertie en Avenir
des femmes, l'organisation de Maria Deraismes et de Léon
Richer. Ils l'avaient vite adoptée, installée dans leur immeuble,
élue dans le comité de l'Avenir et lui avaient confié les fonctions
de bibliothécaire. Occupation qui lui permet, trois ans durant,
de poursuivre d'immenses lectures, qu'elle fait plume à la main,
prenant laborieusement des notes, composant un répertoire de
pensées sur les femmes — panégyriques, sarcasmes, sottisiers
— où elle puisera sa vie durant. Elle y conforte ses admirations
premières, en nuance certaines : elle pardonne difficilement à
Germaine Necker qui, pourtant, avait eu l'intuition du suffrage
universel, à madame Roland, qui fut pourtant le vrai ministre
de l'Intérieur de la Gironde, d'avoir si peu songé à affranchir
leur sexe. Elle lit aussi pour nourrir ses détestations : Proudhon
et, davantage encore, Michelet, « cet ami mielleux de la
femme », dont l'imagination louche blessait sans doute son
puritanisme natif. Elle révise son histoire romaine, s'attarde à la
Révolution française, dont la politique à l'égard des femmes est
pour elle une décevante énigme, fixe son attitude à l'égard des
saint-simoniens : ils ont, elle le reconnaît, fait rêver à l'affranchissement de la femme ; mais elle ne peut comprendre qu'ils
aient fait dépendre l'égalité des sexes de la liberté de l'amour et
exalté cet amour libre si cruel aux femmes. Du mensonge ainsi
logé au cœur du saint-simonisme, qui, en réalité, travaille à la
liberté illimitée de l'égoïsme et de l'immoralité masculines, elle
exempte seulement Pierre Leroux — encore est-ce du bout des
lèvres —, Fourier et Victor Considérant : elle célèbrera l'ouverture au public de la petite bibliothèque fouriériste de la rue des
Boulangers et s'attendrira devant l'ultime paire de chaussettes

reprisée par Considérant : la misère le contraignait aux « vils travaux » qu'on réserve d'ordinaire aux femmes.

Tôt fixées donc, jamais abandonnées en dépit des remaniements tactiques ultérieurs, les démonstrations d'Hubertine s'accotent à des prémisses rigoureusement individualistes. Au commencement, il n'y a ni hommes ni femmes mais des individus humains, hommes sans qualités si l'on veut, en dehors de celles qui en font des êtres doués de sensibilité et de raison, c'est-à-dire strictement équivalents puisqu'il s'agit des choses du monde les mieux partagées. C'est en raison de cette identité, celle même du dénuement, que les hommes peuvent revendiquer des droits. L'élémentaire individualité, qui à proprement parler n'est rien qu'une fiction abstraite, puisqu'on peut l'énoncer, mais non la décrire ou la spécifier, est donc paradoxalement le capital le plus précieux. Aussi est-il particulièrement scandaleux de constater le peu de cas qu'en font les femmes : à preuve la légèreté avec laquelle elles adoptent le nom de leur mari, abandonnant le signe le plus clair de leur existence autonome ; l'obstination qu'elles mettent, même une fois brisé le lien conjugal, à s'agripper à ce nom d'emprunt ; le calcul blâmable des femmes écrivains qui, alors qu'elles devraient brandir le drapeau de l'individualité, s'abritent sous des pseudonymes masculins. Les hommes n'ont pas cette inconséquence, qui accroissent au contraire leur être de l'individualité de leurs épouses — comme Pierre Curie s'est agrandi de la découverte du radium et de la gloire de sa femme — et ne consentiraient jamais, une fois leurs épouses disparues, à signer « Monsieur veuf un tel » ; plus conscients que les femmes que seule l'affirmation de l'autonomie confère des droits à l'individu solitaire et délié.

Ce qui est vrai des droits — surgis non des spécificités concrètes mais de leur négation — l'est-il aussi des fonctions ? La rigidité de l'individualisme chez Hubertine la pousserait volontiers à le soutenir. Mais il est difficile de ne rien accorder à la nature féminine. Il faut donc à la fois reconnaître la détermination sexuelle, mais la minimiser autant que faire se peut et tenir bon sur ce qui fut aussi la leçon de Condorcet :

que ces spécificités n'entraînent aucune limitation du droit. Pour commencer, nulle fonction n'est naturellement dévolue à un sexe : s'étonne-t-on de voir des cuisiniers, des tailleurs, des plongeurs, des raccommodeurs ? (La seule différence est que toutes ces tâches — chaque jour accomplies gratuitement par les femmes —, ils les font pour de l'argent.) D'autre part, on peut d'ores et déjà constater que les femmes sont capables de tout : non seulement Hubertine salue les exploits universitaires des premières femmes médecins, des avocates et des pharmaciennes, mais elle souligne la force physique nécessaire aux femmes dans les travaux ménagers les plus quotidiens. Qualités intellectuelles, physiques, morales, toutes sont indépendantes de la différence sexuelle. Enfin et surtout, la liberté d'un individu ne tient jamais dans l'approfondissement, mais dans l'émancipation des spécificités. Aussi reste-t-elle hostile de bout en bout à la ségrégation sexuelle, même demandée par les femmes pour protéger les femmes. Les wagons spéciaux « pour dames seules » sont un scandale, offense à la vertu féminine. Les féministes qui pétitionnent pour la création de restaurants réservés ont perdu la tête, comme ces Anglaises qui forment des ligues antimasculines. Pas de lieux interdits donc, ni aux hommes ni aux femmes, pas d'occupations inaccessibles, mixité partout. Elle existe bien à l'église, au théâtre, à la boutique. Pourquoi pas à l'armée ? Pourquoi pas à l'école ? Pourquoi pas au bureau de vote ?

On touche ici à l'essentiel : la revendication pour les femmes de ces droits politiques devant lesquels s'est arrêté net un républicanisme qui exhibe ainsi son inconséquence. Bien voyante, celle-ci, dans le monument-mensonge dédié place Voltaire à Ledru-Rollin, inventeur d'un suffrage qui n'a d'universel que le nom, réédite le suffrage censitaire et fait écho au « restez ouvriers » de la monarchie de Juillet par le « restez femmes » de la République. Puisqu'aucune spécificité naturelle n'entraîne d'interdit, pourquoi empêcher les femmes de glisser un bulletin dans l'urne ? La grossesse elle-même ne frappe d'impossibilité ni le loisir ni le travail, et si tel était le cas, la République devrait faire des rentes à toutes les femmes enceintes et pauvres. Il est absurde de réserver à qui n'enfante pas le droit de voter et de légiférer. Mais si des républicains professent cette absurdité, c'est qu'ils sentent obscurément que le vote féminin commande tout le reste et les contraindrait à remettre sur le chantier leur république inaboutie. Dans cette certitude, Hubertine trouve son cogito : le vote est un principe premier, insécable, une idée claire et distincte, qui ne souffre aucune contestation et auquel s'accroche toute la chaîne des revendications féminines. C'est par cet affranchissement politique — et non par l'affranchissement civil — qu'il faut commencer. L'idée est nouvelle dans le féminisme français, et Hubertine, toujours systématique, la traduit immédiatement en débaptisant la société (le Droit des femmes) qu'elle a créée. Désormais, ce sera le Suffrage des femmes : appellation apparemment plus étroite, mais plus claire. La société se dote, du reste, de statuts d'une extrême rigidité : théoriquement, au moins, on ne devra aborder dans ses réunions que les questions du vote et de l'éligibilité.

D'où tient-elle cette démarche, dont elle perçoit elle-même l'audacieuse netteté ? D'abord du patriotisme sucé avec le lait familial et de l'universalité qu'il porte en ses flancs. L'idée de patrie enveloppe moins, en France, la particularité nationale que l'universalité des droits : si bien qu'accepter l'exclusion des femmes force tout patriote à se mettre en contradiction avec sa propre logique. Ensuite, de son intuition que tout en France est politique, passe par le législateur : constat que d'autres ont déjà fait, mais qui se colore chez elle du sentiment, fort original chez une femme, que cette primauté est bonne. La politique, qui met les êtres en contact les uns avec les autres, est non seulement civilisatrice — spécialement pour les femmes qui vivent si repliées sur elles-mêmes, pour les veuves, les abandonnées, toutes celles à qui la vie a refusé une chance et un emploi — mais pacificatrice, harmonisatrice, source de bonheur. Enfin, les leçons de l'histoire elle-même confortent la certitude d'une priorité absolue du suffrage : les femmes se sont mêlées aux révolutions sans jamais en tirer aucun bénéfice ; ce n'est pas la pique qu'il leur faut brandir, mais le bulletin de vote, papierpasseport, papier-pouvoir, bien plus émancipateur que le papier-monnaie. Jamais l'idée ne souffrira d'infléchissement chez Hubertine, et même les accommodements qu'il lui arrivera d'imaginer ne tempéreront pas sa satisfaction d'avoir, pense-t-elle, percé le secret de l'émancipation.

Il s'agit donc d'un axiome, qui doit ensuite pouvoir être logiquement développé. Hubertine cherche à mener jusqu'à ses conséquences extrêmes sa pensée hypothético-déductive et à montrer que le vote féminin transformera de proche en proche la vie tout entière. La loi, bien sûr, engendrera d'abord d'autres lois. Comment des femmes législatrices n'auraient-elles pas une pensée pour tous ceux qui, comme elles, sont les victimes de l'oppression : enfants, prolétaires, Arabes ? Et quant à elles, elles obtiendraient pour leur propre compte ce que les Anglaises, avec leur pauvre petit bout de vote municipal, ont déjà gagné, le droit pour les femmes mariées de gérer leur fortune. Mais, de surcroît, convaincue que des lois aux mœurs la conséquence est bonne, Hubertine annonce la transformation des mentalités. Le vote féminin, en élevant la femme, moralisera la famille : grâce à lui, le débat intelligent s'installera au cœur du foyer, les enfants seront précocement initiés au civisme, les hommes eux-mêmes auront à cœur de ne pas bouder les urnes. On peut même prévoir le temps où le tempérament féminin rebroussera sa pente conservatrice : les femmes, qui passent pour donner leur cœur, sinon leurs voix, aux forces du passé, pourraient bien, de « blanches » qu'elles étaient, devenir « rouges » *(sic)*. Et c'est pourquoi l'exiguïté apparente de la demande — quoi de plus fugace que le geste de glisser un bulletin dans l'urne ? — ouvre, en réalité, sur l'océan des plaintes et des requêtes féminines. Au-delà, même : sur le malheur inscrit dans les sociétés humaines. Il n'est pas interdit de penser que le vote féminin fermera l'ère des révolutions.

Les textes d'Hubertine développent donc une féerie rigide. Le vote est un « talisman », le mot est d'elle, une baguette qui transforme tout ce qu'elle touche : dès que les femmes l'auront en main, les jeunes filles obtiendront la liberté de mouvement, les femmes mariées l'indépendance par rapport au mari, les mères la capacité de choisir l'éducation de leurs enfants, les femmes trompées réparation de l'injustice. Par lui, les « rêves », encore un de ses mots, se réaliseront puisqu'« il vous investira, dit-elle à ses sœurs, d'un pouvoir politique au moyen duquel vous pourrez, pour ainsi dire, réaliser vos désirs par la seule force de votre volonté ». Le programme d'Hubertine s'accorde ainsi à la pente de son tempérament. Quand elle fera retour sur sa vie, elle dira que sa plus grande joie a été de croire que la puissance de la volonté hâterait l'affranchissement féminin.

◆

Idée fixe, mise définitivement à l'abri du malin génie du doute. Pourtant, il ne faut pas seulement songer au but, mais aux moyens. Comment faire, avec qui ? L'utopiste rencontre ici la résistance du réel, la mauvaise grâce des hommes — et parfois des femmes —, la difficulté d'argumenter et peut-être même, à contre-pente cette fois, la nécessité de composer pour convaincre.

Quels moyens ? Plaider d'abord, et toujours. S'adresser systématiquement aux personnalités, sénateurs, députés, écrivains, ministres, généraux, gardes des Sceaux, jusqu'au pape même : une énorme correspondance envahit ainsi l'appartement d'Hubertine, qui tient un compte minutieux des réponses favorables, hostiles, nuancées, utilise les premières, réfute les secondes, argumente les troisièmes. Ensuite pétitionner (une extraordinaire cascade de pétitions, vingt-quatre entre 1877 et 1887, scande une vie dépourvue d'autres événements), récolter péniblement les signatures — jamais plus de deux mille par pétition —, faire connaître les noms des signataires et des récalcitrants. Écrire donc aux journaux, insérer autant de communiqués qu'on pourra, passer sur les rebuffades, les papiers laissés en souffrance, consentir au bénévolat. Disposer enfin, si possible, de son propre organe de presse, même si une femme ne peut en être propriétaire. C'est chose faite en 1881, grâce à l'ami prête-nom qui deviendra plus tard son époux et qui lui offre cette possibilité grisante : avoir le journal dont elle écrira régulièrement l'éditorial (sans compter des articles bouche-trou signés de noms d'emprunt : Liberta, Jeanne Voitout), assumera les dépenses et pour lequel elle cherchera inlassablement des soutiens et des subsides. Et quel meilleur titre alors que *La Citoyenne* ? Sous cette bannière, on s'accote à la grande Révolution et on affiche sans équivoque le but. De 1881 à 1891, Hubertine tiendra à bout de bras l'entreprise, d'abord hebdomadaire, puis mensuelle. Après la mort du journal, elle mettra ses talents au service de qui voudra bien lui faire place. Tour à tour, *Le Quatrième État*, *La Petite République française*, *Le Radical*, *Le Matin*, *La Cocarde*, *La Fronde* et même *La Libre Parole* accueilleront les rubriques où elle martèle, sous mille formes, la même idée, et qui évoquent souvent le bourdonnement sans espoir de l'abeille contre les vitres. Elle est consciente de leur caractère obstiné et ressassant, mais le revendique. « Qu'elles demandent, conseille-t-elle aux femmes, qu'elles importunent, qu'elles obsèdent ! »

Au reste, c'est ce qu'elle sait le mieux faire. Quand elle croira devoir abandonner le couvert de l'écriture pour paraître en personne dans la rue, sur les places, dans les mairies où elle réclame son inscription, exprime ses indignations, quand elle défile, quand elle brise ou brûle, cette ennemie née de la violence est au supplice. Elle le fait pourtant, car il y a chez elle, c'est une de ses originalités, une intelligence vive des pouvoirs de l'exhibition. Encore fille des Lumières par ce trait, elle croyait à la pédagogie immédiate des images : en 1906, elle ira elle-même coller dans les quartiers de Paris l'affiche qui montre la rencontre radieuse d'un homme et d'une femme devant l'urne sainte où ils déposent de concert leur bulletin. Elle avait compris que les masses étaient sensibles aux formes, aux couleurs et aux bruits : elle-même vibrait aux airs nationaux, aux « jolies couleurs de la France ». Aux obsèques de son cher Hugo, de neuf heures du matin à six heures du soir, elle promena une bannière rose où « Droit des femmes » brillait en lettres d'or, et tous les 14 Juillet, à la Bastille, la même bannière voilée de noir pour porter le deuil de ce droit. Guirlandes, drapeaux, couronnes — celle qu'elle déposait chaque année aux pieds de la guerrière dorée de la place des Pyramides — tenaient, selon elle, un discours éloquent. Un de ses plus grands succès — l'énorme correspondance qu'elle reçoit en témoigne — est d'avoir imaginé, face au timbre qui montrait une femme assise tenant sur les genoux les Droits de l'Homme, le timbre d'un monde à l'envers : un homme cette fois, et debout, brandit les Droits de la Femme. Plus tard elle concevra, sur le modèle de l'affiche, le timbre où un homme et une femme votent face au soleil levant du suffrage vraiment universel. Victorieux petits timbres, commente-t-elle, et l'acte de les affranchir précède, symbolise et promet l'affranchissement de la femme.

Toute sa vie, elle restera sensible au choc des images et au poids des mots qui, eux aussi, charrient insidieusement le consentement à la subordination. Elle demande qu'on forge les noms qui correspondent aux métiers nouveaux des femmes (avocate), à leurs activités futures (électrice). Il faut donner du « Madame » à toutes les femmes, bannir ce mot de « demoiselle » dont Clémence Royer disait que sa carrière scientifique avait tant souffert (nomme-t-on « damoiseau » un célibataire ?). Comment mieux traduire le sentiment passionné et tendre voué à la terre natale qu'en troquant le mot de patrie pour celui de « matrie » ? Et justement : quand Dalou a conçu son monument pour la place de la République, il a spontanément choisi une femme pour personnifier le pouvoir suprême et, étendant sa main sur les humains, leur promettre le bonheur. Là gît, bien sûr, l'hypocrisie : la République que les politiques vénèrent s'incarne dans une femme qu'ils soufflètent. Mais cette contradiction, précisément parce qu'elle est intenable, recèle la promesse de l'avenir.

Dans son immense entreprise de persuasion, Hubertine, qui rencontre à chaque pas les arguments que lui opposent la paresse et la dérision, la condescendance et l'hostilité, cherche toujours à maintenir la pureté baptismale de son féminisme. C'est comme individu abstrait, égal à tout autre et en cela porteur de droits, que la femme doit obtenir le vote. La preuve en est que, lorsqu'un brave ingénieur en retraite imagine d'accorder au chef de famille un vote additionnel pour sa femme et ses enfants, elle s'insurge. Sans doute cet homme bien intentionné, reconnaît-il, et c'est un bien, la non-représentation des femmes. Mais il attache le suffrage au rôle (les cordonniers ont-ils le privilège de voter parce qu'ils font des chaussures ?), et non à l'autonomie de l'être humain, qui reste une foi inaugurale. Cette foi, pourtant, supporte au fil des controverses quelques accommodements, au point d'amener parfois l'inflexible Hubertine aux portes de ces compromis qui éveillent toujours chez elle une instinctive aversion.

Ses adversaires tirent leur argumentation tantôt de la nature et tantôt de l'histoire. L'histoire, il est aisé de la réfuter, car on peut toujours en appeler d'une histoire à une autre. Lui oppose-t-on que nulle part les femmes ne sont soldats ? Hubertine appelle à la rescousse les femmes spartiates, les cantinières, toutes celles qui ont suivi les hommes aux frontières, déchiré les cartouches, soigné les blessés, et Jeanne bien sûr. Lui fait-on observer que la politique n'a jamais été l'affaire des femmes ? Cette fois, elle convoque les reines. Suggère-t-on — objection à laquelle il lui faut revenir sans cesse, car, d'une certaine manière, elle la reconnaît comme sienne — que la religion, partout, toujours, a été l'opium des femmes ? Argument-massue que ce cléricalisme féminin brandi par les républicains, illustré par un siècle qui a imaginé ces deux lieux antagonistes de la sociabilité : l'église pour les femmes, le cabaret pour les hommes. Argument auquel, pourtant, la couventine qui survit chez la suffragette trouve à répondre : elle sait qu'en 1848 le spiritualisme, sous la bannière du « sans-culotte Jésus », a marché main dans la main avec la Révolution. Pourquoi « l'esprit de religiosité » — qu'elle a soin de distinguer du cléricalisme — ne pourrait-il s'accorder « un jour » avec le républicanisme ? « Un jour » : avec ce mot tout est dit, car ceux qui arguent de l'histoire passée sont sans force contre l'histoire à venir. Hubertine est convaincue que pour les femmes malheureuses la religion a servi de cœur à un monde sans cœur : « Cela m'a été tant de fois démontré que dès qu'un citoyen me confie que sa compagne, légitime ou illégitime, tombe dans la religiosité ou l'occultisme, avec la certitude d'avoir devant moi un coupable, je demande aussitôt : qu'avez-vous fait à votre femme ? » Mais une fois conjuré le malheur des femmes, et la terre rendue habitable pour elles, notamment quand le vote leur aura donné les moyens de « régler les rapports humains », pourquoi continueraient-elles de rêver au ciel ? La même argumentation vaut pour l'analphabétisme féminin, plus répandu en effet, en 1880, que l'analphabétisme masculin. Mais où est-il écrit que « la femme ne sera jamais instruite » ? Le droit de vote, loin d'être le résultat de l'instruction des femmes, doit en être la cause, comme il sera la cause de leur émancipation à l'égard du monde invisible. Hubertine reste ici conséquente avec ses propres prémisses.

L'argumentation tirée de la nature des femmes — plus volontiers développée par les conservateurs que par les républicains — lui donne plus de fil à retordre. Non, sans doute, qu'elle renonce à batailler contre les imbéciles qui soutiennent que le bulletin de vote assassinera la grâce, la douceur, la beauté des femmes. Chez les hommes aussi, la nature sème les différences. Mais jamais assez pour les priver du précieux petit papier : une armée de myopes, d'ivrognes, de boiteux, de débiles, d'illettrés, de recalés du Conseil de révision traverse les textes d'Hubertine, avec mission de montrer qu'aucune tare n'a jamais empêché un homme d'approcher l'urne. Est-ce à dire, pourtant, qu'il n'y ait pas de nature féminine ? Elle ne va pas jusque-là — minimiser la différence sexuelle, comme elle le fait constamment, n'est pas la nier —, car ce serait priver sa propre démonstration d'éléments précieux. Vouées à la génération, les femmes sont perpétuellement préoccupées de conserver les êtres, d'entretenir la vie, de perpétuer les patrimoines : patrimoine national, car elles n'auraient pas, « comme monsieur Delcassé », abandonné une partie du Maroc à l'Espagne, ni « comme monsieur Caillaux » bradé le Congo ; patrimoine familial, car elles sont plus prévoyantes, plus sobres aussi, victimes qu'elles sont, et non terreurs, du cabaret. Moins délinquantes, moins mendiantes, plus économes. Avec, en prime, un goût plus vif de l'égalité, un désir d'harmonie et de paix — paix des familles, paix des patries — et un sens du dévouement — c'est ici encore la nonnain qui parle — qui est chez les femmes un « besoin de l'âme ». Sans compter la fidélité : la femme est naturellement monogame, la « noceuse » elle-même a un ami de cœur, la prostituée de la plus basse catégorie a « son » homme et, même dans des pays polygames comme l'Algérie, les femmes ne s'habituent jamais à partager celui qu'elles aiment. Enfin, chose plus inattendue, l'acharnement que mettent les femmes à arranger la vie les rend moins conservatrices que les hommes, plus accueillantes aux innovations : elles sont les agents de la modernité. Face à cet inventaire flatteur, Hubertine ne se prive guère de dresser le noir tableau de l'incurie masculine en matière de pollution, d'aménagements urbains, d'assistance publique. Dans l'incessante confrontation qu'elle mène entre tempérament féminin et tempérament masculin — douceur contre rudesse, habileté contre énergie, vocation sociale contre égoïsme —, dans l'appel inspiré aux « ménagères nationales », économes des deniers de la patrie et du sang des citoyens, il y a tout un lyrisme domestique. Et lui objecte-t-on les mauvaises dispositions que pourrait comporter la nature féminine — duplicité, frivolité, sujétion à la mode —, elle s'empresse de les mettre au compte des ruses de guerre que l'histoire impose aux esclaves. La nature féminine, quand elle n'est pas altérée par l'histoire, est tout entière bonne.

On se frotte les yeux : comment ne voit-elle pas qu'elle affaiblit sa thèse en opposant une nature féminine à une nature masculine, l'une et l'autre porteuses de spécificités ? Qu'est devenue la promesse universelle faite à l'égalité abstraite des individus ? Pour le comprendre, il faut replacer le combat d'Hubertine dans cette atmosphère polémique où les adversaires font feu de tout bois, n'hésitent pas à inférer d'un éventuel droit de suffrage féminin la débauche, voire la stérilité des femmes. Elle répond, elle aussi, avec les moyens du bord, et ses cahiers de notes manuscrites révèlent à quel point elle est avide de récolter tout ce qui peut venir enrichir sa démonstration : pages foisonnantes de notations démographiques (la mort frappe plus tôt le sexe masculin), pseudo-scientifiques (« Ce sont les mâles qui chez les huîtres semblent en état d'infériorité manifeste »), philosophiques, car elle emprunte à Bergson l'idée qu'il y a une source de connaissance indépendante de l'intelligence et aussi essentielle qu'elle, l'intuition, sans paraître s'apercevoir que cette intuition féminine est le leitmotiv de tous les adversaires du suffrage. Mais qu'importe ! Elle amasse ces savoirs disparates comme autant de munitions, tout à fait consciente qu'elle agit ainsi au nom de l'utilité plus que du principe. Elle plaide pour ce que peuvent « apporter » les femmes — y compris sur le champ de bataille — et invoque l'évidence de leur contribution concrète au bonheur des hommes et aux progrès de la civilisation.

Est-ce pourtant un plaidoyer pour les fonctions spécifiques des femmes ? Autrement dit, est-elle passée des spécificités à l'assignation fixe des rôles sociaux ? C'est là, où le particulier viendrait à bout de l'universel, qu'Hubertine ne veut pas se laisser entraîner : elle voit à plein ce que la répartition fonctionnelle des rôles masculin et féminin aurait vite fait d'imposer, le danger mortel d'une élection particulière qui renverrait les femmes aux marmites et aux marmots. Aussi s'ingénie-t-elle à montrer que les femmes font les mêmes choses que les hommes, mais autrement : affaire de style, d'accent, touche particulière de grâce ou parfum de vertu. Sans compter que les goûts individuels peuvent varier à l'infini le tableau. Mais de la détermination sexuelle, on ne peut jamais passer aux rôles sociaux et encore moins de ceux-ci au suffrage. Les hommes ne votent pas parce qu'ils font le service militaire (et les curés, et les instituteurs ?), ni parce qu'ils sont instruits (faut-il, pour voter, exciper de son baccalauréat ?), ni parce qu'ils produisent un certificat d'athéisme. Les droits politiques sont principiels : Hubertine retrouve ici le vrai terrain de son combat et le nerf de ses convictions. Reste que son argumentation haletante et obstinée mêle souvent deux ordres d'arguments antagonistes, la participation concrète et l'autonomie abstraite, l'utilité et le principe. Davantage encore, en suggérant une réversibilité des devoirs et des droits — pour que la femme ait les mêmes droits que les hommes, il faut qu'elle remplisse les mêmes devoirs —, elle ouvre elle-même la brèche dans laquelle vont s'engouffrer non seulement ses ennemis, mais ses alliés naturels, ceux qu'il faudrait pour gagner enfin la bataille, séduire, convaincre, enrôler.

◆

On connaît d'elle un aphorisme qui est un aveu d'existence : « La femme, par nature, est républicaine. » Filiation vécue, en effet, plus encore que pensée. Bien qu'elle croie devoir se tenir le 14 Juillet à l'écart de la joie tricolore — puisqu'on la tient à l'écart du vote —, c'est, on le sent, un vrai crève-cœur pour elle de bouder la fête nationale. Dans son esprit, quand elle arrive à Paris, ses alliés naturels sont les républicains. Avec eux, outre le vocabulaire, elle partage la certitude que c'est de l'école que viendra toute émancipation. Singulièrement celle des femmes. Elle salue donc les « inestimables » réformes opportunistes, les lois laïques en général, celle sur les Écoles normales d'institutrices en particulier, et souligne avec satisfaction que les réformateurs laïques, en ceci il est vrai très novateurs, n'ont pas songé à élaborer un programme d'instruction civique différent pour les filles : des institutrices chargées d'enseigner le civisme, voilà qui annonce l'entrée des femmes dans la vie citoyenne. Avec eux, elle partage encore l'anticléricalisme viscéral qui lui fait tenir la conversion de Littré — ce Littré auquel elle avait emprunté la devise qui ornait le bandeau de *La Citoyenne* — pour une félonie : ce baptême, pourtant inopérant en lui-même, réanime le cléricalisme moribond, porte un coup mortel à la libre-pensée naissante. Comme eux, elle se réjouit de voir voter la loi sur le divorce et poindre la recherche en paternité. Si bien que tout imparfaite, tout inaboutie qu'elle soit, la République menacée a droit à la vigilante mobilisation des femmes : en témoigne la crise du 16 mai 1877 où elle accepte pour un moment de laisser de côté la lutte des sexes. Elle ne cessera de vibrer à l'évocation de « mon pays », de « ma République », même « si ces deux idoles jumelles signifient une vie d'esclave en France plutôt que la liberté ailleurs ».

L'idée du danger persistant que constitue la droite monarchiste et cléricale pour la IIIe République scelle l'alliance d'Hubertine et des républicains, mais ne la détourne pourtant pas de croire à la nécessité de faire tomber la Bastille où les femmes sont encore enfermées et de faire un « 89 des femmes ». Le vif de sa critique est pourtant moins une contestation qu'une demande d'extension des principes républicains. La loi Camille Sée, qui ouvre aux femmes l'éducation secondaire, n'a contre elle que son inachèvement, puisqu'elle couronne les études féminines non d'un baccalauréat, mais d'un diplôme stérile et décoratif. C'est sur cette incomplétude que prospéreront toutes ses controverses avec les républicains. Avec Gambetta d'abord, qui avait sauvé la patrie mais perdu les femmes. Avec Godefroy Cavaignac, pour qui la question du féminisme n'était pas « mûre ». Avec Clemenceau enfin, dont la blesse l'arrogance sarcastique. Car il n'est pas sûr que les républicains avancés soient plus aisés à rallier que les opportunistes. Hubertine n'a guère de chances de convaincre les radicaux : ils esquivent les débats qu'elle réclame et, quand ils leur font place, par exemple à Nancy en 1907, c'est d'une manière toute paternaliste, se bornant à affirmer que les femmes doivent être « protégées » par la loi dans toutes les circonstances de la vie, sans manifester la moindre intention d'endosser la cause du suffrage féminin. Leur obsession de maintenir les « acquis » républicains, leur manière étroite de considérer que ce qui peut arriver de pire est une mauvaise élection, leur certitude que les bulletins des femmes, éternellement acquis aux prêtres, sonneront le glas du républicanisme dressent entre elle et eux une infranchissable barrière. Force lui sera de conclure, tristement, que les radicaux ne peuvent être féministes.

Et les socialistes ? Eux sont moins proches du pouvoir, leurs enjeux plus lointains. Ils devraient avoir moins de peine à examiner une proposition tenue pour utopique. D'ailleurs, la sympathie d'Hubertine pour le mouvement ouvrier est immédiate : femmes et prolétaires souffrent de la même oppression, la République radieuse devrait être à la fois celle des pauvres et des femmes, et les ouvriers donnent l'exemple admirable de l'union pour le Bien commun, où s'entend un écho de l'Évangile. Pourtant, ses rapports avec les socialistes seront un pas de deux, brèves avancées suivies de longs reculs. Son triomphe, à Marseille en 1878, c'est d'obtenir la première déclaration féministe d'un congrès ouvrier. Elle peut, une heure durant, y tenir — aubaine et épreuve pour celle qui vivait la parole publique comme une torture — un discours, salué d'applaudissements, sur le thème qu'il est impossible d'être à la fois hostile au privilège de classe et complaisant au privilège de sexe. Une victoire donc, bientôt suivie d'un échec : en 1880, au congrès du Havre, les collectivistes excluent les modérés, dont elle se réclame. Nouveau rapprochement, en 1884, quand elle adhère à la Fédération républicaine socialiste et la convainc de mettre l'égalité politique dans son programme. Nouvel échec. Elle continuera de penser que les socialistes, plus sensibles à l'idée de justice, sont spontanément mieux disposés que les radicaux envers le suffrage féminin. Quelque chose pourtant l'empêchera toujours de donner son cœur au socialisme.

Il faut, dans ce recul, faire leur place aux factions, aux ruptures, aux combats des chefs. Si l'on excepte Blanqui, dont l'activisme s'accorde à sa pente extrémiste, bizarrement alliée à l'idée qu'on ne violente pas l'histoire — elle l'accompagne dans des tournées provinciales où elle joue, pour réclamer le vote féminin, les vedettes américaines —, elle rompra avec la plupart : avec les socialistes mutualistes qui renâclent à soutenir le droit des femmes ; avec les collectivistes qui éliminent les tièdes au Havre ; avec Vallès, prophète de malheur, pour qui le féminisme engendrerait des générations de lesbiennes barbues ; avec Louise Michel, qu'elle avait pourtant célébrée comme « immortelle », comme « sublime », mais qui, au retour d'exil, moquera l'obsession parlementaire « bourgeoise » de mademoiselle Auclert ; avec Guesde, trop raide ; plus tard avec Jaurès, trop souple. On peut lire dans toutes ces ruptures le sale caractère d'Hubertine. Mais davantage encore la cohérence d'une pensée qui, en son fond, reste libérale et fidèle à ses prémisses individualistes. Elle repousse d'instinct l'idée de la primauté de l'économique sur le politique, idée que dément lui-

même, profonde remarque, le mouvement ouvrier en s'organi-
sant. Il suffit de considérer le sort de la femme riche, englobée
par les socialistes dans la haine des classes possédantes : elle non
plus ne vote pas, ne dispose pas de son salaire ; elle aussi est
esclave ; elle connaît même cette disgrâce supplémentaire,
quand le malheur s'abat sur elle, de tenir le travail, cette chose
sublime, qui définit l'universalité de l'être humain, pour une
humiliation. Hubertine refuse de croire Jules Guesde lorsqu'il
annonce le temps où, tout étant socialisé, le malheur des
femmes sera conjuré : comment imaginer que des femmes
privées du droit de vote récupéreront ce que leur aura pris la
collectivisation des moyens de production ? Elle n'a que
scepticisme pour la baguette magique de Guesde, la conversion
du vieux monde par la révolution. C'est qu'elle a mis son cœur
et sa foi dans une autre magie, plus pacifique que les barricades
et pourtant à ses yeux plus puissante. L'histoire enseigne que
les révolutions — outre qu'elles sont de « formidables chocs
humains » et engendrent les affreux chocs en retour des
réactions — font bien peu pour le sort des femmes. Et
d'évoquer les propos de l'abominable Chaumette en 1793 et
l'indifférence des hommes de 1848, alors même que George
Sand rédigeait pour les ministres des proclamations au peuple
français. Tout cela suffit à expliquer pourquoi Hubertine
balance entre socialistes et radicaux. Ce qu'il y a en elle de
fidélité à l'égalitarisme chrétien et d'activisme la pousse vers les
premiers. Ce qu'il y a en elle d'individualisme la ramène aux
seconds. Mais, profondément, elle donne sa préférence, non à
une société de frères et de sœurs, mais à une société d'égaux.
Elle est très loin de tenir pour des mystifications la liberté et
l'égalité formelles. De là, sa certitude désenchantée : le socialisme n'aurait pas pour résultat l'affranchissement de la femme.

Il y a sans doute pis encore que la constatation des
déchirures congénitales du mouvement ouvrier, des timidités
— ou, selon elle, des trahisons — de ses leaders, c'est
l'indifférence des prolétaires eux-mêmes : car s'ils ont senti le
besoin de s'unir, ils s'entendent aussi, criminellement cette fois,
contre les femmes. Ils ont l'inconséquence d'accuser leurs

sœurs, leurs mères, leurs épouses, leurs filles de « manger le pain qui leur manque », on les voit réclamer la limitation du travail des femmes, avoir la lâcheté de pousser les malheureuses au trottoir. C'est cette incompréhension des plus proches, de toutes la plus douloureuse, qu'elle retrouve dans ses rapports avec les féministes et qui l'amène à une terrible évidence : « Les femmes ne s'aiment pas. »

Elle devait beaucoup à Léon Richer et à Maria Deraismes qui l'avaient accueillie et arrachée au désarroi des jeunes provinciales précipitées dans la grande ville. Mais à les fréquenter, elle découvre vite ce qui la sépare d'eux : plus sensibles qu'elle à la fragilité de la République, ils ont opté pour la tactique de la « brèche » : un programme de conquêtes progressives, où les droits civils précèdent les droits politiques. Désaccord initial, tôt repéré, tôt sanctionné : elle crée en 1876 sa propre société, dont le premier meeting, l'année suivante, radicalise et politise le programme féministe. Pour le plaider, Richer et Deraismes lui refusent en 1878 la tribune du congrès du Droit des femmes. Elle le fait pourtant obliquement, mais met fin à la fois à leur compagnonnage et à leur voisinage : le tout petit groupe qu'elle anime, de recrutement plus populaire, se voue désormais à la conquête du suffrage. Une longue guerre d'escarmouches s'ensuit, de part et d'autre douloureuse. Richer, qui a pourtant aidé à ses débuts le groupe dissident, est heurté par l'extrémisme d'Hubertine : est-il bien raisonnable de pétitionner pour exclure les femmes, déjà si souvent exclues, du recensement ? Il s'offusque aussi de l'ubiquité sans principe de son action : s'adresser, comme elle fait, au Sénat, c'est s'adresser aux plus conservateurs, affirmer et légitimer un pouvoir qui n'a pas à l'être. Il est vrai qu'elle est — sera — peu regardante sur ses alliés, enrôle des royalistes comme des réactionnaires pour peu qu'ils soient sympathiques à sa cause, et saisit l'occasion de toute tribune qui s'ouvre à elle, éclectisme qui lui vaut de solides inimitiés républicaines. De son côté, elle rend coup pour coup, et lorsqu'elle dispose d'un journal à elle, use libéralement de ses colonnes pour fustiger les légalistes, les républicains déguisés, les féministes « opportunards », les partisans du « droit fractionné » et même les femmes « mendiantes du droit ».

Il est fastidieux de conter par le menu le combat féministe d'Hubertine : c'est retrouver à chaque pas la dissension et les scènes de ménage. À ses yeux, le mouvement féministe est scindé en deux, troupeau peureux d'un côté, vaillant bataillon de l'autre. Et dans le premier, à ses yeux, que de femmes pourtant vedettes du mouvement ! Paule Mink, Séverine, Louise Michel, Juliette Adam. En 1885, alors qu'elle cherche à susciter une candidature unique féminine, Louise Michel rétorque que le vote n'est pas une arme sérieuse, Juliette Adam que les temps ne sont pas venus. La campagne, de toutes façons, tourne court, le gouvernement refuse de comptabiliser les voix qui se sont portées sur des femmes. Hubertine n'en garde pas moins le sentiment, et le ressentiment, que les femmes ont organisé elles-mêmes leur échec. Sa marginalité éclate en 1889, pour le centenaire de la Révolution, occasion depuis longtemps guettée — elle en a longtemps tympanisé les pouvoirs publics —, source pourtant d'une nouvelle déception. Deux congrès féministes, cette année-là, et elle ne se reconnaît dans aucun : celui de Jules Simon est trop tiède, celui de Richer et Deraismes repousse une fois encore le rapport qu'elle a rédigé. Chaque fois, elle se lamente : pourquoi est-elle désignée à la « haine féminine » ? Pour autant, elle ne met pas d'eau dans le vin de son intransigeance. On la voit en 1891 se brouiller avec Maria Martin à qui elle a dû, pendant son séjour algérien, confier la responsabilité de *La Citoyenne* ; décliner en 1901 l'invitation de Marguerite Durand à suivre les obsèques de Clémence Royer : elle refuse de rendre un hommage public à celle chez qui elle a débusqué « la peur sénile du progrès » et qui s'est si outrageusement déclarée l'adversaire du suffrage féminin ; la femme de science croyait, dit-elle à la séance mensuelle de son petit groupe — devant qui elle sent qu'il lui faut se justifier —, au « cléricalisme par le bulletin de la femme ». Certains de ses portraits féminins sont féroces, celui de madame Kergomard, par exemple, en « vieille coquette déguisée en gamin mal élevé ». Plus généralement, au long de ses articles, elle ne cesse

de dénoncer les travers féminins, la vanité des femmes diplô-
mées qui, la barrière une fois passée, la refermeraient volontiers
derrière elles, l'égoïsme des femmes riches qui lèguent leurs
biens à leur famille et non aux groupes féministes (elle-même en
fera autant), la parcimonie de toutes, ailleurs si vantée et qui se
retourne ici contre la cause.

Il y a pourtant, au tournant du siècle, une évolution
sensible des idées féministes. Elle en convient elle-même, en
revenant sur les dix ans agités de *La Citoyenne*, qui eut à lutter
à la fois contre les « masculinistes » et les femmes, et dont les
thèses, dit-elle, sont désormais celles du parti tout entier. Le
congrès de 1896 a accepté d'examiner la question du suffrage
des femmes, même si elle s'y voit méconnue comme fondatrice,
confondue avec le tout-venant et se heurte même, le troisième
jour, à une porte close. Le congrès de 1908 lui apporte enfin la
consécration : chacune reprend son argumentation, et elle, si
souvent interdite de parole par le passé, peut enfin s'exprimer.
Son discours continue sans doute à résonner comme un coup de
pistolet dans un concert légaliste ; mais elle a l'occasion de
rappeler son long passé de militantisme sans espoir et de faire
une de ces propositions à la logique impérieuse dont elle a le
secret : étant admis que les circonscriptions électorales sont
découpées en fonction de la population et en supposant que les
femmes refusent d'être comptées, on réduirait de moitié le
nombre des députés, et cette muleta, agitée sous le nez des
parlementaires, les contraindrait à reconnaître le droit des
femmes. Enfin, une motion votée par acclamation et dans un
congrès féministe. Oui, décidément, les femmes ont bien
changé.

Mais Hubertine elle-même a changé. Les dernières années
de sa longue vie militante lui ont fait découvrir la patience et la
longueur du temps. Elle a eu le loisir de voir la société bouger :
elle note, satisfaite, que le « quatrième État », ce parti ouvrier
dont les opportunistes et les radicaux moquaient la faiblesse, est
désormais une puissance : les 4 pour cent de voix qu'elle
obtient aux élections de 1910, quand elle se présente illégale-
ment — le record même des socialistes à leurs premiers pas —

sont loin, à cette lumière, d'être dérisoires. Elle constate que les mariés commencent à s'abstenir de la « poétique station » à l'église et que peut-être ils renâcleront bientôt à aller écouter à la mairie la lecture avilissante du Code civil. Elle a vu aboutir la longue campagne de Naquet, à qui l'on prédisait pourtant que sa loi sur le divorce ne serait jamais votée. On peut donc bien répéter aux femmes que l'égalité politique ne peut voir le jour. Elles savent que tous, ouvriers, anticléricaux, républicains se sont heurtés aux « impossibilistes », vieux adversaires de son cher Fourier. Tous ont trouvé dans le temps un allié précieux : après tout, le suffrage masculin a été, lui aussi, une acquisition progressive.

Faire intervenir le temps dans l'accomplissement d'un rêve : sa pente utopique s'insurge contre cet échelonnement pragmatique. On la voit donc, avec quelque étonnement, quand commence le siècle nouveau, suggérer des commencements modestes (la position même sur laquelle campaient ses ennemis brèchistes). Tantôt elle demande le vote pour les femmes instruites (et même recommande un examen électoral : dans ses vertes années, elle n'eût pas manqué de dire qu'on ne l'exigeait pas des hommes !). Tantôt elle propose de l'accorder aux célibataires, aux veuves, aux divorcées, déjà pourvues du droit d'acheter, de vendre, de passer des baux, et auxquelles seul le témoignage dans les actes d'état civil est interdit. Tantôt encore, elle rappelle les conquêtes des femmes anglaises qui votent depuis 1869 dans les *town councils,* des Norvégiennes, des Finlandaises qui ont obtenu le vote politique après le vote municipal, route au bout de laquelle doit luire la promesse de l'éligibilité. Il ne faut donc pas faire la sourde oreille aux « bégaiements de vérité » que fait entendre l'histoire.

Tous ces accommodements blessent assez chez elle une position principielle pour qu'elle éprouve le besoin de se justifier longuement. Faire un sort particulier aux femmes instruites profiterait, en fin de compte, aux ignorantes, que les premières auraient à cœur d'émanciper. Du privilège accordé aux célibataires et aux veuves, il ne faut pas inférer que le mariage, qui est, de fait, une déchéance légale, soit une déchéance morale ; mais seulement accepter comme un pis-aller que la femme en puissance de mari soit, comme l'homme sous les drapeaux, écartée des urnes. Sans doute est-ce consentir provisoirement à l'inégalité : mais quel prix attacher à l'égalité dans la servitude ? Tout vaut mieux que l'exclusion totale des femmes de la politique. Dans ces considérations du pis-aller, du mieux-aller, on peut parfois voir passer, fugitive, l'intuition que les féministes étrangères, précisément parce qu'elles sont plus pragmatiques, ont progressé plus vite que les françaises, qui n'ont rien voulu céder sur leurs conceptions générales du monde, et ceci s'entend surtout d'elle-même, si attachée à l'affranchissement complet au nom de l'individualisme abstrait. Mais on peut y lire aussi le glas mélancolique de trente années d'appels inaboutis, d'affiches déchirées, de discours ignorés, de meetings désertés. Désormais, Hubertine est prête à s'introduire « adroitement » dans la citadelle masculine.

« Adroitement » : cette sagesse est chez elle une décision, mais non un don. Son assagissement ne lui vaut pas pour autant beaucoup de soutiens. L'extrême gauche tient toujours sa revendication pour l'emblème mensonger de l'individualisme bourgeois. Les femmes, Marguerite Durand en particulier, accueillent avec circonspection la discrimination qu'elle a fini par accepter entre les femmes célibataires et les femmes mariées (ce sont celles-ci, pourtant, qui souffrent le plus). Hubertine achève donc sa vie de lutteuse sans avoir obtenu pleine reconnaissance. Le congrès de Berlin, en 1904, argue de la faiblesse du suffragisme français pour l'empêcher de prendre la parole : le discours espéré, préparé, refusé, rentré, est décidément le vrai leitmotiv de sa vie. Du coup, elle décline l'invitation qui lui est faite à Stockholm, en 1911. Un des traits de sa rigidité est de ne jamais pouvoir oublier les offenses. Et lorsque le *Gil Blas* croit pouvoir saluer en elle une modération nouvelle, elle s'insurge : « Je suis toujours dangereuse », prévient-elle.

◆

Le journal qu'elle tient de sa vie est un lamento ; on y lit à plein l'aridité de la vie militante : convaincre des tièdes, mendier des subsides, sacrifier tout plaisir personnel, essuyer les affronts. Tantôt elle use une journée à arpenter le boulevard à la recherche de coursiers pour distribuer *La Citoyenne* : ils prennent les journaux, ne rapportent pas l'argent. Tantôt elle connaît la tristesse des tournées de propagande dans des villes ingrates, sous des cieux incléments. Tantôt elle est boutée hors des réunions politiques, insultée, tournée en dérision : « Je couvre de baisers votre corps législatif », ricane la presse hostile. Le pire est la déception qui vient de ceux qu'elle admire. Hugo, puis Dumas fils, déclinent la présidence du Suffrage des femmes. À chaque pas, elle mesure l'écart qui sépare ses actes et ses goûts, sa tâche et son caractère. Sa parade est d'envelopper toutes ces rebuffades dans le vocabulaire religieux qu'elle a conservé du couvent. Après la réunion du mercredi chez elle, chacune lourde d'un lot de déceptions, elle ne s'arrache à la désespérance qu'en évoquant le calvaire de Jésus. Encore doit-elle gravir le sien sans l'aide de disciples. Elle recourt alors à la rationalisation acharnée dont elle est coutumière : elle ne fait après tout qu'intérioriser et reproduire, sur le mode cérébral, la longue traversée historique des femmes, semée d'avortements, de suicides, de ruptures, de coups, d'abandons. Elle sait que son existence est sans éclaircies, mais estime qu'il convient, pour la pureté de sa démonstration, qu'elle soit écartée de la joie puisqu'on la tient écartée du droit.

Qu'elle ait aggravé sa solitude par l'agressivité, tous ses écrits et ses actes en témoignent. Elle tient à réagir à toutes les attaques et à rendre coup pour coup : « Je me suis faite justicière, avoue-t-elle, non par goût mais par devoir. » Elle ne peut jamais s'empêcher, même sur les papiers officiels qu'elle reçoit, de zébrer la prose administrative de commentaires exaspérés. Cette indignation inapaisée l'isole, comme doit le faire aussi le puritanisme moral. Elle n'a jamais supporté l'idée de l'amour libre, sûre qu'il favoriserait l'inconstance des hommes et fragiliserait les femmes, mais sans doute aussi par recul instinctif devant ce qu'elle nomme « l'éphémère amour », qui piège les écervelées et même les femmes sérieuses, immanquablement attirées par des fols. Vivait-on librement, comme Marguerite Durand, l'étiquette de « demi-mondaine féministe » lui venait spontanément aux lèvres. Puritanisme qu'illustre encore le curieux traitement qu'elle réserve à la prostitution. Elle écrit aux ministres en leur enjoignant d'être à l'endroit des prostituées à la fois humains (en leur procurant du travail) et inexorables (en les déportant, si elles le refusaient, dans une colonie peuplée aussi d'hommes prostitués). Arrangement utopique dont elle dit qu'il aurait l'aveu des honnêtes femmes, mais qui est plus encore un aveu existentiel. Dans une de ses tournées, plusieurs hôtels de Rochefort avaient refusé de lui louer une chambre, voyant en elle une « horizontale », souvenir qui, des années plus tard, lui met encore le feu aux joues. Quant au mariage, soit par la mémoire de l'expérience maternelle, soit par peur sexuelle, elle l'associe spontanément au malheur, voile de Véronique sur le visage des femmes aimantes. Le mariage est un Golgotha.

La presse conservatrice lui répétait sans cesse : « Mariez-vous ! » Quand elle le fait enfin, en 1887 — elle a trente-neuf ans —, cette même presse triomphe, glose sur ce dénouement paradoxal et souligne le contraste entre ses diatribes furibondes à l'égard des maris assassins et rapaces et « l'épouse douce et docile qu'elle est, de notoriété publique ». L'homme qu'elle épouse, Antonin Lévrier, est un ami de vieille date, qu'elle a connu dans les années 1870 alors que, étudiant en droit famélique, il vivotait en écrivant pour des journaux de gauche. Ils se sont longtemps rendu des services mutuels, il avait collaboré à la fondation du Droit des femmes, écrivait pour elle maints articles, elle lui prêtait de l'argent. Pourquoi alors douze ans de probation ? Il semble qu'il ait tardé à se déclarer, comme le montrent, dans les papiers d'Hubertine, deux poèmes — l'un est de la main d'Antonin, l'autre recopié par elle — où il s'encourage lui-même à publier sa flamme. Dans le même carton de documents, elle raconte obliquement leur histoire : à la troisième personne et sous le masque de noms d'emprunts, du reste transparents. Lui, c'est « monsieur Chien », dont elle fait un portrait à la fois exalté (« un orateur empoignant, une voix jeune, fraîche et vibrante, émue, un pur cristal ») et méfiant : « Est-ce un farceur, est-ce un sincère ? » Elle, c'est Liberta, tout ensemble tentée et résignée : « Ah, si j'étais belle, je crois que je l'aimerais ! » Et comme Hubertine ne s'autorise jamais longtemps le vagabondage hors des allées rectilignes de son idée fixe, elle se justifie : « Quel bonheur de partager les mêmes idées que lui ! Oh, ma République ! C'est encore toi que j'aime dans tous tes fils ardents et dévoués ! »

Que l'existence de « monsieur Chien », qui s'était installé non loin d'elle à Paris, ait dès l'origine adouci sa solitude, c'est une évidence. Après son départ — juge de paix, il a été nommé à Niort en 1882 —, elle commence à tenir un journal consolateur et compensateur. Et lorsqu'elle apprend qu'il est muté à Tahiti, elle avoue le manque, attribue à sa laideur l'échec amoureux et soupire : « Les jolies femmes ont les joies et les triomphes de l'amour ! » On ne sait trop ce qui les décide, lui à partir, elle à refuser de franchir le pas. Mais ce sera chose faite en 1887, quand on propose à Lévrier, dont la santé s'est altérée, un poste au soleil algérien. C'est l'embellie pour Hubertine, bien qu'elle doive abandonner son journal à sa collaboratrice Maria Martin. Double embellie : celle de la tendresse telle qu'elle l'avait rêvée, cette communion d'idées dont le couple Berthelot avait fourni l'image idéale (elle vénérait Berthelot, seul homme capable d'imposer par sa volonté la présence d'une femme au Panthéon !) et qui était payée de retour (Lévrier écrit à un ami qu'en dépit du bien-être qu'il éprouve à Frenda, il souffre pour elle, qui ne peut plus tenir son rang : « Mais elle ! sa place n'est pas ici ! »). À quoi il faut ajouter l'enchantement d'un paradis terrestre. Après tant d'années passées à arpenter des rues grises et à écrire dans des appartements étouffés, elle découvre la couleur : la « poussière rose, lilas, dorée, argentée » du désert, le vert des faïences dans les mosquées, l'or des foulards, l'argent des agrafes ; les bruits, clochettes des chèvres, fifres, tintinnabullement des piécettes sur les bonnets des femmes ; les odeurs, poivre, girofle, cannelle ; le contraste des goûts, douceur des gâteaux au miel et feu du piment frit ; la beauté des enfants et des femmes, charbon des yeux, pourpre des lèvres. Bien que l'émerveillement sensuel ne lui fasse oublier ni la polygamie, ni le viol légal des mariages, ni le voile avilissant, ni la cause de l'instruction des femmes et de l'assimilation de tous par l'école républicaine, une sorte de langueur et d'indulgence gagne pendant ces trois années la prose d'Hubertine. Elle trouve du charme à tout, même aux devineresses avec leurs formules magiques et leurs amulettes — « pas plus ridicules, du reste, que nos scapulaires et nos médailles ». Elle s'enchante de la douceur de l'air, de la vie bucolique, de sa gazelle Yvette, « la séductrice du désert » qui lui inspire les seules pages un peu maternelles qu'elle ait écrites. L'oasis radieuse de l'Algérie est aussi l'oasis de sa vie. Mais Antonin meurt en 1892.

La source de lumière et de chaleur vient de s'éteindre. Vient de mourir aussi, l'année précédente, l'unique enfant d'Hubertine : le journal qu'elle a confié à sa collaboratrice en partant. Dans ses échanges avec Maria Martin, elle retrouve l'accent d'âpre désolation (« Vous agissez comme si j'étais morte ») et le sens de la persécution qui sont au fond de sa nature. « Comme si j'étais morte », voilà qui donne le ton de ses dernières années : la promenade quotidienne à la tombe de Lévrier, une solitude qui s'aggrave, la fascination de la mort qui la reprend et que manifeste son regain d'intérêt pour le suicide, l'amertume qui l'étreint quand les congrès féministes épousent son combat en ignorant sa personne. À cette déréliction, elle ne trouve comme remède que l'écriture dans les journaux qui acceptent sa collaboration. Celle-ci est bientôt régulière au *Radical*, où sur son étoffe familière, le suffrage féminin, elle brode sans cesse de nouveaux festons, en plaidant pour la retraite des ménagères, la séparation des biens, l'octroi de sièges aux vendeuses. Cette activité solitaire, qui lui permet aussi de conjurer l'oubli où l'interlude algérien a risqué de la précipiter, lui convient. Non qu'elle puisse éviter, une fois de plus, l'humiliation des articles refusés et l'arrogance des rédacteurs en chef. Mais c'est encore un moyen de retrouver celui qu'elle a perdu : « Mon pauvre Antonin, qui savait bien mieux que moi faire des articles, combien aussi n'a-t-il pas eu d'amertume et d'affronts à dévorer ! »

Rien n'illustre mieux sa lucidité désolée que l'ultime visite que fait rue de la Roquette Léon Richer. La porte qu'elle ouvre au coup de sonnette inattendu révèle un vieil homme méconnaissable. Il ne la reconnaît pas davantage. Ils se font face un moment, stupéfaits du temps perdu et retrouvé. Il voulait, lui dit-il, la voir avant de mourir. Il lui confesse que la solitude l'étreint lui aussi — « personne ne vient me voir » — et lui annonce son intention de se suicider avec sa femme. Il lui demande pardon pour les années irrattrapables, les occasions manquées : ils étaient plus proches qu'ils n'avaient pensé l'un et l'autre, et la cause des femmes plus une qu'ils n'avaient cru. Pourtant, il a fait plus et mieux que Deraismes. Elle est émue, mais, toujours inflexible, n'ajoute pas ses regrets aux siens. Tous deux pensent à la mort et elle, en l'écoutant, les yeux tournés vers le Père-Lachaise si proche, elle se souvient peut-être des paroles qu'elle avait prononcées, justement sur la tombe de Maria : « Dans cette cité des morts, tu seras enfin l'égale des hommes qui t'ont dépouillée de tes droits et t'ont faite leur inférieure dans la cité des vivants. »

Sidonie-Gabrielle Colette est née en 1873 à Saint-Sauveur-en-Puisaye. La maison, l'école, la campagne de ce bourg bourguignon, où elle passe une enfance et une adolescence de sauvageonne, seront pour elle, la vie durant, une inépuisable matière littéraire. Elle s'en évade à vingt ans pour épouser un personnage de la vie parisienne, répandu dans le monde des lettres et du théâtre, Henry Gauthier-Villars, dit Willy. C'est lui qui inspire et cosigne la série des Claudine *(1900-1903), collaboration sanctionnée par le succès et le scandale, mais vite rompue par le divorce du couple en 1906. Cette rupture ouvre dans la vie de celle qui signe désormais « Colette » une période de crise, dont témoignent* La Retraite sentimentale, *en 1907, et* Les Vrilles de la vigne *en 1908, mais elle est aussi un apprentissage de l'autonomie, à travers la carrière errante de l'actrice de music-hall, qui lui inspire une nouvelle série de romans, dont* La Vagabonde *en 1911. Auprès d'Henri de Jouvenel, qu'elle épouse en 1912 et dont elle a une fille en 1913, elle entame une œuvre de journaliste au* Matin, *tout en continuant à égrener les romans dont* Le Blé en herbe *en 1923. Le mariage est une fois encore rompu. Auprès de Maurice Goudeket, enfin, elle trouve un équilibre définitif et voit son talent unanimement reconnu et célébré. Enchaînée par la paralysie à son logis-tanière du Palais-Royal, elle se détourne de la fiction pour les œuvres méditées des dernières années,* L'Étoile Vesper *(1946),* Le Fanal bleu *(1949). Si, à sa mort en 1954, l'Église lui refuse les funérailles religieuses, la République en revanche fait des funérailles officielles à son grand écrivain.*

Gabrielle ou la gourmandise

La première chose qui saisit, en entrant chez Colette, c'est l'odeur : ça sent bon le chocolat, la cire, la pêche mûre, le pain grillé. Les murs renvoient des bruits rassurants et domestiques : quelqu'un heurte une carafe, savonne, déplace des assiettes, fait couler un bain. La lumière est douce, qu'il fasse jour ou nuit. Partout des rideaux, des coussins, des canapés, où traînent des corsets et des bottines, où brillent l'argent d'un velours, le vert cru d'une mousseline. Beaucoup de miroirs aussi, sur des tables à coiffer que submergent les poudres, les rouges, les pinceaux, le khôl. Ici, on le sent tout de suite, on s'absorbe dans des activités indispensables et frivoles : corriger un menton qui s'affaisse, ombrer une joue, sucrer une camomille, épingler un chignon, raccourcir un ourlet. Et l'on comprend aussi qu'il n'y aura, parmi les silhouettes qui tournent autour des meubles dans la pénombre des volets tirés, que des femmes ; des brunes, des rousses, des châtaines, des blondes, rondes ou déliées, acides ou mûres : tout un pensionnat sans façon qui évoque le collège, ou le bordel.

Car l'univers de Colette est, à tous les sens du terme, la maison close. À quoi sans doute on peut beaucoup objecter. Car les biographes de Colette ont construit leurs livres sur l'ambivalence de sa personnalité, souligné chez elle l'alliance paradoxale de la liberté et de la soumission, le goût de la clôture et la haine de l'enfermement. Elle n'a cessé, en effet, dans la vie comme dans la littérature, d'aller et venir entre la Bourgogne et Paris, la garçonnière et le jardin de curé, le music-hall et la treille, le pur et l'impur. Elle a fait de Claudine, sa première héroïne, une paisible effrontée qui chérit la maison provinciale de Montigny-en-Fresnois mais s'en échappe pour courir les sapinières. Au centre de son œuvre, deux romans aux titres éloquents, *La Vagabonde* et *L'Entrave,* content deux destins contrastés : il s'agit pourtant de la même femme, cette Renée Néré en qui Colette a résumé son expérience professionnelle et son parcours amoureux.

L'aiguille qui oscille perpétuellement dans les romans de Colette entre l'ouvert et le clos finit pourtant toujours par indiquer le refuge. Nul ne doute que la fille des bois reviendra au bercail, sans compter que l'exploration de la forêt conduit toujours Claudine à des lieux maternels, la source ronde ou le chêne sous lequel se blottir l'orage venu. Renée Néré elle-même, toute vagabonde qu'elle soit, ne rapporte guère de ses tournées l'air dépaysant du vaste monde, mais l'atmosphère confinée des coulisses, des wagons, des loges, des chambres d'hôtel, autant de cellules sans surprise qui abritent une existence quasi monastique. Colette, comme son voisin Cocteau, pourrait dire : « Je voyage bien peu. » Au reste, lorsqu'elle doit souligner sa différence avec sa grande amie Marguerite Moreno, c'est ce point qu'elle retient : « Elle voyagea, je ne bougeai guère. » Entre la conquête enivrante de nouveaux horizons et l'approfondissement du même espace, cent fois battu et rebattu, Colette jamais n'hésite. La description du panorama n'est pas son génie, la terre vue d'avion la déconcerte et l'ennuie. Ce qu'elle célèbre n'est pas le lointain mais le tout proche, sa lyrique n'est pas celle des départs mais des retours, son registre est celui de la petitesse. Renée Néré, alors que son amant contemple et révère l'espace grand déployé, n'est occupée, elle y voit le signe d'une incompatibilité sans remède, que du zigzag menu d'un lézard dans l'herbe.

Et c'est pourquoi le fameux « sentiment de la nature », si unanimement vanté chez elle, est si ambigu. Ce que Colette aime, c'est la nature domestiquée, arrangée, un peu léchée même, toujours délimitée. Bien moins les champs ouverts que le jardin reclus. Chaque fois qu'une des héroïnes de Colette commence le travail du deuil, a besoin de lécher ses plaies et de se dorloter, elle revient se terrer dans la maison natale et dans sa rassurante annexe, le jardin. Toucher le sol de la naissance est une thérapie d'autant plus efficace qu'elle est peuplée de femmes, mères et sœurs réelles ou imaginaires, et qu'on est assuré de voir les hommes passer très au large. Aucune autre œuvre littéraire ne donne à ce point le sentiment de la séparation entre les sexes. D'un côté, il y a les hommes, espèce étrange décrite avec l'œil objectif et intrigué du naturaliste. De l'autre, les femmes, espèce familière désignée à l'évocation subjective : « Nous autres femmes ». Entre ces deux peuplades, ces deux contrées, la frontière peut-elle être passée ? L'œuvre de Colette n'exclut pas tout à fait la bonne fortune de tel contrebandier, de telle contrebandière. Mais elle s'attache avec prédilection à en montrer l'improbabilité.

◆

Nous autres femmes donc. Les livres de Colette sont un réservoir d'aphorismes sur ce que font, ou ne font pas, *les* femmes, sur ce que pense *la* femme. Le pluriel et le singulier offrent un canevas également impérieux, qui laisse très peu de chances à la broderie des initiatives individuelles. « Nous autres femmes nous mourons peu hors de chez nous. » « Nous femmes nous nous plaisons au sein des demi-mensonges. » Toutes les femmes de Colette ont les mêmes instincts (de conservation et de survie), les mêmes appétits (de victoire physique), les mêmes gestes (se parer, s'offrir). À aller ainsi de sentence en sentence, on est tenté de croire qu'on écoute ici philosopher non Colette, mais madame Michu.

De toute cette platitude, Colette se sauve pourtant par le goût du paradoxe et la propension à user de l'oxymore. Son talent est de mettre la conformité au service de la non-conformité, car si les femmes se ressemblent entre elles au point qu'une même phrase sentencieuse peut prétendre enfermer leurs diverses destinées, elles ne ressemblent en rien aux stéréotypes de l'éternelle féminité. Ce qui pour tout autre que

Colette ne serait pas féminin lui sert à égrener les traits du « bien féminin ». Le « bien féminin » de Colette, c'est d'abord la hardiesse, ce que montrent déjà, dans son premier livre, les écolières délurées de Saint-Sauveur ; ces gamines insupportables sont sans doute filles de Willy autant que de Colette ; Colette pourtant, même émancipée de Willy, n'a jamais renoncé à souligner l'impudeur des femmes : la Vinca du *Blé en herbe,* qui devrait pleurer après l'initiation, arrose joyeusement son pot de fuschia, la Camille de *La Chatte* s'installe, dès le lendemain des noces, dans l'exhibition impudique. Le « bien féminin », c'est encore la brutalité, le regard impitoyable qui n'épargne personne et surtout pas soi, comme le montre le rapport cru de la femme et des miroirs où elle traque sans faiblesse les signes imperceptibles de la première flétrissure. C'est le réalisme, le renoncement à toute enjolivure, l'évaluation sans fard du monde tel qu'il va. C'est la rapacité, l'aptitude à compter, l'avidité de l'argent, l'honnêteté dure de la commerçante. C'est le goût de la collection : « Je les ai tous eus », dit Léa des hommes. Ce peut même être la férocité : les femmes, qui ne se tuent pas elles-mêmes, peuvent s'installer paisiblement dans l'assassinat. Mais c'est aussi le courage, tissé d'une extraordinaire résistance au malheur. C'est l'esprit de décision. Des deux enfants jumeaux aperçus dans *Les Vrilles de la vigne,* sous l'identique jersey rouge et le bonnet à pompon qui coiffe les mêmes cheveux paille, à quoi reconnaître la petite fille ? Ni à la fragilité ni à la grâce, mais à l'« impérieux bras nu ». Et entre deux lettres, à quoi identifier celle qu'une femme a écrite ? Au grand et péremptoire graphisme vertical. Bref à celles qu'on a coutume de décrire, Colette s'en amuse, comme de frêles créatures, elle substitue des êtres ivres de leur propre force. Sont-elles donc en acier, s'interroge-t-elle, ces robustes héroïnes ? « Elles sont en femmes et ça suffit. »

Est-ce la guerre, qui a mis les femmes au travail, est-ce l'après-guerre, qui a produit les garçonnes ? Pas seulement : rien n'est plus éloigné de Colette que l'interprétation historique ou sociologique et Sido, la mère, modèle archaïque pourtant, présente déjà le visage indomptable que Colette prête aux femmes. Il ne faut donc pas, en dépit des quelques textes qui détaillent les changements survenus dans les mœurs, attribuer cette représentation paradoxale à l'époque : même si l'air du temps donne plus de netteté encore aux traits féminins, ils sont bien ceux de l'espèce. Quand Pierre Moreno annonce à Colette la naissance d'un garçon, elle lui prédit qu'il va devoir compter avec un être timide et mélancolique ; mais quand c'est une fille, elle salue la double bonne nouvelle : c'est donc « une bonne graine femelle tenace ». De toute éternité, les femmes sont ainsi faites : tel est le constant verdict de Colette. Il n'y a pas d'histoire des femmes, ni même de condition féminine, mais la force obscure d'une commune destination.

En face, dans l'autre monde, que les femmes observent avec la curiosité détachée de l'ethnologue, règne aussi la similitude, signalée par l'usage d'un pluriel ou d'un singulier également collectifs ; *les* hommes, *l'*homme, une espèce particulière, aux lois de laquelle nul individu n'échappe : « cabotin comme tous les hommes ». La seule différence est que l'espèce, cette fois, est vue à distance et qu'elle ne se révèle qu'à un regard féminin dépourvu de sympathie spontanée, dans une étrangeté qui tourne à l'irréalité. Les héros masculins des romans de Colette, plats comme des cartes à jouer, n'ont ni armature morale (infidèles, inconstants, toujours prêts à la dérobade) ni statut social : ils ne travaillent pas, quand ils ont un travail ils ne s'y intéressent guère ou l'abandonnent, se définissent par la fortune de papa (Gaston de *Gigi*) ou l'entregent de maman (Maxime de *La Vagabonde*), ont avec l'argent, qu'ils trouvent dans leur poche, des rapports magiques et ne manifestent que de menus talents, ménagers le plus souvent. Éternels enfants, au demeurant, qu'ils soient jeunes ou vieux. Colette elle-même a jugé sévèrement ses brumeux personnages masculins, confessé le plaisir qu'elle avait eu à se débarrasser de Renaud, séducteur sur le retour, sa difficulté à faire de Maxime et Jean autre chose que des figurants, des ombres évanescentes. Les hommes, chez Colette, sont toujours menacés d'évanouissement. Pour trois fois rien, ils s'abattent sur les tapis, se suicident, comme Michel et Chéri, ou s'y

emploient, comme Tony et Couderc, meurent littéralement
d'amour. « Les pauvres », soupire, condescendant et ironique,
le chœur des femmes.

On peut lire ici un trait d'enfance. Le père de Colette
n'était sans doute pas, comme le père qu'elle a prêté à Claudine,
un aimable fantoche. Mais il menait au sein de la famille une
rêverie latérale, étranger au groupe soudé que formaient Sido et
les enfants. Personnage énigmatique au demeurant, inabouti : le
capitaine Colette, qui avait été amputé d'une jambe à la
campagne d'Italie, avait aussi des ambitions littéraires tron-
quées. Mère et enfants trouveront après sa mort ses œuvres
complètes, beaux volumes méticuleusement reliés, mais vierges,
en dehors de leurs titres calligraphiés, de toute écriture (la fille
écrira en lieu et place du père, et même, lorsqu'elle aura, en
signant Colette tout court, abandonné le patronyme conjugal,
au *nom* du père). Durant son existence, le capitaine avait
entretenu chez ses enfants l'éloignement gêné que suscite en
retour la gêne des timides. Colette s'affligera de retrouver si
nuageuse, si indécise, la mémoire de son père : « Étrange que je
l'ai si peu connu. » Elle ne réussira pas à rendre beaucoup plus
vigoureux le dessin de ses propres héros.

Peut-on malgré tout comprendre de quoi est fait pour elle
l'éternel masculin ? Une fois encore, la conformité marque un
portrait qui ne doit rien aux individus et tout à l'espèce. Mais
une fois aussi le paradoxe s'y est logé : Colette transfère au sexe
fort les traits qui composent le stéréotype du sexe faible.
Penchée sur le berceau de ses créatures masculines, auxquelles
elle a refusé les vertus morales, la fée Colette leur accorde la
beauté (que les femmes saluent dans une litanie éblouie : « ma
beauté, ma petite merveille ») ; la vanité, le plaisir qu'il y a à se
laisser admirer, à exhiber des cernes mauves, une bouche rouge,
des yeux « de vieil argent », un poitrail musclé ; le goût de la
parure, l'habileté à épingler une perle sur une cravate, à bomber
le torse et à jouer de la prunelle ; la terreur du vieillissement,
l'anxiété mise à guetter au miroir la ride et la flétrissure, que les
femmes enregistrent et détaillent sans pitié ; la gentillesse,
encombrante et pataude ; la fragilité maladive (« mon petit,

mon pauvre petit », disent les femmes à ces enfants fiévreux) ; l'indigence de la pensée enfin : il réfléchit donc, s'étonne Minna de *L'Ingénue Libertine* ? Et quand Renée de *L'Entrave* s'aperçoit que Jean parle, qu'il pense, elle tient sa découverte pour un miracle. Rien de surprenant alors à ce que ces pures présences physiques aient tant de mal à susciter chez les lecteurs de Colette la croyance. Sans vie sociale, sans préoccupations intellectuelles, ils ne parviennent pas à exister. « Héros sans empreinte », dit leur créatrice elle-même.

Irrémédiablement médiocres ? Il suffit d'écouter les femmes entre elles. La conversation féminine ne se contente pas de traiter l'homme en objet, elle le rapetisse, voire l'avilit ; au point que cette condescendance, ce commun agacement — celui même des adultes devant les enfants inconsistants et menteurs — lient des femmes qui devraient être des ennemies. Jane et Fanny, dans *La Seconde*, oublient leur rivalité dans l'affectueux mépris qu'elles portent à Farrou. Dans *Julie de Carneilhan*, Marianne et Julie ont beau se haïr, leur commune absence d'illusions sur Herbert les unit dans une manière de sororité désenchantée. La litanie dont les femmes de Colette bercent leurs amants dit assez leur conscience de la puérilité, de la frivolité masculines : « beau rasta », « grande rosse », « petite frappe », « grand serin », « mauvaise bête », « belle crapule », « Satan sans cœur ». Quand Colette rencontre celui qui sera son troisième et dernier mari, elle décrit ce Maurice Goudeket à Marguerite Moreno en usant du même vocabulaire, mi-tendre, mi-vulgaire : le « gars Maurice » est à la fois un « salaud », « un chic type » et « une peau de satin ».

Ils sont ainsi faits. Elles sont ainsi faites. Ni elles ni eux n'échappent au verdict monotone de la facticité. Et comme cette facticité est inverse et antagoniste, on peut prévoir que les deux mondes ne se rencontreront pas. Les hommes, à l'exemple de Michel dans *Duo*, soupireront : « Elles sont toujours pires que ce qu'on imagine. » Et nulle femme ne livrera mieux que la fruste Maria, dans ce même *Duo*, le fin mot de l'affaire. Blessée au bras par le coup d'un tisonnier conjugal, elle s'interroge : « De quoi se revenge-t-il ? » Pour conclure aussitôt : « De ce qu'il est mon homme et de ce que je suis sa femme. » C'est donc avec un obscur soulagement que les femmes regarderont les hommes passer très loin des murs protecteurs où elles se retrouvent entre elles et qui abritent leur complicité, voire leurs amours.

Les amours saphiques de Colette ont défrayé la chronique. Il y a d'abord eu l'Américaine Georgie Raoul Duval, la Rézi de *Claudine en ménage*. Puis les femmes qui fréquentaient, rue Jacob, le « temple de l'amitié » : Natalie Clifford Barney, qui l'avait imaginé, et aussi Renée Vivien. Mais entre toutes Missy, la marquise de Belbeuf, dernière petite-fille du duc de Morny, qui se lia à Colette entre la rupture avec Willy et la rencontre avec Henri de Jouvenel. Cette Missy plus âgée, la « chevalière » dans *Le Pur et l'Impur*, « l'autre » dans *Les Vrilles de la vigne*, l'accompagne alors dans les tournées de music-hall, lui fait don de Rozven, la maison bretonne que Colette a immortalisée dans *Le Blé en herbe*, et généralement lui adoucit la vie. Ce rôle protecteur et maternel joué par Missy auprès de Colette, Sido la mère le comprendra immédiatement ; elle avait porté à Willy une immédiate méfiance, mais adressait dans chacune de ses lettres ses « amitiés grandes » à Missy, en la remerciant de veiller sur sa fille, apparemment insoucieuse des rumeurs qui entouraient la liaison des deux femmes, surtout après l'affaire du Moulin-Rouge : sur cette scène, en 1907, elles se produisaient dans un « Rêve d'Égypte » tout à fait kitch, où Missy, en travesti masculin, devait défaire une à une les bandelettes d'une Colette momie. Les sifflets de la claque du duc de Morny avaient salué ce *strip-tease,* pendant que Willy, pourtant copieusement traité de cocu, applaudissait à tout rompre, enchanté comme à l'habitude de tout ce qui ferait parler de lui. Missy dut abandonner le rôle, mais une brume de scandale n'en continua pas moins de flotter autour de Colette, de ses écrits, de sa vie.

L'homosexualité a fourni à Colette la matière de ses livres les plus étranges, comme *Le Pur et l'Impur*, à la fois très directs et très obliques. Elle a confié qu'elle avait eu du mal à se faire accepter comme femme, trop virile sans doute pour cela ; à quoi souscrit son amie Marguerite Moreno, qui l'invite à se souvenir que « certaines femmes représentent pour certains hommes un danger d'homosexualité ». Elle a cherché à mesurer la part tenue par le plaisir dans la rencontre amoureuse entre femmes : petite, très petite à ses yeux. Les dames à veston et à cravate ne cherchent pas avant tout le plaisir et pas du tout la polissonnerie. Elles poursuivent, dans un miroir complaisant, une chimère, une image d'elles-mêmes à la fois fidèle et flatteuse. Elles cherchent la sécurité qui naît de l'étroite ressemblance, la certitude de caresser un corps dont elles connaissent déjà les secrets, un pays familier. Elles veulent aussi la durée : Missy la « chevalière » rêve d'un calme climat sentimental, d'un temps que ne ronge pas la pensée de l'avenir, de l'égalité monastique d'une vie dévouée à une identique création affective. Rêve qu'incarnent les douces demoiselles de Llangollen, qui firent scandale en 1778 en se cloîtrant dans un village gallois où elles menèrent, pendant que s'enflammait le monde, une vie conventuelle entre leur feu, leur jardin, leurs meubles cirés, leur mouton froid, dans les constantes délices de la présence. L'inhabituelle tendresse avec laquelle Colette conte l'histoire des deux amies dit assez qu'au rebours de sa réputation sulfureuse son idéal était le quiétisme amoureux.

Si ces « dignes, douces et folles créatures » vivaient aujourd'hui, commente Colette, elles auraient troqué leurs habits d'Ancien Régime pour la salopette et les cheveux courts, conduiraient, cigarette à la lèvre, leur « auto démocratique » et Marcel Proust leur prêterait des « appétits scandaleux ». Erreur profonde, qui consiste à peupler Gomorrhe de mauvais anges et à calquer sur l'homosexualité masculine l'homosexualité féminine, qui est tout autre chose. Colette fait sienne l'indulgence amusée de son héros Renaud (elle a été aussi celle de Willy qui habillait Colette et Polaire en jumelles équivoques) devant un engagement de peu de conséquence, sans arrogance ni cynisme, où la peur double toujours la liberté. Des lesbiennes, elle dessine un portrait collectif d'orphelines jamais tout à fait assurées de leur penchant, peu prosélytes, alors que Sodome est « énorme, éternelle ». Les homosexuels se contentent amoureusement des hommes et oublient absolument la femme. Jamais les homosexuelles — et voilà pourquoi Gomorrhe et Sodome ne sont pas des contrées jumelles — ne parviennent à cette bienheureuse indifférence. Les « dames en veston » restent des détractrices hargneuses et apocryphes de l'homme, preuve qu'elles ne l'oublient jamais. Il n'y a donc, en définitive, qu'une homosexualité, celle des hommes. Entre femmes, le sentiment amoureux naît après qu'elles ont été blessées par les hommes et dans l'espoir de la guérison. C'est dire aussi qu'entre le monde des hommes et celui des femmes, si étrangers l'un à l'autre, il y a parfois une rencontre. Toute brève, périlleuse, malchanceuse qu'elle soit, elle n'en porte pas moins un nom éclatant, à la réputation sans doute usurpée, et qui est l'amour.

◆

L'amour surgit dans l'existence comme une catastrophe, un accident, une effraction, une maladie violente, un mauvais songe. Impossible de s'en protéger, car il n'y a pas de préavis. Impossible, tant qu'il dure, de réfléchir. Impossible d'en tirer les leçons : la femme la mieux avertie n'en retournera pas moins aux hommes et à l'amour. Impossible de l'envisager autrement que comme une guerre, où le duo tourne au duel et qui ne peut que mal finir.

Pourquoi ? C'est que l'amour n'annule pas la barrière que Colette a si fermement dressée entre les sexes. Il annule seulement, encore n'est-ce que temporaire, l'idée qu'on s'en fait. Dans les rares textes de Colette où il semble que l'amour instaure un échange, ce n'est jamais entre deux êtres que l'assaut d'un mal identique, où l'illusion de l'unité naît du pur hasard de la simultanéité. Dès qu'il frappe une femme, elle cesse de s'appartenir, de se reconnaître même, car l'amour n'a pas de rapport avec la personnalité profonde et opère une métamorphose telle que Claudine, quand elle rencontre Renaud, s'attend à voir muer la couleur de sa peau et de ses yeux. Les goûts de l'être aimé restent lettre morte pour celui qui aime et ils deviennent même, dans la grise quotidienneté de la vie commune, des tics monstrueux qu'on a tout loisir d'inventorier. L'amour n'ouvre donc aucun partage (et l'homme qui déclare vouloir partager est tout bonnement avide de « prendre sa part »). Aucune conversation ne jette un pont entre les amants, ne favorise aucune connaissance. « Je ne sais pas qui tu es », dit à Jean la Renée de *L'Entrave*. Ni éclairé, ni tendre, ni miséricordieux, l'amour n'est jamais un remède à la solitude. Il double la solitude de chacun de l'évidence soucieuse d'une autre solitude, devient un tourment « toujours recommencé ».

Le couple est donc absent des romans de Colette. Il y a bien l'entente de Renaud et de Claudine, d'ailleurs célébrée comme exception miraculeuse, mais Colette a dit à quel point le personnage de Renaud lui paraissait fabriqué. Et quant à Gigi, quant à Minna, l'heureux dénouement qu'elle leur a ménagé n'est que le matin de leur existence : le lecteur de Colette a le loisir d'imaginer que le soir aussi sera beau, mais il est très loin d'en jurer.

Sans doute, il y a la volupté, mais elle ne tient qu'une place infime, courte et convulsive, dans ce que Colette appelle « le désert illimité de l'amour ». Chez elle, le plaisir est toujours sombre. À cette description elle a gagné, elle qui pourtant ne met en scène que des créatures un peu louches, souvent vénales, cocottes, gigolos, écolières vicieuses et séducteurs cruels, une réputation de quasi-sainteté auprès d'un romancier comme Mauriac, trop heureux de vérifier à quel point le monde du plaisir est morne. Le lit, qui est pour les personnages de Colette le terrain même de la vérité, est aussi un étouffant tombeau : la couche nuptiale, que la jeune Colette aperçoit à la noce d'Adrienne Septmance, est entourée d'un terrifiant mystère. Et c'est précisément ce sombre secret, fascinant et répulsif à la fois, qui jette les innocentes dans les bras de ceux qui se contentent, eux, d'évoquer des « moments agréables ». Reste que si exigeante soit-elle — car chez Colette comme chez son Annie de *La Retraite sentimentale*, c'est toujours le corps qui pense —, la sensualité ne renvoie jamais qu'à elle-même. Rien donc de plus inadéquat pour Colette que le vocabulaire convenu qui veut que la femme amoureuse se « donne ». Nul jamais ne se donne, la possession est une illusion. « Je n'aime, dit Annie, et ne comble en vérité que moi-même. »

En montrant avec prédilection la cendre que laissent les flammèches du désir, Colette fait-elle une confidence oblique ? Tout porte à croire que l'abominable Willy fut une catastrophe amoureuse. Fiancé cynique, il avait écrit à son frère que malgré l'absence certaine d'argent et probable d'amour, il épousait tout de même. Devant le viveur parisien qui fréquentait la maison familiale, l'intrépide petite villageoise de Saint-Sauveur, si gracieusement garçonnière, avait de son côté fait sans doute le rêve impur qu'elle prête à toutes ses ingénues : être un spectacle libertin pour un homme déjà mûr. Dans le cas de Willy, il s'agissait aussi d'un homme dénué de séduction physique, déjà empâté, déjà chauve ; mais beau parleur, orné de ses talents de critique musical et de journaliste, auréolé de son expérience parisienne. Tout cela en morceaux dès le lendemain des noces. Aucun récit direct ici, mais que d'éloquents indices ! Le bouquet d'œillets rouges sur la robe blanche de la mariée, qui la fait semblable à une « colombe poignardée ». L'affreuse tristesse de Sido qui a veillé toute la nuit dans la certitude du désastre. Le wagon qui emporte à Paris, avec des hommes qui ont déjà paisiblement repris leur compagnonnage de vieux garçons, une mariée que « mille lieues, des abîmes, des découvertes » séparent de la jeune fille d'hier. Profondément, irrémédiablement changée, car rien ne compte en amour — autre certitude empruntée à Sido — que le premier, dont on ne guérit jamais. Rien de plus étranger à Colette que le sentiment, si vif et si jeune chez George Sand, que tout amour est régénérateur et fait rebondir à neuf l'existence. Il ne fait au mieux qu'en donner l'illusion. Quand Colette, en 1925, raconte à Marguerite Moreno sa rencontre avec Maurice Goudeket, elle se décrit comme pourvue de la confiance départie aux gens qui, tombant d'un clocher, « planent un moment en l'air dans une confortable féerie et n'ont mal nulle part ». Reste que le sol les attend.

Ce que le temps réserve à la femme qui aime, elle l'a appris de l'existence d'une vie conjugale asservie. Il s'était d'abord agi d'un esclavage littéraire. Il était dit que les hommes de la vie de

Colette, le père, puis le mari-père, auraient le même recul devant la page blanche. À ceci près que Willy en triomphait à l'aide d'une équipe de nègres, dans laquelle il enrôla Colette. L'enfermait-il à double tour, comme elle l'a raconté, jusqu'à la voir produire le nombre de pages espéré ? En tout cas il signait à sa place, elle l'acceptait. Comme elle dut aussi accepter bientôt d'être trompée, non sans découvrir en chemin le sentiment dévorant de la jalousie. Elle apprit alors en prime que cette torture peut rencontrer chez les femmes un obscur assentiment. Polaire, que son amant battait comme plâtre, l'appela un soir à son secours, elle y courut, ce fut pour découvrir, au lieu d'une malheureuse criant à l'aide, « une victime pâmée, ravie, maîtrisée ». Sur les photographies qu'elle avait gardées du temps de Willy, elle se trouvait « une expression tout ensemble soumise, fermée, mi-gentille, mi-condamnée », qui lui faisait honte. Et elle se souvenait d'avoir, dans sa rencontre avec Lotte Kinceler, la maîtresse de Willy, perdu d'un coup l'intransigeance juvénile dont elle était fière : avoir appris à tolérer, à ne pas voir, à pactiser avec l'ennemie, à dissimuler. Dans cet ensemble de parades, de fourberies quotidiennes, de diplomatie, de résignation, tient l'indignité de la vie amoureuse. Aimer, c'est obéir.

Pour mieux décrire cet irrépressible penchant féminin à la servitude, Colette use libéralement de l'adjectif « femelle », des métaphores de l'animalité (la femme cherche la laisse et le collier, se couche au pied d'un maître, chienne soumise et penaude qui adore être rudoyée) ou de la machine (Annie privée d'Alain est un joujou d'un sou, dont la clef s'est perdue). Et il ne faut pas espérer que la marche des temps et des mœurs ou la singularité des caractères puissent modifier la rigidité d'une destination collective. Il y a chez Colette des héroïnes particulièrement soumises, enivrées de servir : la moelleuse, la bonne Fanny, de *La Seconde*. Mais même Jane, le double voyageur et dégagé de Fanny, est serve. Même Julie, si hautaine, accepte de se faire la dupe consentante de Herbert. Même Renée, si lucide, qui a durement et solitairement gagné son indépendance, retourne à *L'Entrave*. Toutes des nonnes, entrées en amour comme en religion, toutes des infirmières qui incarnent l'impérieux instinct féminin de la soumission.

On se frotte les yeux. N'est-ce pas la même Colette qui campait les femmes en créatures robustes, voire brutales, expertes à tirer parti de l'adversité même, paisiblement dominatrices ? Ne peut-on y voir une revanche du poncif sur celle qui avait pensé inverser les poncifs ? Ce serait vrai si Colette souhaitait par là rendre compte de la vie féminine, alors qu'elle prétend seulement décrire la vie de l'amour. Or, elle tient que ce n'est pas là qu'il faut chercher la vérité de la femme. Bien au contraire : la flamme amoureuse obscurcit cette vérité, distribue autrement les frontières de la liberté et du servage, brouille les lignes du tableau. Les femmes, dans la saison d'amour, sont méconnaissables. Elles le savent, du reste, ce qui excuse sans doute leur impudique propension à la confidence amoureuse : en racontant leurs amours, elles ne disent rien d'elles-mêmes. Ainsi Annie, ainsi Claudine : la seconde est devenue une « vagabonde assise », la première une « fausse évadée », des âmes doubles, déboussolées, pour un temps au moins. Mais on pourrait en dire autant des hommes, à qui le mal d'amour fait perdre aussi leur profonde identité. Le paradoxe, ou le malheur, veut que dans l'abandon commun de leurs différences, les deux sexes ne se rejoignent pas, mais fabriquent de nouveaux antagonismes. Il n'y aura donc jamais de rencontre heureuse entre les sexes, les couples de Colette sont toujours désaccordés. D'abord par l'âge : tantôt hommes mûrs avec des tendrons, tantôt adolescents avec des quinquagénaires, situations vaguement incestueuses — ce fut celle de Colette dans deux sur trois de ses mariages — qui favorisent l'esclavage d'un des sexes. Désaccordés d'une manière plus décisive encore par un implacable mécanisme de compensation : que l'homme soit ardent et jaloux, et il est alors pour la femme un pillard, un ennemi ; mais qu'il soit adorant et tendre, comme l'est Vial dans *La Naissance du jour*, et il est nécessairement un subalterne, un inférieur, à peine une tentation, tout juste un prétexte à tourmenter, à rudoyer. Le penchant à la servitude n'est donc pas tout uniment une inclination féminine, mais le lot dévolu à celui des deux qui aime le mieux, ou, si l'on préfère, qui est le plus gravement atteint. L'égalité est donc une chimère, la guerre des sexes ne connaît pas de trêve. Du moins tant que dure la saison d'amour.

Il n'est pas simple d'en sortir. Encore que le premier amour soit le seul véritable, selon la leçon de Sido, qui remontre à sa fille qu'après lui la vie conjugale n'est qu'une carrière, l'amour qu'on croit éteint reprend et, avec ce nouveau feu de paille, renaît l'impossibilité de l'authenticité : dans les figures imposées de cette danse, tristesse et joie ont toujours d'autres causes qu'elles-mêmes. Vient pourtant le moment de vérité. Dans la vie de Claudine, Renaud n'a été qu'un épisode, et sa mort la rend à elle-même. *La Naissance du jour*, le plus beau livre de Colette, même s'il est un roman raté, met explicitement en scène l'entrée des femmes dans la saison de la vérité, qui est aussi celle du renoncement raisonné à l'amour. Il raconte la décision prise par une femme mûre, la narratrice, Colette elle-même, de refuser la dernière occasion amoureuse qui se présente sous la forme d'un très jeune homme, Vial. Celui-ci, il est vrai, est une ombre si légère, si grise, si peu convaincante, qu'on peine à croire qu'il ait pu incarner une vraie tentation. Mais peu importe, au fond : Vial n'est que le prétexte à décrire l'accès à un monde désormais soustrait à la passion, où dans une paix bienheureuse on pourra laisser venir la « naissance du jour ».

Il faut beaucoup d'audace pour donner à un crépuscule les couleurs de l'aurore. Mais à la sortie de l'amour et même au mépris de l'amour, les femmes, Colette en est certaine, ont beaucoup à gagner. La sérénité de la liberté d'abord, l'heureuse vacuité d'une existence qui a rompu avec l'agitation militante de la vie sentimentale, l'invulnérabilité surtout. La femme qui entre dans la vieillesse renoue avec ce qu'elle a perdu en acceptant l'amour : l'intégrité hautaine, l'autosuffisance qui sont celles de la petite fille, avant le temps des humiliations. Dans *Les Vrilles de la vigne*, elle se décrit elle-même à douze ans, « solide, la voix rude, deux tresses trop serrées qui sifflaient autour de moi, mains roussies, griffées de cicatrices, un front carré de garçon ». Une « reine de la terre », et c'est encore cette royauté fugitive qu'aperçoit de la fenêtre d'un wagon Renée la vagabonde, dans la silhouette d'une fille de douze ans, campée à la lisière d'un bois, l'air insociable, avec « des yeux sans âge, presque sans sexe ». Vieillir, malgré le travestissement physique que l'âge impose, c'est retrouver ce privilège, échapper à « l'âge d'être femme », c'est-à-dire tout à la fois à l'âge et au sexe. C'est découvrir que les périodes désertées par l'amour ne sont pas les blancs de la vie d'une femme. Et c'est acquérir, de surcroît, la possibilité d'échapper enfin à la guerre des sexes. Commence alors, entre l'homme et la femme, une trêve fraternelle : « L'homme regarde émerger sa sœur, son compère. » Place au dialogue, place à l'amitié. « Ce n'est pas un homme c'est un ami », dit Renée. On ne peut mieux dire que l'homme est un adversaire et qu'on ne peut le voir en ami que lorsque, cessant lui aussi d'être un représentant de l'espèce, il peut montrer qu'il est un individu singulier.

Pour qu'une femme accède au bonheur de reprendre possession d'elle-même, il suffit donc d'attendre que passe, comme fait un jour de pluie, la perturbation passagère de l'amour. Ici se résolvent les contradictions apparentes de Colette. La décrire partagée entre la soumission et la liberté donne peu à comprendre, pas plus qu'opposer dans ses romans les femmes libres et les femmes esclaves. Car la dualité des destins féminins ne se distribue pas selon les tempéraments, mais s'échelonne sur l'axe du temps.

◆

Ainsi s'explique la tiédeur, chez Colette, des accents revendicatifs. Il lui arrive pourtant de conter l'histoire de femmes battues, abîmées, terrorisées. Les faits divers qu'elle récolte pour *Le Matin, Le Figaro, Le Petit Parisien* lui apportent leur moisson de silhouettes pitoyables et exemplaires : il y a celle qui raconte dans un commissariat la dérive de son homme vers la folie meurtrière, celle qui, traquée, se réfugie dans une caverne ; toutes mal défendues par le code, poussées à bout par le désespoir, pourtant obscurément résignées. Il arrive aussi à Colette, malgré l'éloignement qu'elle affiche — non sans coquetterie — pour les idées, de relier cet aveuglement à l'histoire des femmes, au long passé de soumission et de monogamie des femmes françaises, de rappeler que l'indépendance brandie par les amazones des années trente est un vernis mince et menacé. Si ces notations ne composent pas chez elle de programme revendicatif, c'est précisément parce que la différence entre femmes impérieuses et femmes soumises tient beaucoup moins au temps de l'histoire qu'à celui de la psychologie, voire de la biologie : tant que les filles n'ont pas accepté l'homme dans leur cœur et leur chair, elles restent des individus autonomes. À peine l'ont-elles fait, et tout bascule. Il est donc superflu de prêcher pour la liberté : elle viendra à son heure, non comme un exercice mais comme un accomplissement. D'où l'indifférence montrée au militantisme féminin par une femme qui avait dû pourtant s'émanciper de Willy, conquérir son indépendance littéraire et dont la vie scandaleusement libre pouvait faire un drapeau. Quand les femmes vont au Congrès voir élire Raymond Poincaré à la présidence de la République — on est en janvier 1913 —, Colette dit les « admirer ». Salut convenu qui accompagne une totale incompréhension. Les raisons qu'elle finit, en cherchant bien, par leur découvrir (le sens immémorial de l'entregent, le goût de l'intrigue) ne grandissent pas leur participation. Si opaque est en réalité pour Colette leur présence au Congrès qu'elle est persuadée que ces femmes s'ennuient et cherchent seulement à se donner l'illusion de l'importance. En outre, à peine sont-elles entrées à la Chambre des députés, la vulgarité les gagne, leurs voix tournent à l'aigre, leur charme les abandonne : un charme, ajoute-t-elle, renouant ainsi avec les plus convenues des images, nécessairement fait d'incompétence, d'embarras, de silence.

On ne lutte donc pas pour la liberté : les femmes, en dehors de l'amour, sont tout à fait libres. Et dans l'amour, pas du tout. Doit-on lutter pour l'égalité ? La question est encore plus oiseuse. Il n'y a qu'une seule égalité qui touche Colette, c'est celle des gagne-petit du music-hall, également besogneux, également consciencieux, également tourmentés par la faim et la dignité. Du reste, à l'intérieur du point de vue féminin, dont Colette ne sort guère, c'est loin d'être l'égalité des sexes qui frappe, mais la supériorité féminine. Les femmes, lutteuses jamais abattues, expertes à mettre de l'ordre dans une vie ravagée, ont pour elles la décision, la force vitale, le courage. De plus, elles ont reçu en partage la pénétration : secret des bêtes, secret des plantes, secret des êtres. Le modèle ici est Sido. Sido veut que Minet-Chéri (*alias* Colette) apprenne, enfin, ce qu'il convient aux femmes de savoir, même s'il s'agit seulement de se souvenir que le tanin contenu dans les palmes de châtaigne tache le linge en jaune. Un savoir qui peut à la limite se passer du langage, n'a besoin que de se faire accueillant aux signes, aux présages, aux souffles d'est ou d'ouest, mais dote celle qui le possède d'une infaillibilité, météorologique ou végétale. Sido sait prédire : la chatte danse, il va geler ; l'acacia embaume, le jour va se lever. Surtout, Sido sait l'essentiel : que l'amour est une incongruité, le mariage une corruption. Avec le personnage de Sido, déesse d'abondance chargée d'enfants, de roses, de chats et de pain chaud, on touche, semble-t-il, au cœur du monde sans cœur qu'est le monde de Colette. On croit alors tenir la clef de ses livres : une œuvre où brille à ce point la spécificité féminine doit presque nécessairement faire aborder à la rive privilégiée et tendre de la maternité. Rien, en réalité, n'est aussi simple.

Car la maternité n'occupe guère de place, ni dans l'œuvre romanesque ni dans la vie. Dans l'œuvre, où passent bien peu de mères, bien peu d'enfants. Colette peint des femmes dont l'existence est remplie à ras bord par les passions de l'amour et de la jalousie. La Renée de *La Vagabonde*, femme de lettres qui gagne sa vie au music-hall, si semblable à Colette, découvre à trente-trois ans qu'elle n'a jamais songé à avoir un enfant. Même la plus tendre de ses héroïnes, Fanny, n'est pourvue que d'un beau-fils. Or Colette transpose ici quelque chose qui lui appartient : elle a confié qu'elle ne se sentait pas instinctivement mère. Elle n'aimait pas les bébés, hésita à nommer le sentiment qu'elle portait à sa fille : une « admiration minutieuse », dira-t-elle en définitive, mais l'épithète dit assez l'absence de tendresse spontanée. De fait, la petite Colette de Jouvenel — qui naquit en 1913, Colette avait quarante ans — vécut le plus souvent loin de sa mère, en pension (ce qui vaut aux lecteurs de Colette un curieux éloge de l'internat qui préserve les filles des orages domestiques et de la liberté des mœurs) ou dans le château corrézien des Jouvenel, aux mains d'une nurse anglaise. Colette, chaque fois que viennent les vacances, redécouvre sa fille avec un sentiment qui allie à l'émerveillement la stupéfaction. On peut, du reste, porter à son crédit le réalisme dur qui lui interdit de tricher avec ses sentiments profonds, la sincérité qui la pousse à en faire le constat et, une fois de plus, son aptitude à inverser les poncifs. Non, répète-t-elle, le sentiment maternel n'est pas un instinct. Non, les enfants ne sont ni tendres ni attendrissants. Non, on ne peut les comprendre : leur univers est isolé de celui des adultes par une frontière aussi étanche que celle qui sépare les hommes et les femmes, les adolescents du *Blé en herbe* restent étrangers à la tribu indifférenciée et indistincte des ombres parentales, et les frères de Colette eux-mêmes, toujours perchés au haut des murs ou à la cime des sapins, ont été des êtres de fuite, des fils de l'air. Et non, les enfants ne soulagent pas la solitude d'une femme : les femmes seules qui quêtent auprès de Colette conseils et réconfort conviennent qu'elles ont « des enfants délicieux, mais... ». Ce mais, selon Colette, introduit « l'énorme et naïve parole, parole à tout dire comme à tout éluder : ce n'est pas la même chose ». Pas la même chose, en effet, car leur tendresse, c'est à un homme qu'elles aimeraient la dispenser.

Seule mère exemplaire et seule femme vertueuse, Sido ! Pour les lecteurs de Colette, Sido est la dame du cactus rose, l'histoire édifiante qui ouvre *La Naissance du jour*. Celle qui, invitée par son gendre à venir faire un séjour auprès d'une fille tendrement aimée, décline l'invitation pour la raison que son cactus rose s'apprête à fleurir, que le prodige n'a lieu qu'une fois tous les quatre ans et qu'elle ne veut pas lui être infidèle. C'est loin d'être une anecdote entre mille, puisque Colette dit que la certitude d'être la fille d'une telle femme la soutient aux heures ingrates et la nimbe durablement de fierté ; et le roman s'achève en effet sur le rappel du cactus rose, devenu l'emblème d'une sagesse péniblement acquise, copiée sur Sido. Belle, trop belle histoire : le malheur veut qu'elle soit fausse. La vraie lettre montre que Sido avait, nonobstant le cactus rose, accepté l'invitation. Colette avait arrangé cette lettre, comme quantité d'autres, tout en déclarant le style de sa mère supérieur au sien. Il est probable aussi qu'elle a fait une pieuse toilette des souvenirs que lui avait laissés son enfance près de Sido et glissé, en tout cas, sur des rapports qui, après le mariage avec Willy, n'avaient pas toujours été faciles. Sido avait, comme on sait, deviné l'homme qu'était Willy et peinait généralement à imaginer la vie amoureuse de sa fille, répugnance qui poussa Colette à la dissimulation. Ce qui suivit le divorce — la réalité de la liaison avec Missy, le second mariage calamiteux avec Jouvenel, la vie de music-hall — ne pouvait non plus être aisément montré à Sido dont la perspicacité toujours alertée devait peser à Colette. Sido était mal convaincue des dons de sa fille pour le théâtre, estimait qu'elle gaspillait son vrai talent sur la scène comme dans le journalisme, flairait le parfum scabreux des sujets qu'elle traitait et le disait. Entre mère et fille s'installa donc un long éloignement que ne brisa même pas la maladie mortelle de Sido, dont les lettres expriment une longue plainte (« Tu me caches tant de choses de ta vie »), souvent tout à fait désenchantée (« Tu n'es pas venue comme tu me l'avais promis, mais j'y comptais si peu »). Les lettres que Colette adressait en retour à Sido ont malheureusement disparu, mais certaines de celles qu'elle écrivait à ses amis ne brillent pas précisément par la tendresse. Elle y évoque les exigences de sa « sainte mère », expression qui sert dans ses romans à désigner des femmes généralement odieuses, et va jusqu'à écrire : « Maman n'est pas épatante, mais elle peut encore durer, c'est tout ce qu'on lui demande. » Ce réalisme meurtrier est un trait constant chez Colette, mais l'équité oblige aussi à dire que le magnétisme de la personnalité maternelle avait pu fonctionner comme un piège. En tout cas, les frères et sœur de Colette ne parvinrent pas à s'en délivrer. Juliette aux longs cheveux, la sœur aînée, se suicida, Achille le préféré mourut de chagrin après la mort de sa mère et Léo resta l'éternel enfant cloué à ses souvenirs de Saint-Sauveur. Seule des quatre, Colette a su réussir l'échappée belle et marquer son autonomie en faisant vivre dans son œuvre — où elle n'apparaît pourtant que fort tard — non une mère réelle, mais une mère chimérique.

◆

Renonçons donc à scruter les rapetassages complaisants par lesquels Colette arrange l'image maternelle et à chercher si cette exemplaire Sido, dépositaire d'une divine sagesse, a réellement existé, pour tenter de comprendre ce que son invention signifie pour Colette. Une fois encore, on bute ici sur le goût du paradoxe. Car Sido est apparemment un personnage féminin traditionnel, voué au foyer, aux enfants, au jardin. En faire la figure principale de toute la vie, comme Colette l'a dit, et l'image tutélaire de toute l'œuvre semble donc un déni de la personnalité propre de Colette et une contestation des portraits féminins dont elle a semé ses romans. Pas d'instinct maternel chez Colette, pas plus que chez ses héroïnes, alors que Sido est une mère-chatte, une mère-chienne. Peu de dispositions domestiques chez la fille, qui avoue qu'elle laissait brûler le beurre et n'avait jamais bien su coudre, quand Sido possède tous les tours de main de la maison et du potager. Quel sens peut donc avoir l'apparition dans l'œuvre de ce personnage intercesseur, qui surgit toujours au moment où faiblit l'intrigue — pour laquelle, du reste, Colette n'a pas de génie spontané — et de quels enseignements particuliers est-il porteur ? On comprend vite que Sido est une institutrice de la durée, du discernement, de la sensation enfin.

La première leçon tient dans l'art de demeurer. À soixante-seize ans, Sido raconte à sa fille ce qu'elle a fait de sa journée : son ménage, six petits fagots et la lessive dans la rivière dès sept heures du matin. Toute cette prose pourtant transmuée en poésie, tous ces gestes simples, tous ces objets familiers comme autant d'éblouissants trésors à amasser. Sido est cette femme qui fait son miel de tout et compose sa vie quotidienne comme un peintre hollandais charge avec gourmandise sa toile, jamais las d'y ajouter une coquille d'huître ou un citron. Sido enseigne à arranger, à retaper, à rectifier, à recréer autour de soi un univers protecteur et rassurant. Un art qui rencontre l'instinct féminin du nid. La femme telle que la voit Colette à travers Sido est un oiseau, occupé à récolter et à façonner sans relâche les moindres brindilles. Elle a le génie de tirer parti de tout, même du malheur qu'elle sait, dès le plus jeune âge, à la manière de la Vinca du *Blé en herbe*, exploiter comme une mine de métaux précieux. Faire du pis-aller un mieux-aller, réparer, gommer le détail qui fait tache, oublier ce qui a blessé ou simplement dérangé, est un talent féminin, tout d'élasticité : « Récolte, mon petit, récolte, écrit Colette en 1939 à une amie, c'est un métier de femme. » De fait, ses personnages masculins, étonnés, vaguement choqués même, regardent les femmes émerger des catastrophes, instantanément acharnées à récupérer autour d'elles les débris d'une vie fracassée : Alain de *La Chatte* observe avec un sentiment scandalisé sa femme Camille qui, la crise à peine achevée, se met à ramasser, recoudre et retisser. La mise en œuvre de cette aptitude féminine, qu'illustrent tant de figures romanesques — Julie de Carneilhan revenant au château natal, l'Alice du *Toutounier* retrouvant le vieux canapé familial et Claudine elle-même fuyant Renaud dans la maison de l'enfance —, accentue la dissymétrie sexuelle des livres de Colette. Les hommes disparaissent, Alain dans la lointaine Amérique du Sud, Michel et Renaud dans la mort, Herbert dans l'agonie, Chéri dans le suicide. Les femmes, elles, accèdent en perdant leurs époux à l'allègre liberté des veuves ou se débarrassent en vieillissant de leurs amants comme on laisse choir d'encombrantes défroques. Les jours s'en vont, elles demeurent, ayant retrouvé leur intégrité, plus fidèles à elles-mêmes que jamais. Si le temps qui coule est un ami, c'est qu'il ouvre bien moins sur un avenir lourd de menaces — l'époux dilapideur de Sido avait appris à la famille Colette à se méfier des lendemains — que sur un passé auquel il faut apprendre à faire retour et auquel on intègre le moment présent ; l'art de se réapproprier les premières années de la vie et d'aller à reculons (*Journal à rebours,* c'est le titre donné par Colette à une de ses œuvres) est celui-là même que sa fille prête à Sido. Et voilà pourquoi la saison préférée de Sido, qui dès la quarantaine venue s'est alourdie, bien que ses enfants se soient ingéniés à lui refuser les attributs de la maturité, est l'automne. Prédilection transmise à sa fille, qui a capté mieux que quiconque la note de « corruption » délicate de septembre. Une note qui n'est pas déchirante, mais tout au contraire chargée de promesses.

De ce délicieux automne épuré, simplifié, baigné dans la belle lumière de septembre, quel bon usage faire ? Ici s'exerce encore le don particulier de Sido qui, cette fois, ne rencontre pas forcément l'assentiment spontané de toutes les femmes, mais celui de Colette en tout cas. Car de Sido, on retient surtout l'aptitude à trier entre l'essentiel et l'accessoire. À quoi donc est-il superflu de donner son temps, son cœur et sa pensée ? À tout ce qui est lointain et à Dieu pour commencer. Sido, paisiblement mécréante, lisait Corneille à l'église sous le maroquin d'un faux livre de messe et ne tenait pas le curé du village pour un dispensateur d'absolutions, mais de boutures de pélargonium. Cette indifférence à l'invisible avait voyagé jusqu'à Colette. Lorsque Francis Jammes eut l'idée de lui adresser *L'Église habillée de feuilles,* elle lui demanda pardon de ne trouver que peu à lui en dire. Il ne s'agit pas d'anticléricalisme, car la question ne lui paraît mériter aucune agressivité, et il lui arrive même de mettre un cierge à Notre-Dame-des-Victoires, mais constat d'incompétence : elle ne connaît, dit-elle, rien de Dieu, est à peu près sûre de n'y comprendre jamais grand-chose. Au chapitre de ce lointain, plus ignoré que nié, on peut encore inscrire le Bien majuscule, le Mal majuscule et tous les « grands problèmes », sociologiques ou politiques. Le capitaine Colette avait songé à la politique de clocher, s'était laissé un moment griser par le « pernicieux cliquetis de la politique » et avait entrepris des tournées de causeries instructives sous le regard narquois de Sido. Plus tard, Colette elle-même aura, avec Henri de Jouvenel, son mari politicard dont à son tour elle considérera l'activité avec une ironie agacée.

Quant à Bertrand de Jouvenel, beau-fils piqué de la même tarentule, elle ne verra dans l'énergie qu'il met à organiser des réunions de la jeunesse démocratique que la dérision de la « politicaillerie ».

Rien ne lui est plus étranger que la pratique et jusqu'à l'idée de l'engagement. Les guerres elles-mêmes, la première, qu'elle commente dans *Les Heures longues,* la seconde, pendant laquelle elle tient son *Journal à rebours,* n'arrachent pas Colette à une sagesse un peu courte et qu'elle dirait volontiers féminine, tant son thème de prédilection est l'ingéniosité mise par les femmes à tirer le meilleur parti des circonstances — réparer les chaussures qui manquent, tricher avec les maquillages — et à recréer un temps sans guerre : le vrai héros des années noires, pour Colette, est ce Tonin de treize ans, rêveusement occupé au bord d'une rivière corrézienne à composer un bulletin d'informations exclusivement porteur de nouvelles réconfortantes. On peut comprendre la louange, un brin frottée de pétainisme, que compose pour elle en 1940 Léon-Paul Fargue. Selon lui (il gomme sans broncher les gigolos, les demi-mondaines, le music-hall), Colette est l'écrivain qui célèbre « le laboureur français entre sa femme valeureuse, ses enfants, ses troupeaux, sur un fond de cloches modestes ». Le lecteur de ces lignes se sent légèrement agacé par la mièvrerie de Fargue et par Colette elle-même, avec son insupportable apologie de la parcimonie et de la combine, et son obstination à contempler les bouleversements de la guerre à travers ceux du Palais-Royal. « Un peu plus leur bombe m'abîmait mes géraniums » : cette exclamation indignée d'une commère de Passy, Colette pourrait la faire sienne. Il faudra le coup de sonnette d'une aube de décembre 1941, quand la police vient arrêter Maurice Goudeket, troisième mari de Colette et juif, pour que passe dans sa prose quelque chose qui ressemble à une conscience civique. Encore l'irruption de ce malheur individuel, faute d'être reliée au malheur collectif, lui restera vaguement inintelligible.

Se détourner du lointain, se tenir tout contre le proche. La leçon prêtée à Sido à travers l'emblématique fiction du cactus rose n'a été si bien entendue que parce qu'elle rencontrait chez

Colette un goût natif de la petitesse, qui la faisait charmée par les ameublements de poupées, « le miroir à main grand comme une larme », les boucles d'oreilles « dont la perle de corail était grosse comme un grain de millet ». Le regard myope à travers lequel Colette recompose le monde lui sera d'un grand recours quand, l'âge et l'arthrite venus, son univers se rétrécira au cercle que dessine sur la page blanche le fanal bleu. Cette myopie explique aussi qu'elle soit dans ses romans si indifférente aux ensembles, qu'elle brouille la ligne de son récit par un papillotement continu de détails, se plaise à conter les minuscules et bouleversantes rencontres entre un instant et un objet, et s'évade dès qu'elle le peut de l'intrigue. Son lecteur, du reste, renonce vite à chercher chez elle une société ou même des caractères, oublie Alice et Michel, Camille et Alain, pour n'avoir plus dans la mémoire que des images de crapauds vernissés, des odeurs de cytise, le bruit d'un sécateur.

Si l'univers ainsi rapetissé n'est pas pour autant appauvri mais au contraire foisonnant de découvertes insoupçonnées, c'est grâce à la loupe de la sensation, cadeau féerique légué lui aussi par Sido. Le mot fétiche de Sido était « regarde ! », elle donnait à voir (« J'aimais tant l'aube déjà, que ma mère me l'accordait »), elle enseignait à voir du plus près possible : le chapeau de liseron de la théière, l'araignée du jardin, le rameau de géranium qui réclame son attelle. Couchée au ras du sol — la posture favorite de l'observatrice —, Colette épie tout le peuple minuscule qui bruit, se faufile, bourdonne, la mouche grise, la lézarde verte, le grillon, détaille le « chardon de tôle azurée », la pelure micacée des oignons, « l'herbe courte d'où s'élèvent, lestées de leur minuscule fruit oblong, aigrettées d'argent filé, les graines des derniers pissenlits ». Le regard bien éduqué (mais le toucher aussi, l'odorat peut-être davantage encore et l'ouïe qui capte la voix particulière d'une grille qui grince) acquiert une prestesse et une sûreté extraordinaires. Rompue à ces exercices, à peine Colette a-t-elle rencontré un être qu'elle a tout vu : « Je ne lui avais pas encore parlé que je savais par cœur, si j'ose écrire, la plaisante forme de ses mains cuites au soleil et au fourneau, sa chevalière d'or. » Ici réside l'ultime récompense. L'art pratiqué par Sido, au sens le plus artisan et le plus laborieux du terme, devient une seconde nature, presque aussi spontanée que la première. Avec, en prime, les retrouvailles avec les années de l'enfance que fascine toujours, voire enchante, la texture du monde matériel. Aussi les constats menus et méticuleux qui ponctuent les œuvres de Colette ne sont-ils jamais dérisoires : la sensation ingénieusement cultivée rouvre la porte fabuleuse du temps perdu.

En exerçant ce talent particulier, Colette pense suivre la pente des femmes en général. Par où l'on comprend le sens très personnel qu'elle donne à la liberté. Certains de ses interprètes, comme Paul d'Hollander, soutiennent que chez elle rien n'a le caractère de la fatalité. Tout, au contraire. Car il ne faut pas se méprendre sur les libertés que Colette accorde à ses héroïnes. Ni suffragettes, ni amazones, elles n'ont aucun goût pour les rôles convenus de la révolte. Elles ne sont nullement tentées d'imiter, encore moins de conquérir, les rôles masculins : Colette tient pour un contresens ce qu'on appelle habituellement virilité et n'a cessé de protester contre la masculinisation que l'époque et la mode impose aux formes féminines. Si les femmes semblent manifester des sentiments non conformes, la tiédeur du sentiment maternel par exemple, c'est qu'on leur a faussement prêté cette conformité. Si elles semblent s'évader des chemins traditionnels, c'est que la tradition a absurdement tracé pour elles des destinations qui ne répondaient pas à leur image authentique. Fausses libertés donc, et la vraie consiste à accepter, à approfondir et à magnifier la pente de l'espèce. La liberté de Colette est celle de l'aiguille aimantée qui indique immanquablement le nord et ramène obstinément les femmes à leur vocation et à leur génie.

Pas d'œuvre plus féminine que celle de Colette. Pas d'œuvre moins féministe.

SIMONE WEIL

Simone Weil est née en 1909 à Paris, dans une famille juive cultivée. Elle fait de brillantes études de philosophie dans la classe d'Alain, puis à l'École normale supérieure, d'où elle sort agrégée. Elle milite très vite dans les rangs anarchistes, rencontre Souvarine, perçoit dans les années 1932-1933 la double folie des nazis et des communistes, et pressent la tragédie finale. Son premier acte militant, en 1934, est d'abandonner l'enseignement pour travailler comme manœuvre à l'usine Alsthom. Elle en rapportera La Condition ouvrière, description aiguë du malheur aliénant du travail industriel. En 1936, elle s'engage aux côtés des républicains dans la guerre d'Espagne et rompt définitivement avec le pacifisme hérité d'Alain, lorsque les Allemands entrent à Prague en mars 1939. Le désastre de juin 1940 la fait quitter Paris pour Marseille, puis pour l'Ardèche, où elle se fait embaucher comme ouvrière agricole. Ces années noires sont marquées par sa rencontre avec le christianisme, qu'elle analyse dans ses échanges avec le père Perrin et Gustave Thibon : elle y décrit sa découverte solitaire et mystique d'une harmonie invisible, mais approfondit aussi son refus d'adhérer aux dogmes d'une Église visible ; elle restera donc sur le seuil. Après le Maroc et les États-Unis, où sa famille fuit les persécuteurs, elle gagne Londres en 1942, y travaille dans les bureaux de la France libre, demande en vain à être parachutée sur le sol national pour rejoindre la Résistance. Épuisée, elle meurt ou se laisse mourir d'inanition à l'hôpital d'Ashford en 1943.

Simone ou l'ascétisme

Il était une fois une marâtre qui envoya dans les grands bois sa fille et sa belle-fille, la première adorée, la seconde haïe. Parvenues à une bizarre maisonnette pourvue de deux portes, l'une d'or, l'autre de goudron, les deux jeunes filles durent choisir celle qu'elles souhaitaient ouvrir. La belle choyée, après avoir élu la porte d'or, reçut une pluie de goudron. Et la pluie d'or fut pour l'humiliée haillonneuse, qui avait choisi la porte de goudron. Telle est l'histoire qu'invente une mère tendre, au chevet d'une brunette de trois ans et demi, immobilisée par l'appendicite. La petite malade saisit la leçon au vol : elle veut être Marie-Goudron. Un projet qu'elle poursuivra jusqu'au bout, avec une implacable ténacité. Trente ans plus tard, au mois de septembre 1943, le *Kent Messenger* consacrera un entrefilet à l'étrange sacrifice d'une jeune femme française qui venait de mourir ou de se laisser mourir au Grosvenor Sanatorium d'Ashford : Simone Weil avait définitivement franchi la porte de goudron.

Pour devenir Marie-Goudron, il y avait eu une longue route à faire. Car les fées n'avaient pas lésiné sur les cadeaux déposés dans le berceau de la petite fille : une famille aisée, libérale, unie, affectueuse ; un père médecin, une mère artiste, qui s'adoraient, qui l'adoraient ; un frère doué et admiré ; des amis cultivés ; la mer ou la montagne en été, la poésie, la bicyclette, les livres, le grec avec des professeurs particuliers, le théâtre avec Copeau, le piano avec Germaine Tailleferre. Beaucoup de biens à abandonner donc, pour qui avait fait du dénuement un programme d'existence. Le plus simple, le plus immédiat, pour celle qui avait rêvé de ressembler à la pitoyable héroïne du conte, était de s'en donner l'apparence. Sur ses photos d'adolescence, la jeune Simone Weil a des yeux splendides, un charme un peu sauvage, éclatant quand elle rit. Mais elle s'est vite appliquée à le cacher aux autres, à aplatir sa chevelure noire sous un bonnet crasseux — il fallait avant tout bannir le chapeau, ornement bourgeois —, à enfouir son corps dans une pèlerine couleur du temps, à tacher ses doigts de nicotine, à choisir de décourageantes chaussures — ces sandales où elle allait pieds nus en plein décembre, les jambes marbrées d'engelures —, à dissimuler son beau regard vif sous d'épaisses lunettes : « notre vieux savant », disait d'elle, à Fénelon, le professeur de physique. Dès quatorze ans, elle avait accompli, au-delà de toute espérance, son projet de ne pas séduire. Très rares furent ceux qui aperçurent la beauté sous la peau d'âne, très nombreux ceux qui, tel Henri Queffélec, la méconnurent, abusés par ses gestes maladroits, sa personne anguleuse, son air revêche : « imbuvable », disaient certains rue d'Ulm où un projet de revue, avorté semble-t-il, devait brocarder l'épouvantail à moineaux qu'elle était devenue. Autour d'elle, avec un égal esprit de système, elle sèmera l'austérité : elle ne voudra que des chambres pauvres, jamais chauffées, où vivre dans l'amoncellement des papiers et l'odeur des mégots froids. En vacances avec ses parents, elle refusera l'hôtel confortable pour dénicher, à leur grand chagrin, une pension minable pour elle-même dans les environs. Elle s'entraînera à coucher par terre, s'appliquera à ne rien « saisir », à ne rien posséder. Et à déranger : même dans ses écrits, elle multipliera les « pensées brutales », les « réflexions pour déplaire ».

Dans la liste de biens qu'elle a dressée à seule fin de les abandonner, le principal, le plus obsédant, est la nourriture. Elle tient pourtant la faim pour le malheur absolu, ne laisser personne en souffrir est selon elle le réquisit essentiel de la conscience, la seule définition acceptable de la révolution : ce sera l'objet d'un premier différend avec mademoiselle de Beauvoir, la seconde Simone. Pour la première, manger est

lourd de significations spirituelles — c'est le « pain quotidien »
du *Pater* —, culturelles — tout changement dans la façon de se
nourrir est un « événement historique de première importance » —, allégoriques : la nourriture est l'emblème de tous les
attachements humains. Tout ce qu'aiment les hommes, ils
voudraient le consommer : chaque désir, chaque rêve, chaque
amour est cannibale.

Agacée par une religieuse qui tympanisait le couvent des
ses visions, Thérèse d'Avila, dit-on, s'était écriée : « Qu'on
donne de la viande à cette enfant et qu'on n'en parle plus. » De
fait, nul esprit ne vint plus visiter une nonne à l'estomac plein.
Mais cette nonne-ci ne voulait pas de viande. À l'usine, elle
refusait le chocolat que lui apportaient les ouvrières. À
Marseille, en 1941, elle jugeait scandaleuse l'obsession du
ravitaillement qui s'était emparée des Français : sujet sur lequel,
dès que les gens se rencontrent, la conversation « tombe », dit-
elle, comme par un effet de pesanteur. À Londres, elle laissait
intacts les plateaux de l'hôpital en évoquant son peuple
« mourant de faim en France ». Certes, la privation était
inscrite dans le programme de Marie-Goudron. Comment,
pourtant, en être venue à considérer la fonction de manger
comme dégoûtante et basse ? Sans doute en déchiffrant dans
l'opposition entre manger et regarder la vraie tragédie de
l'espèce humaine. Les hommes mangent ce qu'il faudrait
contempler. Tel est le péché d'Ève, devenu celui de l'humanité
tout entière. Mais s'il est vrai qu'on se perd en mangeant ce
qu'on devrait tout juste regarder, alors il est probable qu'on se
sauve en regardant ce qu'on serait tenté de manger. Voilà qui
fournit en tout cas une clef pour ce qu'on peut diagnostiquer
comme une anorexie, mais qu'on peut aussi nommer séparation
héroïque d'avec son propre corps ou attraction vertigineuse du
vide.

La Marie-Goudron du conte n'était pas seulement maigre
et loqueteuse ; elle était solitaire, détestée. Qui veut lui
ressembler doit se refuser aussi le réconfort de l'amitié. On
touche ici à un point pathétique de la vie de Simone Weil. Car
elle sait que l'amitié est une source de vie, d'inspiration, un

bienfait incomparable. Elle a senti le prix des moments où passe, entre amis, l'embellie d'une compréhension sans paroles. Et caressé l'utopie de rencontres humaines vécues sur un plan d'égalité parfaite, quand aucun des amis — ou des amants — ne domine l'autre ou n'en est dominé. Quand un ami meurt, dit-elle, on se sent amputé, car chacun porte en soi des idées, des talents ou des vertus que seul cet ami-là pouvait capter. Elle-même montrait une grande fidélité en amitié. Elle ne faisait pas profession d'en mépriser les bonheurs. Ni, du reste, le bonheur tout court. À monsieur Bernard, l'ingénieur de l'usine de Rosières, avec qui elle s'était liée, elle écrit qu'elle espère n'avoir pas, par son profond pessimisme, altéré le goût du bonheur qu'elle a cru sentir en lui : le bonheur, dit-elle, est quelque chose de respectable et de précieux.

Là, pourtant, réside le piège de l'affectivité heureuse. Piège tout à la fois métaphysique et psychologique : comment l'affectivité serait-elle pure de la tendance à dominer ou du lâche contentement qu'il y a à se laisser dominer ? Plus que tout autre sentiment, plus même que l'amour, plus corruptrice encore, dit-elle, l'amitié comporte pour celui qui aime un risque cannibale : s'approprier ce qu'on aime en le détruisant. Pour celui qui est aimé, un risque inverse : dépendre, être dans la situation du chien qui attend son os. Pis encore : croire délicieusement, mais faussement, qu'on est quelque chose, qu'on a du prix. Et si l'on souhaite être Marie-Goudron, c'est-à-dire rien du tout, il faut donc se garder de l'illusoire éclat de l'amitié, chercher l'anonyme grisaille, vivre parmi les hommes comme dans un train de Saint-Étienne au Puy, soupe humaine non différenciée. Une fois encore, le thème de la nourriture accompagne comme une basse lancinante ce refus des liens humains : il faut savoir ne pas s'approcher de la table, ne pas tendre la main, regarder à distance. Le rêve d'amitié, dit-elle durement, doit être brisé.

Ce volontarisme farouche, opposé aux douceurs du commerce amical, a sans doute trouvé chez elle l'appui d'un tempérament ombrageux et rétif, effrayé du contact : dès l'enfance, saisie de dégoût quand on voulait l'embrasser, elle détestait être touchée, réprimait vite ses brusques élans de tendresse. Elle a confié dans ses *Cahiers*, très furtivement, qu'elle faisait par gaucherie du mal à ceux qu'elle aimait et qu'il n'était pas bon de lier son sort au sien. Elle a affirmé que ceux à qui elle avait, en les aimant, donné le pouvoir de lui faire de la peine en avaient *tous* abusé. Bref, elle estimait n'avoir jamais su ni aimer (et avec sa rude lucidité coutumière elle s'interrogeait : manque de désintéressement ? de naturel ? des deux ?) ni se faire aimer. Quand on lui en fournira l'assurance, comme Joë Bousquet, elle concédera qu'elle lui fait l'honneur de le croire, mais que son imagination s'y refuse pourtant. Et pour qui n'a pas reçu le don de l'amitié, y a-t-il une autre parade, dictée peut-être par l'orgueil, que de la refuser volontairement ? Lorsqu'elle s'annonce, il faut s'armer du couteau, couper la corde de l'attachement naissant : métaphores brutales dont elle use toujours pour dire qu'il ne faut pas aimer. Ou, du moins, si l'on aime, n'aimer que ce qui est assez faible pour n'être pas menaçant (l'enfant nouveau-né, le miséreux, l'exclu, l'humilié ou le pitoyable crucifié des chrétiens). Mieux encore, n'aimer que ce qui n'existe pas : ultime touche utopique ajoutée à l'entreprise délibérée du dénuement.

On peut ainsi lire la vie de Simone Weil comme celle d'une voyageuse qui laisse au long de sa route tomber l'un après l'autre les baluchons dont la naissance l'avait munie. Les biens matériels ne sont rien encore. Il est plus difficile de défaire les liens de la famille et de l'amitié. Mais les biens de l'esprit ? Elle n'est pas assez exaltée pour ne pas savoir que les privations nuisent à l'activité intellectuelle. Elle est sûre qu'on ne pense pas de la même manière quand on est affamé, épuisé, humilié, privé de considération. Elle sait aussi que l'ascétisme, parfois, se trompe sur lui-même, porté par l'orgueil ou rongé par le ressentiment. Elle s'échine donc à apprécier la distance qui sépare le vrai renoncement du faux. Et la seule qu'elle découvre, conformément à sa pente, tient dans l'extrémisme du renoncement. Le faux renoncement s'accompagne d'une négation menteuse de la misère inté-

rieure. Le vrai ne cherche jamais à amortir la tragique conscience de l'écart entre ce qu'on rêve et ce qu'on se refuse.

Qu'apprend-on à renoncer ainsi à tout, y compris, quand
il s'agit des biens et des dons de l'esprit et qu'on en a été
comblée, à son propre passé et à sa propre formation ? À
supposer que l'entreprise soit possible, que cherche-t-elle, au
juste, cette obstinée ? Ce n'est pas tout uniment l'exploit, ou
l'épreuve d'endurance, encore qu'elle trouve probablement un
plaisir mal avoué à dresser par la souffrance un corps qui est un
obstacle à la perfection. Elle avait protesté contre le portrait
chrétien qu'on traçait de Rosa Luxemburg et aurait détesté
qu'on donnât d'elle-même une image sacrificielle : en bonne
lectrice de Spinoza, elle tenait la tristesse pour une défaillance
de l'être ; il faut faire silence si on la subit, mais avec la
détermination intérieure de la secouer au plus vite. Chez
Simone Weil, le travail de désencombrement de l'existence est
moins punitif qu'on ne croit, même s'il l'est plus qu'elle n'a dit.
Ce qu'elle en attend surtout, c'est la connaissance de la réalité
humaine. Et si le fond de cette réalité est cette divinité
implacable — elle la nomme tantôt « la force », tantôt « la
nécessité » — qui réduit les humains à des choses, soit en les
tuant vraiment, soit en suspendant sur leurs têtes la menace
permanente de la mort, on ne parvient à la comprendre que par
la pratique du dénuement. Encore celui-ci n'est-il jamais assez
complet pour qu'on soit sûr d'ouvrir par lui la porte de
goudron de la connaissance. De là le grand grief qu'elle nourrit
contre Alain, maître pourtant révéré : il a refusé le malheur. De
là aussi l'admiration qu'elle porte à l'*Iliade*, poème qui ne voile
rien du sens amer de la condition humaine et dont le seul héros,
le seul sujet — elle souhaite qu'on puisse en dire autant de sa
propre pensée — est la force et ses effets dévastateurs sur les
hommes, pauvres choses traînées dans la poussière des combats, qui palpitaient encore à la minute précédente et qui d'un
coup ne sont plus rien. De là, enfin, la place qu'elle accorde
elle-même à la souffrance et au renoncement. Ils sont dans
l'ordre de l'existence ce que la démonstration mathématique est
dans l'ordre de la pensée : le salut à la nécessité.

Se démunir n'est donc pas seulement dolorisme ni goût pervers du néant, mais effort pour mieux voir la vérité des choses : non ce qu'elles sont pour nous, mais ce qu'elles sont en elles-mêmes. Elle aurait souhaité voir un paysage comme si elle n'y était pas : improbable révélation que pouvait seulement promettre la pureté du dénuement. Pureté : c'est un de ses mots, pierre de touche de ses refus et de ses choix. Moraux, littéraires, esthétiques. Qu'est-ce qui est pur ? Les Grecs, les églises romanes, le chant grégorien, Monteverdi, Bach, Racine, Maurice Scève, Descartes, Montesquieu, Rousseau. La géométrie, bien sûr, où règnent angle pur et droite pure. Pur tout ce qu'on ne peut posséder ni souiller. Pur encore le travail, si étranger à l'illusion et à la magie. Pure la joie ouvrière de juin 1936, qu'on aurait grand tort de prendre pour la satisfaction basse des « revendications », où éclate, au contraire, la certitude sans mélange de la dignité humaine. Et voilà qui explique assez, au-delà de l'obsession punitive, le projet de devenir Marie-Goudron : une créature si légère, si transparente, qu'elle se réduit à la glace mince où vient se refléter la pure, la dure réalité, celle même que raconte l'*Iliade,* l'inexorable malheur humain.

À Joë Bousquet, elle avait écrit que seule cette pureté du dénuement lui paraissait respirable. Son lecteur, lui, est souvent tenté de la juger irrespirable, tant il est pris à la gorge par son recul devant toute idée consolante, son refus de l'indulgence due à l'humanité commune. Ce qui lui rend proche, pourtant, l'indomptable jeune fille, c'est que sur ce terrain férocement nettoyé, elle laisse pousser quelques fleurs plus aimables. Passe parfois dans la prose de Simone Weil quelque chose qui se détend et sourit, comme une éclaircie de tendresse. Au printemps de 1937, après un séjour dans une clinique où elle était allée soigner ses obsédants maux de tête, elle était partie pour l'Italie. Elle a écrit plaisamment qu'elle rêvait d'y rencontrer Tommaso Cavalieri, le jeune homme auquel Michel-Ange avait dédié ses poèmes, et jurait même qu'elle ne quitterait plus le pays, sauf par la force, si d'aventure elle venait à le rencontrer. À la Scala de Milan, au marché de Ravenne, dans la suave campagne ombrienne, sur les places où déambule une joyeuse et superbe humanité, dans les rues où les *trattorie* versent leurs vins délicieux et le soleil son réconfortant bienfait, on sent qu'elle se laisse gagner par la douceur de l'air, la beauté des statues, faut-il dire le bonheur ?

La jeune femme n'est jamais à court de rationalisations. Si cette gymnaste du malheur se laisse ainsi détendre, c'est que la joie esthétique figure l'exception à la condamnation qu'elle porte contre le plaisir (si forte qu'à ses yeux, dès qu'on se le figure, le péché est là, avant même d'être commis). Alain lui avait enseigné que l'existence de la joie esthétique prouvait que le corps n'était pas forcément l'ennemi des pensées. Elle veut le croire aussi. Dans ses moments de tolérance, elle va même jusqu'à concéder aux hommes les fragiles et terrestres joies simples qui équilibrent leur peine : le dimanche après la semaine ; le repos après la fatigue ; et même, oui, même le repas après la faim. Mais sur ces plaisirs innocents — parce qu'ils sont sans mélange — la joie esthétique a un avantage décisif : elle ne vient pas du moi, mais de l'objet. Ce qui la fait surgir est totalement imprévisible : le ciel étoilé, la cité harmonieuse, l'être humain admirable emplissent les yeux sans crier gare ; nul besoin de les implorer d'être là, ni même de les imaginer. Pur miracle de la présence, entrée fracassante du monde en soi, où rien n'est à saisir ou à utiliser, mais seulement à accueillir. Elle avait retenu de Kant que l'œuvre belle n'est jamais un moyen d'appropriation ni de conquête : une finalité sans fin. On ne peut ni la posséder ni même rêver de le faire. On n'y touche pas, on regarde le panier de cerises de Chardin sans y porter la main, le velouté d'une joue de Titien sans la caresser. L'horreur elle-même, comme l'enseignent Shakespeare ou Sophocle, peut s'y contempler sans provoquer de recul. Enfin, et pour Simone c'est l'essentiel, l'œuvre belle ne parle pas du moi. Elle arrache l'être au narcissisme, elle lui apprend à s'oublier. La joie esthétique, qui paraît ouvrir une plage exceptionnelle dans le dénuement volontaire, y contribue donc à sa manière. L'œuvre est belle « même quand je n'y suis pas ». Elle conspire donc à capturer le moi. Loin de l'enrichir, elle l'amaigrit, elle le vide de lui-même.

Tenace, Simone Weil a imaginé un stade plus extrême encore de l'effacement humain : le renoncement à l'action. Qui veut faire le vide en soi doit aussi se refuser l'action volontaire, diversion ou divertissement. Tout à fait à la fin de sa courte existence, elle adressera à Dieu une extravagante prière, lui demandera de la rendre incapable d'aucun mouvement du corps, d'aucune sensation, d'aucune pensée : « Que je sois un paralysé aveugle, sourd, idiot et gâteux. » On dira que c'est l'ultime folie d'un être qui s'en est montré prodigue. Dans cet éloge final de l'extrême passivité, on entend pourtant l'écho d'une pensée précocement formée, très tôt convertie au silence et au dénuement. Son tout premier texte, écrit pour Alain, avait été le commentaire d'un conte de Grimm : l'histoire de la jeune fille qui, pour sauver ses six frères transformés en cygnes par une marâtre sorcière, entreprend un travail de six années. Elle doit coudre, tâche presque impossible, six chemises d'anémones blanches et garder le silence pendant qu'elle fait ce travail, sans même répondre aux accusations mensongères portées contre elle, qui la condamnent finalement au supplice. Le jour fixé pour celui-ci, les six cygnes apparaissent, elle peut jeter sur eux les six chemises, ils reprennent forme humaine (le plus jeune gardera une aile : il manquait une manche à la dernière chemise), ils délivrent leur sœur. Ce qui frappe et émeut Simone Weil dans cette belle histoire, c'est que le sauvetage réussi par la courageuse jeune fille vient bien moins de son activité de couturière que de son silence et de son abstention. Car « nous agissons toujours trop et nous répandons sans cesse en actes désordonnés ». Le secret de l'existence humaine, c'est l'immobilité de l'attente ; le type humain le plus achevé, c'est l'esclave qui attend son maître près d'une porte.

◆

La nonnain, la recluse, la contemplative, convaincue de la stérilité de l'effort volontaire, était pourtant partie dans la vie avec le pas assuré du cavalier cartésien, munie d'un plan méthodique d'existence où la passivité n'avait pas de place.

Dans la classe d'Alain, elle avait contracté le désir de fuir les abstractions pour le monde réel et reçu l'idée qu'on transforme le monde par la volonté. Jeune professeur, elle transmettait à ses élèves la leçon apprise au lycée Henri-IV : que la réalité de la vie n'était pas la sensation mais l'activité. Célestin Bouglé, le directeur de la rue d'Ulm, qui, pendant ses années d'école, avait subi son activisme ironique, soupira d'aise quand elle fut reçue à l'agrégation : on enverrait la Vierge rouge se calmer dans la torpeur provinciale. Mais elle sut vite la secouer. À peine arrivée au Puy, après avoir expédié à Bouglé une carte postale de la statue de la Vierge qui domine la ville, elle se mit en relation avec les syndicalistes de Saint-Étienne — « des copains épatants au sens plein du terme » —, entra au syndicat C.G.T. des instituteurs, se mit à donner des cours aux mineurs, à militer pour l'unité syndicale, à organiser des manifestations de chômeurs. Là commence pour elle, après les cours et les copies, qu'elle est fort loin de négliger, l'épuisante vie militante : réunions dans les arrière-salles de café enfumées, tracts à rédiger, communiqués à faire passer dans les journaux et, parfois, l'embellie d'une manifestation où faire flotter le drapeau rouge, qu'elle tient elle-même à porter. Une frénésie d'activité, menée au grand scandale de la presse locale et du rectorat, et qu'elle va illustrer de façon éclatante au moins trois fois dans sa vie : à l'usine, à la guerre, à la guerre encore.

Le plus connu de ses engagements est l'entrée à l'usine. Par Souvarine, devenu son ami en 1932, elle avait connu l'administrateur de la société Alsthom, un patron éclairé. En 1934, elle parvint, grâce à lui, à réaliser un vieux rêve : se faire embaucher comme ouvrière. À Alsthom, devenue ouvrière sur presse, elle vécut dans une misère matérielle et morale qu'aggravait sa maladresse, marquée au bras par les brûlures du four où il lui fallait placer des bobines de cuivre, débordée par les normes de vitesse, de surcroît ravagée par les maux de tête. Expérience dont elle tira un livre que Hannah Arendt admirera pour son refus de toute sentimentalité. Dans *La Condition ouvrière*, Simone Weil a pris en effet un parti de netteté prosaïque et adopte le style du constat : elle décrit les différentes catégories de boulons, les dessine, note les vis qu'on ne peut pas serrer, fait des listes de ce qu'il faut absolument éviter de faire — garder par exemple trop longtemps le pied appuyé sur les pédales. Elle égrène jour après jour un long chapelet de déboires : les pièces manquées, le salaire rogné, la norme pas atteinte, les réprimandes du régleur, les écorchures aux mains, les pouces fraisés, le rythme impossible à soutenir, l'épuisement qui, au retour du travail, la jette au lit, le vertige, les éblouissements, les tâches parcellaires, la vie tout entière devenue elle-même parcellaire. Mais le pire n'est pas encore dans ce travail en miettes et son rythme inhumain, inchangé depuis un siècle, mais dans la découverte de ce que la machine fait des ouvriers. Elle était entrée chez Alsthom avec la conviction que si l'on faisait douloureusement à l'usine l'apprentissage de la fatigue et de la contrainte, elle était aussi le lieu d'une vie unanime. Elle découvre que le travail — à quoi elle attachait depuis les leçons d'Alain une manière de spiritualité, une noblesse en tout cas — ne favorise pas forcément la communauté humaine. Il rive l'ouvrier à l'outil, le transforme lui-même en outil, inapte à nouer des relations avec les autres outils que sont ses camarades (la faiblesse, voire l'inanité de la vie syndicale la frappent de plein fouet), porté même à les haïr, dirigeant plus volontiers son amertume et sa colère contre sa femme que contre ses patrons, vite humiliant puisqu'il est humilié, l'âme complètement pervertie par la dégradation sociale. La vie en usine, qui devait, elle l'avait écrit à Jules Romains, « combler l'âme », est un accablement sous lequel la pensée plie. L'humiliation est le dernier mot du travail usinier, l'usine tout entière orwellienne.

Après l'usine — sortant de chez Alsthom, elle s'est fait embaucher chez Renault, d'où elle sort en août 1935 — la guerre d'Espagne lui fournira un autre champ d'activité. Simone est à Paris en juillet 1936 lorsque les généraux espagnols, avec l'appui de l'Église et des monarchistes, déclenchent la révolte contre le gouvernement de Front populaire issu des élections de février. Elle décide instantanément de gagner l'Espagne, malgré l'opposition de ses « copains » syndicalistes

— ils craignent qu'elle ne fasse des bêtises — et la tristesse résignée de ses malheureux parents qui l'accompagnent, fous d'angoisse, jusqu'à Perpignan. Elle cherche tout de suite auprès de ses amis du P.O.U.M., groupe de dissidents du parti communiste, à se faire confier une mission sacrificielle. Comme on la lui refuse, elle rejoint la colonne anarchiste de Durutti sur le front d'Aragon. On lui donne un uniforme de milicienne — seule toilette sans doute à lui avoir jamais plu, car elle l'exhibera aussi à Paris — et un fusil qu'elle manie aussi mal que la machine à fraiser : ses camarades fuient comme la peste, à l'exercice, la ligne de mire de ce fusil myope. Dans les buissons de la rive droite de l'Èbre où se dissimule la colonne, sa maladresse lui vaut de mettre le pied au beau milieu d'une bassine à frire posée au ras du sol. Elle connaît alors les sommaires hôpitaux de campagne pendant que ses parents courent la Catalogne pour retrouver sa trace, veillant la nuit sur les ramblas devant le siège du P.O.U.M. Finalement elle guérit, rentre à Paris, rêve un moment encore de rejoindre le front, puis comprend que l'Espagne est devenue le théâtre mensonger d'un affrontement entre communisme et fascisme, et renonce.

Son troisième projet activiste connaîtra lui aussi l'échec. Il est né vers 1941 ou 1942 à Marseille (la ville était alors la porte obligée de l'exode et ses parents s'y étaient réfugiés dès septembre 1940). On en trouve la trace dans les lettres qu'elle échange avec Joë Bousquet dont elle avait fait la connaissance en avril 1942. Ce qu'elle souhaite passionnément, durant ces années noires, c'est être engagée comme infirmière bénévole, pour apporter des soins et un secours moral aux blessés sur le champ de bataille et — objectif plus improbable encore — « faire impression » sur les soldats ennemis. Dans cet arrangement utopique, Bousquet entre au point de lui dire qu'il a pu lui-même constater, en 1918, l'effet réconfortant que pouvaient avoir sur les combattants des femmes ardentes et dévouées. Il tente pourtant d'en corriger l'extrémisme. Car elle a assorti son projet d'une clause terrible : toutes celles qui s'engageraient à ses côtés devaient être résolues à ne *jamais* être relevées. Bousquet lui montre le caractère romantique, idéaliste et profondément irréaliste de la proposition. Il ne la fait pas bouger d'un iota. Quand elle arrivera à Londres, pourtant déjà rongée par la maladie, elle tympanisera Maurice Schumann, un ancien ami depuis longtemps perdu de vue, de son rêve sacrificiel. Il résiste, elle ne renonce pas. De Gaulle commente : « Elle est complètement folle. »

Cette « folie » est celle qui éclate aux yeux des autres. Mais il y a une folie moins visible, intérieure celle-ci. Les emplois successifs qu'elle a souhaité remplir, ouvrière d'usine, soldate de la liberté, infirmière vouée au sacrifice définitif sur le champ de bataille, illustrent tous la grandeur de la volonté humaine. Comment accorder ces trois activismes avec l'idée, présente chez elle jusqu'à l'obsession, que c'est le mal qui se monnaie en actions et que le bien est de ne rien faire ? Comment rendre compte de l'étrange rapport — mi-haine, mi-amour — qu'elle entretient avec l'activité politique ? Pour le monde, ce qui définit Simone Weil est le choix tenace et laborieux d'une Marthe. Son choix personnel pourtant est d'être une Marie et d'incarner le consentement à la nécessité. Qu'avec ce rêve en tête elle se soit jetée à corps perdu dans l'action héroïque est la déconcertante énigme sur laquelle bute son lecteur.

Il y a chez elle deux visions du malheur. Le malheur reçu, subi, vécu est profondément éclairant puisqu'il révèle le versant noir de l'existence et délivre sa leçon centrale : la certitude qu'on n'est *rien*. Mais si le malheur personnel est éducatif, car il rince la conscience de toutes les illusions faussement adoucissantes, le malheur des autres, lui, n'est pas tolérable. Pour deux raisons majeures : la plus immédiate est que le spectacle du malheur la fait entrer dans l'idée la plus étrangère à sa nature, celle du privilège. Elle a raconté comme l'avaient blessée à l'usine les regards des mouleurs quand ils la voyaient passer aux côtés du fils du patron. Elle a confié aussi qu'enfant, dans tout ce qu'elle lisait ou entendait raconter, elle se mettait instinctivement à la place de ceux qui souffraient la contrainte ou l'injustice. L'insupportable idée des enfants morts sans baptême et donc privés de la vision lumineuse du ciel la retient longtemps au seuil de l'Église catholique dont, dans les années

1940, elle s'est approchée aussi près que possible : si elle acceptait elle-même le baptême, elle se séparerait de ces innocents et, au-delà, de « la masse misérable des incroyants ». « Je n'ai jamais pu, écrit-elle, me résigner à ce que tous les autres êtres humains que moi ne soient pas complètement préservés de toute possibilité de malheur. » La seconde raison lui a été apportée par l'expérience de l'usine : elle y a découvert que le malheur subvertit et corrompt. L'injustice ne fait pas de martyrs — ceux qui vont en chantant au supplice ne sont pas malheureux —, mais des quasi-damnés qui ont contracté le virus de l'inertie et de l'acceptation. Perdus pour la révolte. Gagnés par la docilité et la résignation. Vaincus par le fait insurmontable de l'humiliation.

Malheur insupportable quand il s'agit d'autrui et, pourtant, éminemment instructif pour soi. Pourquoi ce qui est objet de connaissance, pour Simone Weil, ne le serait pas pour tous ? Qu'est-ce qui retient la jeune femme de percevoir la contradiction ? Le secret est encore à chercher du côté de Marie-Goudron. Car l'activisme mis au service des malheureux, des humiliés, de tous ceux qui ont à ses yeux le charme des vaincus, la ramène paradoxalement à son entreprise d'anéantissement de soi. Ce qu'elle a compris à l'usine est que l'ouvrier compte pour rien, n'a droit à rien, et elle gardera jusqu'au bout le sentiment, acquis près de la machine à fraiser, qu'elle n'a elle-même aucun droit, quel qu'il soit, à quoi que ce soit, au point de sursauter ensuite lorsqu'on lui parle avec gentillesse et sans brutalité. La guerre d'Espagne dispense la même leçon : devant les corps abattus par la mitraille, on comprend que ce qui se croyait tout à l'heure quelque chose n'était rien. Les deux épisodes débouchent donc sur le vide dont elle ressent si fort la fascination. Sans compter que tout le volontarisme mis en œuvre s'anéantit lui-même dans la tentation de l'irréalisable. Car il faut de préférence diriger sa volonté vers ce qui est hors de l'atteinte humaine. Se vouer à l'impossible, c'est humilier en soi la volonté, trouver le sens profond de l'histoire de Marie-Goudron.

◆

Si elle s'accommode elle-même de ses contradictions, notamment en forgeant l'étrange concept de l'« action non agissante », il n'en est pas allé de même de ceux qui l'ont côtoyée, pour qui ses propos et ses actes ont souvent paru composer un ensemble incongru. Simone Weil, partout et toujours, est une personne déplacée. Agrégée de philosophie occupée à visser des boulons ; juive sans pitié pour le judaïsme, que révulse l'idée d'un peuple élu et consentant presque, si elle doit éviter la guerre, à la persécution antisémite ; journaliste à *La Révolution prolétarienne,* qui tient la révolution pour un opium du peuple ; combattante en Espagne et défendant auprès de ses camarades du P.O.U.M., qui ne trouvent pas de mots assez durs pour Léon Blum, la politique de non-intervention. Rebelle à toute domination et apologiste de la soumission. Soldate que la violence rend malade, qui réclame un fusil et bénit la myopie qui l'empêche de s'en servir. Déracinée qui écrit un livre sur l'enracinement. Chrétienne indignée par le totalitarisme de l'Église. Munichoise et convaincue que Munich est une affreuse humiliation. Pacifiste qui meurt de ne pouvoir prendre part à la guerre. Rêvant du réconfort de la tendresse humaine et le tenant pour le pire des mensonges. Tantôt claquemurée dans ses convictions, tantôt ouverte à tous les examens. Friable et impitoyable. Souhaitant se fondre dans l'humanité commune et repérable à vingt lieues. Jamais là où on l'attend, jamais comme il faut. Exhibant son imperméable sordide parmi les robes fleuries de la distribution des prix. Occupée au Vel d'Hiv, vêtue de sa combinaison de mécanicien, à placer les manifestants, mais mettant prestement un journal par terre et s'asseyant dessus quand tous se lèvent pour chanter *L'Internationale.* Imprévisible.

C'est-à-dire exceptionnellement libre. C'est la liberté de l'esprit qui dénoue cette pelote de contraires. Elle ne haïssait pas le paradoxe, ayant retenu de Rousseau que mieux vaut être un homme à paradoxes plutôt qu'un homme à préjugés. Elle avait l'ambition de penser librement, seul devoir, seule vertu, et de ne régler sa pensée et son action que sur son propre jugement. Elle savait que la liberté, qui jamais ne se fixe, change tout : les murs d'une chambre pauvre peuvent être plus lépreux encore que ceux d'une prison, ils baignent dans une lumière tout autre. La jeune femme heureuse qui coud une layette pour son futur enfant peut bien faire le même travail, exactement, qu'une couturière exploitée, rien n'est pareil. Sa haine de la domination la privait de toute indulgence pour une religion juive qui avait imaginé un souverain temporel et l'éloignait des chrétiens qui avaient conçu une providence « totalitaire » ; elle la faisait mettre dans le même sac d'ignominie tous ceux qui avaient consenti à l'esclavage : pêle-mêle, Aristote, les Romains, les Juifs. Cette haine rend compte chez elle de nombre de contradictions. Mais elle lui doit aussi une rare pénétration qui frappe lorsqu'on relit aujourd'hui ses articles d'alors, réunis dans les *Écrits historiques et politiques*. Dans cet entre-deux-guerres tempétueux, où les intellectuels n'en finissent pas de changer et d'échanger leurs opinions, elle dit beaucoup moins de bêtises que les autres. Sa voix originale souligne avec une brutale tranquillité les apories de l'époque.

Ainsi du fascisme et du communisme. Dès 1934 — il est vrai qu'elle a déjà lié amitié avec Boris Souvarine —, les deux termes sont équivalents dans son esprit. Dans un régime comme dans l'autre, elle voit la même adoration de la force, même si le premier la baptise race, et le second histoire. Ici et là, même parti unique confondu avec l'État, même mainmise de cet État sur toutes les formes de la vie, même militarisation, même unanimisme fabriqué. Et même matière humaine pétrie, repétrie, asservie ; car la disgrâce, la prison, la mort attendent ici et là les éléments les plus exaltés ou les plus libres. L'un et l'autre régime enfin — c'est ici la pointe d'une analyse très aiguë — ont pour caractère majeur de ne pouvoir se perpétuer que par l'enthousiasme qui habille la contrainte et la rend tolérable. Mais il y a une « impuissance physique et nerveuse » à se tenir à ce degré d'enthousiasme, qui condamne les totalitarismes à ne pas durer : la marée basse de l'exaltation découvre dans toute leur hideur la contrainte, le dégoût, l'imposture.

Elle n'a pas renoncé pour autant à comprendre les raisons des hommes qui ont prêté leur soutien, ou qui se sont pliés, à l'État hitlérien ou communiste. Aux communistes, en particulier, elle est prête à accorder la force d'âme — l'héroïsme même — qu'ils puisent à la fois dans leur certitude d'aller vers le bien et dans l'historicisme qui les convainc que leur action va dans le sens de l'histoire. Elle comprend très bien aussi quel moral de vainqueur donne à l'ouvrier communiste la possibilité de s'accoter à la réalité de l'État soviétique et quelle immunité irréelle confère à celui-ci l'éloignement géographique. Mais elle voit à plein, une des premières, l'immense mensonge de « la patrie des travailleurs », en réalité impitoyable bureaucratie qui se soucie comme d'une guigne de l'émancipation des prolétaires. Elle écoute avec consternation, en 1937, au congrès de l'Union des syndicats, la délégation soviétique s'expliquer sur la dernière fournée de fusillés, euphémiquement et cyniquement présentée comme la liquidation de « l'avant-garde du fascisme » : niaiserie sanglante qui la paralyse de peur et de dégoût. Elle est inégalable dans l'observation des moyens par lesquels les communistes assurent leur domination sur les autres parties de la gauche : manœuvres de séance, vote tardif, sens de la mise en scène. D'instinct, elle s'est tenue aux côtés des minoritaires qui refusaient d'idolâtrer l'Union soviétique et de lever le poing aux accents de *L'Internationale*. Aux Thévenon, les instituteurs syndicalistes de Saint-Étienne, avec qui elle s'était liée dès son arrivée au Puy, elle écrivait dès 1934 qu'il lui paraissait impossible de mener le combat antifasciste sans se lier à ceux qui préparaient une « bonne petite guerre aux côtés de la Russie ».

La distance critique accompagne ainsi tous ses engagements. Quand elle part pour l'Espagne, elle est toujours fidèle à l'enseignement d'Alain, pour qui la guerre était l'expérience même de l'absurde et du tragique, mal plus grand que tous ceux qu'elle prétend conjurer. Mais de lui, elle avait hérité aussi l'horreur des planqués, des déclamations héroïques de l'arrière, des torses bombés qu'on n'offre pas à la mitraille. Lui était parti, de son plein gré, comme simple soldat. Elle en fait autant en Espagne. À ceux qui critiquent la lâcheté de Blum — dont elle approuve la politique non interventionniste, mais partage le déchirement — elle répond que s'il s'agit seulement de montrer qu'on n'est pas lâche, on peut toujours risquer sa propre peau et s'engager aux côtés des « camarades ». Ceux-ci n'échappent pas pour autant à son dur regard critique. Étendue sur la terre calcinée d'Espagne avant une mission dont elle songe qu'elle sera la dernière, car elle sait que c'est une guerre où l'on ne fait pas de quartiers, elle regarde le bleu du ciel, pense à sa mort qu'elle estime légitime : elle s'est rendue, pense-t-elle, moralement complice du sang versé par les siens.

Sa formation philosophique l'avait préparée à l'exercice de la distance, mais le plus surprenant est de la voir le pratiquer jusque dans l'enthousiasme. Le Front populaire l'avait emplie d'une immense joie morale, car il était l'acte de naissance de la fierté ouvrière : une victoire de la dignité. Joie morale pourtant mêlée de circonspection — elle savait que la « structure du mécanisme social » était restée intacte ; parfois même de désespoir, lorsqu'elle songeait à l'alliance avec l'U.R.S.S. ; en tout cas de pessimisme sur l'avenir. Une double méfiance l'habite toujours : à l'égard des mots, qu'elle passe tous au crible ; à l'égard des communautés, toutes suspectes à ses yeux.

Les mots : son grand souci est d'en fuir le chatoiement fallacieux. Car il y a des mots auxquels on ne devrait toucher qu'en tremblant, des mots qui égarent, qui scandent sottement les enthousiasmes, des mots de fer ou de bois, des mots montgolfières, ornés de majuscules apoplectiques, comme le mot de révolution, solennel trompe-l'œil jusque dans l'éloquente *Condition humaine* de Malraux, où seul le personnage de Katow lui paraît sauvable. Des mots à la fois assassins et creux : les Grecs et les Troyens, eux, se battaient pour les beaux yeux bien réels d'une Hélène. Qu'est-ce que mourir pour la révolution, prétendument ouvrière, quand on voit, après qu'elle a eu lieu, les ouvriers obéir comme ci-devant ? Il y a des mots menteurs comme la « Providence », ou la « foi » bergsonienne, « une pilule Pink de l'espèce supérieure ». Il y en a qui portent en eux des niaiseries fixistes : la « France éternelle », par exemple, toujours abusivement identifiée à la France des Lumières, et non à la France de Richelieu, dotée, elle, d'une solide réputation d'esclavage. Ou encore l'Allemagne éternelle. Pour tenter de tordre le cou — dans les *Réflexions sur les origines de l'hitlérisme* — à l'image du Teuton éternel, ancêtre génétique de la barbarie nazie, elle consent à un long détour par la *Germanie* de Tacite, où elle découvre des Germains nonchalants et débonnaires, opprimés par un impérialisme romain systématiquement cruel. Elle conclut, contre toutes les certitudes sommaires de la psychologie des peuples, que le livret de l'histoire ne distribue pas aux nations leurs rôles une fois pour toutes.

Ce qui la prémunit encore contre l'entraînement délicieux de la croyance, c'est le recul devant tout ce qui est fusionnel, tout ce qui fait croire qu'on est semblables (chanter, scander en chœur), alors qu'il faut seulement se savoir égaux (chacun souverain, chacun reconnaissant la souveraineté de l'autre). Elle détecte et déteste partout la subordination à quelque chose d'extérieur à soi (patrie, classe, groupement quelconque). Elle tient que celui qui fournirait aux hommes le secret de s'assembler sans que la pensée s'éteigne en eux produirait dans l'histoire une révolution comparable à la découverte du fer, de la roue, des premiers outils : car le groupe, qui fabrique de la passion collective, qui localise tout uniment les ennemis dans un autre groupe, une autre nation, une autre foi, est le lieu même de l'idolâtrie et de la tyrannie. Dès qu'il se met à professer des opinions, il les impose à ses membres, châtie impitoyablement toute déviance et exclut des hommes qui en restent à jamais flétris. Cette réticence à l'égard de la solidarité des groupes — qu'elle trouverait pourtant réconfortante à vivre — donne sans doute la clef du vif sentiment d'étrangeté et d'exil qui la séparait même de ceux avec qui elle se sentait en amitié d'esprit : de Trotski, des hommes du Front populaire, des amis catholiques des derniers jours, des gaullistes. Avide, pourtant, de participer et d'être acceptée, mais révulsée par l'idée du cocon chaleureux, qui incarne la séparation d'avec l'universel et éteint l'esprit critique.

La volonté de ne jamais abdiquer celui-ci, et la gymnastique hégélienne des objections à elle-même — « Une idée que j'ai, avait-elle dit, il faut que je la nie, c'est ma manière de l'essayer » — la sauvent de l'extrémisme qui est sa pente. Cette absolue est aussi une pragmatique. Elle comprend et accepte que la social-démocratie n'ait nulle envie de faire la révolution. Elle admet qu'on ne puisse pas, d'emblée, accorder aux colonies leur indépendance. À l'ingénieur Bernard, elle concède que l'industrie moderne a des exigences qui ne dépendent d'aucun système politique. Elle sait qu'on ne peut tout faire à la fois, elle justifie les luttes limitées. Quand elle traite le problème classique de savoir si les réformes émoussent ou aguerrissent la volonté révolutionnaire, c'est pour conclure que cela « dépend des circonstances ». Tout est dit avec ce mot de circonstance. L'entrée de Hitler dans Prague l'amène à réviser le pacifisme intransigeant qui l'avait conduite à accepter comme moindre mal la persécution des juifs et des communistes et à envisager une transaction avec l'Allemagne hitlérienne. La déclaration de guerre lui fait corriger son allergie au « patriotisme tricolore » qui la révulsait chez Péguy : le malheur lui fait retrouver une patrie qui, avant 1939, n'avait pour elle aucune réalité. Elle qui s'est montrée si méfiante à l'égard du passé ou de la tradition, lieux d'attachements obscurs et irréfléchis, redécouvre en 1940, devant « le spectacle hideux des Français qui ne se sentent liés à rien », le trésor vivant et dense des coutumes et le prix qu'il y a à pouvoir se dire breton, lorrain, provençal. Mais ce tribut rendu à la force des circonstances ne débouche nullement sur la tiédeur. Plutôt sur un volontarisme pessimiste : il n'y a, dit-elle, quand on a décidé d'agir, « nulle difficulté à garder intacte, sur le plan de l'action, l'espérance même qu'un examen critique a montrée presque sans fondement ». C'est là l'essence du courage : audace de l'esprit, mais audace du corps aussi, qu'illustre sa vie entière.

◆

Pour pareille personnalité, ce n'était pas précisément une chance d'être née femme. Elle a même souligné, au moment où elle cherchait à se faire embaucher comme ouvrière, que c'était une malchance singulière. Une fois entrée chez Alsthom, elle constate que les femmes sont parquées dans le travail le plus machinal qui soit et particulièrement maltraitées (parmi les instantanés qu'elle a laissés de l'existence ouvrière, l'un des plus pitoyables est celui des femmes transies qui attendent sous la pluie que l'usine, où elles pourraient s'abriter, soit « officiellement » ouverte). Comme à cette subordination s'ajoute celle du mariage, qui livre les femmes aux « soucis nocturnes » (elle cite Sophocle) et au bon plaisir de l'époux, la condition féminine est doublement asservie. Passe même parfois dans les textes de Simone Weil la conscience de la menace particulière que font peser sur les femmes les jours qui s'en vont : Électre, dont elle conte pour les ouvriers de Rosières la déplorable histoire, n'est pas seulement la victime des mauvais traitements et des humiliations que lui infligent les assassins de son père ; le pire pour elle est d'être gagnée par l'angoisse des femmes qui mènent une vie trop dure, celle de se sentir vieillir avant le temps, d'avoir perdu la fraîcheur de la jeunesse, d'être devenue un « être sans âge ».

Fugitives, pourtant, les notations concernant les femmes. Le monde de Simone Weil est un monde d'hommes. Les portraits qu'elle fait des ses camarades ouvrières manquent souvent de chaleur. Elle en sauve deux ou trois, « mélancoliques à sourire triste » qui n'appartiennent pas « à la même espèce vulgaire que les autres ». C'est qu'à ses yeux les femmes appartiennent à l'univers inconsistant et floconneux de la magie, de l'illusion. Elle admirait la profonde sagesse du conte populaire où un pêcheur misérable souhaite devenir seigneur, puis roi, puis empereur, puis pape, puis Dieu même, mais n'a pas conçu lui-même ces rêves extravagants. Ils lui sont inspirés par sa femme, qui l'éperonne sur le chemin de la folie. Ce sont les femmes toujours qui s'installent dans des ambitions illimitées ; car on juge les hommes sur leur travail — très exactement mesurable — et les femmes sur leur capacité à séduire — jamais vraiment mesurable. Aussi préfère-t-elle le rude compagnonnage masculin, hors de tout rapport de séduction. Quand elle cherchait du travail du côté de Saint-Cloud, elle avait rencontré deux ajusteurs dont la conversation lui avait laissé une merveilleuse impression de liberté, tant, commente-t-elle, elle était extraordinairement affranchie des misères qui encombrent les existences, notamment féminines. L'échange avec les ajusteurs lui avait donné le sentiment d'avoir vu s'évanouir non seulement la séparation des classes, mais la séparation des sexes. Alsthom lui avait révélé celle-ci, peu sensible à la rue d'Ulm il est vrai, et pas beaucoup non plus chez les « copains » du syndicat. À l'usine, elle la jugea intolérable.

Elle détestait qu'on la traitât en femme : un trait d'enfance, gravé en elle par l'existence d'un frère adoré et admiré, jeune prodige mathématique. Elle avait très vite eu la certitude — accompagnée non d'un léger regret, mais d'un « désespoir sans fond », de ne pouvoir l'égaler, et la découverte du génie fraternel avait à jamais mis pour elle la vérité dans le camp masculin. D'où le ressentiment d'être une femme : ses parents l'appelaient volontiers Simon, elle signait ses lettres à sa mère « ton fils respectueux ». À Gustave Thibon elle écrit, en usant du masculin : « Je n'ai pas été baptisé. » Dans l'été de 1928, elle cherche à se faire embaucher au Service civil de Pierre Cérésole qui avait imaginé un bénévolat de jeunes gens destiné à remplacer le service militaire, pour y faire, comme les hommes, des travaux de terrassement. Quand elle apprend qu'on n'y admet les femmes que pour la cuisine, elle renonce.

Faut-il conclure chez elle à un refus altier et délibéré de la féminité ? Elle le dit presque dans le petit texte allusif où, évoquant un mystérieux incident du Luxembourg — rencontre d'un exhibitionniste, agression ? —, elle confesse que pouvoir être objet de désir lui cause « une répulsion et une humiliation heureusement invincibles ». Même dans la réciprocité, le besoin et le désir outragent leur objet. Elle tourne autour des conditions qui rendraient tolérable l'union sexuelle (jeunesse, hétérosexualité) et fait même l'étrange vœu d'une découverte scientifique qui suppléerait à l'énergie sexuelle, quand celle-ci est rendue « impossible et indésirable ». Elle ne refusait pas tout à fait l'idée qu'il pût y avoir dans l'amour une joie comparable à celle du travail. Mais à tant de conditions ! La fidélité bien sûr. Mais aussi la chasteté. Une de ses utopies favorites est d'imaginer un ordre religieux mixte, sans insigne ni uniforme, voué moins à secourir les autres qu'à se fondre dans leur masse : « Criminels dans les prisons, ouvriers dans les usines, paysans aux champs. » Ces hommes et ces femmes devraient faire vœu de pauvreté et d'obéissance, mais aussi de chasteté : la sexualité est un mécanisme qu'il faut laisser se rouiller en soi. Pour quelle raison au juste ? C'est qu'il absorbe l'énergie. La chair n'est pas intrinsèquement impure (le catharisme de Simone Weil ne va pas jusqu'à la malédiction du sexe), mais elle est un encombrement superflu.

On peut pourtant soutenir que la conscience d'être une femme ne la quitte pas. Et que la soumission qu'elle prêche, l'attente passive où cette activiste a vu le sommet de l'existence humaine, est une soumission sexuelle. Toute soumission l'est, en réalité, si l'on prend au sérieux les images dont elle use pour la décrire. S'agenouiller devant un être, dans l'attitude de la supplication, c'est sans doute offrir sa tête au glaive, mais c'est aussi s'approcher, chez celui qu'on implore (un mâle, de toute évidence), de la source de vie. Les mots qu'elle choisit le disent assez : pour recevoir le souffle divin comme la Vierge a reçu le Saint-Esprit, il faut que l'âme devienne un « réceptacle ». « Comme un parasite pond ses œufs dans la chair d'un animal, Dieu, écrit-elle, dépose dans notre âme un sperme, qui, parvenu à maturité, sera son fils. » Chaque fois qu'elle évoque la grâce de Dieu, la métaphore de la « semence » vient sous sa plume et celle de la « matrice » pour décrire la soumission de l'âme. Occupés à récolter ces mots-aveux, certains critiques triomphent : la voilà, l'orgueilleuse, rattrapée par où elle a péché. Si elle avait accepté la condition féminine, n'avait pas fui le contact charnel, avait conçu un enfant, elle aurait été moins hantée par les images du glaive et du phallus, où elle voit les attributs conjoints de la divinité et de la royauté, moins obsédée aussi par la vie des prostituées ou par celle des travestis.

Il n'est que trop facile de lire dans ces images et ces mots le

retour du refoulé. Les femmes prêtent à Simone Weil l'horreur
— dégoût et fascination mêlés — d'être femme. Mais les juifs
lui prêtent aussi l'horreur d'être juive : elle disait à Gustave
Thibon qu'elle ne savait ce qu'était l'essence de l'être juif, en
tout cas pas une race et, quant à la religion, assurément ce
n'était pas la sienne. Ce qui fait horreur à Simone Weil, en
réalité, c'est tout ce qui définit, détermine, enferme l'être. On
peut lire toute son œuvre comme le commentaire du fameux
fragment où Pascal, après avoir remarqué que ni la beauté, ni
l'intelligence, ni les talents ne suffisent à définir un être,
s'interroge : « Où est donc ce moi s'il n'est ni dans le corps ni
dans l'âme ? » À ce texte de Pascal, non cité, mais assurément
longuement médité, font écho dans les *Cahiers* toutes les
variations qu'elle fait sur le refus, bien moins de la féminité ou
de la judaïté, mais de la personnalité. De même, dit-elle, qu'une
belle femme qui s'enchante de son image au miroir se dégrade
en acceptant de se réduire à ce spectacle, de même une femme
laide sait qu'elle est plus que ce qu'elle montre. Plus, c'est-à-
dire ? Nullement une qualité particulière, mais un pur pouvoir
de dire « je ». Encore ce pouvoir peut-il être détruit par
l'extrême malheur. Aussi faut-il se guérir de l'illusion majeure
qui nous fait tenir notre personnalité pour une créance sur
l'avenir. Et vouloir — ce qu'elle a elle-même souhaité —
devenir un être sans sexe, mais plus encore sans nom, sans
qualités.

Parfois, son refus global de la personnalité la rend
aveugle : elle accorde si peu au rôle personnel des hommes dans
l'histoire qu'elle minimise et Lénine (dont elle préfère attribuer
les fautes à l'essence du bolchevisme) et Hitler, en qui elle se
refuse à voir un monstre, un fol ou un barbare, mais un simple
instrument de cette logique impersonnelle qui veut que chacun
commande partout où il en a le pouvoir. Il y a pourtant des
raisons fortes dans l'hymne qu'elle adresse à l'impersonnel. Elle
a longtemps dit que s'il y avait un Dieu, il devait être
impersonnel et nié plus que prouvé par l'idée de miracle. Elle a
soutenu que la beauté, comme la vérité mathématique, était
impersonnelle. Tout ce qui est beau est anonyme : le chant

grégorien, l'*Iliade*, les églises romanes, l'invention de la géométrie. Quand elles sont signées, les grandes œuvres sont celles
en quoi le moi se tait : Sophocle, Shakespeare peuvent bien
être des personnes, mais leur création dépasse infiniment le
créateur.

Et voilà qui boucle la boucle : tous les refus de Simone
Weil ont pour objet de vider l'âme de ce qui est personnel, mais
pour la préparer davantage à la rencontre avec le Bien et le Beau
impersonnels. L'insistance mise à gommer le « je » illustre
pourtant la difficulté de l'entreprise : le « je » n'est si obstinément combattu que parce qu'il n'est jamais absent. Nul, du
reste, autour d'elle ne pouvait oublier sa personnalité exigeante,
dérangeante, encombrante. On fuyait dans les couloirs de la rue
d'Ulm cette grande fille insistante qui quêtait, pétition à la
main, adhésions et signatures. Au lycée, les chers collègues, qui
habillaient leurs médiocres revendications de salaire du langage
de la lutte des classes, se savaient méprisés par elle. Les femmes
d'ouvriers, chez qui elle débarquait pour voir comment vivait la
classe ouvrière, détestaient être ainsi surprises. Elle faisait vivre
à ses parents un calvaire. Elle compliquait l'existence de ses
amis, en voulant à toute force se placer dans une situation
d'inconfort. La raideur entêtée de ses choix, le tranchant de ses
admirations et de ses détestations mettaient tout le monde mal à
l'aise. Intransigeance et inflexibilité qui protestent contre
l'image pieuse qu'on a si souvent donnée d'elle et rappellent
aussi qu'elle est une jeune, toute jeune femme, avec encore les
intolérantes passions de la jeunesse. Nul ne l'a mieux dit et senti
que Gustave Thibon, qui l'accueille, lorsqu'elle veut travailler
dans les champs, à Saint-Marcel-d'Ardèche. Elle refuse la
chambre modeste qu'il lui a offerte, insiste pour dormir à la
belle étoile, dérange la maisonnée. Il se fâche et finit par
l'installer dans une maison à demi ruinée au bord du fleuve. La
rumeur villageoise dit qu'il y a établi sa maîtresse. Il commente
son insensibilité aux désirs des autres : « Elle ne souffrait pas
que le cours des événements ou la bienveillance des amis vînt
déplacer d'un pouce les jalons posés par sa volonté d'immola-
tion. La façon dont elle montait la garde autour de son vide

témoignait encore d'un terrible souci d'elle-même. » Le « je »
chez elle, conclut-il, était effacé, mais pourtant toujours
« souligné ». Il l'est parfois de façon pathétiquement puérile :
quand le Bureau central de renseignements et d'action, à
Londres, lui préfère son amie Simone Deitz pour une mission
en zone occupée, elle tempête pour qu'on lui cède la place,
trépigne, fait des scènes, n'obtient rien, mais montre un
cynique contentement quand la mission est annulée.

Il n'est pas jusqu'à la métaphysique de l'appel qui ne
manifeste la conviction, chez celle qui s'anéantit dans la foule
anonyme, d'une vocation unique à réaliser, de la descente de la
grâce vers un être nommé Simone Weil. L'être voué, désigné
par Dieu, mis par lui dans la nécessité d'obéir à l'appel, a-t-il
renoncé à toute personnalité ? Rien n'est moins sûr. Lorsqu'en
1942 elle quitte pour l'Amérique la France des souffrants —
dilemme cruel pour celle qui ne voulait jamais se séparer —, elle
confie au père Perrin que « quelque chose lui dit de partir ».
Qu'est-ce, au juste, que ce « quelque chose » ? Elle se rassure
elle-même : « Comme je suis tout à fait sûre que ce n'est pas la
sensibilité, je m'y abandonne. » Tout à fait sûre : ici se lisent
l'inflexibilité et l'orgueil. Simone Weil s'est dépouillée de tout,
attend dans l'extrême passivité, mais c'est encore une façon
d'obliger Dieu à descendre. Le paradoxe est que ce « je » si
constamment humilié se croit capable de forcer jusqu'à Dieu
même. Tout refuser, mais pour tout recevoir, c'était la leçon de
Marie-Goudron. Lue dans cette lumière, la terrible et dernière
prière adressée à Dieu est moins une supplication qu'un bras de
fer.

Elle le sait, car elle sait tout. Elle comprend mieux que
personne l'orgueil que recouvre la griserie vertigineuse du
martyre, l'impatience, pour mieux libérer l'âme, de détruire le
corps. Elle sait reconnaître en elle cette pente orgueilleuse, cette
rigidité fabriquée, ce manque d'abandon. Elle avait professé
qu'il ne fallait pas rechercher la douleur, mais la subir. Qu'il
fallait accueillir la mort, mais bannir — ce qui jette un doute sur
ses derniers jours au Grosvenor Hospital — le suicide. Au
paganisme, elle faisait honneur d'avoir mis au centre de sa

pensée l'idée de tempérance et estimait médiocrement le christianisme de lui avoir substitué celle de privation. Habitué à la voir égrener la liste des privations nécessaires, son lecteur se frotte les yeux. Elle sent, bien entendu, la contradiction et tente, assez faiblement, de la lever : elle vit, pense-t-elle, en un temps où l'intelligentsia s'est vouée à l'intempérance, au dérèglement des sens et des idées, à l'éloge de l'extravagance. Elle n'a donc pu équilibrer l'intempérance de l'époque que par la privation personnelle. Mais c'est pour se corriger aussitôt : se priver, soit, mais en gardant la tempérance comme fin.

Hérétique, a dit Bossuet, tout homme qui pense. À suivre les oscillations perpétuelles de cette pensée exigeante et obstinée, trouée d'éclairs, on se persuade que Simone Weil est profondément hérétique. Hérétique politique au milieu d'une foule de croyants. Hérétique religieuse, servante d'un Dieu caché et absent du monde, qui réservait probablement des surprises au pauvre père Perrin, si désireux de la croire prête pour la conversion. Hérétique de cette terre, être insaisissable et génial, tombé d'une autre planète. Alain, comme si souvent, l'avait laconiquement et merveilleusement exprimé : « une Martienne », selon lui.

SIMONE DE BEAUVOIR

Simone de Beauvoir est née à Paris en 1908 dans une famille de moyenne bourgeoisie. Passe l'agrégation de philosophie en 1929 et entame dès ses études un compagnonnage d'un demi-siècle avec Sartre, à la fois intellectuel et sentimental. On ne la séparera plus de lui, non plus que de cette philosophie de la liberté du sujet, baptisée existentialisme et vite saluée par la notoriété. Sartre et Beauvoir, rois de l'existentialisme, deviennent à la Libération des jumeaux-vedettes. Leurs itinéraires politiques ne se séparent pas davantage : fort peu impliqués dans la vie politique jusqu'en 1945, année où ils fondent Les Temps modernes *sur un programme de littérature militante, ils s'engagent ensuite dans le chemin classique du progressisme français : compagnons de route des communistes jusqu'en 1956, puis militants de l'indépendance algérienne, proches enfin des gauchistes après Mai 1968. Elle y ajoute pour sa part un engagement de plus en plus radical dans le mouvement féministe. Trois séquences dans une œuvre très abondante. Un ensemble de romans, depuis* L'Invitée *en 1943 jusqu'à* La Femme rompue *en 1968, en passant par* Les Mandarins, *prix Goncourt 1954, son livre le plus achevé, qui raconte la désillusion collective des intellectuels français au lendemain de la Libération. Puis un grand cycle autobiographique, entamé par les* Mémoires d'une jeune fille rangée *en 1958, clos par* Tout compte fait *en 1972, prolongé encore par cette* Cérémonie des adieux *où elle conte la mort de Sartre. Enfin, une série d'essais, dont le célèbre*

Deuxième Sexe, *destiné à expliquer comment les femmes ont été réduites à l'infériorité par l'histoire et non par la nature. Ce livre au retentissement mondial, réputé pour avoir changé la vie et le regard des femmes, fait comprendre l'émotion causée par la mort de l'auteur en 1986.*

Simone ou l'avidité

Celle-ci, la dernière des dix, transporte une pleine besace de diagnostics, d'admonestations et de conseils, dont elle aurait volontiers fait profiter les neuf autres : on peut voir l'œuvre de Simone de Beauvoir comme un immense courrier du cœur, du corps, de l'esprit des femmes. À madame du Deffand, elle aurait fait comprendre que son salon rouge et or n'était pas une création authentique : tout juste une activité de substitution. À madame Roland, figure exemplaire, qu'elle n'avait pourtant pas la dignité d'un « agent historique ». Elle aurait suppléé Isabelle de Charrière de ne pas consentir à la torpeur d'un mariage stupide. À madame de Staël, qui l'agaçait pour avoir soutenu que la gloire et le bonheur sont chez les femmes antinomiques, elle aurait conseillé à la fois la distance (comment ne voyait-elle pas que ses déclamations de *Phèdre* allumaient le sarcasme chez ses admirateurs supposés ?) et l'engagement : mieux eût valu s'oublier elle-même et lutter pour ses sœurs. Elle n'avait pas de tendresse pour la grande George Sand, qu'elle aurait souhaitée moins sentimentale, moins contente d'elle-même, plus revendicative aussi. À Hubertine, dont elle avait salué le combat suffragiste, elle aurait montré l'étroitesse sans espoir du combat parlementaire. À Colette, à qui elle avait beaucoup emprunté pour décrire le monde clos, fade et répétitif des femmes entre elles, elle reprochait précisément sa complaisance à s'y enfermer : pourquoi tant s'occuper d'animaux, de plantes, de fanfreluches, de savonnages et si peu du vaste monde ? Madame de Rémusat, qui de toutes mena l'existence la plus conforme, mais n'avait nul besoin de conseils de bonheur, l'aurait probablement déconcertée. Et l'on sait que Simone Weil, qui, elle, poursuivait le malheur et l'humiliation, la déconcerta vraiment.

Le bonheur, elle-même en a l'obsession : « mon unique affaire », dit-elle. À chaque minute de sa vie — si l'on en juge par ce *Journal de guerre* où son lecteur a la chance de faire sa connaissance à travers ce qui ne trompe jamais dans une vie, l'emploi du temps, ici méticuleusement restitué —, elle s'ausculte. Authentiquement heureuse ? Seulement un peu ? Pas du tout ? Et quelle est, au juste, la couleur de l'instant qu'elle vit ? Plaisante, déplaisante, supportable ? À cette interrogation fiévreuse et obstinée qui pourrait, tant elle manque d'abandon, faire fuir la sensation fraîche du bonheur, elle donne pourtant presque toujours une réponse allègre. D'instinct, elle déteste avoir à reconnaître une situation négative ou simplement restrictive. Elle en veut durablement à George Eliot, qui n'a su imaginer pour la Maggie du *Moulin sur la Floss,* une des compagnes romanesques de son adolescence, une fin heureuse. Pour sa part, elle est convaincue qu'il y a toujours, quelque part, une issue heureuse. Elle pense conjurer le malheur en imaginant à l'avance les situations où il lui faudrait arranger sa vie « presque sans matière » : elle avait prévu l'extrême pauvreté, la solitude, la maladie et même, malheur presque aussi accablant, l'exil de la rive gauche. Elle croyait pouvoir toujours « se débrouiller dans le noir ». Même si l'on n'est pas aimé, même si l'on n'est pas aimable, restent encore la littérature et le simple plaisir de respirer. Avec de bons livres, « tout ça qui est bien réel et si solide, et ne nous manquera jamais », des capsules d'encre à stylo, de la confiture d'abricots et pour peu qu'on puisse encore humer l'air de la rue Bréa, grapiller un instant « plaisant », une anecdote « amusante », rien de vraiment tragique ne peut advenir. Elle n'avait pas spontanément le sens du malheur collectif : elle saute de joie après Munich (« Le malheur, dit-elle, ne *m*'atteindrait jamais ») et se répète, en 1939, que la guerre ne pourra arriver. « Pas à moi, susurre en elle une voix obstinée. » Elle sait d'expérience que le sentiment de tristesse la déserte vite : elle s'acharne à être satisfaite, y parvient presque toujours.

Ce n'avait pas toujours été le cas. Son enfance, à la lire, s'est interminablement étirée dans la torpeur, si morose, si rangée qu'elle a failli en étouffer. Bien avant les *Mémoires,* sa première œuvrette avait été une satire de sa jeunesse, manière de s'en délivrer. Elle a détesté son enfance, âge pour elle tout entier ingrat ; son lecteur pourtant peine à en imaginer la déréliction. La famille Beauvoir était certes conventionnelle. Mais le père emmenait la petite fille à la Comédie-Française, était orgueilleux de ses succès scolaires, aimait la littérature, et même s'il y avait des livres que pointait la censure familiale, ils étaient là, sur les rayons, à portée de main et d'autant plus délectables qu'interdits. La mère était bigote, mais la conscience de l'athéisme paternel disait assez que d'autres choix étaient possibles, et la fillette avait elle-même retenu de l'Évangile des leçons utiles et, singulièrement, un sens vif de l'égalité. Les « relations » étaient tristement prévisibles, les mondanités mornes, il y avait beaucoup de visites où il fallait attendre, silencieuse, stoïque et raide sur sa chaise, mais c'était alors le lot commun des enfances bourgeoises. Les leçons du cours Désir étaient peu exaltantes, bien niaises les vieilles demoiselles qui les délivraient. Mais, du moins, les parents avaient dû admettre, nécessité oblige, qu'il faudrait un métier aux filles ; celle-ci avait su très tôt qu'il faudrait travailler, avait puisé dans cette certitude à la fois le sérieux et la joie des études. Il y avait eu enfin, dans toute cette morosité, des lieux — le Limousin — et des êtres — son amie Zaza — éblouissants. Non, ce n'est pas une enfance disgraciée. Elle l'est pourtant devenue dans le regard que jette par-dessus son épaule la femme mûre. Celle-ci répète souvent que tout est joué à dix ans et peut-être même à deux. L'an un de sa propre histoire est pourtant celui où, à vingt ans, elle sort de l'aveugle et pesant milieu familial : une vraie levée d'écrou. Les *Mémoires* s'ouvrent sur la naissance, mais la merveille de vivre commence à vingt ans. Entre les deux s'étend une contrée rebutée et hostile.

Faute de trouver dans la biographie de quoi justifier ce

violent rejet de l'enfance, son lecteur la soupçonne de se fabriquer un passé d'oppression pour mieux mettre en valeur le lâcher-tout de la liberté et donner au drapeau de l'émancipation, qu'elle brandit si volontiers, ses couleurs héroïques. On flaire parfois dans les *Mémoires* de cette jeune fille rangée, mais choyée aussi bien, la mise en scène rétrospective de l'aversion, portée par la haine de la bourgeoisie. Mais ce n'est pourtant pas l'essentiel : si le monde qui était offert à l'enfant lui a paru si étroit, si rigide, c'est que, dès l'origine, elle voulait *tout*. Avec pareille disposition d'âme, le moindre obstacle devient révoltant, une banale permission de minuit insultante et tout objet refusé, tout être hors norme acquièrent un irrésistible attrait : dans le trio d'étudiants qu'elle rencontre en préparant l'agrégation, c'est Sartre qu'elle élit, pour sa séduction gaie sans doute, mais aussi pour sa réputation sulfureuse. Il passait pour « le plus terrible des trois et même on l'accusait de boire ». C'était conquérir sans coup férir le cœur de l'audacieuse.

De la jeune personne des *Mémoires,* on retient donc moins la timidité bourgeoise que l'impérieuse avidité. Sur les photographies, une Simone de deux ans et demi affiche déjà l'air de l'indépendance : la fillette, à l'évidence, ne manque pas d'initiative. C'est une impatiente, une colérique, avec des flambées brusques de désirs et des suffocations de rage ; une despote qui aime tenir sa petite sœur courbée sous sa volonté. Elle attribuera au conformisme moral de sa famille l'épée de feu qui, dit-elle, séparait le Bien du Mal et fendait violemment le monde en deux. Mais cette éducation trouvait chez elle un assentiment natif : elle n'avait elle-même que trop de propension à ouvrir un vertigineux fossé entre les choses qu'elle n'aimait pas et les choses qu'elle aimait. Celles-ci lui inspiraient une convoitise illimitée, elle les poursuivait avec emportement ; elle avait un sens violent, presque douloureux, de la nécessaire plénitude. Pendant ses vacances limousines, elle avait fait le rêve, ou le projet, de parcourir et de tenir sous son regard, sans manquer la moindre prairie, le plus petit bosquet, la France entière, voire le monde. Déraisonnable et impérieuse, elle voulait « la possession de la terre jusqu'à ses confins ».

La merveille, c'est que ces espérances, « les promesses de cette mine d'or qu'est une vie à vivre », ont été tenues. Grâce à ses dons propres. Grâce à la chance aussi. Dans son livre-somme, ce *Tout compte fait* où elle établit le bilan de sa vie, il est frappant de la voir chercher à imaginer les mille avenirs différents — et moins souriants — qui pouvaient à quinze ans s'ouvrir pour elle et n'en découvrir jamais que trois : elle aurait pu tomber malade, devoir interrompre ses études, ne pas rencontrer Sartre. A-t-elle conscience d'énumérer ainsi les trois talismans dont un bon génie avait songé à la munir ? Une santé insolente qui lui permettait de remplir à ras bord la semaine et le dimanche, les heures du travail et du loisir, d'émerger fraîche et joyeuse des jours gris et des nuits blanches, de rebondir à neuf chaque matin. Des études réussies, qui lui garantissaient cette indépendance matérielle dont elle a vite professé qu'elle était la clef de tout et dont le sentiment suffit, lorsqu'elle débarque jeune professeur à Marseille, au haut des marches de la gare Saint-Charles, à l'emplir d'un submergeant et orgueil-leux bonheur. Enfin, dans la personne de Sartre, l'être à qui on peut dire gravement : « Vous n'êtes pas sujet à variation », l'amour durable, l'amour-toujours. Trois cadeaux très tôt faits par l'existence : si bien qu'une Simone de vingt ans peut penser accomplir le rêve qu'elle prêtera à Françoise, son double de *L'Invitée* : être tout, avoir tout, être partout à la fois.

Et cela d'autant mieux que pour la chasse au bonheur, leitmotiv de ses livres, de ses lettres, de son journal intime, elle se savait supérieurement équipée : elle avait le talent simple de saisir le plaisir du moment et la couleur du jour, de faire son miel de chaque chose. Elle a donc fait de toute découverte une joyeuse aventure (ses textes sont scandés de « pour la première fois » victorieux : Venise pour la première fois, la Grèce pour la première fois, la première bicyclette, le premier avion), su goûter à la fois la fraîcheur de la belle étoile et la tiédeur des cafés, les gros livres et les gros gâteaux, avaler les kilomètres, dévorer à belles dents de robustes nourritures : l'univers pour elle était un palais de Dame Tartine et égal à l'immense appétit. Au fil des années, la vie n'en finit pas de la choyer : oui, elle

verra l'Inde et la Picardie, l'Amérique et le Confolentais, elle
traversera, touriste intrépide et ingénue, les terres de la
révolution, Cuba, la Chine, l'Algérie, partout voyant ce qu'elle
a décidé de voir et de croire, elle serrera la main de Castro, son
nom sera sur toutes les lèvres et son beau visage enturbanné
dans toutes les mémoires. Celles qui la liront, enivrées par son
exemple et son image, croiront toutes — à la condition, qui
paraît légère, de se suffire à elles-mêmes — pouvoir bénéficier
des mêmes chances, dont elle est la garantie et l'emblème : car
elle se fera imiter et admirer par ses livres, le plus beau rêve de
ses vingt ans enfin réalisé.

L'étonnant est que la complaisance du destin ne parvient
pas à éteindre chez elle l'avidité de la découverte. Toujours
affamée, Beauvoir n'est jamais vraiment rassasiée. Et par là
s'expliquent aussi les traits singuliers de sa vision et de son
écriture. Au rebours de Colette, qui enferme le monde dans un
jardin de curé, elle aime le voir étendu à ses pieds, comme un
grand animal docile. Jeune fille, elle s'était orgueilleusement
identifiée au grand chêne du parc des vacances et plaignait, à ses
pieds, la foule solitaire et anonyme des brins d'herbe. Rien ne la
grise davantage, toute sa vie durant, que le panorama. Au fil de
ses *Mémoires*, que de montagnes hardiment gravies (derrière,
Sartre traîne les pieds en pestant), de falaises escaladées, de
terrasses conquises ! De là-haut, un sentiment ivre de possession envahit l'alpiniste. Et comme elle sait mieux dire que voir,
elle ne se lasse jamais d'énumérer ce qu'elle tient alors sous son
regard. On a beaucoup moqué cette façon fiévreuse qu'elle a de
compter sur ses doigts : « Nous allâmes à Agrigente, nous
revîmes Ségeste, Syracuse, nous parcourûmes les Abruzzes »,
sa manière appliquée et enfantine d'explorer par les mots : « J'ai
identifié l'arc en plein cintre, les arcs surbaissés, surhaussés,
entre-passés, polylobés », toute une maladresse à suggérer,
qu'elle conjure par la répétition : c'est, a-t-on dit méchamment,
l'esthétique du *Guide bleu*. Mais justement : elle adore le *Guide
bleu*, l'évoque avec un mélange de tristesse (je ne pourrais pas
tout voir) et de jubilation (tant de choses à voir, à saisir, à
étreindre). L'action de nommer lui paraissait nécessaire et

créatrice, faire des dénombrements était son péché mignon : chez elle l'énumération ne traduit pas seulement la gaucherie, mais l'insatiable gourmandise.

Que toute cette richesse à ses pieds ne soit pas donnée, mais ait à être rudement conquise, est une évidence pour celle à qui on a dès l'enfance inculqué que tout se mérite. Mais voyez comme les choses s'arrangent : la conquête laborieuse est un ingrédient indispensable du plaisir. Vu d'avion, le panorama sans doute est plus parfait encore, mais il livre sa splendeur de manière quasi immorale. Il vaut bien mieux avoir laborieusement gagné la vision de la terre et d'abord, en l'inventoriant au rythme des pas : dès la sortie de l'aéroport, à New York, elle se jette dans les rues, marche jusqu'à l'épuisement. Le zèle double toujours chez elle le sentiment du bonheur. Parvenue au mitan de *La Force de l'âge*, brusquement elle s'arrête : et si le lecteur, à force de la suivre au long des jours et des nuits où elle égrène les voyages, les rencontres, les dîners, les terrasses où l'on boit et palabre et dont on rentre parfois en zigzaguant, allait conclure qu'elle ne travaille pas ? Elle tient à faire savoir que chaque livre lui coûte deux à trois ans, pendant lesquels elle écrit, récrit, coupe, corrige, peine des heures chaque jour à sa table de travail. Le plus remarquable pourtant est que tout ce labeur reste un plaisir : elle croit plus volontiers aux bonheurs mérités que gratuits, aux découvertes que fait faire une vertueuse et consacrante fatigue.

Efforts, travaux, plaisirs, visions, créations, moments éblouissants et œuvres durables, elle a donc tout rêvé, tout obtenu, tout accompli. Dans le tricot si serré de l'existence file pourtant parfois une maille d'inquiétude. Comment être certaine d'avoir tout connu et tout embrassé ? Pareille ambition paraît porter en elle l'échec. De fait, elle précipite Simone dans des listes fiévreuses et infinies : livres à lire, ceux pour s'instruire, ceux pour s'égayer, villes à visiter, êtres à connaître, entretiens à mener. Elle développe l'obsession de ne pas perdre une parcelle de ces richesses étalées devant elle. Simone adolescente avait rêvé que le moindre détail de sa vie pût se déposer sur un magnétophone géant, dont elle pourrait plus tard dévider la bande. Faute de l'avoir, elle s'acharne à gaver son emploi du temps, à remplir les temps morts et à tout consigner, l'accessoire avec l'essentiel. Ainsi s'explique l'étrange activité récupératrice qu'elle a toujours menée, où tout ce qu'elle a vécu au jour la journée sert à plusieurs fins (la jeune fille rangée montre qu'elle a assimilé ce secret de la vie bourgeoise, tirer parti de tout) : elle le consigne d'abord dans le journal méticuleux qu'elle tient (elle « fait » ses carnets, comme on dit d'une gymnastique quotidienne), puis elle utilise et presque recopie ce matériau brut dans les lettres qu'elle écrit. Elle y puise ensuite la matière de ses Mémoires et de ses romans eux-mêmes : ceux-ci, quoi qu'elle en ait dit, sont, au détail près, autobiographiques, paradoxalement bien plus proches du vrai que les Mémoires, où elle doit ménager les entours. Entre tous ces textes, les variations menues feront un jour le bonheur des exégètes, mais le simple lecteur y perçoit surtout l'activité d'une chiffonnière maniaque : même les journées « déplaisantes » peuvent « servir » aux romans, même les lieux ont plusieurs usages ; la maison de son ami Charles Dullin à Ferrolles est le Saint-Martin des *Mandarins*, le Feuverolles des *Belles Images*. Non, elle n'a pas eu besoin de magnétophone : elle a accumulé sur elle-même une telle masse documentaire qu'elle laisse peu d'espace à ses biographes, accompagné le moindre de ses actes d'un immense enregistrement.

Dans cette vie si comble, enfin, il y a eu l'amour en prime. L'amour, il y en a de toutes sortes et elle ne s'est privée d'aucun : ni de celui des hommes ni de celui des femmes ; ni de la passade ni des affections constantes. Vivre près de ceux qu'on aime a toujours été l'idée simple qu'elle s'est faite du bonheur, et ses livres racontent le contentement inépuisable que lui donne la fréquentation assidue du même petit groupe d'amis, qui vivent à deux encâblures les uns des autres dans le même quartier parisien, sans cesse reliés par le téléphone et irrigués par la conversation, célébrant pourtant sans fin la joie des retrouvailles. En même temps, elle a toujours cru qu'il n'y avait vraiment qu'une sorte d'amour, celle qui donne l'assurance de ne faire qu'un avec un être, « mon petit côté Delly », dit-elle.

Dès son vingt et unième anniversaire, elle avait rencontré le double qu'attendait à quinze ans l'adolescente exaltée et sérieuse qui jurait de ne se marier que si elle rencontrait ce double, celui auquel on pourrait écrire « vous autre ma vie ». Après quoi, les années peuvent bien couler, la foi jurée les traverse sans s'altérer. Elle inspire les phrases célèbres qui ont fait rêver des générations de demoiselles : en trente ans de compagnonnage avec Sartre, un seul soir de désunion, des intérêts indivis, un jumelage intellectuel et affectif infracassable. Sartre pour elle est l'homme par qui aucun malheur, hormis sa mort, ne pouvait survenir.

◆

Qu'était-ce, pour une personne si avide de tout étreindre, qu'être née femme ? Chance, malédiction ? Ce n'était rien du tout, elle n'y songeait pas. Autant la situation enfantine lui avait paru pesante, autant la situation féminine lui était légère. La famille, monde de femmes fortes et d'hommes indolents, ignorait la hiérarchie des sexes. La vie intellectuelle, sans doute, était du côté du père. Mais la vie spirituelle, elle, appartenait à la mère : celle-ci enseignait à se préoccuper d'abord de son âme, et toute âme en vaut une autre au regard de Dieu, si bien qu'avant de lire les philosophes la petite fille croyait à l'égalité des êtres. Plus tard, à la Sorbonne, ses camarades d'études ne lui montrèrent aucune condescendance. Elle ne les percevait en rien comme des adversaires et se sentait fort à l'aise avec eux. Quelques années encore et elle choisit d'écrire : elle a alors un pied dans l'univers masculin et nul mieux qu'elle ne voit et ne décrit le bénéfice, quasi ethnologique, qu'on tire de l'appartenance à deux mondes. Bref, jusqu'à la quarantaine, on ne l'aurait jamais fait convenir qu'être femme était avoir tiré un mauvais numéro à la loterie des sexes.

Aussi écrit-elle ses premiers ouvrages sans même soupçonner qu'il y ait là un problème : chacun doit laborieusement construire son existence et tirer son épingle du jeu, mais homme, femme, c'est tout un. Elle reste indifférente à la campagne pour le vote des femmes. Elle manque souvent à l'élémentaire solidarité féminine et il y a même, chez elle, quand elle parle des femmes, des touches de sarcasme : elle n'en finit pas de recenser, autour d'elle, des grosses et des grasses, des larmoyantes, des petites bonnes femmes veules et dépendantes. Elle recule, légèrement dégoûtée, devant l'odeur du gynécée, « tout ce qui fait femme dans la chambre de Wanda » : boîtes à poudre, lit défait, vêtements épars. Les femmes passives, comme sa cousine Jeanne, seulement occupée à « devenir ce qu'on lui avait appris à croire qu'elle devait être », n'ont pas droit à son indulgence, pas plus que toutes ces abandonnées qui « restent là plantées à soupirer après un homme qu'elles ne méritent pas ». Au reste, l'émancipée connaît peu de ces femmes-là, ses amies mènent rarement la vie rangée des épouses, tout la porte à croire qu'il n'y a pour les êtres humains que des problèmes strictement individuels.

Le livre qui a fait sa réputation, l'énorme *Deuxième Sexe*, est donc une œuvre de hasard. Elle admirait *L'Âge d'homme*, le livre où Michel Leiris avait eu le courage de s'exposer, tel un torero, à la corne du jugement d'autrui, souhaitait prendre elle aussi le risque de l'autobiographie. Sartre, qui s'entretient du projet avec elle, a l'intuition qu'une question préalable se pose et s'impose : qu'a signifié pour elle le fait d'être une femme ? Rien du tout, « ça n'a pour ainsi dire pas compté ». Comme il insiste, l'élève consciencieuse s'enferme pour deux ans à la Bibliothèque nationale. Elle y vole de surprise en surprise — la première, la plus forte, est de découvrir que toute femme qui entame son autoportrait doit commencer par ce truisme : « Je suis une femme », alors qu'un homme peut paisiblement passer outre. À mesure qu'elle progresse dans ses lectures se modifie aussi, car elle ne fait rien à moitié, sa vision du monde. De tout cela, elle émerge avec ce monument, à travers lequel le monde entier va la juger, et qui confirme paradoxalement le « rien » dont elle était étourdiment partie. Être femme, ce n'est rien, en effet, ni essence ni destin. Mais pour la grande majorité des femmes, ce rien est tout, et voilà de quoi justifier huit cents pages.

Livre étrange, château de fiches où pourtant ce qui frappe n'est pas l'appareil érudit, mais un mélange de véhémence — est-ce la mort de son amie Zaza, assassinée par les conventions, qui inspire l'accent passionné ? — et de tranquillité sérieuse, voire de placidité dans le discours. Elle qui a toujours soutenu qu'avoir un corps, et un corps féminin, ne l'avait pas gênée, décrit avec une précision clinique la menstruation, la défloration. Elle qui n'avait pas vécu l'événement pubertaire comme une crise (elle eût seulement souhaité que sa mère en parlât plus, et moins son père, dont la compassion amusée la glaça) raconte par le menu la découverte, par la fillette jusque-là libre, des accablantes, des répugnantes servitudes du corps. Le lecteur, aujourd'hui, peine à imaginer quel scandale fit lever le livre. Il n'a plus conscience de l'immense silence que la littérature, même vouée aux femmes, observait sur tout ce sang qui coule : on n'en parlait jamais, y songe-t-on assez, dans les traités d'éducation des filles et, dans les romans, on ne trouvait que de pudiques, d'obliques constats. Colette elle-même suggère, plus qu'elle ne décrit, le passage féminin de la souveraineté à l'esclavage. Beauvoir, elle, a décidé de tout dire, avec une intrépidité appliquée, sans recourir à la moindre périphrase. Cette couventine, qui disait ce qui passait alors pour des horreurs, ce fut pour beaucoup, dont Mauriac, l'indécence même ; et pour fort peu, dont Julien Gracq, le courage. C'est lui, bien sûr, qui a raison. Et si elle va son train, impavide, c'est aussi qu'à côté de sa description du piège où la biologie prend les femmes elle a placé l'amulette qui leur permet de s'en libérer. L'accablement de la condition féminine ne naît nullement du biologique (si tel était le cas, il n'y aurait plus, sempiternellement, qu'à le subir), mais du social. C'est la société qui fait de la femme un être relatif et subalterne. Ainsi de la menstruation : « Dans une société sexuellement égalitaire, on ne l'envisagerait que comme une manière singulière d'accéder à sa vie d'adulte. » Ainsi de la pénétration : elle n'est humiliante que déjà prise dans toute une mythologie de l'infériorité des femmes. Bref, les faits comptent moins que leur interprétation, on ne naît pas femme, on le devient : phrase-drapeau, qui claque encore dans nos mémoires.

Elle avait, pour sa part, tout fait pour ne pas le devenir. Et, d'abord, en refusant tout ce qu'elle avait détesté dans sa jeunesse, tout ce qui tournait autour de l'image des mères : la sienne propre, courbée à la fois devant Dieu le père et le père-Dieu, et faisant payer cette double servitude d'un despotisme menu, mais aussi celles de ses amies, dont Zaza. Mères à la fois souffrantes et manipulatrices, perfectionnistes et futiles, dévorées par l'obsédante niaiserie des travaux domestiques. Pour Simone donc, à rebours, pas d'emménagement, pas d'installation. Des rapports désinvoltes et quasi magiques avec l'argent. Ni meubles, ni maison, ni appartement, tout juste, et fort tard dans la vie, un studio : elle admirait Sartre d'avoir si peu le sens de la possession qu'il n'avait même pas un exemplaire de son dernier livre. Pas de tâches ménagères : on travaille et corrige les copies au fond des bistrots, se nourrit ordinairement au-dehors, et le clou de l'activité féminine consiste à se préparer un jambon-beurre dans une chambre d'hôtel. Pas de mariage non plus, bien que Sartre le lui ait proposé : mais elle refusa, il en conçut quelque déception, après quoi ils rationalisèrent leur choix, un peu confus d'avoir joué un instant avec l'idée de l'installation bourgeoise, mais heureux d'avoir échappé aux « obligations » qu'elle multiplie nécessairement. Pas d'enfants : elle se donne beaucoup de mal, dans *Le Deuxième Sexe*, pour montrer l'artificialisme du prétendu « instinct maternel » et toutes les raisons truquées, de l'injonction grondeuse à la persuasion sentimentale, qui obligent les femmes à avoir des enfants et à croire qu'elles les ont voulus. Dans le désir d'enfant, elle ne veut voir qu'un choix individuel, qu'elle refuse pour son compte personnel en invoquant la répétition monotone à quoi condamne l'enfant. Bref, ses choix dessinent avec une fermeté exemplaire l'envers du noir tableau qu'elle a dressé dans *Le Deuxième Sexe* et illustrent sa thèse centrale, que la féminité, ni nature, ni essence, ni même condition, est seulement une « situation » indiquée à travers les données physiologiques, mais toujours modifiable par la force de la volonté et de l'esprit.

Cette idée d'une vie différente possible pour les femmes a

donc été chez elle une pratique avant d'être un concept, et l'image qu'elle donnait d'elle-même a nourri la véhémence de ses adversaires, acharnés à dénoncer l'observatoire strictement personnel du *Deuxième Sexe*. Tantôt, disent-ils, elle décrit le destin féminin à travers l'étroite lucarne de cette vie bourgeoise qu'elle avait détestée enfant, et tantôt du haut de cette luxueuse liberté qu'elle affichait pour sienne. Rendue aveugle dans le premier cas par la proximité à l'objet et, dans le second, par la distance. Doublement, quoique inversement handicapée. Elle-même y avait réfléchi : les femmes sont-elles mieux placées que les hommes pour comprendre la situation féminine ? Son sens de l'universel l'incline à penser que non. Et puis, elle se ravise : certaines femmes oui, qui ont eu le privilège, mais aussi la volonté et l'intelligence, de mettre un pied dans l'univers masculin. À la marge donc, un peu, dit-elle, comme le correspondant de guerre, ni tout à fait dehors ni tout à fait dedans et l'œil aiguisé par cette bâtardise même. De cette oscillation entre l'appartenance et la non-appartenance, elle joue avec bonheur. On admire dans *Le Deuxième Sexe* que l'intellectuelle qui avait échappé à la répétition maussade des occupations féminines décrive de façon si saisissante l'existence ménagère vouée à la facticité ; que celle qui n'avait pas emprunté les chemins de la tradition ait su, à sa manière prosaïque et brutale, compter les cailloux dont ils sont semés. Et que celle qui avait voulu être l'égale des hommes et s'était sentie telle, par la culture, la responsabilité et les libertés, la même donc, ait reconnu dans la femme l'*Autre*. Qui devait être le titre initial du *Deuxième Sexe*.

L'Autre, mais pourtant pas le tout Autre. Au temps du *Deuxième Sexe*, si elle admet que la mesquinerie et la médiocrité des valeurs féminines s'expliquent par l'interdiction qui est faite aux femmes d'accéder aux plus hautes destinées humaines, héroïsme, révolte ou invention, elle sait que pour les hommes non plus elles ne sont pas si communes : tant d'hommes sont, comme les femmes, réduits à une vie sans projets et sans espoir par l'appartenance de classe, plus impérieuse encore que l'appartenance de sexe, et qui est toujours au commencement.

Aucune révolte spécifique ne viendra donc jamais à bout de l'oppression des femmes, on ne les affranchira qu'en changeant le système tout entier. D'où la légère condescendance à l'égard du féminisme. D'où la certitude qu'avec l'abolition des classes — encore que son évocation du socialisme à venir soit toujours d'un déconcertant schématisme — et seulement avec elle, la vie des humains, hommes et femmes, pourra décisivement changer. En attendant ce grand soir, elle se félicite que l'amélioration de la vie féminine soit en marche, se réjouit, en observant les femmes américaines dans *L'Amérique au jour le jour*, que les Européennes, elles, aient compris qu'on ne gagne rien à s'affirmer « en tant que femmes » et qu'il faut, au contraire, faire la preuve de sa valeur « sur un plan universel, dans la politique, les sciences et les arts ». Davantage encore : elle ne croit nullement que ces nouvelles conquêtes, qui développeront chez les femmes l'aisance et la mobilité, permettront de voir surgir un monde d'idées inédit. Rimbaud annonce, elle lui en sait gré, la fin de « l'infini servage de la femme » : elle ne jurerait pas pour autant que la création humaine s'en trouvera bouleversée. La femme, cet Autre, niera et dépassera sa situation, mais non vers le tout Autre. Vers le même, au contraire. En se libérant, la femme aura accès à ces valeurs d'indépendance, de risque, d'intelligence, qui sont déjà privilégiées par les hommes : le monde masculin a l'universel dans son particulier.

Au fil des années, on la voit affuter la lame de ses jugements, au point de dire qu'on ne la trahit jamais en la présentant comme une féministe radicale. Est-ce l'énergie cinétique du livre célèbre, le fait d'avoir été poussée sur des estrades, accablée de revendications et d'injures, choisie par tant de femmes comme porte-bannière ? Ou seulement l'esprit du temps ? En tout cas, elle a changé. Elle ne croit plus que les femmes soient en passe de gagner la partie et ne jurerait pas que de la lutte des classes à la lutte des sexes la conséquence est bonne. Elle ne serait plus prête à voir dans l'affrontement des sexes le face-à-face idéaliste de deux consciences. Elle fait passer la lutte collective des femmes avant l'affranchissement personnel. Des féministes avec lesquelles elle s'est liée, elle a appris l'intransigeance. Il ne faut rien laisser passer, même les petites choses : c'est pourquoi elle finit par donner son aval à cette réfection féminine du vocabulaire et de la grammaire qu'elle avait d'abord jugée si puérile et même si incongrue. Elle va jusqu'à infléchir la conviction spontanée qu'on lui a donné les mêmes chances qu'à un garçon. Non, c'est bien une éducation de jeune fille qu'elle a reçue. Et nonobstant les études, sa situation est demeurée « celle d'une femme au sein d'une société où les sexes constituent deux castes tranchées ». Deux castes vraiment ? Là-dessus elle bronche un peu, car elle conserve l'horreur native du ghetto.

De son credo central, celui du jeu que chacune conserve par rapport à la différence biologique, elle n'a pas démordu. Si elle avait postulé la dépendance des femmes, elle avait consacré ses romans à montrer que c'est précisément la dépendance, l'impossibilité à s'affirmer comme sujet, et non la féminité, qui est responsable du malheur féminin. Si elle avait décrit mieux que personne les tristes servitudes du corps féminin, elle refusait toujours de faire du corps le fondement de la différence intellectuelle et sociale, la source de la destinée féminine, moins encore le point d'appui d'une culture féminine particulière. Dans la pente différencialiste du néo-féminisme, elle voyait une mystification encore, nouveau et joli piège tendu aux femmes. Son allergie à tout ce qui exalte la corporalité, la féminité, son hostilité aux féministes — elles la lui ont, selon Antoinette Fouque, amplement rendue — qui mettent la différence au centre de la vie des femmes ont été entières. Cette répugnance avait été la clef de son rejet des doctrines, saint-simoniennes ou comtistes, qui exaltaient la Femme-majuscule, façon subtile mais imparable de la desservir : identifier la femme à des vertus ou à des mérites particuliers, c'est l'enfermer dans l'impératif catégorique, devoir-être qui lui paraissait meurtrier ; elle avait toujours professé que la liberté (des hommes comme des femmes) consiste à s'arracher aux déterminations qu'on leur impose et conçu une méfiance instinctive pour toutes les doctrines qui, au lieu d'assimiler la femme à l'homme, l'opposent à lui, fût-ce en célébrant son intuition, son dévouement, la force et la fidélité de ses attachements : autant de supercheries.

On comprend alors qu'elle n'ait jamais entonné le refrain de l'« écriture féminine », de la littérature féminine : de toutes les entreprises réservées aux femmes, elle tire une impression d'étroitesse accablante. Elle méprise l'associationnisme féminin, les clubs des femmes américaines. Invitée à dîner, aux États-Unis, par deux jeunes femmes indépendantes, dont l'annulaire est vierge d'alliance, elle soupire : l'appartement sent le célibat, le dîner baigne dans « une absence amère », ce repas entre femmes est un triste repas sans hommes. Elle voit dans l'ordinaire séparation des sexes en Amérique la raison de l'attitude de défi des Américaines face à des hommes considérés comme des ennemis. En comparaison, le métissage social européen est une bénédiction. Elle peut admettre que l'agressivité masculine s'accroît à proportion des progrès de la cause des femmes, mais résiste de toutes ses forces à l'idée de l'incommunicabilité entre les sexes. Tout cela lui vaudra la méfiance des féministes radicales et l'accusation de double jeu. Elle y répondra en concédant qu'il est bon, pour la cause, qu'il y ait des féministes radicales. Mais elle ne les suivra pas plus avant. Elle reste fidèle à son expérience d'un rapport aisé, détendu avec les hommes. Heureux.

◆

Au total, l'a-t-il été autant qu'elle le clame ? Surtout, a-t-il été — un de ses mots fétiches — si « authentique » ? Elle l'aurait juré. Elle mettait au-dessus de tout la sincérité, revendiquait la transparence. L'ambition de dire le tout d'une expérience avait été le moteur de son entrée en écriture, le but à quoi elle revenait sans cesse dans ses carnets de jeunesse. Elle a conçu ensuite chacun de ses livres comme un pas supplémentaire dans une entreprise de démystification. Ainsi s'expliquent la crudité salubre du *Deuxième Sexe* ; la sympathie pour les héros qui cherchent à bâtir des rapports humains vrais, hardiment, comme Henri des *Mandarins*, timidement, comme Laurence des *Belles Images* ; la condamnation de ceux qui, comme Paule des *Mandarins*, ou Élisabeth de *L'Invitée*, s'emploient à fuir la vérité dans la brume des illusions sentimentales. Dans le vigoureux monde en noir et blanc qu'elle dessine, où il y a des honnêtes et des salauds, des plaisants et des déplaisants, des authentiques et des inauthentiques, tout son mépris va aux truqueurs. « Tomber dans l'inauthenticité », formule légèrement comique, est le mal absolu. Dont elle se croit préservée.

Avec Sartre, elle s'était tout de suite avisée — à moins qu'il ne le lui ait insidieusement fait croire — qu'à côté de l'amour qui les liait (« nécessaire ») il y aurait forcément des amours « contingentes ». Ils avaient donc imaginé un dispositif destiné à protéger le premier, à prévenir les turbulences des secondes et à conjurer ainsi les surprises de l'existence. Pacte de vérité, qui consiste, entre les deux êtres qui se sentent « nécessairement » liés, à *tout* se dire, à raconter à l'autre tout ce qui se dit ou se fait avec les autres, tout ce que les autres ont dit, tu, suggéré, esquissé, paroles, gestes, soupirs, caresses. Pacte ingénieux, qui les lie alors même qu'ils se délient. Pacte d'abord passé pour une durée limitée, puis reconduit, jamais explicitement abandonné et amplement commenté, au moins par elle. Pacte devenu fameux. Les termes de l'accord rencontraient chez eux deux un penchant au commérage, mais aussi la passion des rencontres entre les êtres, contacts, collisions, esquives, ruptures : ils professaient que chaque conscience poursuivait la mort de l'autre ; mais aussi qu'aucune n'existe autrement que sous le regard de l'autre ; de là, entre eux, ces conversations — ni elle ni lui ne s'en lasse — qui font bouger à l'infini le kaléidoscope coloré de leurs relations ; de là, dans les romans de Simone, les êtres vus comme faisceaux de réciprocités, à la manière, génie en moins, d'Henry James, qu'elle admirait.

Liés par leur pacte « essentiel », les voici donc tissant autour d'eux une toile serrée, d'autant plus compliquée qu'à leurs yeux aucune forme de lien entre les individus n'est privilégiée, ni interdite, objet de création perpétuelle de surcroît. Astres souverains au centre d'un système qui fait graviter autour d'eux quantité d'étoiles subalternes : Louise, Olga,

Wanda, Nathalie, le petit Bost ; amis, amants, amoureuses, maîtresses, de l'un, de l'autre, ou des deux. Relations entrecroisées qui ne doivent pourtant pas menacer le cœur-à-cœur royal. Aussi faut-il mettre au point un système complexe d'entrevues individuelles et de réunions plénières et inculquer à toutes les « petites consciences » subordonnées la hiérarchie vraie des affections. Pas simple : ces êtres faibles et plaintifs n'en ont pas le sens, ont toujours tendance à quémander entretiens et étreintes, à réclamer plus que leur dû, à chipoter la part qui revient aux uns et aux autres. Ils inclinent à juger fort avare une Simone pourtant généreuse à leur égard : elle joue auprès de la part féminine de la petite troupe asservie et adorante le rôle de pédagogue (il faut, entre deux baisers, leur expliquer les *Méditations*), de surveillante générale, d'organisatrice des loisirs et des désirs, de consolatrice, de mère aussi, qui paie libéralement les voyages à Paris, les chambres d'hôtel et les whiskies. Sartre, de son côté, montre la même complaisance et sème son argent à tout-va.

Dans tout cet arrangement, il y a pourtant quelque chose de difficilement partageable, le temps non élastique, le temps toujours trop vite envolé (malgré l'énergie dépensée à le saturer et la minutie mise à le répartir : « Je lui donnerai deux soirées, il en donnera trois à Olga » ; « J'ai aperçu Sorokine au Mahieu, mais je l'ai juste saluée, ce n'est pas son jour »). Partager le temps, le calculer, préserver le temps de l'amour nécessaire et davantage encore celui de l'œuvre — entendons surtout celle de Sartre —, tel est le métier de chien que racontent tout au long et le journal de Simone et la correspondance qu'elle échange avec Sartre, quand la guerre exile celui-ci du carrefour Vavin. Lettres de l'une à l'autre, et de l'autre à l'une, où éclate, quoi qu'elle en ait, la dénivellation de leurs existences. À lui, soldat puis prisonnier, la guerre, qu'il contemple plus qu'il ne la fait, donne la chance de vivre comme dans le poêle de Descartes, en bienheureux tête-à-tête avec sa création. Elle, en revanche, sans bouger de leur territoire d'élection et sans accorder à la guerre, qui la prive de lui, autre chose que des pensées négligentes et rancunières — l'indifférence à l'événement de cette future championne de l'engagement est stupéfiante —, est au front : mobilisée par l'administration des amours contingentes qu'il faut gérer de concert avec l'amour nécessaire, seul, lui, et libre dans les brumes allemandes.

On sent ici la main de fer de la gouvernante et son aptitude à surveiller et à punir. On saisit aussi quel déni de soi entraîne, chez celle qui n'aimait que la transparence, le système que Sartre et elle avaient imaginé. Tout se dire, ç'avait déjà été, raconte sa sœur Hélène, la convention familiale, qui menait immanquablement à la cachotterie et à la duplicité. La convention quasi conjugale ne vaut pas mieux. Sartre vient-il en permission, il faut cacher aux autres le jour et l'heure de son arrivée, mentir sur la durée du séjour à Paris, éviter les itinéraires dangereux, se cacher entre Vavin et Raspail, fréquenter la poste restante et mettre sous clef le courrier. Surtout, établir à l'avance ce qu'on dira aux autres et rapporter méticuleusement ce que les autres ont dit de lui, d'elle, et ont dit qu'ils leur ont dit. Construction qui demande une excellente mémoire, un gouvernement rigoureux de soi, une ritualisation féroce. Et branlante pourtant, menacée par la moindre rencontre, le plus petit lapsus, rongée par la mauvaise foi. Fallait-il inventer une existence si peu conventionnelle pour la remplir de conventions ?

Tout se complique encore évidemment lorsque du sein de ces rencontres « inessentielles » surgit, d'un côté ou de l'autre, l'amour, et qu'il faut faire vivre ensemble l'amour nécessaire (mais tout d'un coup pas si nécessaire) et l'amour contingent (mais tout d'un coup pas si contingent). Le jeu alors peut devenir meurtrier, et c'est cette menace qu'elle a mise en scène dans les plus réussies de ses fictions, se délivrant à chaque fois par l'écriture de l'insupportable tension ouverte dans leurs vies par l'irruption d'un autre ou d'une autre : consciences plus du tout négligeables cette fois, mais étrangement fascinantes. De l'épineuse entreprise de vivre à trois, *L'Invitée* conte la fin tragique et *Les Mandarins* la fin mélancolique. Les deux histoires pourtant ne sont pas tout à fait symétriques, et cette boiterie en dit long sur les jureurs et leur pacte. Dans *L'Invitée*,

Sartre-Pierre était captivé par Olga-Xavière. Dans *Les Manda-rins*, Simone-Anne par Algren-Lewis. Mais dans le premier récit, Pierre se soucie comme d'une guigne de l'intégrité du pacte. Dans le second, Anne s'évertue avec l'aide, il est vrai, de l'océan Atlantique, à mettre entre le récent amour et l'ancien assez de distance pour que soit respectée la hiérarchie des affections. Ainsi en a-t-il été dans la vie : à peine Simone a-t-elle rencontré Algren — un vrai coup de baguette magique, pourtant, qui fait à nouveau valser l'existence, métamorphose les objets et jusqu'aux mots (le « cher mari du Mexique » parvient presque à lui faire oublier quel esclavage hideux est le mariage) — qu'elle s'ingénie à lui faire comprendre ce que Sartre représente dans sa vie, comme ils se sont mutuellement épaulés et doivent s'aider toujours. Elle niait « appartenir » à Sartre, le pacte entre eux ne comportait aucune clause de subordination, mais elle maintenait, inquestionnée, l'image de deux jumeaux intellectuels attelés à une tâche exaltante et indispensables l'un à l'autre. Elle tenait à ce « nous » péremp-toire qui surgit dans les *Mémoires* chaque fois qu'elle entame un de ces développements un peu laborieux sur la politique — on sent qu'elle peine à y mettre son cœur — et qui signale le passage de la vie privée, où elle prétend à l'autonomie, à la vie publique où, selon le schéma le plus convenu de la vocation féminine, elle s'abrite derrière lui.

Dans l'exécution de leur pacte, qui n'a été viable que par ses soins — sa « vigilance », dit-elle —, elle a donc toujours montré plus de fidélité que lui. Et, au total, plus d'honnêteté. À lui, l'existence du Castor servait surtout à intimider les autres femmes, à les empêcher d'empiéter sur son temps et sur son œuvre ; il fait jouer à Simone le rôle dissuasif que tiennent chez Flaubert la mère-despote et la maladie chez Voltaire : soupirer qu'il faut tenir compte des droits légitimes du Castor est encore la manière la plus élégante de tenir en respect les femmes « contingentes ». Elle, en revanche, a la religion de leurs serments. Elle a même, par éclairs, le sentiment de leur imposture. La plupart du temps, elle rebondit, sort joyeuse et lisse de leur roncier de mensonges, suffisamment rassurée d'avoir près d'elle quelqu'un pour qui elle tient le greffe des caresses, soupirs, scènes, ruptures, retrouvailles de leur pensionnat. Mais le mensonge l'inquiète sourdement : « Par moments, lâche-t-elle dans *La Force de l'âge,* je me demandais si mon bonheur ne reposait pas tout entier sur un énorme mensonge. » Elle juge sans indulgence Sartre, qui dans sa relation avec celle qu'elle appelle Védrine s'est très laidement comporté. Il s'amusait à écrire à la jeune fille des lettres de feu, puis des lettres de rupture, pleines d'assurances d'estime et d'encouragements moralisateurs : pour Simone une insupportable hypocrisie. Elle vit auprès de Louise Védrine la rupture imposée par Sartre (et qu'elle-même avait conseillée), mais finit, gagnée par la compassion, par épouser le parti de la délaissée. Elle ne s'exclut pas, du reste, de la condamnation qu'elle porte contre Sartre, elle perçoit à quel point, en raison de ses rapports privilégiés avec lui, elle pouvait paraître haïssable et découvre d'un coup, avec une surprise douloureuse, « notre façon de traiter les gens ».

Il arrive que l'inquiétude ronge jusqu'à la foi centrale qui est la sienne : que tous ces arrangements menteurs concourent à créer une grande vérité, celle de ses rapports avec Sartre, bienheureusement soustraits aux « variations ». Cette religion-là, pourtant, Sartre s'est souvent chargé de l'abjurer. Elle est presque pathétique, l'implacable Simone, dans les efforts qu'elle fait pour ne pas voir ou voir le moins possible : « Je sais bien, lui écrit-elle, que notre amour est le plus vrai, mais ça me pèse de vous voir traîner dans d'autres cœurs. » Elle accepte mal de débusquer en elle cette plainte de bonne femme jalouse. Elle s'en tire par de subtils distinguos : pas jalouse, assure-t-elle, des sentiments de Sartre pour toutes ses femmes ; jalouse, en revanche, des sentiments que lui portent les femmes. Encore n'est-ce pas vrai de toutes. Celles dont on peut se débarrasser aisément en les définissant comme des feux follets, éphémères lueurs de conscience, se font du grand homme une idée si inadéquate qu'elles ne la dérangent guère. Quant à lui, elle se persuade qu'il ment aux autres en leur disant qu'il les aime, mais qu'à elle (en usant des mêmes mots) il dit la vérité. Au demeurant, la première affirmation est-elle vraiment mensongère ? Il faut tenir compte aussi de la sincérité de l'instant. Mais, alors, qu'est-ce qui garantit Simone d'être elle-même l'objet d'un amour négligent et fantasque ? La durée, bien sûr, d'une association qui, plus encore qu'un lien personnel, est la condition de possibilité de l'existence : ce qui donne en général à leur amour, convient-elle, quelque chose de « durci et de définitif » ; mais où elle trouve l'assurance qu'elle est pour lui « un objet posé absolument », quand toutes les Olga, les Wanda, les Natacha sont des « êtres mis entre parenthèses ».

Et si elle se leurrait, aussi vite vaincue par l'illusion sentimentale qu'une Louise, qu'une Poupette ? Comme elle est beaucoup plus honnête que Sartre, qui est loin de tenir à son intention un archivage aussi scrupuleux que celui qu'elle établit pour lui, elle mentionne ses doutes : et si elle aussi était pour Sartre une parenthèse, un « truc dans la vie », comme elle le dit d'Olga pour Bost ? Elle chasse vite, comme on fait d'une mouche, cette pensée agaçante. Dans l'école régimentaire qu'elle administre, les élèves à qui elle distribue, selon leurs mérites, les bons points ou la férule, dépendent tant d'elle et souvent au sens le plus matériel ! Toutes ces petites noyées, aimables et faibles, attendent leur subsistance de Sartre et d'elle, et l'aident elle-même à se sentir vivante et forte. Le contentement de n'être pas comparable est l'armature de sa vie, et il ne joue pas seulement dans la relation avec Sartre, mais dans les amours de passage aussi bien. Chaque fois qu'elle peut, sur la foi de légers indices, conclure qu'il n'y a pas de comparaison entre la façon dont les membres de leur petit bataillon tiennent à elle et tiennent aux autres, elle rayonne, elle exulte, elle touche terre. Elle s'exalte à l'idée qu'avec les autres fait défaut cette qualité de sympathie, de complicité, d'engagement profond : « J'aime bien penser que Bost est plus en sûreté dans mes mains que dans celles de Kos, que j'ai vraiment dans son honnête petite vie un rôle qu'elle ne sera jamais capable de remplir. »

Devant ces arrangements matériels et moraux qui absorbent tant de son énergie et de son temps, son lecteur hésite entre plusieurs sentiments. L'indignation devant l'autorité condescendante avec laquelle elle régente son escouade (« Il suffira, écrit-elle à Sartre, d'un peu d'application pour que cette petite personne soit heureuse sans trop gêner ») et l'absence de respect des autres : elle ouvre les lettres, lit les journaux intimes. Le malaise, car cette championne de l'indépendance se soumet à l'emploi du temps et à l'œuvre de Sartre, servante au grand cœur qui sait et dit avec simplicité que Sartre a du génie et qu'elle n'en a pas. La compassion, car on voit Sartre mener la partie, jouer en artiste consommé de la foi selon laquelle elle lui est essentielle : il la tisonne quand elle s'éteint, il la rejure chaque fois qu'il faut (il lui dit qu'il tient à l'autre, mais qu'il *est* avec elle, constat assez plat qui la rassure pourtant). La stupéfaction, car on est confondu de voir celle qui ne se sentait pas femme, qui avait tout fait pour ne pas le devenir, si vite et si bien consolée par la chanson vulgaire et douce dont on berce l'éternel féminin : « Avec toi ce n'est pas la même chose. » La sympathie, car elle décrit très bien dans ses romans, et on la soupçonne de l'avoir elle-même ressentie, la souffrance des femmes qui luttent pour maintenir le lien amoureux avec des hommes depuis longtemps dépris. Peut-être enfin une manière d'admiration pour l'exploit : à force de volonté (elle avait écrit à Sartre qu'il leur faudrait « faire ressembler le mensonge à la vérité »), toute cette tricherie finit par en constituer une. Elle tient à bout de bras le château de cartes biaisées dont Sartre et elle sont les rois. C'est en toute bonne foi que, pressée par Algren de venir vivre avec lui, elle lui répond que ce n'est ni pour le plaisir ni pour la gloire qu'elle maintient la vie commune avec Sartre, mais parce qu'elle « ne peut pas faire autrement ». Ceci est la stricte vérité : comment renoncer à l'axe qu'elle a donné à sa vie ? C'est alors qu'elle trahirait le vrai.

◆

Elle aura une occasion encore d'affronter la vérité, la rencontre du vieil âge. Découverte ? L'action du temps la déconcertait, elle avait tenté doublement de la conjurer ; les *Mémoires* montraient à quel point elle détestait voir son passé s'effilocher ; et le *Journal* à quel point elle luttait contre l'anéantissement progressif du présent. Elle avait toujours senti qu'elle vieillissait et opposé très tôt la limite de l'âge à ses comportements et à ses entreprises. Petite fille déjà, elle s'était sentie trop vieille pour s'asseoir sur les genoux de sa mère. Trop vieille, à trente-six ans, pour se soucier d'une dent qui la défigurait. Assez vieille déjà, à quarante ans, pour signer la fin de sa vie sexuelle. Puisant au fond du miroir la certitude que la vieillesse couvait, force insidieuse et invincible. Annonçant périodiquement qu'elle était reléguée au pays des ombres. Toujours rebondissante, pourtant, dès que surgissait le nouvel amour. Algren, Lanzmann sont d'abord cela pour elle : un appareillage à neuf dans le vent matinal. L'amour nouveau est la délivrance de l'âge. Reste qu'« on est rongé par la mort plusieurs fois dans le cours de sa vie », elle le sait bien.

Cette basse mélancolique de la mort, qui hante la jeunesse sous la forme de l'ennui et la maturité sous celle de la foudroyante angoisse, cette lente préparation de la vieillesse qui lui faisait pressentir les abandons, les reniements, n'empêche pourtant pas qu'il y ait dans l'existence un avant et un après, une ligne de vieillesse comme sur une paume une ligne de vie. Où peut-on au juste la tracer ? En 1960, alors qu'elle traverse le canal de Corinthe. Dans l'instant, pourtant, elle se sent heureuse, mais « de l'autre côté d'une ligne que je ne traverserai jamais plus ». Dès lors, elle cesse d'accoler l'adjectif heureux au mot vieillesse, ce qu'elle faisait encore quand, renonçant à Algren après l'aventure américaine, elle promettait à Sartre qu'ils auraient une heureuse vieillesse. Quel fut donc l'événement nouveau de ces années soixante ? La guerre d'Algérie assurément. Les premières atteintes de la maladie pour Sartre. Mais plus profondément encore, le temps a cessé alors d'être pour elle un facteur d'accumulation. Elle a encore des projets, mais ils flottent, isolés, rien n'en fait plus un faisceau. Le temps, jadis glorieux vecteur de toutes les acquisitions et de toutes les libérations, a cessé de mener droit à un but clairement aperçu. Rien ne l'illustre mieux que la composition du dernier livre des *Mémoires,* bric-à-brac d'impressions qu'elle renonce à distribuer sur l'axe chronologique. Il n'y a plus de premières fois, mais une cascade de jamais plus. C'est leur écho désolé que fait entendre la conclusion célèbre, et si belle, de *La Force des choses* : « Oui le moment est arrivé de dire jamais plus ! Ce n'est pas moi qui me détache de mes anciens bonheurs, ce sont eux qui se détachent de moi : les chemins de montagne se refusent à mes pieds. Jamais plus je ne m'écroulerai, grisée de fatigue, dans l'odeur du foin ; jamais plus je ne glisserai solitaire sur la neige des matins. Jamais plus un homme. »

Des commentaires hypocritement navrés ont salué cette chute. Que n'a-t-on intimé à Beauvoir ! D'accepter enfin sa féminité, de recourir aux artifices dont usent les femmes pour reculer les échéances. De reconnaître qu'elle avait fait les mauvais choix, refusé la maternité, payé son émancipation du désert des existences inutiles. On a triomphalement souligné le mot de la fin : « J'ai été flouée », en suggérant qu'elle s'était elle-même flouée (ce qu'elle accepterait aisément, convaincue que se faire, pour un être mortel, c'est toujours se défaire). En dépit de toutes les injonctions grondeuses et moralisantes, c'est pourtant cette découverte qui donne à *La Force des choses* sa supériorité sur les autres volumes des *Mémoires*. Non qu'elle en ait beaucoup modifié la composition et l'écriture. Il s'agit toujours pour elle d'informer et de décrire plus que de séduire et de suggérer. Toujours aussi de tresser la vie privée à la vie publique et de recenser les voyages, conférences, prises de parole, rencontres, dîners, entretiens, tout un café du commerce affectif et politique. Mais dans cette énumération qui ne fait grâce de rien au lecteur, quelque chose de nouveau s'est glissé. Quelque chose d'énigmatique, qui n'est pas un scandale métaphysique mais une « présence intime », qui altère odeurs et saveurs, pénètre l'existence, mais en contrepartie adoucit le style et estompe le tranchant des jugements. Désormais, il n'est plus si nécessaire de découvrir, de conquérir, on peut revenir à Rome chaque été, et Rome, justement, qui montre si clairement la sédimentation des siècles, est la ville même où peut s'apaiser le tourment de l'être qui vient de s'éprouver comme éphémère.

À cette irruption de la mort dans la vie, elle réagit comme

elle l'a toujours fait : en la considérant fixement, en l'affrontant. Et comme toujours par des livres, où elle dévisage l'ennemie, à sa manière brutale. Des romans, *L'Âge de discrétion*, *La Femme rompue*, désormais traversés par des femmes vieillissantes et abandonnées. *Tout compte fait*, dernier volume des *Mémoires*, où le lecteur retrouve les protagonistes des premiers, mais aussi grimés et travestis par l'âge que les personnages du *Temps retrouvé* : Camille méconnaissable, boursouflée par l'alcool, Natacha affreuse et grotesque. Un énorme pavé sur *La Vieillesse*, mélancolique et pourtant allègre, tant on la sent à nouveau portée par le travail de la démystification et la joie de la transgression. Enfin les deux livres catafalques : *Une mort très douce*, récit, sous un titre-litote, des derniers jours d'une mère qui voyait la mort comme une intolérable violence ; *La Cérémonie des adieux* enfin, qui raconte la glissade de Sartre vers la dégradation et la mort.

Livres pathétiques, livres choquants. Elle avait entretenu avec Françoise de Beauvoir, sa mère, une relation négligente et coupable et ne s'avise de parler d'elle que lorsque celle-ci est aux portes de la mort, dépendante, amoindrie. On peine aussi à comprendre qu'elle doive décrire, avec tant de détails pitoyables et crus, les dernières années de Sartre. Comment peut-elle, à la face du monde entier, donner à voir comme répugnant et obscène un corps qu'elle a aimé ? Tous ceux qui la détestent ont vu dans ces livres d'obliques et insupportables règlements de comptes. Vengeance contre la mère abusive et dolente. Revanche sur les sacrifices émotifs et intellectuels consentis à Sartre, sur les entorses qu'il avait faites à leur contrat. Les plus douloureuses, dans les dernières années, avaient été l'adoption par Sartre d'Arlette Elkaïm, l'écriture en commun d'un livre avec Benny Lévy : l'enfant qu'ils n'avaient pas eu ensemble, le livre qu'ils n'avaient pas écrit ensemble. Une double et intolérable trahison ; et la seconde plus encore, pour une femme qui avait toujours tenu les livres pour l'équivalent glorieux des enfants. Elle riposte donc en adoptant elle-même une fille et en écrivant, Sartre mort, ce livre insoutenable qu'il ne lira pas.

Malgré tout, l'explication est courte. Car son lecteur ne

peut ignorer qu'elle est atteinte de plein fouet par la révélation du corps mortel de sa mère et de celui de Sartre, qui se croyait immortel. Elle détourne les yeux de la mâchoire-rictus, plus encore du sexe découvert de la mère, comme d'un objet à la fois répulsif et sacré. À son chevet, elle découvre avec horreur qu'on ne peut dire ni la vérité ni mentir d'un cœur léger : le langage « pourrissait » dans sa bouche, la malade avait « les oreilles remplies de nos mensonges ». Mais tout cela n'est aussi insupportable que parce qu'elle retrouve, entre sa mère et elle, un fil particulier de tendresse qu'elle croyait cassé, parce qu'elle ne croit à rien de ce qui est involontaire et qu'elle est bouleversée par la révélation de ce lien obscur. Et quant à Sartre, devenu impotent et quasi aveugle, elle est auprès de lui submergée par une torrentielle angoisse : « Ça ne peut pas se penser, ça se vit. » Mais justement : elle n'a jamais su faire face à l'intolérable qu'avec des mots ; elle sait sûrement que ces mots-là appartiennent à Sartre, mais elle passe outre. Ici la dureté qu'elle a si souvent exercée contre autrui se retourne aussi contre elle : mais plus le détail est affreux, plus elle juge nécessaire de le consigner. Qui trouve des mots pour dire l'horreur l'a déjà dépassée. Ce qui est racontable *doit* être supportable.

Et, de même, la vieillesse. Le gros livre qu'elle lui a consacré est un pendant de cheminée au *Deuxième Sexe* et pourtant dissymétrique. Car de l'un à l'autre, le verbe « devenir », déjà ambigu en lui-même, a changé de sens. Chacun le sait, on ne naît pas femme, on le devient. Ce qui veut dire que la société s'acharne à faire « devenir » femmes les femmes (une contrainte, un devenir subi), mais que celles-ci peuvent ne pas l'accepter, ou choisir, en transformant la donnée culturelle, leur propre manière de devenir (une liberté, cette fois, un devenir agi). La nouveauté est qu'il est impossible d'étendre cet argument au vieil âge. Une fois encore, sans doute, on ne naît pas vieux, on le devient. Mais dans ce devenir-ci, tout est subi. Elle souligne elle-même le changement de registre dans un entretien avec John Gerassi : « Une femme peut passer à travers la vie en refusant d'admettre qu'elle est fondamentalement, par ses valeurs, son expérience, sa façon d'aborder la vie, différente des hommes. Mais il est très difficile de ne pas se rendre compte qu'on est vieux. » Et devenir vieux, c'est devenir mort, c'est devenir rien. Aussi l'idée de vivre « bien » sa vieillesse est-elle dépourvue de sens. On ne peut pas faire une œuvre de sa vieillesse, ni une entreprise. Même en la connaissant, même en y consentant. Voilà qui donne aux dernières œuvres de Simone de Beauvoir leur vibrato particulier, adoucit leur ton implacable et lui arrache cet aveu : il y a dans l'existence quelque chose qui échappe à la volonté et à la culture.

Elle n'en continue pas moins à dire que la mort n'est pas naturelle : rien de ce qui arrive à l'homme ne l'est, puisque la personne humaine réinterprète la donnée naturelle. Elle professe toujours, dans *La Vieillesse,* qu'il est plus facile de disparaître de ce monde quand on y est une fois vraiment apparu et qu'on y a laissé sa marque : dernier sursaut, ultime combat. Simone, dans ses derniers livres, c'est la petite chèvre de monsieur Seguin, qui se bat jusqu'à l'aube. À cause de cette ruade désespérée et touchante, on oublie qu'elle n'était pas exactement aimable et on l'aime presque d'avoir existé.

Essai sur la singularité française

La singularité française ? On peut en demander une définition à un Anglais, ou plutôt à un Écossais du XVIII\e siècle, qui connaissait bien la France. Hume n'hésite pas une seconde : la France est le pays des femmes. Ce qui frappe le voyageur d'outre-Manche en France, c'est que les compagnies y sont « mêlées », les hommes et les femmes associés dans toutes les circonstances de la vie. La raison de cet étrange métissage est à chercher du côté du régime politique. À la différence de l'Angleterre, où la forme monarchique voile en fait un gouvernement républicain, la France est l'idéal-type de la monarchie civilisée. « Civilisée », parce que les lois n'y sont pas arbitraires, que nul n'y est exposé à la violence du souverain. Mais monarchie, ce qui veut dire qu'entre le souverain et le dernier de ses sujets, une multitude de rangs sépare les individus dans un foisonnement et une imbrication infinis des titres, des tâches, des prétentions, qui nourrissent chez chacun l'obsession de se comparer, de rivaliser, d'évaluer son statut : « D'individus en individus, de classe en classe, la vanité souffrante n'était en repos que sur le trône », dira madame de Staël[1].

En quoi cette complexité peut-elle être génératrice de liberté pour les femmes ? C'est d'abord que dans un monde de différences, la différence sexuelle n'est plus que l'une parmi

---

1. *De la littérature considérée dans ses rapports avec les institutions sociales*, 2\e éd., Paris, Crapelet, 1800, 2 vol., t. II, p. 90.

d'autres, négligeable au regard des différences d'état. Madame du Deffand en témoigne, elle si insensible à la féminité et si peu loquace sur ce que c'est d'être femme. Pour la société choisie de son salon, en effet, l'idée même d'individu semblable est opaque. Sans doute admet-on ici indifféremment nobles et roturiers, hommes et femmes, pourvu qu'ils se plient aux rites et aux codes du salon, îlot utopique taillé dans l'océan social des rangs et des corps. Mais hors de cet espace d'égalité construite, aux règles duquel madame du Deffand rappelle rudement Walpole, il n'y a plus que dissemblances. Et parmi elles, la dissemblance sexuelle sépare moins les êtres que la dissemblance sociale.

Ce qui l'atténue encore, du reste, est ce trait des monarchies de ne pas exiger une participation masculine collective à l'État. Du même coup, les hommes, affranchis des activités viriles traditionnelles et singulièrement des activités politiques, se vouent, comme les femmes, à la figuration sociale. On est à cent lieues, dans le salon rouge et or, des buveurs, jureurs, violeurs de la sauvage Angleterre. Efféminés eux-mêmes, avec un loisir infini, les hommes laissent aux femmes le soin d'être les dispensatrices et les législatrices du plaisir et de l'oisiveté qu'ils partagent. Le savoir lui-même leur paraît digne d'être mis en commun avec elles, ce qui vaut à la France des chefs-d'œuvre pédagogiques : l'exemple canonique est Fontenelle, qui compose pour les jolies femmes les *Entretiens sur la pluralité des mondes.* Karamzine, voyageant en France, est impressionné par l'érudition des salonnières, bluffé par leur familiarité avec la chimie de Lavoisier. Mary Wolstonecraft notera que ces connaissances, acquises dans le commerce continuel avec les hommes, font des femmes moins insipides qu'en Angleterre.

La bigarrure sociale a un avantage supplémentaire pour les femmes : elle leur permet ce jeu subtil entre les rangs qui est inutile dans les sociétés égalitaires. La passion que chacun, dans une société monarchique, met à défendre ses privilèges, à tenir et à marquer sa place, ouvre un large champ d'action à l'entregent des femmes, à la sûreté de leur sens psychologique, à la fertilité de leur imagination sociale. Elles savent jouer des nuances non fixées, elles ont le talent singulier, madame de Rémusat le notera encore en 1807, de rapprocher les rangs et d'en atténuer la rigidité. Il n'est donc pas étonnant qu'elles règnent en France. La nation française tient pour péché majeur la rusticité — et d'évoquer, en guise de repoussoir, la rusticité suisse, la rusticité batave —, pour vertus majeures l'aisance du ton, l'éclat du vêtement, le piquant de la repartie et le liant des manières. Or, rien de tout cela n'existe sans les femmes. Pas d'échange intéressant et aimable, pas de réciprocité sans une femme intelligente qui préside à la conversation et en règle le ton. Les salons sont « les États Généraux de l'esprit humain » : c'est la définition que donne Hume de celui de madame Helvétius. Dans cette description, l'antifixisme du philosophe trouve à se satisfaire : à ses yeux, les gouvernements absolus eux-mêmes se transforment et le salon, correctif à l'absolutisme, est l'agent de cette évolution. Il donne à la monarchie civilisée française cette harmonie intellectuelle et morale qui est l'œuvre même des femmes, fédératrices des opinions et dignes en cela, comme le voulait Morellet, d'une célébration publique.

À ce bienveillant tableau, n'y a-t-il pas une contrepartie ? D'autres voyageurs venus d'outre-Manche s'accordent avec Hume pour voir dans la France la patrie de l'échange galant entre les sexes, mais ils ne sont pas forcément aussi équanimes. Si la galanterie engendre une attention flatteuse pour les femmes, elle favorise aussi la frivolité, l'irresponsabilité, l'infidélité. La liberté intellectuelle se paie en France de la licence sexuelle, qu'illustre la tolérance coupable pour l'adultère. Madame du Deffand qui, séparée de son mari, affichait paisiblement ses liaisons était néanmoins reçue dans la meilleure société : ce sera un objet de scandale et d'incompréhension pour la vertueuse Hannah More[2]. Hume est moins pudibond. Sans doute, il sent tout ce qu'a de fabriqué et de ritualisé ce commerce mondain, inventé par les monarchies pour le plus grand bonheur des femmes. Mais — se souvient-il d'avoir été la coqueluche des salons parisiens où, selon

2. Voir Hannah More, *Complete Works*, New York, Harper, 1935, 5 vol.

Walpole, trois choses étaient à la mode : le whist, *Clarisse Harlowe* et David Hume ? — il est prêt à plaider pour ce que ces artifices apportent à la civilisation. Et d'abord la gaieté : car chez les Anciens, « où le caractère du sexe passait pour un caractère domestique » et qui n'admettaient pas les femmes dans les compagnies, on trouve « des productions inimitables dans le genre sérieux »[3] ; bien peu, en revanche, dans le genre plaisant. Rien de plus ennuyeux, aux yeux de Hume, que les villes qui claquemurent les femmes. Ainsi Londres : on ne peut y passer son temps dans une « société convenable » ; on n'y trouve ni plaisir ni politesse ; et pas davantage le sel de la raison.

Car la société des femmes est une école d'intelligence et de mœurs, où le désir de plaire polit l'esprit sans qu'il s'en doute : une femme modeste communique sa modestie à ses admirateurs, et une femme délicate les accoutume à la décence ; chacun surveille ses propos trop libres, raffine ses expressions. Mieux encore : chacun devient meilleur, car Hume découvre aussi, ce qui est moins attendu, la générosité de la galanterie. A-t-on de l'inclination pour un vice ou, au moins, pour une passion incommode aux autres individus, le savoir-vivre féminin est alors « un contrepoids qui entraîne l'esprit du côté opposé, et nous fait revêtir des sentiments contraires à ceux pour lesquels nous inclinons[4] ». Bref, l'art féminin civilise les hommes et ceci d'un bout à l'autre de l'escalier social. Car si Hume a dans l'esprit les grandes dames qui lui ont fait fête, il croit aussi à l'interaction sociale et tient, bien avant Tarde, que l'imitation voyage du haut vers le bas : si bien que les femmes raffinées, qui donnent le ton, jugent les œuvres et fixent le goût, diffusent aussi les manières bien au-delà de leur cercle. Et qu'on n'aille pas objecter au philosophe que c'est un effet de surface : les manières auxquelles les hommes s'astreignent pour les femmes transforment en profondeur leur caractère. De même que les dévots voient s'ac-

---

3. David Hume, *Essais politiques*, trad. R. Polin, Paris, Vrin, 1972, p. 274.
4. *Ibid.*, p. 269.

croître leur foi par les pratiques — Hume a bien lu Pascal —, de même les Français s'éduquent en se pliant aux dictats des compagnies féminines.

Voici maintenant le témoignage de deux Persans : ils débarquent en France sans avoir imaginé une seconde que l'esclavage des femmes puisse n'être pas fondé en nature. Ils reçoivent leur premier choc du spectacle que leur offre la vie parisienne : ici, une manière d'égalité entre les sexes, et la liberté. Pas de voiles, ni de grilles, ni d'eunuques. Des maris ruinés, déshonorés, bernés par leurs femmes. Qui pourtant, chose stupéfiante, ignorent la jalousie. Non qu'ils aient confiance en leurs épouses, mais pour la raison exactement inverse : l'infidélité, dans une compagnie mélangée, est un inévitable accident, qu'on accueille avec résignation. De surcroît, « un mari qui voudrait seul posséder sa femme serait regardé comme un perturbateur de la joie publique[5] ». La conséquence de ce laxisme ? Sous l'apparence de l'égalité, la réalité de la suprématie féminine. Des femmes qui perdent toute retenue, composent leur toilette et leur visage dans l'unique but de séduire, habiles à changer non seulement leurs parures mais leurs corps mêmes, folles de luxe, adonnées au jeu, rompues à imposer le rythme des conversations et à couper la parole aux hommes de science et d'esprit. Comme Hume, les deux Persans voient ces extravagances se répercuter de rang en rang, du souverain jusqu'à la plus reculée des provinces. Mais pour eux le modèle aristocratique n'a pas policé le modèle bourgeois, il l'a contaminé. Et le désastre moral est entier. Dans les pays où on met entre les mains du père de famille, image du père de l'Univers, le pouvoir de surveiller et de punir, les familles sont bien réglées. Que dire, en revanche, d'une nation où « l'infidélité, la trahison, le rapt, la perfidie et l'injustice conduisent à la considération[6] » ?

Sur de telles réflexions, on peut prêter au metteur en scène de ces Persans des propos antiféministes, et on n'a pas manqué

---

5. Montesquieu, *Lettres persanes*, in *Œuvres complètes*, Paris, Gallimard, Bibl. de la Pléiade, 1949-1951, 2 vol., t. I, p. 212.
6. *Ibid.*, p. 201.

de le faire. Montesquieu, moins prudent que Stendhal quand il fait parler des jacobins, ne répète pas à tout bout de champ : « C'est un Persan qui parle. » Pourtant, on aurait tort de se fier à ces étrangers (les verrous et les grilles qu'ils célèbrent ne les garantissent pas de la trahison de leurs femmes, à supposer même qu'ils ne contribuent pas à la faire naître) pour connaître la vraie pensée de Montesquieu sur le commerce des hommes et des femmes. Mieux vaut pour cela consulter, loin de l'ironie des *Lettres persanes,* les analyses de l'*Esprit des lois.* Les relations des hommes et des femmes varient à la fois au gré des climats — en ceci Montesquieu est fort éloigné de Hume, qui accordait aux êtres humains une grande indépendance par rapport aux causes physiques — et au gré des régimes — il arrive alors à Montesquieu de rejoindre les conclusions de cet Écossais moins systématique que lui : car pour l'un et l'autre, dans les régions tempérées — où l'influence du climat béni de Montesquieu exclut les solutions extrêmes —, c'est la diversité des régimes qui commande les variations du rapport entre les sexes. Dans les républiques, là où chaque homme peut et doit prendre part à l'administration de l'État, les femmes doivent vivre séparées des hommes. Quand l'activité de tous s'oriente vers le bien public, aucun espace n'est ouvert à la galanterie et les femmes sont réduites à l'ombre de la vie familiale. L'exemple même de cette séparation est l'Angleterre : dans cette monarchie républicaine, les hommes, affranchis des fades obligations de la vie mondaine, peuvent s'adonner à l'activité (voire à la débauche). Mais les femmes doivent se satisfaire de l'accomplissement de leurs obligations domestiques. Ce n'est nullement un esclavage, car les devoirs naturels des femmes suffisent à combler leur existence, et c'est donc librement qu'elles souscrivent à un destin obscur, fait de chasteté, de pudeur et de retenue.

Qu'une république doive nécessairement exclure les femmes, qu'un gouvernement où les citoyens sont unis en droit par des rapports d'égalité ne puisse tolérer le métissage des sexes, c'est le leitmotiv du siècle, que Diderot et Rousseau entonneront aussi : pas de galanterie chez un peuple libre. L'état démocratique ne se soutient, en effet, que par une abnégation sans faille et la discipline des passions privées. Si on y libère les femmes par les lois, il faut d'autant plus les « captiver » par les mœurs. En conséquence, la perte de la vertu féminine dans une république est plus qu'un scandale, c'est une incongruité. À cette austérité de la vie des femmes dans les républiques s'oppose la licence des monarchies : les femmes occupent la place laissée libre par l'absence de droits politiques actifs, s'exhibent, donnent le ton, prennent à la cour l'habitude de n'être pas contraintes et le pli de faire l'opinion publique. Elles sont le vrai moteur de la vie sociale : qui observerait les ministres, magistrats et prélats mais négligerait l'influence des femmes verrait bien agir la machine, mais ignorerait — et c'est un des mots fétiches de Montesquieu — le « ressort ». Cette influence souterraine est si forte qu'elle parvient presque à gommer la différence des sexes. Les femmes pourraient passer aisément aux emplois que la société donne aux hommes et les hommes être privés de ces rôles, il n'en résulterait aucun embarras : « Il n'y a plus qu'un sexe, et nous sommes tous femmes par l'esprit, et, si, une nuit, nous changions de visage, on ne s'apercevrait pas que, du reste, il y eût de changement[7]. »

Ce tableau est-il à porter au crédit de la société française ? On voit ici Montesquieu hésiter. Il est toujours malaisé de distinguer chez lui le descriptif du normatif. Ce qu'il aime à décrire, l'infinie fantaisie des lois et des mœurs, plaide en faveur d'un observateur impartial, qui ne fait pas comparaître les lois positives à un autre tribunal qu'elles-mêmes. C'est le Montesquieu détaché qui s'attache à collecter les usages et, sans les juger, à en découvrir les raisons. Mais il y a aussi le Montesquieu prescriptif, dont le souci est de savoir si le système qu'il décrit engendre, ou n'engendre pas, de la liberté. C'est à ce Montesquieu-ci qu'il faut demander ce qu'il pense du métissage des sexes si caractéristique des monarchies. Il est plus réticent que Hume à entonner l'éloge de l'artifice. On lui doit la phrase charmante, mais ambiguë, selon laquelle la galanterie n'est point l'amour, « mais le délicat, mais le léger, mais le perpétuel

---

7. *Mes pensées*, *ibid.*, t. I, p. 1234.

mensonge de l'amour[8] ». Il est plus disposé à souligner ce que perdent les pays où les femmes vivent avec les hommes, enclin à conclure que les mœurs en souffrent, car elles ne sont jamais si pures que dans les gouvernements républicains. Là où, pourtant, il rejoint Hume, c'est dans l'horreur du fanatisme — quand sur une nation pèse la religion, point de société, et des femmes invisibles — et dans la vision du salon comme un lieu pédagogique. Infatigables causeuses, inlassables épistolières, gymnastes du verbe, sondeuses des âmes et des esprits, les femmes sont les juges infaillibles des mérites personnels : elles galvanisent les hommes et les forcent à se surpasser dans l'espoir — c'est tout l'esprit de l'ancienne chevalerie — d'être distingués par elles.

Voilà qui tempère singulièrement toutes les déclarations qu'on peut récolter chez Montesquieu en faveur de la vertu des républiques. À quoi bon, en effet, imaginer en France des lois somptuaires qui réduiraient le luxe et contiendraient les femmes ? Le résultat, pour commencer, serait douteux : Montesquieu ne croit pas, tant pour lui tout est lié, pouvoir changer une pièce du système sans altérer l'ensemble, ni rebrousser la pente du tempérament national — observation valable aussi pour les Anglais dont il serait vain de vouloir corriger la débauche, contrepartie de leur liberté politique. Et quand bien même on pourrait redresser les mœurs françaises, qui sait, s'interroge-t-il, si l'on n'y perdrait pas ? Interrogation caractéristique de sa manière, car Montesquieu est toujours attentif, pour chaque société, à balancer les inconvénients par les avantages. Dans cette recherche d'équilibre tient finalement le jugement qu'il porte sur l'irréductible singularité française : « S'il y avait dans le monde une nation qui eût une humeur sociable, une ouverture de cœur, une joie dans la vie, un goût, une facilité à communiquer ses pensées ; qui fût vive, agréable, enjouée, quelquefois imprudente, souvent indiscrète ; et qui eût avec cela du courage, de la générosité, de la franchise, un certain point d'honneur, il ne faudrait point chercher à gêner, par des

8. *De l'esprit des lois, ibid.*, t. II, p. 822 (livre XXVIII, chap. XXII).

lois, ses manières, pour ne point gêner ses vertus[9]. » Tout est dit avec cette opposition des manières aux lois ; bienheureux, pour le législateur modéré, les pays où les manières ont pris la place des lois.

Cette nation unique au monde, où triomphe le commerce familier entre les sexes, c'est la France du bonheur de vivre, qui comble l'hédonisme de Montesquieu : « Il est heureux de vivre dans ces climats qui permettent qu'on se communique ; où le sexe qui a le plus d'agréments semble parer la société ; et où les femmes, se réservant aux plaisirs d'un seul, servent encore à l'amusement de tous[10]. » Voltaire lui fait écho, qui juge insociables les peuples où l'on enferme les femmes et voit dans la politesse française un raffinement inédit, produit par l'éducation réciproque des hommes et des femmes. Cette familiarité aisée saute aux yeux des voyageurs insulaires, à peine le pied posé sur le sol français. Sterne, qui brûle à Calais d'entrer en conversation avec une séduisante veuve, se lamente : cent menus scrupules le retiennent dans son entreprise, alors qu'un petit capitaine français, en trois gambades et deux compliments, emballe l'affaire sous ses yeux[11]. Pour atteindre à cette aisance, soupire-t-il, il lui eût fallu sept ans d'apprentissage du savoir-vivre.

Cette France loquace et gaie, c'est encore celle que, l'Ancien Régime abattu, regrettent et célèbrent madame de Staël et madame de Rémusat. À Dupont de Nemours, qui lui conseillait de déjouer la persécution napoléonienne en demeurant paisiblement à Coppet ou à Genève, Germaine de Staël fait valoir combien il lui est insupportable de s'enterrer ainsi tout vive, et commente : « Daignez songer que depuis mon enfance, j'ai vécu avec les hommes les plus distingués et parlé des intérêts les plus nobles, et demandez-vous ce qu'il m'en coûte pour entendre discuter du matin au soir si Mademoiselle Une Telle, qui m'ennuie, épousera Monsieur Un Tel, qui produit sur moi

9. *Ibid.*, p. 558 (livre XIX, chap. V).
10. *Ibid.*, p. 517 (livre XVI, chap. XI).
11. *Voyage sentimental*, Strasbourg, Imprimerie de la société typographique, 1790.

le même effet[12]. » Madame de Rémusat renchérit sur le talent particulier aux femmes de Paris : elles évitent les dissertations gourmées, fabriquent de l'unité avec de la diversité, réunissent dans une même causerie des hommes qui, livrés à eux-mêmes, n'auraient jamais rien dit. C'est le grand art des femmes, qui fait qu'« il n'y a réellement de société que dans les pays où elles sont quelque chose[13] ». Et il est si ancré dans le tempérament français que, la France deviendrait-elle républicaine, comme le souhaite madame de Staël, elle ne le serait jamais au point de pouvoir se passer du concours féminin.

Être femme en France, c'est donc, selon la leçon de Montesquieu, un art civilisateur. Mais ce qui empêche cet art d'être tout uniment un artifice, c'est qu'il est enté sur la nature. Non que Montesquieu soit prêt à beaucoup accorder aux autorités prétendument naturelles. Celui qui décrit l'infinie bigarrure des statuts et des usages soutient que si les femmes scythes avaient poursuivi leurs conquêtes et les avaient étendues à toute la terre, le genre humain vivrait sous la servitude des femmes, et « il faudrait être philosophe pour dire qu'un autre gouvernement serait plus conforme à la nature[14] ». Mais il accorde pourtant assez à la nature pour être certain que dans aucun régime la femme ne peut avoir le même degré de liberté que l'homme. Pour elle, la perte de la vertu est toujours un drame. Il y a donc une donne naturelle sur laquelle vient broder à l'infini un art inventif et flexible.

Quelqu'un d'autre, au même moment, fait entendre dans le concert des Lumières une voix discordante et pose sur la civilisation, l'échange, le commerce si vantés par Hume et Montesquieu un regard indigné. Le rôle social qui, selon eux, aide l'homme à se faire et se parfaire paraît à Rousseau l'imposture même. Rien n'est vrai dans cette société mêlée où chacun se voit au miroir d'autrui, où on est en public jusque chez soi et où le besoin lui-même a perdu son caractère

12. Mme de Staël, *Correspondance générale*, t. IV, texte établi et présenté par Béatrice W. Jasinski, Paris, Pauvert, 1978, p. 595.
13. Mme de Rémusat, *Lettres*, Paris, Calmann-Lévy, 1881, 2 vol., t. II, p. 466.
14. Montesquieu, *Mes pensées, op. cit.*, p. 1075.

immédiatement éloquent et impérieux. Ce langage n'est pas absolument original. Quand Diderot énumère les conséquences de la galanterie nationale, il n'est pas très optimiste non plus : santé juvénile dégradée par le libertinage, beauté des femmes flétrie avant le temps, partout des maîtresses et des amants, nulle part d'époux et un bataillon de femmes « vaporeuses », épithète qui recouvre au XVIIIe siècle, comme on voit chez madame du Deffand, la maladie nerveuse et la dépression. Rousseau ne dit pas autre chose dans ses descriptions de la frivolité parisienne, du luxueux loisir qui permet aux femmes de se décharger des devoirs maternels, de la mise en scène de la vanité, qui envahit chaque être de la frénésie de se comparer à autrui, malheur absolu.

Dans cet inventaire des méfaits de la sociabilité des Lumières, Rousseau fait pourtant entendre une note singulière en mettant en évidence le lien qui, dans la société des salons, unit l'obsession du rang à l'oubli ou, mieux, à la dénégation du sexe. Les mondaines cultivent l'impudeur comme une distinction particulière, manière de marquer l'abîme qui les sépare de ce peuple en qui vivent encore la décence et la modestie : « [...] elles ont animé leurs gestes et leurs propos d'une noble impudence [...]. C'est ainsi que cessant d'être femmes pour ne pas être confondues avec les autres femmes, elles préfèrent leur rang à leur sexe, et imitent les filles de joie, afin de ne pas être imitées [15]. » Ainsi, les mondaines renchérissent sur la dénaturation produite par le social : elles produisent leur dénaturation bien à elles, se lèvent quand la nuit tombe, se couchent quand le jour luit, rendent en despotes des oracles incongrus, mues par le seul snobisme : vie à l'envers dont madame du Deffand est aux yeux de Rousseau l'image haïssable.

À ce diagnostic particulier répondent des solutions particulières. Puisque la cause de l'impudeur féminine tient dans cette galanterie de façade qui recouvre le mépris, dans cette familiarité des hommes avec les femmes qui est un empêche-

---

15. Rousseau, *Julie ou la Nouvelle Héloïse*, in *Œuvres complètes*, t. II, Paris, Gallimard, Bibl. de la Pléiade, 1964, p. 267-268.

ment à l'amour et dont chaque sexe se trouve dégradé, reste à séparer dans l'ordre social les sexes que la nature a disjoints. Une séparation qui peut être celle de l'espace, car la distance conserve à l'amour le piquant de l'obstacle et l'éblouissement de la découverte, et les êtres doivent veiller à la maintenir jusque dans le mariage. Qui peut être aussi celle du temps, car Rousseau a toujours plaidé pour l'éducation différée de la satisfaction, garante de l'intensité heureuse du sentiment. Mais la séparation est plus profonde encore, dans la mesure où chaque sexe doit cultiver et approfondir sa vocation particulière. On sait que pour Rousseau, « l'homme de l'homme » ayant malencontreusement remplacé l'homme de la nature, chacun — homme ou femme — doit non pas retourner à cette nature perdue, mais recréer une nature seconde, où l'écart avec la première ne paraisse pas trop ruineux. Le contrat y pourvoit quand il s'agit du citoyen, en lui faisant renoncer à tout projet marqué par l'intérêt particulier et entrer dans l'ordre d'une nécessité à laquelle il aurait d'avance consenti. Lorsqu'il s'agit non plus des citoyens mais des femmes, cette disposition n'est pas politique mais naturelle : le mariage constant et fidèle, la maternité sacrificielle sont les autres noms de cette nécessité qui, étant consentie, n'est pas plus lourde à porter que le contrat. Elle l'est même moins, en un sens : si tous les « hommes de l'homme » sont dénaturés, la femme l'est moins que l'homme, tant les événements qui scandent son histoire personnelle — puberté, maternité, ménopause — la greffent sur la nature. Elle est donc plus constamment femme — Simmel reprendra le thème — que l'homme n'est homme, entièrement façonnée par sa destinée sexuelle : « Le mâle n'est mâle qu'en certains instants, la femelle est femelle toute sa vie ou du moins toute sa jeunesse [16]. »

Ainsi s'explique la dichotomie de l'*Émile*. Quatre livres pour expliquer ce que doit être l'éducation d'un garçon, et un seul pour la fille. Un vrai discours religieux pour Émile — la profession du Vicaire savoyard —, un catéchisme élémentaire

---

16. *Émile ou de l'éducation*, in *Œuvres complètes*, éd. citée, t. IV, 1969, p. 697.

pour l'autre. Des maîtres pour le premier, pour l'autre une éducation domestique et un programme sans fantaisie, qui se passe d'autant mieux d'imagination que ses articles sont déjà dictés par la nature féminine. Sophie a une poupée et rêve de l'habiller ? « Voilà donc un premier goût bien décidé : vous n'avez qu'à le suivre et le régler. [...] presque toutes les petites filles apprennent avec répugnance à lire et à écrire ; mais quant à tenir l'aiguille, c'est ce qu'elles apprennent toujours volontiers[17]. » Quand la nature parle aussi clair, il serait fou de ne pas l'entendre et grotesque de vouloir cultiver dans la fillette les qualités de l'intelligence virile. Que les mères fassent donc de leurs filles des honnêtes femmes, non des honnêtes hommes, et tous s'en trouveront mieux. Et pour cela, c'est vrai, il faut « gêner » les filles de bonne heure. « Gêner », toute éducation le suppose. Mais « de bonne heure », de meilleure heure que les garçons ? C'est que la gêne est plus visible et inévitablement plus lourde pour les femmes, et la faire précocement sentir est un moyen pour la rendre plus supportable.

Les féministes d'aujourd'hui portent sur Rousseau un regard sans tendresse. Tout ici est pour leur déplaire : l'enfermement domestique, la subordination, le savoir sommaire concédé à la femme, éternelle enfant. Aussi négligent-elles les pages où Rousseau juge oiseuse la question de l'égalité des sexes. Aussi ignorent-elles les propos que tient Claire à Julie — « Dis-moi, mon enfant, l'âme a-t-elle un sexe[18] ? » — et veulent-elles oublier qu'au tout début du livre V de l'*Émile*, quand apparaît la figure de Sophie, Rousseau affirme qu'« en tout ce qui ne tient pas au sexe, la femme est homme[19] ». Remarque-t-on ces propos ? C'est pour suggérer qu'un champion de l'égalité devait bien accorder à la femme quelque conformité avec l'homme.

On peut pourtant lire Rousseau tout autrement. Il suffit de revenir aux femmes de ce livre. Si l'on excepte la marquise du Deffand, en qui Rousseau avait épinglé la méchanceté mon-

17. *Ibid.*, p. 707.
18. *La Nouvelle Héloïse, op. cit.*, p. 206.
19. *Émile, op. cit.*, p. 692.

daine et qui lui rendait son aversion, toutes reconnaissent dans l'œuvre de Rousseau une source d'inspiration et d'enthousiasme. Sans doute sont-elles unanimes à regretter qu'il ait peu soigné l'éducation de Sophie, et même qu'il ait dégradé, en la supposant infidèle à Émile, celle qui semblait devoir être un modèle pour les femmes. La plus subtile, madame de Staël, y voit d'ailleurs la confirmation de ce qu'elle a toujours pensé : une Sophie qui finit par trahir son époux condamne par là même la maigre éducation qui lui a été concédée, et son exemple suggère qu'avec plus de lumières on peut montrer plus de vertu. Cette réserve faite, Rousseau n'en a pas moins changé leur vie à toutes. Madame Roland voit en lui un bienfaiteur de l'humanité, est sûre que toute femme est meilleure après l'avoir lu. Madame de Staël choisit, dès ses premiers pas en littérature, de le célébrer. La jeune George Sand ne parvient pas à absoudre son amie d'être passée avec tant d'indifférence à Genève, patrie de l'immortel Jean-Jacques. Elle-même, en pareille bonne fortune, aurait vu partout des Claire et des Julie. Madame de Rémusat dit pardonner plus volontiers ses erreurs à Rousseau que ses vérités à Voltaire. Car pour cette femme d'esprit, Jean-Jacques aimait les femmes, les devinait et les comprenait au point de les « intéresser au mal qu'il disait d'elles[20] ».

Pourquoi cet assentiment enthousiaste ? Elles ne voient nullement en Rousseau l'homme qui justifie inlassablement leur dépendance, mais au contraire celui qui lui a imaginé un remède, en substituant une dépendance voulue à une dépendance subie. Car la subordination sociale des femmes est à leurs yeux suffisamment illustrée par le mariage avilissant des jeunes filles — le leur bien souvent — qui ne peuvent disposer de leur personne selon leurs goûts. Comment on fait de cette insupportable dépendance un chef-d'œuvre volontaire, c'est le sujet même de *La Nouvelle Héloïse*. Dans la vie de Julie, empêchée d'épouser son amant, combien d'entre elles pouvaient retrouver le fil de leur destinée ! Madame Roland, qui écrivait dans

---

20. Mme de Rémusat, *Essai sur l'éducation des femmes*, Paris, Hachette, 1903, p. 34.

l'ombre pour son vieux mari, sublimait son abnégation en rêvant à cette femme devenue l'institutrice de son précepteur. Madame de Charrière, qui trompait sa solitude campagnarde en formant ses jeunes protégées, se sentait captivée par celle qui brillait à Clarens de tous les savoirs à la fois, psychologue, économiste, horticultrice. Madame de Staël, si anxieuse de se tenir au centre, pouvait se reconnaître dans cette femme foyer du monde ; madame de Rémusat, qui n'aimait que ce qui dure, dans celle qui incarnait la permanence et gardait la « flamme sainte ». Toutes étaient subjuguées par la femme qui inspirait à Saint-Preux, une fois franchi le seuil du boudoir de Julie, ces paroles comblantes : « [..] je te vois, je te sens partout, je te respire avec l'air que tu as respiré ; tu pénètres toute ma substance [...] [21]. »

Est-ce bien ce Rousseau, accusé de rétrécir le champ de la vie féminine, qui a créé un personnage aussi rayonnant ? La critique féministe ne désarme pas pour autant. Elle fait observer que Julie n'est pas une femme réelle, mais une créature idéale modelée sur le vieux rêve masculin. Mais outre que Rousseau ne prétend nullement décrire la réalité et seulement montrer comment entre l'homme et la femme, et indépendamment même de l'attrait sensuel, peut se nouer une relation éblouissante, c'est précisément ce modèle idéal qui avait séduit les femmes : elles voyaient en lui la promesse de l'accomplissement personnel et divinisaient leur sexe dans le personnage de Julie (Sand s'en souviendra en créant Consuelo). Et elles savaient un gré infini à Rousseau de l'avoir imaginé. Jusque sur l'échafaud, Olympe de Gouges saluera en lui l'ami des femmes.

Le modèle d'existence légué aux femmes par Rousseau avait une autre séduction encore. Quand les femmes règnent sur la vie privée, les hommes — c'est leur statut dans les républiques — sont rendus à la vie civique. Mais les hommes ne naissent pas citoyens. Il faut préparer les garçons à leur rôle public, et voilà qui appartient aux femmes. Ne sont-elles vraiment, ces mères de citoyens, qu'obliquement citoyennes, et

---

21. *La Nouvelle Héloïse, op. cit.*, p. 147.

parce que Rousseau a soin, sous le titre pompeux qu'il leur décerne (« les vertueuses citoyennes »), de camoufler leur servitude ? Cette citoyenneté est, en réalité, fort loin de leur être concédée du bout des lèvres. Si on admet qu'il n'y a pas d'homme qui puisse devenir citoyen sans le tour de main d'une judicieuse éducation maternelle, la fonction éducatrice fait sortir les femmes de la prison domestique et même de la prison du temps : elles sont mères non seulement d'une génération mais des générations futures, détentrices de tout l'avenir.

Pour remplir cet ambitieux programme, faire advenir, chez elles-mêmes et chez leurs enfants, une nature seconde, il faut beaucoup d'efforts, beaucoup d'art. Entre la nature et l'art, Rousseau offre une autre combinaison que Montesquieu. Reste que l'un et l'autre marient l'art à la nature. Être femme, chez Montesquieu, relève de l'art plus que de la nature, mais encore cet art a-t-il à être greffé sur la nature. Être femme, chez Rousseau, relève moins de l'art que de la nature, mais comme celle-ci a été altérée et défigurée, il faut mettre beaucoup d'activité et d'art à en forger une nouvelle. Chez l'un et chez l'autre en tout cas, ce n'est nullement une malchance d'être née femme, mais une donne sur laquelle s'exercent la liberté et la volonté.

L'argumentation ne trouve pourtant pas grâce aux yeux des interprètes féministes de Montesquieu et de Rousseau. Les femmes étaient aimées, admirées, placées sur un piédestal social, célébrées par les hommes, comme dans le regard de Montesquieu ? Pur trompe-l'œil, selon elles, que cette royauté publique. Les femmes étaient vouées au foyer, aux marmots, comme dans le regard de Rousseau ? Supercherie, une fois de plus, que cette royauté privée. De quelque côté qu'on se tourne, Lumières et anti-Lumières n'ont, répète-t-on, souci que du masculin.

Les femmes de ce livre ne le croyaient pas. Il est frappant, du reste, de les voir — c'est vrai de madame Roland, de madame de Charrière, de madame de Staël — se réclamer tour à tour des deux modèles, comme si, un des chemins leur étant tout à coup barré, il importait d'essayer l'autre. Il est frappant aussi de les voir toutes en débat avec Rousseau. C'est que Montesquieu ne parle que pour quelques-unes, et Rousseau pour toutes. Que Montesquieu s'appuie sur des faits et des usages, et que Rousseau les écarte tous ; qu'il accentue la différence des sexes, mais pour mieux chanter la grandeur de l'amour ; qu'il inscrit les êtres dans un univers où toute autorité extérieure demande à être intériorisée pour être légitime. Dès lors, les unes et les autres ont beau estimer que Rousseau ne s'est pas montré très généreux avec Sophie et souhaiter pour les femmes une éducation plus libérale, c'est lui qui les intéresse (il leur fournit aussi, avec les *Confessions,* le modèle d'écriture pour lequel elles montreront le plus de tendresse), c'est avec lui qu'elles débattent. La chose est vraie avant la Révolution. Beaucoup plus vraie encore après. C'est qu'avec la Révolution elles ont croisé l'histoire, que la vision équanime de Montesquieu s'y est volatilisée et que désormais toutes — et tous — sont entrées dans le monde de Rousseau.

◆

Les femmes franchissent avec éclat la rampe révolutionnaire. Non seulement on constate leur présence dans l'effervescence des grandes journées, mais certaines — les 5 et 6 octobre 1789 — leur appartiennent en propre. On les voit demander à prêter serment dans les Fédérations, se couronner de cyprès dans les cortèges funèbres et de roses dans les fêtes de la Nature, porter la cocarde, se défaire de leurs bijoux pour la patrie, se cotiser pour organiser des banquets civiques, faire surgir un club de femmes d'un atelier de charpie. Des maîtresses-modistes, des accoucheuses, des dames de la Halle demandent à rejoindre la garde nationale, réclament des armes — mais beaucoup moins, remarquons-le, le droit de vote —, veulent accéder au service militaire, inventent des formes spécifiques de participation politique : assez pour contester le lieu commun du siècle précédent, que la liberté politique implique nécessairement la réclusion des femmes. Pourtant, cette entrée fracassante dans la vie publique est vite remise en cause par le cours de la Révolution. Olympe de Gouges pose brutalement la question : « Ô femmes, femmes, quand cesserez-vous d'être aveugles ? Quels sont les avantages que vous avez recueillis dans la Révolution[22] ? » C'est cette même question qui a resurgi récemment dans les débats du Bicentenaire. On peut, au gré des époques considérées, des textes examinés, de l'humeur aussi, lui donner deux réponses opposées, même si ce sont les tenants d'une révolution ingrate aux femmes et annonciatrice d'un XIXᵉ siècle discriminateur qui se sont fait le plus bruyamment entendre.

Ceux qui continuent néanmoins à faire de la Révolution une période d'affranchissement pour les individus — femmes aussi bien — ont plutôt les yeux fixés sur l'aube de la Révolution, « les années heureuses », qu'ils font durer jusqu'en septembre 1792, la loi sur le divorce. Dans le corbillon des innovations apportées par ces belles années révolutionnaires, ils placent beaucoup de présents faits aux femmes. Non seulement la Révolution s'en est prise à la puissance paternelle, en supprimant la possibilité de déshériter les enfants, mais elle a établi entre ceux-ci un rapport d'égalité et d'horizontalité, les a fait accéder au même âge à la majorité civile et les a rendus héritiers sans ordre de primogéniture ni de sexe, mettant ainsi les filles à égalité avec les garçons dans les partages. Elle n'a pas non plus, contrairement à ce qu'on a beaucoup écrit (Carole Pateman, par exemple, qui distingue le droit paternel — celui du père sur l'enfant — du droit patriarcal — celui du mari sur la femme — et qui fait honneur à la Révolution d'avoir contesté le premier mais honte d'avoir renforcé le second[23]), laissé intacte la puissance maritale : lors de la discussion du régime matrimonial à la Convention, le rapporteur la juge « ridicule ».

Sans doute, contre l'administration commune des biens par le mari et la femme, s'élèvent des voix convenues, souvent politiquement « avancées », qui plaident la supériorité naturelle

---

22. Olympe de Gouges, « Déclaration des droits de la femme et de la citoyenne », in *1789 : cahiers de doléances des femmes*, Paris, Des femmes, 1981, p. 165.
23. Carole Pateman, *The Sexual Contract*, Stanford, Stanford University Press, 1988.

du mari et l'incapacité de la femme à administrer : elles parviennent à faire ajourner le débat. Mais seulement à l'ajourner, car contre ces arguments il se trouve des girondins, des montagnards, dantonistes souvent, pour souligner l'horreur de la puissance maritale, au nom des principes de la Révolution — l'aversion pour toute contrainte qui n'est pas consentie — et de la réalité sociologique : dans les classes pauvres ce sont déjà les femmes qui gèrent les maigres biens dont dispose la famille. Il vaut la peine d'écouter dans cette discussion la voix de Danton (rien n'est plus « naturel », selon lui, que l'administration commune des biens) et celle de Camille Desmoulins, qui développe une argumentation à la fois tirée du passé (la puissance maritale est un vestige du gouvernement despotique) et du futur (il est vital de gagner les femmes à la Révolution). Celle-ci, qui a souhaité faire du mariage un contrat fondé sur la liberté des contractants, passé en dehors de toute transcendance, avec pour chacun cette possibilité de le dénoncer qui impose l'introduction du divorce, marque un bouleversement inouï dans la relation des hommes et des femmes. Il est promis à un bel avenir et suffirait à plaider qu'à la vie des femmes la Révolution a souhaité *tout* changer.

Et pourtant, dit-on d'autre part, elle n'a *rien* changé. D'abord dans les faits, puisqu'avec le Directoire, puis l'Empire, la loi coercitive — elle avait pour elle l'inertie des habitudes et des mentalités — est revenue au galop, l'incapacité de la femme mariée rétablie, l'autorité maritale ressuscitée. L'argument est faible, qui impute à la Révolution la régression de l'Empire et diminue sa gloire d'avoir innové dans le domaine de ce qui est le plus difficile à transformer, tant il appartient à l'ordre de ce qu'il faut bien subir et vivre comme tel, la différence sexuelle. Bien plus fort est l'argument selon lequel la Révolution a manifesté une violente répulsion pour l'existence politique des femmes, leur concédant d'abord à grand-peine une participation décorative, puis les excluant délibérément et fermant les clubs de femmes. Aux voix libérales de Danton et de Desmoulins, on oppose alors celles d'Amar et de Chaumette qui tantôt reprennent le discours de Rousseau : « Faites pour adoucir les mœurs de l'homme, les femmes ne peuvent prendre une part active à des discussions dont la chaleur est incompatible avec la douceur et la modération qui font le charme de leur sexe[24] », tantôt en tirent les conséquences pratiques : « Depuis quand est-il décent, s'écrie Chaumette, de voir des femmes abandonner les soins pieux de leur ménage, le berceau de leurs enfants, pour venir sur les places publiques, dans les tribunes aux harangues[25] ? » Chaumette et Amar ne sont pas des misogynes déclarés, et leur propos est pour l'essentiel de résister à la pression de la rue, à la démocratie directe, aux Enragés. Mais ils ont cette misogynie élémentaire qui consiste à ne pouvoir imaginer que les femmes aient une participation quelconque à la vie publique. La Révolution leur donne l'occasion de transformer en valeur explicite la réalité du cantonnement domestique. À partir de leurs propos, à partir aussi des faits — Olympe exécutée, Théroigne fouettée, madame Roland insultée et guillotinée —, on peut plaider que la Révolution a voulu du mal aux femmes et l'a obtenu.

Que s'est-il donc passé ? On est ici en présence d'une énigme comparable à celle que décrit Quinet : de l'éblouissante promesse de liberté inscrite au seuil de la Révolution sort la Terreur ; de l'affranchissement promis aux femmes sort une nouvelle servitude. On peut l'expliquer de plusieurs façons, soit qu'on aille en demander les raisons à l'imaginaire de la Révolution, soit qu'on les emprunte à son histoire réelle. Du côté des images, le citoyen accompli, tel qu'en lui-même se le représente la Révolution, est celui qui tient le langage de la vertu. Des femmes vertueuses, il y en a aussi, bien entendu, mais leur vertu est presque contradictoire de la vertu révolutionnaire, vertu mâle qui se confond avec l'amour exigeant et exclusif de la patrie. Nul ne le fait mieux comprendre que Robespierre, négativement, quand il accuse Danton de ne connaître d'autre vertu que celle « qu'il déployait toutes les

---

24. Rapport d'Amar à la Convention, 30 octobre 1793, cité dans le *Moniteur*, t. XVIII, p. 300.
25. *Ibid.*, p. 450 (discours du 27 brumaire an II).

nuits avec sa femme[26] », et que Saint-Just, positivement : « Il y a quelque chose de terrible dans l'amour sacré de la patrie ; il est tellement exclusif qu'il immole tout sans pitié, sans frayeur, sans respect humain, à l'intérêt public. Il immole les affections privées. L'amour de la République est terrible[27]. »

Or les intérêts du cœur, le sentiment de la famille vivent, en raison de leur lien particulier aux enfants, plus intensément chez les femmes, prises à la glu de la tendresse dont les hommes, eux, savent mieux se dégager : le Brutus du tableau de David parvient à dépasser et à sublimer son instinct paternel, tandis que les femmes ploient sous le chagrin. Ce sont elles, même si l'on brandit devant elles l'exemple des dames spartiates et romaines, capables d'applaudir au sacrifice de leurs fils et de leurs époux, qui vivent le plus douloureusement l'angoisse et la réalité du deuil et en conçoivent de la haine pour la république. Il est difficile de contenir l'expression de leur colère, et parviendrait-on à les faire taire, leur mutisme serait plus redoutable encore : car le jacobinisme est un monde de l'exhibition et de l'explicite, et rien ne lui paraît plus dangereux que le repli sur soi et le secret. L'intériorité féminine est donc la menace même : la femme est l'être dont on ne sait à quoi il pense, qui réprouve dans l'ombre les événements de l'histoire publique, qui affirme en tout cas par son existence même qu'en révolution on peut penser à autre chose qu'à la Révolution, crime majeur. Enfin, la révolution rêve d'unité, et la femme divise les hommes. Jacques André le dit en quelques pages lumineuses : l'époque révolutionnaire, avènement et triomphe des fratries, n'est pas tendre aux femmes, parce que rien n'exclut plus les femmes que l'assemblée des frères[28]. Les « amis » de Saint-Just, ceux que chaque bon républicain doit tous les ans venir « déclarer » solennellement au temple, sont des frères

26. Mot célèbre qu'un Robespierre indigné attribue à Danton au moment de sa mise en accusation. Cf. *inter alia* Gérard Walter, *Maximilien de Robespierre*, Paris, 1961, p. 424.
27. *Moniteur*, t. XX, p. 97 (discours du 2 germinal an II).
28. Jacques André, *La Révolution fratricide, essai de psychanalyse du lien social*, Paris, P.U.F., 1993.

d'armes : ce à quoi les femmes, précisément, ne sauraient prétendre[29].

Cela explique assez pourquoi, à partir de la Révolution, il n'y a plus pour les femmes de modèle Montesquieu. Les salons ont été tués par les Assemblées, l'éloquence des tribunes a éteint la conversation galante. Madame de Staël, qui décrit dans les *Considérations* l'époque où les femmes se mêlaient de tout, faisaient et défaisaient les ministres — non sans un brin de nostalgie, car elle sent bien ce qu'on y gagnait en « délicatesse » —, l'évoque comme un temps à jamais révolu. Les textes de la Révolution ramènent invariablement l'empire qu'avaient les femmes dans l'ancienne société lettrée au despotisme et à l'absolutisme (argument qu'il arrive encore aux interprètes actuels de la Révolution de reprendre à leur compte). Ils assimilent le métissage des sexes dans la société des Lumières au désordre, à l'avilissement, à l'intrigue. L'Ancien Régime, dans l'imagination révolutionnaire, devient ainsi tout entier féminin. Féminin au sens du luxe, de la rouerie, de l'ombre, du secret, sens perverti auquel souscrivent les femmes elles-mêmes : Olympe de Gouges proteste contre « l'administration nocturne des femmes[30] ». Dans ce discours fantasmatique passent aussi des figures de femmes réelles, maîtresses de rois, ourdisseuses de complots, criminelles et perverses, Charlotte et son poignard, Manon et l'influence occulte qu'elle exerce dans un salon où l'on respire l'air méphitique de l'Ancien Régime. Parmi elles, la traîtresse, la monstresse, Marie-Antoinette, brille d'un éclat noir. Sur l'abîme moral qui sépare la Révolution de l'Ancien Régime, le prince de Ligne a tout dit en laissant tomber qu'au règne des catins a succédé le règne des Catons.

Dans l'aggravation de la ségrégation des hommes et des femmes, dans le jugement méfiant, voire la haine qui enveloppe désormais celles-ci, il faut tenir compte aussi de l'histoire de la Révolution elle-même. Les hommes de la Révolution tâchent

29. « Fragments d'institutions républicaines », in *Théorie politique*, Paris, Éd. du Seuil, 1976, p. 288. Saint-Just y explique par ailleurs que la fraternité d'armes est interdite aux femmes sous peine de mort.
30. Déclaration des droits de la femme, *op. cit.*, p. 166.

de rester fidèles à leur logique individualiste et contractualiste, et ne renient nullement leur aversion de la hiérarchie au nom de la liberté. Mais en rencontrant à chaque pas les obstacles que la réalité oppose à leurs beaux projets de société nouvelle et d'homme régénéré, ils découvrent — écart où gît sans doute une des causes profondes de la Terreur — la résistance imprévue de ceux à qui ils avaient cru apporter le bonheur. Ainsi du peuple des campagnes, des « bons laboureurs » supposés indemnes de toute corruption aristocratique et progressivement reconnus comme réfractaires aux Lumières. Ainsi, et davantage encore, des femmes.

Pourquoi paraissent-elles si rebelles à la vérité ? Sans doute sont-elles plus ignorantes que les hommes, moins alphabétisées. Sédentaires aussi, viscéralement attachées à la coquille protectrice et constante du village et de la maison, et donc spécialement hostiles au changement. Mais surtout, elles sont dans les mains des prêtres : point crucial, car c'est la politique religieuse persécutrice qui sème dans le pays la division la plus ruineuse pour l'avenir de la Révolution, ramène à la religion catholique, comme l'expliquera madame de Rémusat, les femmes les moins préparées à l'embrasser et inaugure le divorce entre les sexes sur lequel vivra tout le siècle suivant. Le clergé révolutionnaire, pourtant, avait salué la transformation des femmes par une révolution qui devait les faire renaître en patriotes et en citoyennes. L'abbé Fauchet les pensait sauvées de la frivolité, ramenées à la simplicité de l'âge d'or, les recevait au Cercle social et même les y invitait comme oratrices. Mais à peine est-il élu évêque constitutionnel du Calvados qu'il découvre sur le terrain l'hostilité des femmes : ce sont elles qui s'attroupent autour des églises, enfoncent la porte des clochers, réclament les sacrements, protègent et cachent les prêtres réfractaires, abritent les messes clandestines. Grégoire est certain que ce sont elles, « ces femmes crapuleuses et séditieuses [31] », qui ont étranglé son Église constitutionnelle. De leur côté, les représen-

31. Cf. Bibliothèque de la Société de Port-Royal, *Correspondance*, Calvados (8 mars 1797).

tants en mission, plus tard les commissaires du Directoire, dans les rapports qu'ils adressent à Paris sur l'état de l'opinion, n'en finissent pas de commenter la sourde opposition que font les femmes à l'avènement de cet esprit public enthousiaste et unitaire qu'ils appellent de leurs vœux. Ils en conçoivent une méfiance durable à l'égard de celles qui se parent le dimanche, mais traînent leurs guenilles le décadi, qui propagent au lavoir la rumeur royaliste et peuvent abriter sous leurs amples jupes le pamphlet séditieux, voire le prêtre réfractaire. Ils décrivent, avec des mots plus frustes que ceux de Michelet, la messagère diligente qui fait courir le discours de la Contre-Révolution entre les haies du bocage. À cet engagement rétrograde, il faut trouver une rationalisation : la plus simple est d'évoquer la main cachée des prêtres. Mais il y a aussi la sensibilité des femmes aux couleurs et aux bruits, leur attachement au culte dans ce qu'il a de plus charnel, leur propension à tourner, comme les enfants, au vent des impressions sensibles, victimes désignées de la superstition. Ainsi se compose le tableau, qui aura en France la vie si dure, de l'homme de progrès cédant dans son foyer à la femme dévote (Jaurès l'illustrera encore) et du divorce moral et affectif à l'intérieur des familles, sur lequel gémira, avec Quinet, avec Michelet, toute la pensée républicaine.

Des agents secrets du passé : c'est donc ainsi que la Révolution épingle les femmes, toujours occupées à maintenir la tradition dans le présent, protestant par leur existence même contre l'imaginaire de la rupture et la toute-puissance de l'idée d'avenir. On comprend alors qu'elles devaient perdre à la Révolution. Non parce que les hommes les auraient poursuivies d'une haine déterminée. Mais parce que sur la société en gésine une nouvelle divinité s'est levée, qui a nom l'Histoire, que c'est elle qui est désormais tenue pour l'éducatrice de la collectivité et que les femmes ne sont pas encore sûres d'y avoir accédé, sauf par les chemins tortueux de l'alcôve et de la petite histoire. Madame Roland — qui apparaît pourtant si tragiquement sur la scène de l'Histoire-majuscule —, madame de Staël — qui pourtant a tant misé sur la perfectibilité — le comprennent tout de suite. Une république qui ne se reconnaît pas de passé signe, au moins provisoirement, la défaite du sexe féminin. Loin de diminuer, elle aggrave la contrainte qui pèse sur les femmes et la cause, donc, paraît entendue.

Rien pourtant n'est aussi simple. D'abord, si le modèle du commerce mondain et lettré a disparu dans les faits, il n'a pas disparu des mémoires ni — il faudra y revenir — des habitudes nationales. Quant au modèle d'existence que la Révolution, à la suite de Rousseau, offre aux femmes, il est loin d'être aussi restrictif qu'on le dit. Sans doute Amar et Chaumette, sans cesse convoqués au tribunal féministe, sont-ils des rousseauistes primaires qui passent tout à fait à côté de la vie spirituelle dont Rousseau réserve l'intensité aux femmes. Reste que même eux ne sont pas aussi délibérément misogynes que leur légende le donne à croire. Amar proteste contre la subordination de la femme au pouvoir marital, contre « l'aristocratie du ménage ». Chaumette, en octobre 1792, exhorte fraternellement des époux parmi lesquels on trouvait des couples autrefois divisés et que la loi sur le divorce avait réunis : « Rien ne coûte que ce que l'on fait par contrainte et le plaisir même est à charge lorsqu'il devient un devoir. Le divorce est le père des égards mutuels, des complaisances, des soins, perpétuels aliments des feux honnêtes [32]. » Même lorsqu'ils entonnent les couplets d'un rousseauisme élémentaire, on sent qu'il ne s'agit pas pour eux d'enfermer la femme dans un intérieur privé rigoureusement séparé de la sphère publique, mais, au contraire, de faire pénétrer le public dans le privé. Car rien n'est au fond plus antipathique au jacobinisme que la barrière élevée entre les deux domaines, puisque toute séparation, fût-elle seulement de pensée et d'intention, est un crime. La famille où règne la femme — et d'autant plus souverainement que la Révolution a rogné les pouvoirs du monarque paternel — appartient de plein droit à la sphère publique. L'enfant qui se tient en son centre est un enjeu politique majeur : par lui seul la Révolution peut triompher. Donc, par les femmes seules. Elles

32. *Moniteur,* t. XIV, p. 266 (discours du 23 octobre 1792).

sont l'origine — et on sait quelle charge sacrale prend en révolution le rêve de l'origine —, elles sont aussi le ressort, puisqu'à travers l'enfant elles tiennent entre leurs mains le sort de la Révolution.

On comprend mieux alors qu'il y ait eu des femmes pour reprendre à leur compte, comme elles l'avaient fait pour les analyses de Rousseau, le discours qui assignait à leur participation civique l'espace qui leur était familier et les tâches qu'elles reconnaissaient elles-mêmes comme relevant de leurs compétences particulières : l'éducation des enfants, filles et garçons, l'instruction des jeunes filles, le soutien au mari républicain, la bienfaisance sociale. Ce qu'on attendait d'elles était le sacrifice des intérêts personnels aux grands intérêts de la patrie, exigence plus gratifiante que la soumission traditionnelle. On pourrait multiplier les exemples où on les voit elles-mêmes, lors des dons patriotiques ou de l'accès au serment dans les fêtes, réclamer le rôle qui leur convient et admettre sans trouble leur spécialisation : madame de Keralio, épouse Robert, qui avait été une des premières — et des premiers — à appeler la république de ses vœux, le dit fort bien : « Je ne prétends pas les tirer de leur sphère parce que les meilleures choses hors de leur place perdent tout leur prix[33]. »

Mais, d'une part, cette sphère est bien plus étendue que l'on ne croit, puisqu'elle promet une participation véritable à la vie nationale. D'autre part, l'expérience féminine particulière ne paraît pas contredire l'égalité et la liberté. La Déclaration des droits avait posé en principe que les distinctions sociales ne semblaient pas blesser l'égalité tant qu'elles étaient fondées sur « l'utilité commune ». On pouvait l'admettre aussi bien des distinctions sexuelles. Et voilà encore de quoi expliquer que les femmes de la Révolution revendiquent si peu l'accès au vote : le mariage républicain, qui prétend garantir aux époux une unité solidaire, une libre communauté de sentiments et d'idées, rend moins indispensable une participation politique directe.

---

33. « Discours sur l'administration des hôpitaux », in *Extrait des délibérations de la société fraternelle des deux sexes séante aux Jacobins dimanche 4 décembre de l'an III* [8°Lb⁴⁰ 2418], p. 10.

Olympe de Gouges elle-même, quand elle demande que les femmes puissent se constituer en Assemblée nationale, ne prétend pas forcément les faire entrer dans l'Assemblée nationale masculine. Il s'agit plutôt de réclamer une assemblée où leurs compétences singulières seraient reconnues.

Il faut donc se garder de juger comme uniformément répressif le traitement que la Révolution réserve aux femmes. Elle ne cherchait nullement à exclure mais à unir, et la « réunion de l'homme et de la femme », où Olympe de Gouges, justement, voyait le principe de toute souveraineté, s'exprimait dans la nouvelle figure de la femme républicaine. Quand madame de Rémusat écrira son *Essai sur l'éducation des femmes,* elle soulignera quel champ nouveau d'activités la Révolution avait ouvert aux femmes : une vie plus sérieuse, moins dissipée, et quantité d'occupations intéressantes pour celles qui portent désormais le beau titre d'« épouses citoyennes ». Il est vrai que les femmes ne peuvent plus tenir les cartes. Mais leur rôle est de voir le jeu par-dessus l'épaule du joueur, de le conseiller discrètement, de partager ses succès, de consoler ses infortunes.

La Révolution n'a-t-elle pas ouvert un champ bien plus vaste encore que cette participation oblique, qui avait toujours à être amortie et équilibrée par la discrétion ? Pendant les années révolutionnaires, des voix se sont élevées pour plaider la similitude de la raison dans les deux sexes et en déduire le droit pour les femmes de participer à tous les actes de la vie politique comme individus rationnels et égaux. Voix inouïes, même si l'on peut leur découvrir, aux XVIIe et XVIIIe siècles, quelques ancêtres annonciateurs ; voix prestigieuses, comme celle de Condorcet. Condorcet n'a nullement cessé de croire que les femmes ont reçu de la nature des caractéristiques particulières, mais il marque une rupture décisive en refusant d'admettre qu'entre ces particularités et l'incapacité politique la conséquence est bonne. Parle-t-on de faiblesse physique ? Les hommes aussi sont sujets aux indispositions et aux maladies. De faiblesse intellectuelle ? Outre que celle-ci est malaisément démontrable, comment ne pas devoir reconnaître qu'il y a bien

peu d'hommes de génie ? Condorcet enfin n'oublie pas l'essentiel, que chaque individu l'est d'abord pour lui-même. « Ou
aucun individu de l'espèce humaine n'a de véritables droits, ou
tous ont les mêmes[34]. » Si on déduit l'incapacité politique des
femmes des ennuis passagers que leur impose la nature, il
faudrait en faire autant pour les hommes : la nature les a aussi
très inégalement dotés. C'est la cohérence logique qui dicte le
plaidoyer de Condorcet pour l'affranchissement politique des
femmes, repris ici et là pendant la Révolution. Ainsi par
Guyomar : « La vie sédentaire des femmes ne l'est pas au point
qu'elle entraîne l'exclusion des assemblées primaires électorales[35]. »

Revendications isolées, accueillies comme incongrues, vite
oubliées, vite étouffées — chacun est alors certain de la
domination irrépressible de la nature sur la femme ; on peut
donc sans peine en souligner la timidité. Elles n'en ont pas
moins pour elles tout l'avenir. Elles annoncent le passage de
cette égalité mesurée, que Montesquieu voit régner dans les
« démocraties réglées », à l'esprit d'égalité extrême qui, selon
lui, s'établit dans les « démocraties déréglées ». Telle est, écrit-
il, « la différence entre la démocratie réglée et celle qui ne l'est
pas que dans la première, on n'est égal que comme citoyen et
que dans l'autre, on est encore égal comme magistrat, comme
sénateur, comme juge, comme père, comme mari, comme
maître[36] ». Dans la démocratie extrême, il n'y a plus un seul
interstice de la vie en commun qui ne soit envahi par le désir
d'égalité, qu'on peut nommer ici désir d'indifférenciation. Il ne
s'agit plus seulement d'accorder aux deux sexes les mêmes
droits, mais de leur promettre à terme les mêmes fonctions, les
mêmes accomplissements, les mêmes espaces. Au monde de
Montesquieu et de Rousseau — celui d'un arrangement entre

34. « Sur l'admission des femmes au droit de cité », *Le Journal de la société de
1789*, n° V, p. 2 (3 juillet 1790).
35. *Le Partisan de l'égalité politique entre les individus, ou problème très
important de l'égalité en droits et de l'inégalité en fait*, par Pierre Guyomar, Paris,
Imprimerie nationale, *s.d.*, p. 12.
36. *De l'esprit des lois, op. cit.*, p. 352 (livre VIII, chap. III).

l'art et la nature — succède un monde de la pure volonté, où l'altérité est destinée à disparaître.

Les hommes de la Révolution ont obscurément senti que le mouvement qu'ils avaient initié menait à l'indifférenciation. Est-ce pour cette raison, par angoisse de la platitude démocratique et pour la conjurer, qu'ils ont réagi en aggravant la ségrégation des sexes ? C'est l'hypothèse qu'a développée Geneviève Fraisse [37]. Dans un monde foisonnant d'inégalités, écrit-elle, l'exception reste exceptionnelle. On peut donc être une femme brillante, régner sur les esprits et les cœurs sans que nul ne songe à s'en émouvoir ni même à s'en étonner. Dans un monde égalitaire, au contraire, toute réussite peut devenir la règle. D'où la peur que les hommes en auraient ressentie et leur vigoureuse mise en œuvre de l'exclusion. On peut le dire et le sentir autrement ; concevoir cette peur non comme une peur sexuée (celle des mâles dépossédés de leurs prérogatives), mais comme la peur générale (partagée par les femmes aussi bien) d'un monde sans qualités, d'une abstraction inhumaine et grise. Il suffit aussi de considérer que ce monde indifférencié est le nôtre, que nous supportons de moins en moins les déterminations naturelles (maladie, stérilité, infirmité, mort, sexe), que nous nous acharnons de plus en plus à les maîtriser ou à les annuler, pour comprendre que de cette pensée de la Révolution, si timorée nous paraisse-t-elle, nous sommes toujours les enfants. Et voilà qui nous préserve de l'anachronisme, nous retient de trop accorder au sentiment de régression que donnent toutes ces femmes rentrées chez elles après avoir occupé les places publiques et nous autorise à répondre au problème posé d'entrée de jeu. En matière d'égalité des sexes, ou simplement de rapport entre les sexes, oui, la Révolution a tout changé. Elle a rendu illégitime toute inégalité, précaire toute distribution préétablie des rôles, affirmé que l'art est suffisant à fonder l'ordre politique. Et on peut bien soutenir alors qu'elle fait de la servitude féminine une souffrance

---

37. Voir Geneviève Fraisse, « La double raison et l'unique nature : fondements de la différence des sexes », *in* Irène Théry et Christian Biet (éd.), *La Famille, la loi, l'État : de la Révolution au Code civil*, Paris, Imprimerie nationale, 1989, p. 45-52.

supplémentaire en l'enveloppant dans une pensée qui la contredit, elle la rend aussi plus voyante, plus dérangeante, moins tolérable, et lui promet, au moins à terme, un coup d'arrêt.

Il est donc abusif de soutenir, comme le font aujourd'hui des historiennes américaines, que la Révolution s'est acharnée à aggraver la subordination des femmes, qu'elle a mensongèrement plaidé pour les droits universels de l'homme tout en les logeant dans le corps des hommes blancs[38]. Selon Joan Scott, selon Carole Pateman, le scandaleux paradoxe de la Révolution française, c'est l'incarnation de l'universel dans la particularité de l'homme blanc[39]. C'est elle qui rend la femme incapable d'entrer dans le contrat social, établit entre la haine des femmes et la politique démocratique un lien nécessaire, et met donc l'exclusion des femmes au fondement de la démocratie. Mais cette politique démocratique est précisément celle qui refuse de faire dépendre les droits d'une quelconque particularité et les ouvre du même coup à une revendication illimitée. Elle rend, en réalité, beaucoup plus problématique l'exclusion des femmes. Car les déterminations naturelles, même si elles reçoivent temporairement une nouvelle force du bouleversement révolutionnaire, ne peuvent tenir longtemps dans un monde où tout se veut et se construit.

La Révolution, par surcroît, vient d'introduire dans la vie des femmes, avec l'idée de progrès, la petite musique du « un jour viendra ». L'idée de perfectibilité, chère à Condorcet, a gagné jusqu'aux révolutionnaires réputés les plus rétrogrades. Ainsi Amar : puisque l'éducation politique et morale des hommes en est « encore » à ses balbutiements, comment ne pas le dire des femmes, chez qui elle est presque nulle ? Discours retardateur, mais aussi prometteur : car si on définit l'humanité

38. Je recule devant la laideur de l'expression « mâles blancs ». Mais sous la plume des Américaines, il s'agit bien de *white males*.
39. Voir Joan Wallach Scott, « French Feminists and the Rights of " Man " : Olympe de Gouges's Declarations », *Historical Workshop Journal*, t. XXVIII, 1989 ; et C. Pateman, *The Sexual Contract, op. cit.* Voir également la critique mesurée et pertinente que leur adresse Lynn Hunt, peu convaincue par la liaison nécessaire entre politique libérale et exclusion des femmes : *Le Roman familial de la Révolution française* [1992], trad. J.-Fr. Sené, Paris, Albin Michel, 1995, p. 221-224.

par la perfectibilité, comment ne pas admettre en même temps qu'il sera de plus en plus difficile de confiner les êtres à leurs déterminations naturelles ? Les dames de ce livre ont tout de suite capté ce réconfortant refrain. Madame de Staël, qui a bien lu Rousseau, est en effet convaincue que dans les républiques modernes les femmes ne sont plus rien. Mais comment l'entendre ? Elles ne sont plus rien de ce qu'elles ont été, mais cet état ancien était largement illusoire, et dès qu'on écarte une illusion, il faut lui substituer une qualité réelle. À quoi s'emploiera cette éducation à laquelle elles attachent une importance décisive. Madame de Charrière, madame de Staël, madame Roland, toutes sont certaines que le mal des Lumières ne peut se corriger chez les femmes que par plus de lumières encore. Et ceci, la revendication d'une instruction pour tous, l'assurance d'un enseignement non spécifique aux femmes — et donc non subalterne —, c'était aussi une invention de la Révolution, promulguée par la loi de frimaire an II (quelques semaines *après* l'interdiction des organisations féminines) et assez généreuse pour accorder aux garçons et aux filles le même enseignement civique, illustré par toutes ces citoyennes de six ans qui récitent sur les estrades des fêtes la Déclaration des droits de l'homme. Innovation révolutionnaire vite mise au placard, sans doute : c'est pourtant par elle que, cent ans plus tard, s'affirmera encore la singularité française.

◆

Métissage mondain, réclusion domestique, partage égalitaire des tâches et des fonctions : les trois modèles légués et proposés aux femmes n'ont pas connu la même fortune à travers le XIXe siècle français. On pourrait croire le premier, si vilipendé par la Révolution, complètement abandonné. Hommes et femmes semblent en effet sortir de la Révolution beaucoup plus séparés qu'ils n'y étaient entrés, ce dont mille textes témoignent. Musset a décrit le spectacle bicolore que donnaient les salons de la Restauration, femmes en robes candides, hommes en habits noirs, étrangers les uns aux autres.

Madame Vigée-Lebrun se frotte les yeux quand elle rentre d'émigration à Paris et s'en va visiter la comtesse de Ségur, tristement seulette après avoir eu vingt personnes à dîner : les invités désormais manquent de loisir pour prolonger, comme les règles de l'ancien savoir-vivre le voudraient, leur commerce jusqu'au soir. Elle note elle-même, après une grande soirée de musique, sa stupéfaction à voir les femmes d'un côté, les hommes de l'autre : « On eût dit des ennemis en présence ; pas un homme ne venait de notre côté à l'exception du maître de maison[40]. » Quelques-unes de nos dames avaient pressenti ce partage nouveau. Madame de Staël avait annoncé le temps où les salons, peuplés de jolies carpes, seraient désertés par les hommes supérieurs. Et certaines le savaient advenu : à madame de Rémusat, élevée dans « la couleur féminine » du salon de sa mère, son fils Charles décrit, stupéfait, le salon Molé où la discussion du bien public bat son plein entre des hommes debout, animés et volubiles, pendant que les dames assises forment un cercle résigné et silencieux : une version mondaine et affadie du « serment des Horaces ».

Si désuet que paraisse désormais ce « ton français », est-il pourtant tout à fait effacé ? Il ne l'est ni dans la réalité ni dans les souvenirs. Dans les faits : Delphine de Girardin se moque de l'accent élégiaque qu'on prend pour pleurer la disparition des salons ; ce qui les rend invisibles, c'est précisément leur multiplication et leur éparpillement. La devise de Marie d'Agout est que pour fonder un salon, on a besoin de vingt hommes et de cinq femmes : dans cet arrangement ingénieux, la Parisienne, selon elle, continue à placer son ambition suprême. Aux yeux des héros de Stendhal, comme Lucien Leuwen, l'ivresse du bonheur est toujours « de passer pour un homme d'esprit auprès des femmes qui en ont[41] ». Quant aux souvenirs de la société ancienne, ils sont bien loin de s'être évanouis. Les femmes qui, dit Claire de Rémusat, avaient accueilli la Révolu-

---

40. Élisabeth Vigée-Lebrun, *Souvenirs*, Paris, Des femmes, 1984, 2 vol., t. II, p. 107-108.

41. *Lucien Leuwen*, in *Romans et nouvelles*, Paris, Gallimard, Bibl. de la Pléiade, 1977, p. 824.

tion comme une merveilleuse occasion de meubler les conversations ont vite compris qu'il s'agissait de tout autre chose et qu'il fallait désormais mettre plus de gravité dans leurs gestes et dans leurs paroles. Mais sans perdre pour autant l'instinct du grand art féminin qui est de réunir dans une même causerie « un bon nombre d'hommes qui avaient envie de parler et qui, retenus par un je ne sais quoi, n'auraient souvent rien dit si on ne les avait mis en train [42] ». Elle croit que les grâces françaises trouvent toujours à s'exercer dans la société nouvelle, sur un mode moins frivole que ci-devant. George Sand, bien qu'elle se soit toujours sentie peu douée pour le genre vif de l'entretien, sait aussi ce qu'apporte sa présence féminine aux dîners Magny et ce qu'elle-même reçoit de la compagnie masculine.

Le commerce aristocratique a beau être l'emblème d'un monde englouti, il continue donc de susciter des admirations et d'alimenter des nostalgies. Dans son discours de réception à l'Académie, Renan y loge toujours la singularité française. Mieux : la certitude, tant que ce métissage durera, de l'invincible supériorité de la France sur les autres pays. « Quand une nation, dit-il, aura produit ce que nous aurons fait avec notre frivolité, une noblesse mieux élevée que la nôtre aux XVIIe et XVIIIe siècles, des femmes plus charmantes que celles qui ont souri à notre philosophie, une société plus sympathique et plus spirituelle que celle de nos pères, alors nous serons vaincus. » Proust, qui rapporte ce propos dans le croquis qu'il fait du salon de la comtesse d'Haussonville, suggère avec malice qu'en France le socialiste le plus farouche souscrirait lui-même à cette royauté des femmes cultivées [43]. Jaurès, à dîner chez une dame dont les collections de peinture étaient célèbres et que faisait trembler la perspective d'une éventuelle collectivisation, l'aurait réconfortée en soutenant que les choses appartiennent aux êtres qui les sentent le mieux, qui en parlent le mieux. Et c'est ainsi que

42. Madame de Rémusat, *Lettres, op. cit.,* t. II, p. 465.
43. Marcel Proust, *Chroniques*, Paris, Gallimard, 1927, p. 49.

pour Proust le parfum du passé imprègne toujours, adoucit et humanise un présent et un avenir qui semblent pourtant l'avoir volatilisé.

À l'opposé du modèle aristocratique, le modèle de la complémentarité des rôles, qui assigne aux femmes un espace méticuleusement circonscrit, semble triomphant. Il est accordé à un monde où la qualité de citoyen, selon madame de Rémusat, est devenue pour tous le vrai mobile de l'existence. La société des citoyens veut des hommes plus occupés et des femmes plus recluses. Claire de Rémusat ne nie pas que l'arrêt ne puisse paraître cruel à celles-ci, mais elle le croit inéluctable. Et elle se console, l'inspiration rousseauiste aidant, en songeant qu'il comporte aussi des compensations : dans la jouissance de ces titres non moins nobles — épouses et mères de citoyens — et aussi dans l'exercice d'une manière de maternité sociale, qui ouvre aux femmes une foule d'occupations nouvelles. De la route droite et paisible qui leur est ainsi ouverte, Claire de Rémusat pense qu'elle est loin de tracer une destinée inférieure à celle que leur faisait miroiter l'Ancien Régime : « N'est-il pas cent fois plus honorable d'exercer, pour ainsi dire légalement, des droits reconnus mais sagement limités, que de payer de la considération et de la vertu une usurpation toujours disputée[44] ? » Elle donne ainsi son aval à un modèle si prégnant que même les grandes figures de l'émancipation féminine y restent attachées. Dans les lettres qu'elle adresse à Marcie, George Sand convient qu'il n'y a plus d'espace dans la société française pour ces grands caractères féminins dont Stendhal lui aussi pleure la disparition. Plus d'Héloïse, plus de Jeanne d'Arc, plus de madame Roland, et la seule activité désormais concédée à la vitalité et à l'originalité de la femme indépendante est la vie d'artiste. Mais hors cet exemple inouï, les rôles de la femme sont désormais strictement tracés : les femmes sont peu propres aux emplois que jusqu'ici les hommes leur ont déniés et sont, au contraire, merveilleusement adaptées à ceux que la Providence leur attache : l'enfance de l'homme leur appartient. D'où l'ascen-

---

44. Mme de Rémusat, *Essai sur l'éducation des femmes, op. cit.*, p. 57.

dant moral légitime qu'elles exercent sur la famille et la maison[45].

Tout le XIXe siècle illustre ce partage entre deux mondes. Même 1848 qui, avec la nouvelle République, voit renaître les espérances féminines — signe que le régime républicain commence à n'être plus pensé comme inclément aux femmes — illustre encore le partage fonctionnel des rôles. Quand les femmes revendiquent le droit à la citoyenneté, c'est au nom des devoirs proprement féminins. Plus que sur leur ressemblance essentielle avec les hommes-citoyens, elles insistent sur les compétences particulières qu'elles tiennent de leur rôle familial : elles revendiquent des lois au nom des mœurs. Elles comptent, pour étendre leurs compétences à la grande famille humaine, sur la glorification conventionnelle du rôle maternel : elles parlent le langage de l'utilité et de la justice plus volontiers que celui des droits. Et les droits civils continuent à leur paraître — ce que George Sand illustre exemplairement — plus décisifs à obtenir que les droits politiques. Il est vrai aussi que le Code napoléonien, qui a consacré la minorité civile des femmes, leur a désigné les droits les plus urgents à conquérir — recherche en paternité, capacité civile de la femme mariée, divorce — et unifié des revendications pragmatiques[46]. On peut donc présenter l'épisode de 1848, malgré toute son effervescence, comme consacrant, et non comme réfutant, la pensée des deux sphères.

Tout est-il pourtant aussi simple ? Il est d'abord clair que le thème du « pas encore, mais un jour peut-être », qui accompagne depuis la Révolution française tous les discours, habite essentiellement celui des femmes. George Sand tient le tempérament des femmes pour éternel (« Je vois la femme à jamais esclave de son propre cœur et de ses entrailles[47] »), mais non leur éducation. Les tâches féminines sont, pour l'heure,

---

45. Les *Lettres à Marcie* avaient été écrites pour *Le Monde* à la demande de Lamennais. George Sand s'y adressait à une jeune fille pauvre et douée pour lui expliquer ce que toute femme pouvait faire de sa vie. Cf. *Les Sept Cordes de la lyre*, Paris, Michel-Lévy frères, 1869.

46. Voir à ce propos Joseph Goy, « Code civil », *in* François Furet et Mona Ozouf (dir.), *Dictionnaire critique de la Révolution française*, Paris, Flammarion, 1988.

47. George Sand, *Correspondance*, t. XVIII, Paris, Garnier, 1984, p. 629.

impossibles à modifier. Mais demain ? Impossible encore de savoir ce dont il sera fait. Quant à la séparation qui marque le siècle, entre le public, où l'homme s'ébat, et le privé, où se replie la femme, était-elle en France aussi étanche qu'on l'a dit ? Dans la société paysanne, le travail mêlait constamment les sexes : au village, la laveuse, la couturière, la cuisinière, qu'Yvonne Verdier a décrites, passaient et repassaient les frontières, allaient et venaient librement, fortes de leurs savoirs et de leurs pouvoirs [48]. Dans la société ouvrière, non seulement les femmes sortaient du foyer pour le travail industriel, mais elles gardaient la haute main sur l'argent du ménage. Dans la société bourgeoise, si la jeune fille était plus recluse que ses sœurs allemandes ou anglo-saxonnes, comme le disent d'une seule voix Tocqueville, Heine et Taine, la femme mariée, en revanche, retrouvait, selon les mêmes auteurs, plus de liberté de mouvement qu'ailleurs. De multiples occasions d'échapper au confinement domestique étaient données aux femmes par les activités philanthropiques et religieuses — œuvres de charité, hôpitaux, pèlerinages — par la nécessité de paraître et la fréquentation des grands magasins. Si le coude à coude de la manifestation politique leur était encore interdit et en tout cas moqué, elles commençaient — ainsi Hubertine Auclert — à faire irruption dans les mairies et sur les places publiques. Les espaces du travail et du loisir étaient bien plus perméables que ne le dit le discours convenu.

Ce qui fournit une contre-épreuve de cette rencontre française entre les sexes, c'est le regard porté par Tocqueville sur le sort de la femme dans la démocratie américaine : « L'Amérique est le pays du monde où l'on a pris le soin le plus continuel de tracer aux deux sexes des lignes d'action nettement séparées, et où l'on a voulu que tous deux marchassent d'un pas égal, mais dans des chemins toujours différents [49]. » L'Amérique de l'égalité, plus que l'Europe, enferme les femmes dans le

---

48. Yvonne Verdier, *Façons de dire, façons de faire. La laveuse, la couturière, la cuisinière*, Paris, Gallimard, 1979.
49. Tocqueville, *De la démocratie en Amérique*, in *Œuvres complètes*, t. I, vol. 2, Paris, Gallimard, 1961, p. 220.

cercle domestique, mais une fois ce cercle tracé, les y élève autant qu'il est possible (Taine fera la même observation pour l'Angleterre : elle assujettit ses femmes beaucoup plus étroitement que la France, les réduit à l'intendance domestique, mais dans cette sujétion même les fait resplendir de toutes les qualités morales et les entoure de respect). Pour l'essentiel, la grande synthèse de Carl N. Degler confirme les vues de Tocqueville sur les deux sphères d'activité dissociées par la société américaine, note que celle-ci donnait aux femmes, à l'intérieur de la famille, lieu d'émotions intenses et d'élévation morale, un rôle d'autant plus éminent que grandissait le culte de l'enfant : pouvoir réel que reconnaissaient les hommes. Si bien que peu de femmes souhaitaient rejoindre les communautés ou vivre les situations pionnières qui offraient la chance de remettre en cause le partage traditionnel des rôles [50].

Dans cet arrangement réussi par la société américaine, dans le « cloître » que recompose pour la femme la demeure du mari, Tocqueville lit une profonde sagesse. C'est là, à ses yeux, que l'individualisme démocratique trouve à la fois son illustration et son contrepoids. Son illustration, puisque les barrières édifiées autour de la sphère privée protègent la cellule familiale des interventions intempestives de l'État, en l'empêchant d'y pénétrer. Et sa compensation, car l'intimité chaleureuse de la famille proteste victorieusement contre la banalité de la société démocratique, où chacun ressemble à tous et tous à chacun. L'indifférenciation que promet l'irrésistible dynamique de la démocratie, mais qui engendre l'angoisse de l'homogénéité, est retardée et équilibrée en Amérique par le modèle familial : ici la dénivellation subsiste entre un chef naturel et ses subordonnés ; ici l'assignation à chaque sexe de son espace et de ses rôles oppose à l'artificialisme de la société démocratique la plus sûre des frontières. La discrimination des sexes, fondée dans la nature, c'est-à-dire dans ce qu'il y a d'immaîtrisable en chaque être, est un victorieux coup d'arrêt à la volonté. L'exaltation de

50. Carl N. Degler, *At Odds. Women and the Family in America from the Revolution to the Present*, Oxford, Oxford University Press, 1980.

la différence féminine protège donc la démocratie contre elle-même. On peut pourtant se demander si la revanche ironique de cette valorisation-ségrégation n'est pas l'apparition précoce en Amérique d'un féminisme radical, incarné dans le personnage emblématique, et promis à une belle descendance, de cette Olive Chancellor qui prononce contre les hommes une sentence sans appel, estime que l'« odieux partenaire » n'a jamais fait que les opprimer depuis la naissance du monde, et s'écrie : « Il faudrait qu'ils paient[51] ! »

Mais la description de l'Amérique permet aussi à Tocqueville de caractériser en retour le modèle européen et de mettre en évidence les freins qui s'opposent en Europe à l'admirable séparation des deux sphères. En France, notamment, la différence naturelle est souvent méconnue. On est volontiers disposé à accorder à l'un et à l'autre sexe les mêmes droits et les mêmes fonctions, et à les mêler en toutes choses. Le résultat en est détestable, à la fois par l'effet de bâtardise qu'il produit (hommes faibles, femmes déshonnêtes, les premiers contaminés par la féminité, les secondes par la virilité) et surtout par ce qu'il annonce : le monde où sauterait cette dernière barrière serait un monde inhumain. Tocqueville bronche ici, en posant la grande question de savoir si la démocratie « parvient [...] à agir sur cette grande inégalité de l'homme et de la femme, qui a semblé, jusqu'à nos jours, avoir des fondements éternels dans la nature ». Car il continue, dans la logique même de son œuvre, à penser que « le mouvement social qui rapproche du même niveau le fils et le père, le serviteur et le maître, l'inférieur et le supérieur, élève la femme et doit de plus en plus en faire l'égale de l'homme ». Mais il prend alors le ton d'une solennelle gravité pour faire sentir le point où cette égalisation devrait selon lui venir buter : « C'est ici plus que jamais que je sens le besoin d'être bien compris . car il n'y a pas de sujet sur lequel l'imagination grossière et désordonnée de notre siècle se soit donné une plus libre carrière[52] » Par rapport à l'Amérique,

---

51. Henry James, *Les Bostoniennes*, trad. J Collin-Lemercier, Paris, Gallimard, 1973, p. 292-293.
52. *De la démocratie en Amérique*, *op. cit.*, p. 219

Tocqueville — l'histoire comparée le démentira ici — considère avec inquiétude cette société française où le métissage des sexes peut se poursuivre jusqu'à l'indifférenciation, tant dans ce pays bouillonne toujours dangereusement le chaudron de la démocratie immodérée.

Le fil de cette égalité extrême — troisième héritage français — peut-il se repérer encore dans le tissu de la politique française ? Le discours saint-simonien, qui prêche l'égalité absolue de l'homme et de la femme, est celui qui paraît le plus proche des revendications d'affranchissement politique balbutiées par la Révolution. On le trouve dans sa pureté chez Claire Démar. *L'Appel d'une femme au peuple pour l'affranchissement de la femme* réclame pour ses sœurs le droit d'élection et de participation, « non seulement dans le gouvernement de la famille, mais dans le gouvernement de la cité et du royaume », et juge nécessaire de faire participer les femmes à la rédaction de toutes les lois [53]. L'exaltation dans le saint-simonisme de la femme comme médiatrice entre l'homme et Dieu, comme symbole vivant de l'amour et promesse de la rénovation sociale, le congé signifié par les pères fondateurs aux images de l'Ève tentatrice et maléfique devaient faire naître chez les femmes l'enthousiasme ébloui qu'a décrit Suzanne Voilquin. Elles accueillirent d'abord avec transport les déclarations solennelles qui promettaient à la femme de « n'être plus le satellite obscur de l'homme, destiné à rouler dans l'orbite d'un astre impérieux et à offrir un pâle reflet de ses rayons », et lui accordaient un « mouvement propre » et une « lumière native » [54].

On peut douter, pourtant, que le saint-simonisme ait incarné adéquatement l'héritage de l'égalitarisme révolutionnaire. L'homme et la femme, avait dit Saint-Simon, repris par Enfantin, c'est l'individu social. Mais cet « individu social », figure qui brouille les frontières entre l'individu et la société —

---

53. Claire Démar, *L'Appel d'une femme au peuple pour l'affranchissement de la femme*, Paris, chez l'auteur, 1833, rééd. sous le titre *L'Affranchissement des femmes*, Paris, Payot, 1976.
54. Barrault, « Les femmes », *in* Maria Teresa Bulciolu (éd.), *L'École saint-simonienne et la femme. Notes et documents pour une histoire du rôle de la femme dans la société saint-simonienne, 1828-1833*, Pise, 1980, p. 108.

« Il n'y a rien de plus individuel, disait Charles Lemonnier, que ce qui est social, ni rien de plus social que ce qui est individuel[55] » —, n'est pas l'individu au sens que lui avaient donné les Lumières et la Révolution. Le saint-simonisme privilégie dans l'individu le sentiment de sympathie, qu'il fait passer avant les facultés rationnelles. Surtout, il ne fait pas de l'individu le lieu où se forge la libre décision volontaire, mais celui où s'incarne la destination sociale. Les fins comptent ici plus que les droits, et l'objectif poursuivi, loin d'être l'individualisation, est la fusion. En célébrant dans des discours vibrants le couple nouveau que forment à la fois l'homme et la femme, les saint-simoniens invitent la femme à redresser un front trop longtemps humilié. Mais ce n'est ni sur la base d'une identité ni sur celle d'une égalité véritable. Pas d'identité, car c'est la complémentarité des rôles qui reste au centre de la pensée saint-simonienne : homme du côté de la raison, femme du côté du sentiment, homme politique, femme religieuse, homme interprète de l'histoire passée, femme prophétesse du futur, cette « sibylle » qu'ils avaient cru reconnaître sous le turban de madame de Staël. Et pas d'égalité non plus, au moins pour le moment : Enfantin rappelait que l'état de la société ne permettait pas « encore » de réaliser dans le sein de la hiérarchie le couple salvateur de l'homme et de la femme. Si la femme n'était plus esclave, elle était encore mineure et, en attendant la découverte de cette femme-messie qu'ils allèrent, entre hommes, pourchasser en Orient, c'est le père seul qui devait régler les degrés complexes de cette société fondamentalement hiérarchique d'où les femmes étaient provisoirement exclues. Le *Globe* du 28 novembre 1831 l'écrivait : « Notre apostolat ne peut être encore exercé que par des hommes : la femme libre n'a pas encore parlé... »

Le problème de la femme était posé par Enfantin de manière si scandaleusement nouvelle qu'il fut à l'origine des dissensions d'abord, puis de l'éclatement de la secte. La liberté amoureuse qui devait, selon lui, être accordée aux tempéra-

---

55. Charles Lemonnier, « Avenir de la femme », *ibid.*, p. 125.

ments inconstants, la mobilité sexuelle bénie par le couple sacerdotal : il y avait là de quoi faire fuir bien des fidèles. Les femmes elles-mêmes se montrèrent vite réticentes à renoncer au caractère exclusif qu'elles donnaient à l'amour. Caroline Simon, qui tentait de convaincre Angélique Arnaud que le but de la doctrine était d'enseigner au monde des formes inédites d'amour, et prêchait que l'amour véritable, l'amour religieux, se féconde en se répandant, avait la plus grande peine à ne pas choquer sa correspondante[56]. Cécile Fournel disait avoir flairé dans la doctrine quelque chose de profondément immoral. Beaucoup de femmes, par ailleurs, perçurent vite la subordination cachée dans le bel arrangement saint-simonien et la supercherie d'une liberté réduite à souscrire aux décrets du prêtre. Suzanne Voilquin croyait discerner chez les adeptes la survie vivace du vieil homme dominateur, et marquait fermement son refus de la hiérarchie. De toutes manières, la juridiction et la domination du couple suprême sur les relations affectives des autres couples ne pouvaient que blesser chez chacune le sentiment de la liberté.

De cette double réticence féminine George Sand est l'emblème. Dans ses premiers romans elle avait fait, écrit-elle dans la préface de *Valentine,* du saint-simonisme sans le savoir, et donné dans *Jacques* le modèle de l'homme qui renonce à sa femme pour lui permettre de vivre un amour plus haut. Avec les saint-simoniens elle partageait l'idée que la femme (comme l'enfant) est « en rapport plus direct avec l'esprit qui souffle d'en haut » et en communication avec l'invisible[57]. Ce qu'on a surtout retenu de son opposition au saint-simonisme, c'est l'hostilité, en effet déclarée chez elle, à la liberté sexuelle, à la prétention affichée par Enfantin de régir les destins amoureux des fidèles. Dans les *Lettres à Marcie,* elle fustige l'« erreur affreuse de la promiscuité[58] ». Mais le plus profond chez elle

---

56. Voir Bernadette Louis (éd.), *Une correspondance saint-simonienne : Angélique Arnaud et Caroline Simon (1833-1838),* Paris, Côté-femmes, 1990.
57. *Correspondance,* éd. citée, t. VIII, 1971, p. 481 (lettre à Théophile Thoré du 28 mai 1848).
58. *Lettres à Marcie, op. cit.,* p. 228.

est encore la méfiance à l'égard de la théocratie de la secte et le recul devant l'infidélité manifeste que celle-ci fait à l'individualisme révolutionnaire. Dans une lettre à Édouard Rodrigues, tout en rendant hommage aux intentions d'Enfantin, elle remarque que « la société saint-simonienne a été dissoute par la force des choses, pour avoir absorbé un des trois termes dont elle se composait, au profit des deux autres ; la loi et la cité avaient sacrifié l'individu. En brisant trop légèrement l'union conjugale, la doctrine avait brisé aussi l'individualité de la famille et c'était là un grand péril pour la famille sociale [59] ». Le recul personnel de Sand devant la réhabilitation saint-simonienne de la chair et la rhétorique fusionnelle — c'était, dans le même temps, le recul de toute l'opposition républicaine — se double encore d'une intention stratégique : il ne suffit pas, selon elle, de dire des choses justes pour émanciper les femmes, mais il faut encore rendre ces choses écoutables ; la persuasion est à ce prix.

Ainsi, aucune des traditions héritées ne s'est transmise de façon pure. Aucune n'a trouvé exactement les champions qu'on pouvait lui supposer. Les hommes en lutte pour l'émancipation des individus dans le mouvement ouvrier ont continué à considérer comme incongru l'exercice public de l'autorité par les femmes. Celles-ci ont entretenu elles-mêmes l'idéologie de la femme au foyer, jusqu'à utiliser le rôle maternel pour sortir de la famille. Les uns et les autres ont échangé et mêlé leurs arguments. Ceux qui les tiraient de l'irréductible nature de la femme en ont usé tantôt pour plaider l'émancipation, tantôt pour plaider l'approfondissement des valeurs féminines spécifiques. On a décliné la singularité des femmes tantôt sur le mode de l'infériorité, tantôt sur celui de la supériorité, notamment spirituelle. Si variées, pourtant, qu'elles puissent être, ces rationalisations procèdent d'une seule et même intuition, parfois nuancée d'inquiétude et parfois d'espérance. Les uns et les autres sont certains d'appartenir à une époque de transition où rien n'est moins assuré que la perpétuation des rôles

---

59. *Correspondance*, éd. citée, t. XVII, 1983, p. 590.

féminins. Tous sentent sourdement que l'avenir est à une réduction de l'altérité. Jusqu'à quel point, exactement ? C'est la question à laquelle le républicanisme français apporte une manière de réponse.

◆

Lorsque s'installe en France une république durable, dans une époque tout entière saisie par le politique, réapparaît le problème laissé grand ouvert par la Révolution qui l'avait introduit : celui de la contradiction entre l'égalité universelle des individus et l'exclusion des femmes de la citoyenneté. Réapparaît aussi crûment le problème du divorce entre les hommes et les femmes (les uns émancipés, les autres asservies à la dévotion) que dramatise une pensée républicaine hantée par l'idée d'arracher les femmes à l'Église. Au fil de ces années, les femmes conquièrent la capacité civile, obtiennent le droit d'ouvrir des livrets de Caisse d'épargne, de cotiser à la Caisse nationale de retraite, de disposer de leur salaire, de témoigner dans les actes civils. Surtout, elles sont au centre de l'effort éducatif des républicains. Le grand discours de Jules Ferry à la salle Molière, en 1870, ouvre cette période réformiste sur un plaidoyer passionné pour l'éducation des filles, dominé par l'inspiration, reprise de Jules Simon, de faire des femmes de véritables compagnes intellectuelles pour leurs maris. Jules Ferry a le mérite de la netteté. Il a bien compris que la Révolution française a réservé aux femmes le rôle d'agents nostalgiques du passé. Elles sont même *le* passé, si on en croit Camille Sée : la femme est du xviie siècle alors que l'homme est du xixe siècle. Elle est donc un enjeu décisif entre l'ancien et le nouveau régime. Ceux qui la croient neutre « ne s'aperçoivent pas du secret et persistant appui qu'elle apporte à cette société qui s'en va[60] ». Il faut donc l'arracher à cette société moribonde si l'on veut rétablir l'harmonie du couple **et** fonder enfin le

---

60. Jules Ferry, « Discours sur l'égalité d'éducation », in *Discours et opinions,* éd. Paul Robiquet, t. I, Paris, Armand Colin, 1893, p. 305.

régime républicain. La loi Camille Sée de 1880 sur les lycées de jeunes filles, saluée par les quolibets conservateurs, mais aussi par la sympathie des féministes comme Hubertine Auclert, illustre cette entreprise.

Vue de l'observatoire contemporain, la loi Camille Sée peut prêter à une interprétation sans bienveillance, qui met en relief ses timidités. Pour les lycées — destinés à remplacer les pensionnats des jeunes bourgeoises —, Camille Sée avait imaginé un enseignement soucieux de préserver la féminité. La Commission chargée de discuter et d'élaborer son projet a, du reste, eu tendance à en accentuer encore les traits féminins et à souligner le décrochage des lycées de filles par rapport aux lycées de garçons. Camille Sée avait souhaité conserver le latin dans les programmes de l'enseignement féminin, il y aurait volontiers fait figurer la philosophie, mais la Commission exclut celle-ci et celui-là. Il avait aussi proposé l'internat, et la Commission, tout en laissant ici et là une certaine latitude aux municipalités concernées, préfère l'externat. Les velléités de Camille Sée d'aligner l'enseignement féminin sur les lycées de garçons auront donc été corrigées en cours de route. Et le couronnement de ces nouvelles études, non par le baccalauréat mais par un diplôme décoratif, vient plaider pour la frilosité de la loi, conçue par un homme qui n'était pas du tout, en effet, un libertaire et qu'on peut convaincre d'avoir surtout souhaité voir les femmes remplir au mieux, y compris en guidant les études de leurs enfants, en secondant et en conseillant les maris républicains, leur rôle traditionnel, adapté aux fins politiques nouvelles. Camille Sée est alors présenté comme un homme fort peu soucieux d'offrir aux filles une plus grande ouverture intellectuelle et morale, et dont la loi est tendue vers l'objectif de faire des filles les propagandistes de la République. Loi toute d'utilité politique par conséquent. Il suffit d'ajouter que la loi Camille Sée, par son caractère même, illustre le refus de la mixité, pour voir — il est même arrivé qu'on le soutienne — dans la ségrégation des sexes un des piliers fondateurs de l'école républicaine.

On hésite pourtant à franchir le pas. Sans doute, dans son

grand discours de la salle Molière, on voit Ferry hésiter entre la vision positiviste — l'éducation des filles au nom de l'utilité sociale — et la vision rationaliste de Condorcet — l'éducation des filles au nom du droit individuel. Ferry, qui se réclame de Condorcet, est spontanément moins intéressé que le grand ancêtre à l'émancipation individuelle et à l'enrichissement personnel que garantit l'éducation des filles. Et beaucoup plus, en revanche, à ce que lui semble promettre cette éducation : la conjuration de la division conjugale par l'accord enfin obtenu des esprits féminins et masculins ; et, de là, la conjuration de la division nationale, réparatrice de la grande fracture politique de la France moderne. Cette dette payée au positivisme, Ferry n'en continue pas moins de penser que l'instrument de cette unité est la liberté (d'écrire, de parler, de discuter), commune aux hommes et aux femmes. Une fois reconnue l'utilité spécifique de l'éducation des femmes et posé l'objectif de l'unification nationale, Ferry les inscrit dans le développement logique des droits : la société démocratique se définit par la rupture avec le privilège ; elle est forcément incomplète sans cette égalité de droits (dont le positivisme, lui, enseignait qu'il était oiseux de la réclamer car elle ramènerait à la promiscuité primitive). Sur l'éducation des filles, Ferry tient donc à la fois deux discours mal compatibles. Mais il est remarquable que l'un de ces discours (les compétences particulières des femmes et l'intérêt bien entendu de la République à se les concilier) est subordonné à l'autre (le discours des droits) dont il n'a pas la force d'entraînement. Ferry, hésitant et ambigu, initie pourtant une alliance très originale, entre un vif sentiment de la différence, voire de la supériorité féminine, et celui de l'identité des lumières naturelles chez les êtres humains.

On s'en persuade, du reste, si l'on abandonne les lycées de jeunes filles de Camille Sée, où il fallait bien céder quelque chose aux vertus et aux grâces supposées de l'éducation bourgeoise, pour cette instruction élémentaire si chère aux républicains. Lorsqu'il s'agit des filles du peuple et de leur école, en revanche, les républicains ont imaginé des normes pédagogiques strictement parallèles à celles des garçons. Car il ne faut pas, comme pourtant on le fait si souvent, trop accorder à cet enseignement de la couture et de l'économie ménagère, touche de féminité sans doute ajoutée à l'instruction des filles, mais fort loin d'avoir le rôle ségrégateur qu'on lui prête volontiers. Colette a raconté quel usage impertinent les écolières de Saint-Sauveur-en-Puisaye faisaient du manuel de la Bonne Ménagère. Mais même sans convoquer Colette et l'image délibérément subversive qu'elle donne de l'enseignement républicain, on peut sur ce point consulter une enquête menée dans le département du Nord en 1899 : on y voit les filles accorder une place très subalterne à la couture et à l'enseignement ménager[61]. Les témoignages recueillis auprès des institutrices elles-mêmes n'altèrent pas le tableau. Elles évoquent fort peu les traits distinctifs qu'aurait eus leur enseignement, mettent elles aussi au premier plan les valeurs patriotiques et morales qu'il dispensait, accordent aux « résultats » — le nombre de reçues au certificat d'études — autant d'importance que leurs collègues hommes et croient aussi fort qu'eux à la vertu par les lumières[62].

Si donc on exclut la couleur féminine que les travaux d'aiguille répandent sur l'école des filles, tout — programmes officiels, rapports administratifs, manuels — montre un enseignement républicain voué à l'avènement du même : l'enseignement civique était identique des deux côtés du mur qui coupait en deux la cour de récréation, la morale identique, les obligations et les sanctions étaient les mêmes. L'école laïque, insoucieuse de la différence, comme le montre le traitement qu'elle réserve aux diversités régionales, qu'elle s'ingénie toujours à intégrer à l'ensemble national, prétendait n'enseigner que le semblable : elle se préoccupait peu de la différence sexuelle. Les livres de classe continuaient certes à exalter la vocation particulière des filles à être les gardiennes du foyer et concé-

---

61. Voir sur ce sujet, Linda L. Clark, *Schooling the Daughters of Marianne . Textbooks and the Socialization of Girls in Modern French Primary Schools*, Albany, State University of New York Press, 1984, p. 69.
62. Sur ce thème, voir Jacques et Mona Ozouf (avec Véronique Aubert et Claire Steindecker), *La République des instituteurs*, Paris, Le Seuil-Gallimard, 1992.

daient, comme madame Fouillée l'avait fait dans *Francinet,* que, aussi importante socialement que l'homme, la femme exerce un rôle moins « visible[63] ». Mais même un manuel spécifiquement destiné aux filles, comme celui de madame Henry Gréville, ne consacre qu'un tiers de ses pages aux tâches et aux vertus qu'on réclame spécialement des femmes : encore ces devoirs incluent-ils la discussion politique avec un mari républicain qu'il faut écouter, mais aussi tempérer... et dissuader de se mettre en grève[64].

Ce qui, par ailleurs, va vite renforcer cette uniformité d'enseignement, c'est la question du travail des femmes. L'indépendance professionnelle des femmes n'était pas la préoccupation majeure des républicains, mais elle devait vite venir au premier plan : les manuels d'éducation civique destinés aux jeunes filles envisageaient souvent avec réalisme la nécessité du travail pour celles qui étaient pauvres, qui devenaient soutiens de famille ou qu'attendait le célibat. Celui de Rose-Élise Chalamet enseignait aux filles que le travail à l'extérieur pouvait n'être pas conflictuel avec l'ordre domestique[65]. Dans ces leçons républicaines, le personnage de l'institutrice a joué un rôle exemplaire. La profession pouvait illustrer une manière de maternité idéale, promise à toutes sans exception : l'égalité voyageait ainsi sous le rassurant couvert du discours maternel. D'autre part, les organisateurs de l'enseignement républicain avaient prévu que, dans un premier temps du moins, des célibataires en nombre viendraient grossir les rangs de l'instruction primaire. Ces jeunes filles seraient isolées dans les villages, sans autres ressources que celles qu'elles découvriraient en elles-mêmes et on ne pouvait les enfermer dans la fonction d'épouses. À la presse conservatrice, qui se déchaînait contre ces malheureuses déracinées, un pied entre deux mondes — ce

---

63. Mme Alfred Fouillée, *Francinet, principes de la morale, de l'industrie, du commerce et de l'agriculture,* Paris, Belin, 1869.
64. Mme Henry Gréville, *L'Instruction morale et civique des jeunes filles,* Paris, É. Weill et G. Maurice, 1882.
65. Rose-Élise Chalamet, *L'Année préparatoire d'économie domestique, ménage, devoirs dans la famille, jardinage, blanchissage, entretien du linge, couture à l'usage des écoles de filles,* Paris, Armand Colin, 1893.

mépris se lit encore dans le portrait que fait Colette des institutrices de Saint-Sauveur —, Ferdinand Buisson rétorquait en soulignant le sentiment de dignité que des jeunes filles pouvaient tirer d'une indépendance matérielle et intellectuelle[66].

C'est donc à l'intérieur du métier enseignant que le mouvement d'assimilation a été le plus visible ; là qu'a été créé un personnel féminin remplissant les mêmes réquisits, soumis aux mêmes modes de recrutement, aux mêmes examens, à la même inspection que le personnel masculin. Les femmes obtiennent vite un droit de vote identique dans les conseils départementaux d'éducation — conquête saluée par Hubertine Auclert, qui y voit les prémisses d'une égalisation complète —, sont bientôt éligibles à tous les degrés de la hiérarchie de l'enseignement public, y compris les conseils universitaires. L'État centralisé a joué un rôle décisif dans le surgissement de ce droit égalitaire. Car les résistances à l'assimilation des fonctions venaient parfois d'en bas et des enseignants eux-mêmes : dans les débats du Congrès international de 1889 sur l'instruction primaire, malgré la bonne volonté d'Octave Gréard et les plaidoyers vigoureux de Pauline Kergomard, une majorité s'opposa à ce que des femmes aient la charge d'écoles mixtes ou deviennent inspectrices. Mais le plus important, pourtant, n'est pas dans ces résistances, comme dans le retard mis à l'égalisation des salaires, mais dans l'accès des femmes au monde masculin. Pécaut, triomphant, peut dire à ses étudiantes de Fontenay qu'en France « on a partout osé confier aux femmes, dans les lycées et les écoles normales, les plus hauts enseignements de sciences et de lettres. C'est là une hardiesse qu'aucun pays d'Europe, même parmi les plus avancés, ne paraît encore disposé à admettre[67] ».

Et cette singularité française est aussi une des chances du féminisme français. C'est dans le type humain nouveau de

66. Ferdinand Buisson, « Les femmes qui enseignent et la *Revue des deux mondes* », in *Manuel général de l'instruction primaire* (19-26 juin 1897).
67. Félix Pécaut, *L'Éducation publique et la vie nationale*, Paris, Hachette, 1907, p. 279.

l'institutrice que s'est faite la rencontre entre les aspirations de la masse salariée et de l'élite cultivée. L'école a été le lieu privilégié d'un certain mouvement féministe, celui où les intérêts spécifiques des femmes s'ordonnent à cette rigoureuse égalité de formation dont témoignent aussi deux des dames de ce livre : les deux Simone, Weil et Beauvoir.

L'innovation française est encore dans l'apparition d'une forme inédite du couple : l'instituteur et l'institutrice mariés, qui partagent les mêmes tâches professionnelles, les mêmes soucis domestiques, le même espace. L'administration a vite encouragé ces mariages, pour des raisons qui n'étaient pas toutes désintéressées (le double salaire faisait taire l'esprit revendicatif), mais qui mettaient encore une fois en évidence l'originalité française. Dans son rapport de 1876 sur l'instruction primaire, présenté à l'Exposition universelle de Philadelphie, Ferdinand Buisson note qu'aux États-Unis la carrière féminine de l'enseignement est une carrière passagère, interrompue par le mariage — l'opinion publique ne comprendrait pas le maintien de femmes mariées dans le personnel scolaire. La France, en revanche, accepte les institutrices mariées. Elle fera bientôt plus que les accepter, elle les suscitera, et Gréard pourra, satisfait, noter que « la France tolérante ne pense pas que la mère de famille doive être systématiquement écartée des fonctions pour lesquelles la nature l'a merveilleusement préparée[68] ». Une fois encore, la différence sert ici non à refuser l'identité des parcours, mais à la justifier. Avec la multiplication de ces « mariages pédagogiques », en tout cas, un modèle s'annonce, qui a devant lui un bel avenir, où le célibat n'est plus le prix à payer pour le travail. Il faut ajouter qu'il travaille à terme pour la mixité de l'enseignement. Les couples d'instituteurs placés dans les villages français vont faire de la « gémination » — cette possibilité de répartir tous les enfants en deux classes selon l'âge et non plus le sexe —, qui était si violemment combattue par l'Église, une de leurs revendications majeures :

---

68. Octave Gréard (*Éducation et instruction*, Paris, Hachette, 1895, p. 286), qui présente le rapport de Buisson à l'Exposition universelle de Philadelphie.

pour sa commodité pédagogique sans doute, mais aussi comme un prolongement naturel de l'existence égalitaire qu'ils inauguraient eux-mêmes.

Ainsi se dessine, tout au long de ces années d'une république paisible, une certaine vision du rapport entre les sexes et de la différence féminine : jamais niée celle-ci — il fallait aussi rendre le discours écoutable et faire à la fois, comme l'avait souhaité Félix Pécaut, œuvre « juste et habile[69] » —, mais vigoureusement subordonnée à l'égalité de la raison et au droit de la personne. Les manuels — tel celui d'Henriette Massy — posaient parfois explicitement le problème de cette subordination[70]. C'était pour ne jamais exclure la hiérarchie des fonctions, mais la faire toujours dépendre de l'égalité républicaine. Les législateurs protestants, si importants dans la conception française de l'enseignement, théoriseront cet arrangement, sur lequel on voyait encore Ferry hésiter. Pécaut, qu'on a si souvent crédité d'une pédagogie originale pour les femmes (cette éducation de la conscience dont l'École normale de Fontenay-aux-Roses passait pour le théâtre mystique), en rêvait-il comme d'une pédagogie sexuée ? On trouve bien chez lui les marques d'un vif sentiment de l'originalité féminine : plus sensibles que l'homme, happé par la vie du dehors, aux voix de la conscience, les femmes lui paraissaient être les dépositaires des vérités morales. À la future directrice d'École normale, pièce maîtresse de son dispositif, il recommandait de cultiver ce qui est « le fond mystérieux de la nature féminine et sa dignité ». La femme était pour lui l'interprète-née de « cette voix intérieure qui parle à chaque être du Dieu infini, présent à notre existence individuelle et à notre destinée passagère » : c'est moins la nature que la surnature, l'entretien spontané avec l'Au-delà, qui faisait à ses yeux l'individu-femme[71].

Reste que malgré ces traits, ou à cause d'eux, il songeait à

69. Félix Pécaut, *Études au jour le jour sur l'éducation nationale*, Paris, Hachette, 1879, p. 102.
70. Mme Henriette Massy, *Notions d'éducation civique à l'usage des jeunes filles*, Paris, Picard-Bernheim, 1884.
71. F. Pécaut, *L'Éducation publique, op. cit.*, p. 176.

développer chez ses fontenaisiennes la vigueur d'esprit et de caractère. Il les conviait, dans une intention toute volontariste, à être des femmes fortes pour « se modifier », « se contenir », pour « s'abstenir » — impératifs fort convenus — mais aussi, ce qui est moins attendu, pour « oser », pour « agir » [72]. L'examen journalier, sorte de prière laïque du soir, qu'il demandait à ses protégées, il le baptisait examen d'intelligence et non de conscience. Il les engageait à susciter dans chacune de leurs élèves une âme d'homme. Du mot « homme », Pécaut use toujours comme d'un équivalent pour être humain : c'est « le type humain commun », dit-il à ses jeunes filles, non l'individu particulier, qu'il s'agit de forger. Invité à dessiner ce type humain commun, il disait souhaiter que l'homme qui se réalise « soit lui-même, qu'il soit une personne distincte, libre, originale, vivant de sa vie propre et non d'emprunt [73] ». Enfin, il demandait à ses jeunes disciples de bien sentir qu'elles étaient associées à un grand dessein et qu'il leur faudrait travailler dans leurs communes à la naissance d'un esprit public. Fontenay à ses yeux, loin d'être un cloître studieux, devait être l'antichambre d'une vie de citoyennes.

En entendant partout, pour défendre cette éducation républicaine conçue comme procédant de l'humanité générale, s'élever des voix de femmes aussi ardentes que des voix d'hommes, Pécaut s'écriait : « Quel chemin parcouru en peu d'années [74] ! » De fait, la dynamique démocratique était en marche, invincible le mouvement d'assimilation des deux enseignements : des cours de latin facultatifs vinrent s'ajouter au programme des lycées de filles, des jeunes filles de plus en plus nombreuses voulurent se présenter au baccalauréat en dédaignant le futile diplôme de fin d'études et tout cela aboutit bientôt (en 1924) à l'identité absolue des enseignements féminin et masculin, contenue en fait dès l'origine dans le projet politique de laïcité et soutenue aussi par la propension française

72. In *Quinze ans d'éducation : notes écrites au jour le jour*, Paris, C. Delagrave, 1902, p. 187.
73. *Ibid.*, p. 391.
74. *L'Éducation publique, op. cit.*, p. 83

à l'unité. Il se trouve aujourd'hui des voix pour déplorer que le mouvement intégrateur ait fait si vite litière d'une altérité qui pouvait être précieuse. Mais ces voix n'en soulignent que mieux le caractère irrésistible du mouvement.

On saisit alors quelle méconnaissance il faut en avoir pour soutenir que la politique scolaire de la IIIᵉ République repose sur le fondement de la ségrégation des sexes : interprétation qui dirige le projecteur sur les lenteurs et les retards de l'égalisation et laisse dans l'obscurité la dynamique profonde[75]. On est même allé en ce sens jusqu'à suggérer que les « progrès » de l'éducation des filles, mystification supplémentaire, consomment, en fait, une exclusion fondatrice. C'est s'aveugler complètement sur le sens du mouvement. Ce qui reste de différenciation sexuelle dans l'enseignement de la IIIᵉ République ne nous paraît si intolérable que parce que nous sommes entrés dans cet univers du semblable, à quoi a précisément contribué puissamment l'école républicaine. Les deux dernières femmes de ce livre, purs produits de l'enseignement égalitaire d'État, Simone Weil et Simone de Beauvoir, n'imaginaient pas tenir de leur sexe des caractéristiques et des connaissances particulières : la première, parce qu'elle avait appris à considérer toute spécification comme haïssable ; la seconde, parce qu'elle l'avait découverte sur le tard, avait obstinément refusé qu'elle puisse être assignée à la nature et toujours renâclé, même après être devenue une icône du féminisme, à admettre qu'elle ait pu elle-même en pâtir.

◆

Ce républicanisme, qui a tant investi dans l'éducation et tout fait dépendre de l'égalité scolaire, on peut en effet le considérer comme une singularité française. En France, l'enseignement a été le lieu où l'État a inventé un droit égalitaire, où ont été remportées les victoires décisives pour les femmes : les

---

75 voir Marcelle Marini, « La place des femmes dans la production culturelle », *in* Georges Duby et Michèle Perrot (dir.), *Histoire des femmes*, Paris, Plon, 1991, 5 vol., t. V, p 289.

chiffres européens qu'on peut, en plein XXᵉ siècle, comparer aux chiffres français le confirment encore. En 1963, 43 % des étudiants français étaient des femmes ; seulement 32 % en Angleterre et 24 % en Allemagne de l'Ouest. À la même époque, le secteur tertiaire occupait en France plus de femmes que partout ailleurs en Europe. Et une littérature théorique, signée par des femmes, flamboyait, d'autant plus visible que la culture littéraire est toujours assurée de la considération nationale. La conclusion qu'on est tenté de tirer d'un tel tableau est qu'il dût y avoir ici un vigoureux mouvement féministe, capable d'imposer des conquêtes plus précoces et plus solides qu'ailleurs. Or, c'est le contraire qui est vrai. Le suffragisme français a été timide, les associations féministes ont exercé une pression très modeste sur les gouvernements, et c'est de l'État, plus que des groupes intéressés, que sont venues les réformes qui ont changé le sort des femmes. Ce qu'on appelait, à la fin du XIXᵉ siècle, « la question des femmes » était alors infiniment plus avancé en Amérique du Nord, en Angleterre, dans les pays scandinaves. Aujourd'hui encore, les femmes françaises ne constituent pas une force politique et la France a un des taux les plus faibles de participation féminine à la vie publique. Autre singularité, apparemment antinomique de la première.

L'illustration canonique de ce paradoxe est fournie par le suffrage féminin, si tardivement acquis par les femmes françaises, même après les femmes indiennes, même après les femmes turques. Pourquoi une république si soucieuse d'ouvrir aux femmes l'espace de l'éducation s'est-elle montrée si rétive à leur ouvrir l'espace politique ? Question classique, à laquelle l'état des forces politiques françaises fournit une réponse classique. La Révolution française avait fait des femmes les piliers de cette Église catholique qu'elle avait si violemment combattue. Les républicains, du même coup, devaient se méfier durablement de celles qui avaient vu et trouvé dans l'Église le lieu, non d'un embrigadement et d'une servitude, mais d'une reconnaissance et d'un pouvoir. Leur accorder le suffrage était livrer la République à ses ennemis jurés. Fidèles, au fond, à l'idée révolutionnaire selon laquelle doivent être exclus du vote ceux qui dépendent d'autrui dans l'exercice de leurs choix, les républicains se représentaient un vote féminin sans indépendance, manipulé par les prêtres. D'où leur conviction, bien accordée avec le « un jour viendra » de leur effort éducatif, qu'il était encore prématuré d'offrir aux femmes un bulletin de vote : la longue hostilité du Sénat au suffrage féminin illustre la vive conscience, réelle ou imaginaire, d'une menace cléricale sur la république.

Une explication que Pierre Rosanvallon, dans un livre récent, juge très insuffisante[76]. Dans d'autres pays, écrit-il, la gauche montrait peu d'enthousiasme pour le suffrage féminin, sans pourtant lui opposer une résistance aussi acharnée. L'Église, sans doute, n'y avait pas pris, comme en France, un visage à la fois massivement féminin et massivement hostile aux institutions. La vraie raison est pourtant, selon lui, à chercher ailleurs. Si les États-Unis ou la Grande-Bretagne accordent bien plus volontiers le droit de vote aux femmes, c'est en fonction de cette logique utilitariste propre à la démocratie anglo-saxonne qui ne répugne pas à faire dépendre les droits des compétences particulières. Si elle appelle les femmes aux urnes, « c'est en tant que femmes et non en tant qu'individus[77] » : elle prend en compte, par conséquent, les caractères spécifiques du sexe féminin. Non que la représentation de ces caractères soit dans les pays anglo-saxons très originale : on y définit toujours la femme par sa visible appartenance à la nature. Mais c'est au nom même de cette appartenance singulière qu'on lui confère le droit de s'intégrer à la vie politique.

En France, c'est tout l'inverse. De l'appartenance à la nature, on conclut que la femme est un être sous influence : elle est doublement un corps, parce que son corps la possède, mais aussi parce qu'elle appartient à son foyer comme « la religieuse à son cloître », assertion de Rousseau rappelée par Rosanvallon. La femme est un être lié, et Hubertine Auclert elle-même était presque prête à le reconnaître, elle qui accordait qu'à la rigueur

---

76. Pierre Rosanvallon, *Le Sacre du citoyen. Histoire du suffrage universel en France*, Paris, Gallimard, 1992.
77. *Ibid.*, p. 395.

la femme pourrait être privée du droit de vote tant qu'elle serait enchaînée (à la manière de l'homme sous les drapeaux) par le mariage. Si la France exclut si longtemps la femme des isoloirs, c'est donc en raison de l'aversion pour les intérêts particuliers — héritage jacobin — et de la difficulté à la considérer comme un individu indépendant. Ainsi les femmes sont-elles plus radicalement et plus durablement exclues dans le pays de l'individualisme abstrait, qui répugne à concevoir la liberté comme le fruit d'une quelconque appartenance.

C'est donc le radicalisme des conceptions françaises, et non leur timidité, qui explique le retard pris en matière de suffrage féminin. Notre Hubertine, qui avait voué son existence à l'obtenir, incarne à sa manière ce radicalisme, elle qui sent bien le bénéfice qu'on pourrait tirer de la mise en valeur des compétences proprement féminines, mais hésite à s'engager dans cette voie si contraire à la pente républicaine. Rien n'illustre mieux ce mélange d'audace et de réserve — autrement dit la singularité française — que le livre consacré par Ferdinand Buisson, en 1911, au vote des femmes, dont il est un partisan déterminé, et où il s'emploie, à la manière déductive de Condorcet, à éliminer une à une les objections qui lui sont si souvent opposées : aucune caractéristique, soit physiologique, soit intellectuelle, ne peut être sérieusement invoquée pour écarter les femmes des urnes[78]. Buisson note, lui aussi, l'infirmité du suffragisme français, quand on le compare à la puissance, à la persévérance, à la noblesse du mouvement anglo-saxon, et entreprend un long tour du monde comparatif des conquêtes féminines, fort humiliant pour l'orgueil national. En Angleterre, le vote municipal des femmes s'est si bien naturalisé que nul ne songe plus à en discuter la valeur ni à en célébrer les bienfaits. L'éligibilité municipale, au moment où Buisson prend la plume, vient d'être acquise par les pays scandinaves, et la Norvège est allée jusqu'à l'éligibilité parlementaire. « Nous resterons bientôt seuls, ou peu s'en faut, avec

78. Ferdinand Buisson, *Le Vote des femmes*, Paris, Dunod et Pinat, 1991.

l'Espagne et la Turquie[79] », soupire tristement Buisson,
convaincu, au demeurant, que cette inertie doit être rapportée
au catholicisme, tandis que le protestantisme, religion du
citoyen, entraîne à l'indépendance de la pensée et à la libre
expression des opinions individuelles. Cela accordé, il se refuse
pourtant à arguer du catholicisme français et de son hostilité
persistante à la république pour écarter les femmes du suffrage :
pour lui, la donne est évidemment tout autre depuis qu'a été
entreprise, à l'école communale et jusque dans les lycées,
l'éducation civique et politique des Françaises. Impossible que
l'invention d'un enseignement égalitaire n'ait pas, se réjouit-il,
son contrecoup dans l'opinion publique.

Le plus intéressant du livre n'est pourtant pas là, mais dans
la certitude de Buisson qu'il y a vote féminin et vote féminin.
Lorsque madame de Sévigné siégeait aux États de Bretagne, ce
n'était pas, remarque-t-il, en tant que femme : c'était une terre
alors qui était représentée. De la masse des coutumes qui
permettaient, en effet, aux femmes de l'Ancien Régime de
participer aux assemblées, il serait donc fou de conclure qu'on
avait déjà découvert le droit identique de la personne humaine.
Et, de même, le droit de vote en Angleterre a d'abord été
« subordonné à des conditions assez compliquées d'occupation
ou de possession de certains immeubles[80] ». Tout en donnant
un coup de chapeau au génie pragmatique des pays qui ont su
apercevoir dans la vie publique les nombreux intérêts que la
femme était capable de servir, et eu la sagesse de procéder par
étapes, Buisson s'interroge sur l'aptitude française à les imiter.
Sans doute serait-il tactiquement souhaitable de distinguer les
catégories de femmes des catégories d'élections, de séparer le
droit d'élire et celui d'être élue : on pourrait ainsi « acclimater »
en France le suffrage féminin et familiariser l'esprit public avec
le vote des femmes. Mais toutes ces demi-mesures, si adaptées
aux régimes empiriques où la sédimentation des coutumes fait
le droit, conviennent-elles vraiment au génie français ? En

79. *Ibid.*, p. 306.
80. *Ibid.*, p. 308.

France, « la société ne s'arroge pas le droit d'évaluer le chiffre de revenu ou d'impôt à partir duquel un citoyen sera réputé avoir des intérêts appréciables et le droit de les défendre. Elle pose en principe que tout individu vivant dans une société y a sa place au soleil et constitue une des unités virtuellement égales dont elle se compose [81] ».

Buisson, bien que rallié à une stratégie gradualiste bronche donc devant un suffrage consenti à des catégories particulières (la veuve, la célibataire, la divorcée) et selon des compétences particulières (en matière de famille, d'hygiène, d'assistance publique, de protection de l'enfance). Il en livre la raison profonde, l'idée qu'il se fait de l'essence même du suffrage universel : celui-ci consiste à admettre aux urnes, avec les mêmes intérêts, les mêmes compétences, non pas telle catégorie de citoyens, « mais la totalité des citoyens majeurs. Fiction, soit. Pure convention, d'accord. Mais c'est l'âme du régime. La démocratie est le régime qui fait du droit de suffrage un droit naturel dépendant de la personne humaine, et indépendant des circonstances matérielles et morales, économiques et sociales, où celle-ci peut se trouver [82] ». Bref, Buisson n'est pas très enthousiaste de toutes les « petites barricades » placées sur la route du suffrage féminin et « destinées à être enlevées l'une après l'autre [83] ». Il préférerait, on le sent bien, aller au but d'un seul élan. Sa réflexion confirme donc la thèse de Pierre Rosanvallon : la démocratie française se porte spontanément, comme l'avait vu Tocqueville, aux extrémités. La foi qu'elle professe est celle des individus comme unités virtuellement égales. Credo placé à une distance vertigineuse de la vie réelle des femmes et qui les empêche, à l'opposé d'une logique utilitariste moins ambitieuse, d'acquérir leurs libertés par morceaux.

Le gros livre comparatif que Gisela Kaplan vient de consacrer aux conquêtes du féminisme dans les différents pays européens apporte lui aussi de l'eau au moulin de cette

81. *Ibid.*, p. 327.
82. *Ibid.*, p. 307.
83. *Ibid.*, p. 328.

interprétation[84]. Gisela Kaplan note à son tour la modestie des mouvements revendicatifs féminins en France, l'inconsistance de l'associationnisme, l'absence de direction capable de se traduire en action politique (à l'exception notable du mouvement « Choisir », mais « Choisir », justement, avait eu l'habileté de mettre son combat pour la maîtrise de la contraception sous la bannière du droit général de l'individu à disposer de lui-même). D'un autre côté, pourtant, elle souligne la participation de l'État au changement social et, une fois encore, la radicalité française, la répugnance à imaginer et à faire vivre des aménagements qui paraîtraient singulariser les femmes : le travail féminin n'a pas évolué comme dans les autres pays et la France se distingue par le plus faible taux de travail partiel de toute la communauté européenne. Pour les Français, la seule alternative à l'exclusion paraît être l'assimilation complète et l'égalité absolue. Comme cette égalité principielle est contredite par l'expérience, elle tarde à se monnayer et à se traduire. Mais elle tire aussi sa force de son radicalisme, si bien que le désavantage apparent peut, à terme, se retourner en avantage.

Du retard français, on a pu avancer une autre explication, diamétralement opposée, et dont on trouve l'écho dans le livre de Michèle Sarde : à ses yeux, c'est au contraire parce que les représentations naturalistes de la différence féminine avaient été en France intériorisées par les femmes que celles-ci se seraient détournées de la lutte pour le suffrage ou, en tout cas, y auraient investi bien moins d'énergie militante : reculant presque toutes devant le sabotage électoral, et ceci n'en souligne que mieux le geste inouï d'Hubertine. Selon Michèle Sarde, les femmes françaises auraient su trouver dans les vertus particulières qu'on leur prêtait et les devoirs particuliers qu'on leur imposait les clefs d'un pouvoir différent du pouvoir masculin, mais tout aussi réel. Elles en auraient usé avec astuce et bonheur : habiles à saisir les avantages personnels qu'elles

---

84. Gisela Kaplan, *Contemporary Western European Feminism*, Londres, Allen and Unwin, 1992.

pouvaient en tirer et convaincues, comme l'est exemplairement Colette, de l'inanité de l'égalité juridique et politique[85].

Ne peut-on, tout en acquiesçant aux analyses de Pierre Rosanvallon, conserver quelque chose des remarques de Michèle Sarde ? Il y a, en effet, une manière trop sommaire d'opposer le féminisme de l'égalité — féminisme juridique qui serait le *vrai* féminisme français — au féminisme de la différence — anglo-saxon celui-ci, pour l'essentiel. Si les Françaises vivent leurs attributions spécifiques de manière moins angoissée et moins récriminante que les Américaines, n'est-ce pas plutôt parce que les différences sont en France dans un rapport de subordination — et non d'opposition — à l'égalité ? Quand on a la conviction intime que l'égalité abstraite des individus doit de toute manière triompher des différences, on doit pouvoir les vivre sans les rejeter violemment ni les fétichiser. Pour le comprendre mieux, il n'est pas inutile de s'autoriser une brève escapade hors du problème des femmes, pour réfléchir à cette idiosyncrasie politique française que Louis Dumont a si brillamment analysée[86].

Dans la comparaison qu'il mène entre l'Allemagne et la France, Louis Dumont fait remarquer que le Français, dans le miroir où il se contemple lui-même, se voit homme par nature et français par accident, tandis que l'Allemand se voit d'abord allemand, puis homme à travers sa qualité d'Allemand. Le Français s'identifie — on peut y lire de l'arrogance ou de l'ingénuité — à la culture universelle, pense son pays, à la manière de Michelet, ou de Péguy, comme l'institutrice des nations, la France témoin et patronne de la liberté dans le monde. L'idéologie française, selon Louis Dumont, tient tout entière dans une affirmation au contenu assez pauvre, mais d'une grande force, l'universalité du sujet humain. Il est étrange de voir naître cette conviction unitaire sur une terre aussi fertile en contrastes, au milieu d'un foisonnement profus et vivant de

---

85. Michèle Sarde, *Regard sur les Françaises (X^e-XXe siècles)*, Paris, Stock, 1983.
86. Louis Dumont, *L'Idéologie allemande : France-Allemagne et retour*, Paris, Gallimard, 1991.

terroirs, de systèmes familiaux, de manières de vivre et de mourir. Ce paradoxe, qui a frappé les historiens étrangers, leur a souvent inspiré l'idée que la conscience de la patrie est en France une création tardive, fruit d'une pédagogie culturelle contraignante, qui a dû réduire et vaincre l'identité collective des Basques, des Bretons, des Catalans[87]. L'enseignement républicain s'est employé sans scrupules ni nuances à faire triompher l'éducation « nationale », celle, selon Félix Pécaut, qui ne procède ni d'un parti ni d'une secte, mais de la seule humanité, et qui se propose — c'est le discours qu'il tient aux instituteurs basques de Mauléon — de « disputer les élèves à la vie inconsciente et irréfléchie de leur tradition particulière[88] ».

La lutte entre l'esprit jacobin et l'attachement local a-t-elle pourtant été si dure et si dramatique ? On en est moins sûr si on remarque que l'appartenance à la grande patrie n'exige pas forcément, tant elle est abstraite, le renoncement à la petite. On ne trahit nullement son terroir en prêtant allégeance à la France si celle-ci est moins une patrie empirique et naturelle qu'une patrie rationnelle, la figure même de l'humanité : un sentiment patriotique aussi universel et aussi peu charnel peut se permettre d'envelopper sans les contredire les enracinements particuliers. Constat qui explique que, malgré l'extrême diversité des régions françaises, qui aurait pu nourrir les aspirations séparatistes, celles-ci sont restées chétives ; peu de terrorisme, un régionalisme qui s'est exprimé avec modération au long de deux siècles de notre histoire et un loyalisme républicain constamment réaffirmé, en dépit de la répression sans tendresse des langues minoritaires : témoin l'histoire du Félibrige. Sans doute la politique française n'a-t-elle cessé de conjurer par avance les tentations centrifuges et de s'inventer des ennemis fédéralistes, mais, précisément, elle les a inventés : depuis la Révolution, ils ont été des tigres de papier.

De là bien des conséquences pour le sentiment national, étrangères au propos de ce livre, sauf peut-être à emprunter à

---

87. Voir Eugen Weber, *La Fin des terroirs. La modernisation de la France rurale (1870-1914)*, Paris, Fayard, 1983.
88. F. Pécaut, *Quinze ans d'éducation, op. cit.*, p. 149.

Emmanuel Todd quelques-unes des réflexions qu'il vient de proposer [89]. La menace que faisaient peser les réelles différences répandues sur le territoire français n'a été si aisément vaincue que parce que l'enracinement affectif se soumettait à la certitude d'une essence commune à tous les Français (et, au-delà, à tous les hommes). Tous pouvaient, du même coup, cultiver les différences locales, en sentir le charme et le prix, en avoir la coquetterie ou même l'orgueil, mais sans esprit de dissidence : différences sans anxiété et sans agressivité, contenues dans l'unité abstraite, et d'avance consentant à lui être subordonnées.

Ne peut-on appliquer cette hiérarchie des niveaux, si caractéristique, selon Louis Dumont, du génie national, au problème qui nous occupe ici, celui du rapport entre les sexes ? La revendication féminine combine souvent l'universalisme au particularisme, et Hubertine Auclert les plaide tour à tour. Mais ce n'est pas à parts égales, et Hubertine ne perd pas de vue la hiérarchie de ses deux arguments. L'argument particulariste, empirique et émotionnel, se plie à l'argument universaliste, abstrait et rationnel. On peut bien alors accumuler tous les constats qu'on voudra de la domination masculine et de la subordination des femmes . ils ne pourront rien contre la certitude principielle de l'équivalence des individus, dont George Sand, dans une lettre à Flaubert du 15 janvier 1867, donne la formule même : « Et puis encore, il y a ceci pour les gens forts en anatomie : il n'y a qu'un sexe. Un homme et une femme, c'est si bien la même chose que l'on ne comprend guère ces tas de distinctions et de raisonnements subtils dont se sont nourries les sociétés sur ce chapitre-là [90]. » Si l'on accorde aux femmes françaises la vigueur de cette conviction première — elles se voient d'abord comme des individus libres et égaux —, on comprend qu'à l'abri d'une telle conviction elles peuvent vivre la différence sexuelle sans ressentiment, la cultiver avec bonheur et ironie, et refuser de l'essentialiser. Voilà peut-être

89. Emmanuel Todd, *Le Destin des immigrés. Assimilation et ségrégation dans les démocraties occidentales*, Paris, Éd. du Seuil, 1994.
90. G. Sand, *Correspondance*, éd. citée, t. XX, 1985, p. 297.

de quoi expliquer le cours original pris par le féminisme en France, et l'écart qu'il marque par rapport au modèle anglo-saxon.

◆

Une objection redoutable se présente ici. Le féminisme radical paraît précisément avoir son berceau en France, où il a, dans les années 1960 et 1970, trouvé des plumes prestigieuses et inspiré des œuvres, tout de suite traduites, imitées, admirées. Que disent-elles, ces intégristes du féminin ? D'abord que le centre de l'existence féminine est la relation au corps, qui fait de chaque femme une possédée de l'espèce. Langage déjà beaucoup entendu, souvent tenu contre les femmes et ici renversé à leur profit. Alors que l'effort des femmes pour acquérir l'indépendance, éviter la ségrégation et accéder aux responsabilités politiques avait consisté au cours des siècles à ne pas être *trop* femmes, les féministes de la différence suggèrent qu'une femme ne l'est jamais *assez*. D'un long voyage à travers la littérature féminine française, Hélène Cixous revient scandalisée, effarée du peu qu'elle a trouvé à y glaner. Pas d'approfondissement de la féminité, à l'en croire, chez les dames qui écrivent — elles n'ont pas su, ou pas voulu, distinguer leur écriture et leur création de celles des hommes. Parmi les femmes que ce livre-ci fait défiler, elle ne voit guère que Colette à avoir tenté d'exprimer cette féminité inscrite dans le corps, qui devrait théoriquement nourrir un imaginaire inédit et inépuisable[91]. Les autres sont restées sourdes à cette voix corporelle, presque inaudible il est vrai, tant elle a été étouffée par la honte, mais qu'il faut désormais, quand on en a retrouvé le timbre, célébrer comme un rapport original au monde. Comme une éclatante supériorité aussi, qui se manifeste dans le don de la vie et l'ancrage, par le calendrier biologique, dans le calendrier du cosmos : contraintes et gênes féminines retournées en gloires, hymne à la naturalité dont il ne s'agit plus de

91. Hélène Cixous, « Le rire de la Méduse », *L'Arc*, n° 61, 1975, p. 42.

récuser, mais d'épouser le discours. La nature féminine, cet assujettissement opaque opposé à la maîtrise volontariste des destinées, devient cette fois l'objet d'un vouloir impérieux.

Chemin faisant, ce féminisme de l'identité s'emploie à réfuter la longue dépréciation du corps féminin. Il a tantôt été décrit comme pure marchandise, objet de transaction. Tantôt — la psychanalyse freudienne porte ici une responsabilité particulière — comme incomplet, privé du sexe détenteur de la valeur : la petite fille doit faire douloureusement le deuil du phallus, se détourner de la mère qui ne le possède pas et espérer la maternité comme seul moyen d'en fournir un substitut. Sans réparer pour autant la disgrâce originelle. Il y a là une immense littérature dépréciative que les féministes françaises cherchent moins à critiquer qu'à contourner en ouvrant à la conscience féminine un territoire inexploré. Hélène Cixous, Luce Irigaray ne promettent rien de moins qu'un monde nouveau, une femme nouvelle. Un monde neuf, rendu à son équilibre naturel. Une nouvelle histoire, aux antipodes de cette histoire patriarcale marquée par le crime, la guerre, le sacrifice. Une nouvelle donne des relations humaines, entre hommes et femmes, et plus encore entre femmes et femmes, car à l'horizon de l'homo-sexualité féminine miroite une île fortunée d'égalité entière, bienheureusement affranchie du pouvoir masculin et dégagée des règles sociales. Une nouvelle écriture enfin, un nouvel art. Et au bout de ce monde tout autre, une jouissance féminine absolument inédite[92].

Comme toutes les utopies, celle-ci renâcle à admettre qu'il y ait des accomplissements échelonnés dans le temps et graduellement atteints. Elle prétend aller à l'altérité radicale d'un seul élan et déconsidère les conquêtes partielles dont les femmes pourraient se prévaloir ; progrès mystificateurs, toujours susceptibles de se retourner contre les femmes et coupables surtout de leur masquer l'essentiel : l'admirable différence.

92. Voir notamment Luce Irigaray, *Speculum de l'autre femme*, Paris, Éd. de Minuit, 1974 ; Hélène Cixous, Madeleine Gagnon, Annie Leclerc, *La Venue à l'écriture*, Paris, Union générale d'éditions, 1977 ; Hélène Cixous et Catherine Clément, *La Jeune-Née*, Paris, Union générale d'éditions, 1975.

Comme toutes les utopies encore, celle-ci subordonne le droit des êtres à leur destination supposée. La Déclaration des droits, écrit Luce Irigaray, ne la concerne nullement elle-même, reste une abstraction sans écho dans sa vie quotidienne et dans celle des femmes en général[93]. On mesure ici l'ampleur de l'embardée. Critiquer la Déclaration des droits, pour le féminisme de l'égalité, c'était critiquer une extension incomplète et un mensonge provisoire. Mais cette fois, il s'agit de bien davantage : de dénoncer une imposture définitive ; de réclamer pour les femmes des droits spécifiques, subordonnés à leur expérience propre et à leur nature. Pas de droits qui ne soient « incorporés » : c'est parce qu'ils le sont que les femmes ne peuvent entrer dans le droit de la Déclaration, où rationnel, public, masculin, universel, c'est tout un. Le droit abstrait a été annexé par les hommes, l'universel est une mystification et une brimade.

Ce discours, qui transforme le droit à la différence en exigence de droits différents, a trouvé en Amérique un immense écho et inspiré toute une littérature. Comme Luce Irigaray, Adrienne Rich analyse le rapport de la mère à la fille comme la relation primordiale, l'archétype du couple[94]. Comme Hélène Cixous, Carol Gilligan soutient que les femmes ont des manières spécifiques de se comporter face aux dilemmes moraux : plus compatissantes, plus soucieuses d'autrui, plus sensibles aux êtres concrets, elles devraient être le salut d'un monde gouverné par des mâles fous de compétitivité[95]. Comme elles encore, Carole Pateman affirme que les relations particulières des femmes à la nature à travers l'enfantement les rendent incapables d'entrer dans le contrat social comme individus autonomes[96]. Les Américaines renchérissent sur des textes habités par le vitalisme, l'idée nietzschéenne que la vie est

93. Luce Irigaray, *Le Temps de la différence*, Paris, Librairie générale française, 1989.
94. Adrienne Rich, *Naître d'une femme : la maternité en tant qu'expérience et institution*, trad. J. Fauré-Cousin, Paris, Denoël-Gontier, 1980.
95. Carol Gilligan, *Une si grande différence*, trad. A. Kwiatek, Paris, Flammarion, 1986.
96. C. Pateman, *The Sexual Contract*, op. cit.

femme. Elles aussi dignifient le rapport homosexuel entre femmes comme le modèle d'une jouissance sans domination, d'une identité sans contamination et célèbrent le monde des femmes entre elles comme celui où la sexualité n'est plus la figure d'un pouvoir honni. Elles déprécient à leur tour les progrès faits par les femmes pour conquérir la parité dans le monde du travail et expliquent — c'est tout le sens du livre de Susan Faludi — à quel point ils cachent un retour de bâton[97].

Mais voici le paradoxe caché dans cette apparente symétrie. Le propos des différencialistes françaises, desservi, il est vrai, par une expression très hermétique — l'écriture qui se voulait « tout autre » l'était au point d'être tout opaque —, s'est limité à l'intelligentsia et a campé aux marges de la société. Le différencialisme d'outre-Atlantique, lui, s'est largement diffusé dans la société américaine. Il a pénétré les institutions, obtenu d'importants supports financiers, de sources publiques et privées. Il détient la clef de nombreux centres de recherches, impose des quotas sexuels dans le recrutement des emplois qualifiés, travaille à la réfection des programmes universitaires, fait paraître des manuels d'où disparaissent les images de la maternité comblée et du mariage heureux. Il prétend explicitement rompre avec tout l'ancien système éducatif, coupable de proposer une vision blanche, masculine, européenne, hétérosexuelle, élitiste, de la réalité. Il répand à travers la presse d'affolantes statistiques : elles disent qu'une femme sur quatre est victime de viol ; que cent cinquante mille femmes, criminellement asservies au canon de la beauté, meurent chaque année d'anorexie ; que la sauvagerie masculine contre les femmes enceintes est la cause majeure de la mortalité des bébés ; que l'enseignement favorise systématiquement les garçons et porte la responsabilité de la piètre idée que les filles se font d'elles-mêmes. Il revendique pour les femmes des espaces de sécurité, autrement dit non mixtes. Bref, il conclut à un univers

---

97. Susan Faludi, *Backlash, la guerre froide contre les femmes*, trad. L.-É. Pommier, É. Châtelain, Th. Réveillé, Paris, Des femmes, 1993.

féminin globalement assiégé. Rien de tel ne s'observe en France, et il suffit d'énumérer les articles de la nouvelle religion féminine américaine pour mesurer la distance entre les deux pays[98].

Le premier article de cette foi est qu'il y a un « nous » féminin, collectivement identifiable comme victime. Toute femme est une victime, tout homme est un bourreau, tel est l'axiome du néo-féminisme américain. Pour poser une vérité aussi extravagante, il faut admettre que dans toute victime féminine de la brutalité mâle, c'est le sexe tout entier qui est bafoué et blessé. Le corollaire est que le premier bourreau venu est le représentant d'un sexe masculin tout entier criminel. De là, on conclut sans peine à la guerre des sexes : « Une espèce peut-elle survivre, demande sérieusement Marilyn French, lorsqu'une moitié de ses membres agresse systématiquement l'autre ? » On peut douter du bien-fondé de la question et de l'adverbe. Mais Marilyn French tient déjà sa réponse : tous les hommes, en effet, n'usent pas de violence contre les femmes ; mais c'est tout bonnement que la simple menace leur suffit. L'arsenal des armes masculines est immense : « L'homme peut cesser de subvenir aux besoins de l'enfant qu'il a fait naître ; peut exiger de sa compagne qu'elle veille sur lui comme une servante. Il peut battre ou tuer la femme qu'il prétend aimer ; il peut violer sa femme, sa compagne, une connaissance ou même une étrangère. Il peut violer ou molester sexuellement ses filles, ses nièces, ses belles-filles, ou les enfants de la femme qu'il prétend aimer. La vaste majorité des hommes dans le monde commet l'un ou plusieurs des actes énumérés ci-dessus[99]. »

Admirable généralisation qui consiste à flétrir les hommes, tous les hommes, d'un crime collectif : tous violeurs ou, du moins, violenteurs potentiels. La conception du viol, du reste, est emblématique de cet extrémisme. On lui donne aux États-

---

98. Je n'ignore pas qu'il existe plusieurs féminismes américains et que tous n'ont pas rompu avec la tradition universaliste et humaniste. Je traite seulement ici de la variété la plus voyante et la plus bruyante, celle que Christina Hoff Sommers nomme le *gender feminism*. Voir *Who stole Feminism*, New York, Simon and Schuster, 1994.
99. Marilyn French, *La Guerre contre les femmes*, trad. F. Bouillot et I. Tate, Paris, L'Archipel, 1992, p. 235.

Unis une définition assez élastique pour ne plus comporter l'usage de la force ou de la menace et pour englober toute tentative de séduction, fût-elle réduite à l'insistance verbale. Derrière pareille extension se cache l'idée qu'il n'y a pas de relation sexuelle consensuelle. Même l'acquiescement explicite ne saurait la garantir, si on suppose qu'il a été précédé et préparé par la séculaire, l'insidieuse subordination des femmes. Garçons violeurs, filles violées, telle est, selon Naomi Wolf, la norme du rapport des sexes : produit de la nécessité plus encore que de la volonté[100].

Or, c'est cette hostilité de principe qui est absente du féminisme français. Ici joue la longue tradition du commerce des sexes, vieux rêve de cette Thélème idéale où hommes et femmes conversent en « compagnies honnêtes » et qui a assez perduré pour que même un théoricien de l'éducation républicaine comme Félix Pécaut continue à faire l'éloge de l'esprit de conversation du XVIIIe siècle. Sur cette trame nationale, il n'est pas facile de faire courir la chaîne de la violence masculine, pas simple de faire concevoir le rapport des hommes et des femmes comme symbole, modèle et mesure de toute autre forme d'oppression, comme on l'écrit ordinairement en Amérique. Le féminisme français recule devant l'affirmation — c'est celle de Gloria Steinem — que « le système patriarcal demande la violence ou la menace subliminale de la violence pour se perpétuer lui-même », avec comme conséquence que « le plus grand danger pour une femme n'est pas un homme inconnu dans la rue, ni même un ennemi en temps de guerre, mais un mari ou un amant dans la solitude de sa propre maison »[101]. Voilà bien ce dont on ne saurait convaincre les Françaises. Il n'est pas aisé non plus de le faire admettre aux femmes américaines. Il faut donc plaider qu'une désinformation générale et systématique cache aux opprimées leur triste oppression. C'est la retranscription à l'usage des femmes d'une vulgate empruntée à Michel Foucault, qui veut qu'aucune oppression

100. Naomi Wolf, « A Woman's Place », *The New York Times* (31 mai 1992).
101. Gloria Steinem, *Revolution from Within : A Book of Self-Esteem*, Boston, Little Brown, 1992, p. 259 et 261.

ne soit pire que celle qui est insensible à force d'avoir été intériorisée : moins la violence masculine est affichée, moins même elle résulte d'un plan concerté, et plus elle est efficace, explique Susan Faludi, puisqu'elle parvient à se rendre insensible aux femmes elles-mêmes et trouve parfois en elles des complices.

Rien n'est alors — et voici le second article de cette religion — plus urgent que de lutter contre la fausse perception que les femmes ont de leur sort. Tâche à laquelle s'emploient d'innombrables groupes et libelles, voués à l'élévation du niveau de conscience féminin et à une psychothérapie à l'envers : elle ne vise pas à « adapter » la femme à la société, mais, bien au contraire, à rendre celle-ci plus étrange et plus révoltante. La *consciousness raising* comporte deux apprentissages, l'un négatif, l'autre positif. Il s'agit d'enseigner aux femmes à retrouver la source enfouie de leurs ressentiments et de lui ouvrir un cours. D'autre part, de leur apprendre à explorer leur attache avec l'ordre naturel, à convertir en connaissance la perception du corps. Rien de moins qu'une reconstruction radicale de soi.

Hélène Cixous et Luce Irigaray ne disaient pas autre chose. Mais elles accordaient qu'il était en France plus difficile qu'à l'étranger d'aborder le thème de la différence sexuelle, et elles confiaient les chances de cette reconstruction à une rhétorique très abstraite. Le féminisme américain a d'autres moyens, qui font mesurer à leur tour la distance entre la France et l'Amérique. En France, nulle (et nul) ne propose de récrire l'histoire universelle des lettres, des arts et des sciences d'un point de vue strictement féminin. Nulle n'aurait l'idée d'interpréter les grandes œuvres comme androcentriques ; nulle n'entreprendrait de lire Racine et Montaigne comme les représentants d'une idéologie masculine et blanche. On ne trouve pas, comme il arrive aux États-Unis sous la plume de Catharine MacKinnon, de comparaison entre la connaissance de la nature et la « connaissance » de la femme, toutes deux condamnées comme des entreprises mâles, pénétration de la nature d'un côté, pénétration de la femme de l'autre, et donc également criminelles[102]. On n'entend pas réclamer une « science féminine » comme on réclama une « science prolétarienne », ni un « art féminin » comme il y eut un art jdanovien des travailleurs. Le féminisme français a par ailleurs résisté à cette réfection complète du lexique et de la syntaxe qu'ont entreprise, en édictant des codes de correction langagière, certaines universités américaines. Nulle universitaire française ne remercierait ses étudiants d'avoir bien voulu participer à son « ovulaire » *(ovular)*, extravagant substitut imaginé par une philosophe américaine pour le mot « séminaire » *(seminar)*, trop agressivement phallique à ses yeux[103]. Il y a bien eu, sans doute, quelques propositions de réforme, quelques livres écrits sur le genre des mots. Les femmes françaises n'en continuent pas moins paisiblement à porter le titre de « docteurs » ou de « professeurs » sans éprouver le besoin de leur ajouter le montre-sexe d'un *e* superflu.

Cette résistance ramène encore et toujours à la certitude nationale de l'universalité. Le féminisme américain peut plaider sans trouble le fait que l'universalisme de l'humain a été annexé par les hommes ; le féminisme français n'y parvient pas, tant il est lui-même universaliste. Il est difficile aux femmes en France de se percevoir elles-mêmes comme minorités — et là gît, probablement, la principale différence avec l'Amérique des minorités, où le mouvement des femmes passe des alliances avec les autres minorités, sexuelles ou ethniques. Il leur est difficile de vaincre la méfiance instinctive qu'elles montrent aux prétendues « voies de connaissance » qu'elles devraient à leur nature spécifique. Elles reculent devant l'idée, à leurs yeux obscurantiste, qu'il puisse y avoir une philosophie dans l'allaitement, une profonde sagesse dans les règles. Elles ne tiennent

---

102. Catharine MacKinnon, « Feminism, Marxism, Method and the State », *Signes*, n° 636, 1993.
103. En voici les termes : « *I am grateful [...] to the students of my women's studies ovular at Washington University in the spring semester of 1982.* » Passage tiré de la préface donnée à Joyce Trebilcot (éd.), *Mothering : Essays in Feminist Theory*, Towota N.J., Rowman and Allanheld, 1984, p. VII, cité par Ch. Hoff Sommers, *Who stole Feminism, op. cit.*, p. 50.

pas tellement à leur « devenir-femme ». Elles soupçonnent qu'on paie de l'enfermement la valorisation d'une « culture féminine » : elles flairent le ghetto dans toute particularisation. Elles n'aimeraient pas devoir leurs carrières et leurs réussites à un système de quotas. Elles savent qu'on ne peut lutter pour l'égalité au nom de la nature, et même qu'on ne peut y prétendre qu'en s'arrachant (et non en s'attachant) aux déterminations naturelles. C'est bien ce qu'elles célèbrent dans l'invention de la pilule contraceptive : la rupture avec des millénaires où le sexe féminin portait en lui l'immaîtrisable. Bref, ce n'est pas comme *femmes* qu'elles réclament leurs droits mais comme *individus*.

Rien n'illustre mieux le gouffre qui sépare l'approche française et l'approche américaine que le dialogue de Betty Friedan avec Simone de Beauvoir [104]. Et d'autant plus qu'il semble mené à fronts renversés. Betty Friedan appartient au courant du féminisme humaniste et vient, après la lecture de Gloria Steinem, de protester vigoureusement contre le sexisme à l'envers qu'elle devine dans le néo-féminisme. Et Beauvoir, emblème de ce même courant humaniste — l'idole de Friedan, au demeurant —, vient au contraire, sous la pression du différencialisme, d'esquisser quelques pas en direction du féminisme radical. Dialogue paradoxal, donc. Et pourtant, le génie national est à l'œuvre dans chacun des deux discours. Toute attachée qu'elle soit à la vision universaliste d'un féminisme de l'équité, Friedan est préoccupée par les aspects concrets de l'existence — la vie quotidienne des femmes est, il est vrai, plus difficile en Amérique qu'en France, le système d'assistance sociale beaucoup moins efficace. Toute séduite qu'elle soit par le féminisme de la différence, Beauvoir ignore les femmes réelles et tient un langage qui paraît à l'autre terriblement désincarné. Dialogue de sourdes. Friedan parle de garderies d'enfants, de salaire maternel, de sécurité sociale. Beauvoir balaie superbement ces broutilles, en appelant de ses

---

104. Betty Friedan, *Ma vie a changé : écrits sur le mouvement de libération de la femme,* trad. E. Dessarre, Paris, Fayard, 1977.

vœux la révolution autoritaire qui viendrait d'en haut résoudre toutes les difficultés à la fois et contraindre chaque individu — homme ou femme — à se prendre lui-même en charge. La féministe américaine, qui lutte contre le différencialisme, continue à évoquer des problèmes spécifiques et à espérer leur prise en charge concrète. La féministe française, devenue différencialiste en dépit de son analyse initiale, s'accote comme malgré elle à cette tradition nationale qui a vu les femmes s'associer aux mouvements masculins et mettre leur espoir dans une solution politique globale.

Dans ce long entretien, la rigidité de Beauvoir frappe, et même, pour qui garde le souvenir du *Deuxième Sexe,* sa surprenante étroitesse. On sent le malaise qu'elle éprouve à s'être placée à contre-pente du féminisme existentialiste qu'elle a initié. Tout devrait la heurter — et probablement la heurte sourdement — dans le féminisme de la différence. L'impératif qu'il brandit — pensez en fonction de votre corps —, comment pourrait-elle le reprendre à son compte? Elle a décrit les contraintes féminines non comme des destins mais comme des « situations », modifiables par la manière de les vivre et devenant contingentes face à une liberté. Elle a tant plaidé pour la capacité de tous — hommes aussi bien — à s'arracher aux déterminations naturelles, que sa récupération par le féminisme différencialiste paraît improbable. On la sent hésitante et irritée, impatiente d'en avoir fini avec Friedan. D'ailleurs, lorsqu'il faut la classer, les néo-féministes ne s'y trompent pas. Elles lui reprochent de s'être absorbée dans la sphère masculine et font même parfois valoir qu'« aucune théoricienne n'a à la fois aussi radicalement analysé l'universel comme approprié au masculin et aussi radicalement tranché en défaveur des femmes[105] ». Le courant majoritaire du féminisme français lui est plutôt reconnaissant de n'avoir cessé de penser, comme déjà George Sand, que « nous ne faisons pas un plaidoyer pour la cause des femmes ; nous ne séparons pas en causes diverses

---

105. M. Marini, art. cité, p. 289.

cette grande, cette éternelle cause des ignorants et des pauvres [106] ».

De la répugnance française à entrer dans l'argumentation différencialiste, on peut trouver un exemple saisissant en lisant la postface écrite, en 1992, pour la traduction française de ce livre de Marilyn French qui dresse le constat de l'indomptable et séculaire guerre des hommes contre les femmes et agite la menace d'une contre-attaque. Françoise Ducout semble d'abord en épouser l'argumentation. Elle rappelle le long combat féministe, le lourd tribut payé pour l'entrée dans le monde du travail de femmes sommées alors de concilier l'inconciliable : carrière, maternité, amour. Mais son texte ne s'en achève pas moins dans un style bien français : sur la fierté des femmes exceptionnelles, Yourcenar puis Carrère d'Encausse à l'Académie — et cela sans insinuer que ces succès élitistes sont une mystification supplémentaire ; sur un scepticisme salubre à l'égard de l'« écriture féminine » ; sur la certitude qu'un homme nouveau (un mâle nouveau) est sur le point d'apparaître en France et sur le vœu que cette espèce inédite pourra dépasser les limites de l'Hexagone. Françoise Ducout rend l'agressivité du propos américain écoutable à des oreilles françaises, en gomme la radicalité et finit sur un *happy-end* en saluant l'aurore d'une harmonie inédite, une « mutuelle et respectueuse reconnaissance de l'honneur des sexes, donc des individus [107] ».

---

106. George Sand, « Réponse à diverses objections », in *Questions politiques et sociales*, Paris, Calmann-Lévy, 1879, p. 96.
107. Françoise Ducout, « Hexagone : l'état des lieux », postface à M. French, *La Guerre contre les femmes, op. cit.*, p. 273-278. Elle n'est pas, du reste, la seule à avoir senti qu'il fallait adapter le propos américain au public français. Les traductrices elles-mêmes l'ont cru. Si l'on ne fait pas cette hypothèse, on ne comprend pas l'écart entre le texte anglais et le texte français. Qu'on en juge : M. French avait, dans l'énumération des forfaits masculins, écrit : « *He can fail to support a child he has engendered, demand the woman he lives with wait on him like a servant. He can beat or kill the woman he claims to love ; he can rape women, whether mate, acquaintance, or stranger ; he can rape or sexually molest his daughters, nieces, stepchildren, or the children of a woman he claims to love. The vast majority of men in the world do one or more of the above.* » Françoise Bouillot et Iawa Tate traduisent ainsi : « Un homme peut cesser de subvenir aux besoins de ses enfants, il peut exiger de sa compagne qu'elle le serve avec tout son dévouement et toute son obéissance, il peut violer sa femme, sa

Donc, des individus : on retrouve ici la pente française, décidément rebelle au communautarisme ; l'alliance, si originale, entre le souvenir du monde aristocratique qui a initié un commerce heureux entre les sexes, et la réalité d'une « démocratie extrême » qui ne met aucune limite à l'idée égalitaire. Il en résulte une société particulière, où la revendication de l'égalité des êtres demeure fondamentale, mais peut se combiner avec la mise en valeur de différences toujours tenues pour subordonnées ; vécues du même coup sans anxiété et même utilisées avec bonheur, en jouant des ressources de la séduction et de l'ambiguïté des rapports amoureux ; bref, en parcourant le clavier infini du romanesque. Société mêlée, comme le disait déjà Hume, qui ne montre aucun goût pour la convivialité unisexuelle des clubs, qui ignore les associations de *wives* et où être « femme de » (physicien, peintre, historien, président de la République même) n'est tenu ni pour une définition ni pour un métier. Société qui refuse une différenciation mortelle pour l'égalité et n'en préserve pas moins de l'indifférenciation. La presse féminine en France use avec bonheur des deux registres, celui de l'égalité nécessaire, celui des différences précieuses. Elle déplore les tourments attachés à la condition des femmes, elle en célèbre aussi les chances. Elle explique comment de tourment on fait chance, ce que nous ont déjà enseigné les dix femmes avec lesquelles nous avons cheminé. Elle n'abjure jamais la certitude d'un territoire commun aux hommes et aux femmes.

Cette certitude est aujourd'hui au cœur du féminisme français. Le demeurera-t-elle ? Peut-on imaginer que la revendication féminine, au lieu, comme elle le fait spontanément, de subordonner son attachement particulariste aux valeurs uni-

---

maîtresse, la voisine, une parfaite inconnue. Il peut abuser de sa propre fille ou de n'importe laquelle de ses parentes. *Rares sont les hommes qui se rendent coupables de tous ces forfaits.* À travers le monde, rares sont ceux qui ne se rendent pas coupables de l'un ou de l'autre. » La traduction française omet une phrase du texte anglais et en ajoute une autre de son cru. Deux modifications qui atténuent la brutalité de l'original.

verselles, s'enfonce dans cette particularité ? Peut-on s'attendre
à la perversion de l'égalitarisme français et faut-il croire que
l'Amérique dessine l'avenir du féminisme ? La chance d'une
telle évolution — la malchance — pourrait résider dans
l'aptitude du féminisme particulariste à fournir au marxisme,
discrédité par les événements du siècle, une idéologie substitu-
tive. Car le féminisme particulariste peut se loger dans le même
schéma intellectuel. Comme le marxisme, il rattache l'individu
au groupe où il est inséré, appartenance qui est la donnée
primordiale de l'existence. Comme lui, il rapporte la pensée des
êtres à un processus nécessaire d'engendrement — la physiolo-
gie sexuelle remplaçant cette fois l'infrastructure sociale et
économique. Comme lui, il fait de l'individu le jouet de l'intérêt
qui s'exprime à travers lui, si intériorisé qu'il n'est plus perçu
comme tel : la mystification masculine remplace alors la
mystification bourgeoise.

Pour que le féminisme particulariste triomphe du génie
national, on peut encore imaginer qu'il utilise un autre schéma
intellectuel, plus conforme à l'air du temps. Car le déterminisme marxiste n'avait pas perdu l'ambition de faire surgir la
vérité, tenait le prolétariat pour détenteur de cette vérité et
se targuait de mettre fin par lui à une longue histoire d'aber-
rations conceptuelles. Le déterminisme qui l'a remplacé a
largué cette dernière amarre. Il fait toujours de la pensée un
produit de l'appartenance aux groupes, mais ne donne plus à
aucun d'eux le privilège du vrai et prône l'infini relativisme
des interprétations : tracer une frontière quelconque entre
savoir et idéologie, dogme et vérité, n'a plus alors aucun sens.
L'hétérogénéité illimitée des intérêts et des rationalisations
(bien accordée, du reste, à un féminisme différencialiste qui
éclate en groupes concurrents) ne laisse plus à l'individu
aucune chance de trouver et de dire le vrai. Tout ce qu'on
lui demande est d'exprimer sa relation particulière à un groupe
(de sexe, d'âge, de race, de préférence sexuelle), de l'approfondir et de la revendiquer publiquement avant d'ouvrir la
bouche, seul moyen d'« authentifier » son propos. Mais sans
le rendre plus vrai pour autant : il faut abandonner tout

espoir de jamais quitter la terre de l'expérience subjective[108].

Dans cette nouvelle configuration de la pensée démocratique, on voit bien comment un féminisme de la différence peut venir se loger. Mais on voit aussi ce qu'il lui faut accepter, et qui reste antipathique au féminisme français : l'impossibilité d'échapper à la fatalité de la fausse conscience. Fausse conscience de soi, fausse conscience des autres. Les femmes qui ont entrepris récemment d'écrire une monumentale *Histoire des femmes* se sont ainsi fait rappeler qu'elles ne pouvaient probablement analyser ni leur exploitation ni même leur perception, insérées qu'elles étaient malgré elles dans un ordre et un langage prescrits par le masculin[109] : vision féminine comme éternisée par la domination masculine et d'autant moins autonome qu'inconsciente d'elle-même. Accepter pareil oukase revient à accepter que les mots des femmes ne leur appartiennent jamais. C'est contre cette croyance que la fréquentation des dix dames de ce livre nous prémunit : les mots qu'elles nous lèguent, écrits par elles, écrits sur elles (mais pas seulement), n'étaient pas écrits pour elles. Mais pour tous, dans l'espoir de l'échange, dans la certitude d'un langage partagé et d'une conscience commune.

---

108. Il ne s'agit même pas d'un « espoir », car l'impératif du féminisme différencialiste est au contraire de s'enfoncer à l'intérieur de l'expérience subjective. Dans *Le Temps de la différence*, Luce Irigaray explique qu'il serait fou d'adhérer à l'idée qu'il existe une science neutre et universelle, tant il est vrai que la vérité est toujours produite par quelqu'un.

109. En commentant cette entreprise, Pierre Bourdieu se demande si « les femmes qui écrivent sur l'histoire des femmes ne prennent pas sur les femmes dont elles écrivent l'histoire (et sur elles-mêmes) le point de vue dominant, se condamnant à laisser ainsi de côté l'essentiel de ce qui fait la vision des femmes, le petit côté de l'histoire (par exemple la guerre de 14 vue depuis l'arrière, à travers l'annonce des décès, etc.), l'histoire en reflet (selon la métaphore kabyle, la femme c'est la lune), le public vu à partir du privé, du domestique ». Il est amusant de voir la définition de cet « essentiel » reproduire aussi fidèlement le discours le plus convenu sur les femmes : Pierre Bourdieu, « Remarques sur l'*Histoire des femmes* », *in* Georges Duby et Michelle Perrot (dir.), *Femmes et histoire*, Paris, Plon, 1993, p. 66.

TABLE DES MATIÈRES

L'ESPRIT DE LA CITÉ

Volumes publiés

Cet ouvrage a été composé
par l'Imprimerie BUSSIÈRE
et imprimé sur presse CAMERON
dans les ateliers de B.C.I.
à Saint-Amand-Montrond (Cher)
en juillet 1995

35-24-9394-07-/4

ISBN 2-213-59394-9

N° d'édition . 0080. N° d'impression : 4/596.
Dépôt légal : juillet 1995.

Imprimé en France